2025年

国家统一法律职业资格考试一本通

第五卷

民事诉讼法与仲裁制度

刘东根　谢安平 / 主编

法律出版社
LAW PRESS·CHINA

北京

图书在版编目（CIP）数据

2025 年国家统一法律职业资格考试一本通. 第五卷 / 刘东根，谢安平主编. -- 北京 ：法律出版社，2025.
ISBN 978 -7 -5197 -9933 -5

Ⅰ. D920.4

中国国家版本馆 CIP 数据核字第 2025G3N685 号

2025 年国家统一法律职业资格考试一本通:第五卷
2025 NIAN GUOJIA TONGYI FALÜ ZHIYE ZIGE KAOSHI YIBENTONG:DI-WU JUAN

刘东根　谢安平 主编

策划编辑 宋杰鹏
责任编辑 宋杰鹏
装帧设计 李　瞻

出版发行 法律出版社
编辑统筹 法律考试 · 职业教育出版分社
责任校对 李慧艳
责任印制 胡晓雅
经　　销 新华书店

开本 787 毫米×1092 毫米　1/16
印张 10.75　　**字数** 335 千
版本 2025 年 1 月第 1 版
印次 2025 年 1 月第 1 次印刷
印刷 三河市兴达印务有限公司

地址:北京市丰台区莲花池西里 7 号(100073)
网址:www.lawpress.com.cn
投稿邮箱:info@lawpress.com.cn
举报盗版邮箱:jbwq@lawpress.com.cn

销售电话:010 -83938349
客服电话:010 -83938350
咨询电话:010 -63939796

书号:ISBN 978 -7 -5197 -9933 -5
定价:32.00 元

凡购买本社图书,如有印装错误,我社负责退换。电话:010 -83938349

全面、深入解析　精准应对法考试题

——法考的命题特点、趋势及本书的思路和特色

一、2018年至2024年法考透露出来的命题特点和趋势

在2018年登上舞台的国家统一法律职业资格考试(以下简称法考)终于"揭开了神秘的面纱",2019年至2024年这六年的法考轮廓进一步清晰。虽然真题不再公布,但从诸多考生的吐槽和点滴回忆中还是能勾勒出法考的大致面貌。总结起来,法考的命题特点及考试趋势主要有以下几个方面:

(一)与中共中央办公厅、国务院办公厅《关于完善国家统一法律职业资格制度的意见》(以下简称《意见》)对法考命题的整体要求高度契合

《意见》在"改革法律职业资格考试内容"部分规定,考试内容增加中国特色社会主义法治理论(现已调整为"习近平法治思想")。着重考查宪法法律知识、法治思维和法治能力,以案例分析、法律方法检验考生在法律适用和事实认定等方面的法治实践水平。考试以案例为主,每年更新相当比例的案例。大幅度提高案例题的分值比重。从2018年至2024年法考的试题看,《意见》的这一要求得到了较好贯彻。

(二)试题的实践性、综合性加强,以检验考生的法治实践水平

2018年至2024年法考,很多试题都是直接以生活中真实发生的热点案件为素材加工而成,如"昆山反杀案"、陨石所有权案等。当然,以前的司法考试也有试题直接来源于现实发生的真实案例,但可以预见的是,以后的法考会将更多的热门案件、真实案件融进试题中。这表明法律是一门与社会生活紧密相连的科学,考生必须关注社会热点,注意法律在现实生活中的运用,注意运用法治思维、法律方法来分析真实案件。

同时,试题的综合性强也是显著特点之一。多部门法综合考查的特点在主观题部分体现得更为突出。这一命题特点也符合司法实践,因为真实发生的案件往往不会只局限于某一部法律,而是会涉及多部法律,刑民交叉、民商法相互交织、实体法与程序法交融是常态,具体法律的划分只是方便研究和学习之用,绝不是真实案件中复杂法律关系的真实体现。

(三)坚持了法考是职业资格考试(而不是硕士、博士研究生入学考试)这一定位

法考是法律实务从业者的资格考试,提供了一个相对客观的法律职业准入标准,这必然要求以现行法律法规为基本依据,测试标准要基本一致,即大部分试题有相对统一的答案,答案完全开放的试题只是少数。从2018年至2024年法考的试题来看,那种认为法律职业资格考试以案例为主,答案就是完全开放的观点并不正确。在同一事实和法律规定的情况下,案例题的答案必然是相对明确的,当然也会涉及在重要法律知识点上的观点之争,但这毕竟是少数。答案完全开放的试题并不适用于这种测试标准相对统一的职业资格考试。

二、本书的核心思路及最大特色:四位一体

本书想为考生提供一种有效复习法条的方法,真正帮助考生解决三大问题:**法条会如何考;法条应如何看;法条如何应用于法考的实战**。为实现这一目标,本书力图通过法条、命题题眼、历年试题和强化模拟题四位一体,全面阐述法考的重点、难点和命题思路,使考生真正掌握某一法条、知识点,真正做到"一本通"。

本书编写模式和内容具有如下三大特点:

(一)法条、司法解释完美穿插

本书以法考大纲规定的法律和司法解释为依据,将属于某一知识点的相关法条都汇总在一起,并将相关的司法解释列在主法条之后,这样就非常全面,考生掌握起来也非常方便,这不仅符合法考的命题特点,也提高了复习的效率。

(二)命题题眼全面、深度解析

本书在对历年试题(由于法考不公布真题,本书部分是以司法考试的真题为分析对象,同时也穿插了能收集到的部分法考真题来分析)分析和展示的基础上,对重要法条的一个或者多个考点进行全面、深度解析,让考生准确地掌握法条所涉及的知识点可以从哪些方面命题,哪些考点以前考过,哪些考点还没有考过,每个命题题眼需要掌握的深度(是一般记忆还是需要理论解析),从而提高复习的实战性和针对性。

法考虽然在主观题部分可以查看法条和司法解释,但这绝不意味着备考时可以降低对法条和司法解释的掌握程度,因为客观题仍然不能查看法条和司法解释,主观题部分虽然能查看,但大概率是没有时间翻看。另外,法考与司法考试相比还有一个重要变化,司法考试中每个部门法的试题顺序是相对固定的,试题虽然可能不会答,但至少知道考的是刑事诉讼法还是民事诉讼法,但在实行机考的法考时代,试题出现顺序不再规律,有考生无奈地感叹:“今年试题打乱,感觉不多看几眼都不知道考哪科。”这就要求平时对法条的掌握要深刻。

另外,无论是司法考试还是法考,都要求对知识点掌握得很精准,不能似是而非,否则就会出现有些考生所说的“单选看着像多选,多选看着像单选”。本书通过对法条所涉知识点的深度解析和对真题知识点考查方式的展示,帮助考生精准掌握,使其面对命题陷阱不再犹豫彷徨。

(三)模拟题检验、巩固学习效果

本书参照法考试题的要求、特点,对重点法条的考点编写相应的强化模拟题,通过反复、有针对性的演练,检验自己是否真正掌握了某一知识点,同时达到加深对法条的理解和全面掌握的效果。

目　　录

中华人民共和国民事诉讼法

第一编　总则(第1～121条)

第一章　任务、适用范围和基本原则(第1～17条) …………（1）
第9条　【法院调解原则】
第13条　【诚信原则、处分原则】
第二章　管辖(第18～39条) …………（4）
第一节　级别管辖 …………（4）
第19条　【中级人民法院管辖】
第二节　地域管辖 …………（5）
第22条　【一般地域管辖】
第23条　【一般地域管辖的例外】
第24条　【合同纠纷的地域管辖】
第25条　【保险合同纠纷的地域管辖】
第26条　【票据纠纷的地域管辖】
第27条　【公司诉讼管辖】
第28条　【运输合同纠纷的地域管辖】
第29条　【侵权纠纷的地域管辖】
第30条　【交通事故损害赔偿纠纷的地域管辖】
第34条　【专属管辖】
第35条　【协议管辖】
第36条　【共同管辖】
第三节　移送管辖和指定管辖 …………（12）
第37条　【移送管辖】
第38条　【指定管辖】
第39条　【管辖权的转移】
第三章　审判组织(第40～46条) …………（14）
第41条　【二审和再审审判组织】
第44条　【合议庭审判长的产生】
第四章　回避(第47～50条) …………（16）
第47条　【回避的对象、条件和方式】
第49条　【回避决定的程序】
第50条　【回避决定的时限及效力】
第五章　诉讼参加人(第51～65条) …………（18）
第一节　当事人 …………（18）
第51条　【诉讼当事人】
第54条　【诉讼请求的放弃、变更、承认、反驳及反诉】
第55条　【共同诉讼】
第56条　【当事人一方人数确定的代表人诉讼】
第57条　【当事人人数不确定的代表人诉讼】
第58条　【公益诉讼】
第59条　【第三人】
第二节　诉讼代理人 …………（29）
第60条　【法定诉讼代理人】
第62条　【委托诉讼代理权的取得和权限】
第65条　【离婚诉讼代理的特别规定】
第六章　证据(第66～84条) …………（32）
第66条　【证据种类】
第67条　【举证责任与查证】
第68条　【及时提供证据义务】
第72条　【公证证据的证明力】
第75条　【证人义务、资格】
第76条　【证人出庭作证】
第79条　【鉴定程序启动】
第81条　【鉴定人出庭作证】
第84条　【证据保全】
第七章　期间、送达(第85～95条) …………（50）
第一节　期间 …………（50）
第85条　【期间的种类和计算】
第86条　【期间的耽误和顺延】
第二节　送达 …………（51）
第88条　【直接送达】
第89条　【留置送达】
第八章　调解(第96～102条) …………（54）
第100条　【调解书的制作、送达和效力】

第 101 条 【不需要制作调解书的案件】
第 102 条 【调解不成或调解后反悔的处理】
第九章 保全和先予执行(第 103～111 条) ……………………………………（57）
第 103 条 【诉讼保全】
第 104 条 【诉前保全】
第 109 条 【先予执行】
第 110 条 【先予执行条件】
第十章 对妨害民事诉讼的强制措施(第 112～120 条) ……………………（61）
第 112 条 【拘传的适用】
第 115 条 【对虚假诉讼、调解行为的司法处罚】
第 119 条 【拘传、罚款、拘留的程序】
第十一章 诉讼费用(第 121 条) ……………（64）
第二编 审判程序(第 122～234 条)
第十二章 第一审普通程序(第 122～159 条) ……………………（64）
第一节 起诉和受理 ……………………（64）
第 122 条 【起诉条件】
第 125 条 【先行调解】
第 126 条 【立案期限】
第 127 条 【审查起诉】
第二节 审理前的准备 ……………………（71）
第 130 条 【管辖权异议和应诉管辖】
第 135 条 【当事人的追加】
第三节 开庭审理 ……………………（73）
第 137 条 【公开审理及例外】
第 143 条 【合并审理】
第 146 条 【原告不到庭和中途退庭的处理】
第 147 条 【被告不到庭和中途退庭的处理】
第 148 条 【原告申请撤诉的处理】
第 149 条 【延期审理】
第 151 条 【宣告判决】
第四节 诉讼中止和终结 ……………………（78）
第 153 条 【诉讼中止】
第 154 条 【诉讼终结】
第五节 判决和裁定 ……………………（80）
第 157 条 【裁定】
第十三章 简易程序(第 160～170 条) ……（81）
第 160 条 【简易程序的适用范围】
第 165 条 【小额诉讼】
第十四章 第二审程序(第 171～183 条) ……………………………………（87）
第 171 条 【上诉的期限】
第 175 条 【二审的审理范围】
第 177 条 【二审裁判】
第 178 条 【对一审适用裁定的上诉案件的处理】
第 179 条 【上诉案件的调解】
第 183 条 【二审审限】
第十五章 特别程序(第 184～208 条) ……（94）
第一节 一般规定 ……………………（94）
第 184 条 【特别程序的适用范围】
第 185 条 【审级及审判组织】
第 187 条 【审限】
第二节 选民资格案件 ……………………（94）
第 188 条 【起诉与受理】
第三节 宣告失踪、宣告死亡案件 ………（95）
第四节 指定遗产管理人案件 ……………（96）
第五节 认定公民无民事行为能力、限制民事行为能力案件 ……………（96）
第六节 认定财产无主案件 ………………（97）
第 202 条 【管辖与申请书】
第七节 确认调解协议案件 ………………（97）
第 205 条 【调解协议的确认】
第 206 条 【裁定与执行】
第八节 实现担保物权案件 ………………（99）
第十六章 审判监督程序(第 209～224 条) ……………………………………（100）
第 209 条 【人民法院决定再审】
第 210 条 【受理再审的法院】
第 211 条 【当事人再审申请的事由】
第 212 条 【对调解书的申请再审】
第 213 条 【不得申请再审的案件】
第 215 条 【对再审的审查和审理法院】
第 216 条 【当事人申请再审的期限】
第 217 条 【原裁判执行的中止】
第 218 条 【再审案件的审理】
第 219 条 【检察院提出抗诉或者检察建议】
第十七章 督促程序(第 225～228 条) ……（110）
第 225 条 【支付令的申请】
第 227 条 【审理】
第 228 条 【支付令的异议】

第十八章　公示催告程序（第 229～234 条） ……………… (113)
第 229 条　【公示催告程序的提起】
第 231 条　【止付通知和公告的效力】
第 233 条　【除权判决】

第三编　执行程序（第 235～269 条）

第十九章　一般规定（第 235～246 条） …… (115)
第 235 条　【执行依据及管辖】
第 236 条　【当事人、利害关系人的执行异议】
第 238 条　【案外人的执行异议】
第 240 条　【委托执行】
第 241 条　【执行和解】
第二十章　执行的申请和移送（第 247～251 条） ……………… (125)
第 247 条　【申请执行与移送执行】
第 248 条　【仲裁裁决的申请执行】
第 249 条　【公证债权文书的申请执行】
第 250 条　【申请执行的期限】
第二十一章　执行措施（第 252～266 条） ……………… (127)
第 253 条　【查询、扣押、冻结、划拨、变价金融资产】
第 254 条　【扣留、提取收入】
第 255 条　【查封、扣押、冻结、拍卖、变卖被执行人财产】
第 263 条　【对行为执行】
第 264 条　【迟延履行】
第 266 条　【对执行人的限制措施】
第二十二章　执行中止和终结（第 267～269 条） ……………… (137)

第四编　涉外民事诉讼程序的特别规定（第 270～306 条）

第二十三章　一般原则（第 270～275 条） …… (137)
第 274 条　【委托中国律师代理诉讼原则】
第 275 条　【授权委托书的公证与认证】
第二十四章　管辖（第 276～282 条） ……… (138)
第 276 条　【地域管辖】
第 279 条　【专属管辖】
第二十五章　送达、调查取证、期间（第 283～287 条） ……………… (140)
第 283 条　【送达方式】
第 285 条　【答辩期间】
第 286 条　【上诉期间】
第二十六章　仲裁（第 288～292 条） ……… (142)
第二十七章　司法协助（第 293～306 条） ……………… (142)
第 293 条　【司法协助的原则】
第 294 条　【司法协助途径】
第 297 条　【申请外国法院承认和执行】
第 298 条　【提出申请对外国法院判决的承认和执行】
第 299 条　【审查对外国法院裁判的承认执行的申请】
第 304 条　【中国领域外仲裁裁决的执行】

中华人民共和国人民调解法

第一章　总则 ……………… (146)
第二章　人民调解委员会 ……………… (146)
第三章　人民调解员 ……………… (146)
第四章　调解程序 ……………… (147)
第五章　调解协议 ……………… (147)
第六章　附则 ……………… (148)

中华人民共和国仲裁法

第一章　总则（第 1～9 条） ……………… (149)
第 2 条　【适用范围】
第 3 条　【仲裁适用范围的例外】
第 5 条　【或裁或审原则】
第 9 条　【一裁终局制度】
第二章　仲裁委员会和仲裁协会（第 10～15 条） ……………… (150)
第 10 条　【仲裁委员会的设立】
第 14 条　【仲裁委员会与行政机关以及仲裁委员会之间的关系】
第三章　仲裁协议（第 16～20 条） ……… (151)
第 16 条　【仲裁协议的形式和内容】
第 17 条　【仲裁协议无效的情形】
第 18 条　【对内容不明确的仲裁协议的处理】
第 19 条　【仲裁协议的独立性】
第 20 条　【对仲裁协议的异议】

第四章　仲裁程序(第 21～57 条) …………（154）
第一节　申请和受理 ……………………（154）
第 28 条　【财产保全】
第二节　仲裁庭的组成 …………………（155）
第 34 条　【仲裁员回避的情形】
第 37 条　【仲裁员的重新确定】
第三节　开庭和裁决 ……………………（156）
第 40 条　【仲裁不公开进行及例外】
第 49 条　【仲裁和解】
第 50 条　【和解协议达成后反悔的处理】
第 51 条　【仲裁调解】
第 53 条　【仲裁裁决的作出】
第 55 条　【先行裁决】
第五章　申请撤销裁决(第 58～61 条) ……（158）
第 58 条　【申请撤销仲裁裁决的情形】
第 61 条　【申请撤销仲裁裁决的后果】
第六章　执行(第 62～64 条) ………………（160）
第 62 条　【仲裁裁决的执行】
第 63 条　【仲裁裁决的不予执行】
第 64 条　【仲裁裁决的执行中止、终结与恢复】
第七章　涉外仲裁的特别规定(第 65～73 条) ……………………………………………（161）
第八章　附则(第 74～80 条) ………………（161）

中华人民共和国民事诉讼法

（1991 年 4 月 9 日第七届全国人民代表大会第四次会议通过　根据 2007 年 10 月 28 日第十届全国人民代表大会常务委员会第三十次会议《关于修改〈中华人民共和国民事诉讼法〉的决定》第一次修正　根据 2012 年 8 月 31 日第十一届全国人民代表大会常务委员会第二十八次会议《关于修改〈中华人民共和国民事诉讼法〉的决定》第二次修正　根据 2017 年 6 月 27 日第十二届全国人民代表大会常务委员会第二十八次会议《关于修改〈中华人民共和国民事诉讼法〉和〈中华人民共和国行政诉讼法〉的决定》第三次修正　根据 2021 年 12 月 24 日第十三届全国人民代表大会常务委员会第三十二次会议《关于修改〈中华人民共和国民事诉讼法〉的决定》第四次修正　根据 2023 年 9 月 1 日第十四届全国人民代表大会常务委员会第五次会议《关于修改〈中华人民共和国民事诉讼法〉的决定》第五次修正）

第一编　总　　则

第一章　任务、适用范围和基本原则

第一条　【立法依据】中华人民共和国民事诉讼法以宪法为根据，结合我国民事审判工作的经验和实际情况制定。

第二条　【本法任务】中华人民共和国民事诉讼法的任务，是保护当事人行使诉讼权利，保证人民法院查明事实，分清是非，正确适用法律，及时审理民事案件，确认民事权利义务关系，制裁民事违法行为，保护当事人的合法权益，教育公民自觉遵守法律，维护社会秩序、经济秩序，保障社会主义建设事业顺利进行。

第三条　【本法适用范围】人民法院受理公民之间、法人之间、其他组织之间以及他们相互之间因财产关系和人身关系提起的民事诉讼，适用本法的规定。

第四条　【空间效力】凡在中华人民共和国领域内进行民事诉讼，必须遵守本法。

第五条　【同等原则和对等原则】外国人、无国籍人、外国企业和组织在人民法院起诉、应诉，同中华人民共和国公民、法人和其他组织有同等的诉讼权利义务。

外国法院对中华人民共和国公民、法人和其他组织的民事诉讼权利加以限制的，中华人民共和国人民法院对该国公民、企业和组织的民事诉讼权利，实行对等原则。

第六条　【法院独立审判原则】民事案件的审判权由人民法院行使。

人民法院依照法律规定对民事案件独立进行审判，不受行政机关、社会团体和个人的干涉。

第七条　【以事实为根据，以法律为准绳原则】人民法院审理民事案件，必须以事实为根据，以法律为准绳。

第八条　【诉讼权利平等原则】民事诉讼当事人有平等的诉讼权利。人民法院审理民事案件，应当保障和便利当事人行使诉讼权利，对当事人在适用法律上一律平等。

强化模拟题

社会主义法治的价值追求是公平正义，因此必须坚持法律面前人人平等原则。下列哪一民事诉讼基本原则最能体现法律面前人人平等原则的内涵？

A. 检察监督原则

B. 诚实信用原则

C. 当事人诉讼权利平等原则

D. 同等原则和对等原则

答案：C。

第九条　【法院调解原则】人民法院审理民事案件，应当根据自愿和合法的原则进行调解；调解不成的，应当及时判决。

命题题眼

本条规定了调解原则。调解分诉讼中的调解和诉讼外的调解。诉讼外的调解主要是人民调解，其次是仲裁中的调解及其他行政性调解。本条规定的是诉讼中的调解。本原则应注意：

1. 除离婚诉讼等少数案件外，调解不是诉讼的必经阶段。2017 年修订完善了调解与诉讼相衔接的机制，增加了先行调解的规定，即当事人起诉到人民法院的民事纠纷，适宜调解的，先行调解，但当事人拒绝调解的除外。

2. 调解的原则是自愿和合法。调解贯穿于审判程序的各个阶段，在一审、二审、再审、普通程序、简易程序中都可以进行调解。此知识点会结合第八章调解的内容来考查。

第十条　【合议、回避、公开审判、两审终审制度】人民法院审理民事案件，依照法律规定实行合议、回避、公开审判和两审终审制度。

命题题眼

两审终审制是一般原则，但下列案件是一审终审制：(1)小额诉讼；(2)督促程序、公示催告程序、特别程序；(3)最高人民法院作为一审审理的案件；(4)民事诉讼法规定的不得上诉的裁定。

强化模拟题

二审法院审理过程中，原审被告提出反诉，法院就反诉部分调解不成后，作出判决。二审法院的做法违背了民事诉讼中的(　　)。

A. 公开审判制度　　B. 辩论制度

C. 调解制度　　D. 两审终审制度

答案：D。本题中，对原审被告提出的反诉请求，实际上只进行了一审就终结，违背了两审终审制度。

第十一条　【使用本民族语言文字原则】各民族公民都有用本民族语言、文字进行民事诉讼的权利。

在少数民族聚居或者多民族共同居住的地区，人民法院应当用当地民族通用的语言、文字进行审理和发布法律文书。

人民法院应当对不通晓当地民族通用的语言、文字的诉讼参与人提供翻译。

第十二条　【辩论原则】人民法院审理民事案件时，当事人有权进行辩论。

命题题眼

第 12 条规定了辩论原则，尽管出过考题，但内容只需要一般掌握。主要考点是：

1. 辩论原则的内容。

(1)辩论权之行使贯穿于诉讼的整个过程。在通常的理解中，辩论只指法庭辩论，实际上这种理解并非全面。法庭辩论固然是当事人行使辩论权的重要体现，也最集中地反映了辩论原则的主要精神；但是，辩论绝不限于法庭辩论，而是贯穿于从当事人起诉到诉讼终结的整个过程中。原告起诉后，被告即可答辩，起诉与答辩构成了一种辩论。在诉讼的各个阶段和各个过程中，当事人双方均可通过法定的形式，开展辩论。

(2)辩论的内容，既可以是程序方面的问题，也可以是实体方面的问题。

(3)辩论的表现形式及方式是多种多样的。辩论既可以通过口头形式进行，也可以运用书面形式表达。

2. 辩论原则在民事诉讼中仅适用于审判程序中的一审、二审和再审程序，不适用于只有申请人而无被告的特别程序、督促程序和公示催告程序。这一知识点较为重要。

强化模拟题

1. 下列可以适用辩论原则的程序是(　　)。

A. 第二审程序　　B. 审判监督程序

C. 督促程序　　D. 选民资格案件

答案：AB。C、D 项属于只有申请人而无被告的督促程序、特别程序，不存在利益相冲突的双方当事人，所以，无法行使辩论权。

2. 下列哪些选项正确地体现了我国民事诉讼法的辩论原则？

A. 辩论权的行使，不仅仅是在法庭辩论阶段，而且贯穿于诉讼全过程

B. 未经法庭辩论和质证的证据，通常情况下不得作为法庭裁判的根据

C. 当事人可以就案件的实体问题进行辩论，也可以就案件的程序问题进行辩论

D. 当事人提交的书面答辩状也属辩论的一种形式

答案：ABCD。

第十三条　【诚信原则、处分原则】民事诉讼应当遵循诚信原则。

当事人有权在法律规定的范围内处分自己的民事权利和诉讼权利。

命题题眼

民事诉讼中的多个具体制度体现了该原则。主要有：其一，禁止恶意诉讼。据此，当事人相互之间如果恶意串通，企图通过诉讼、调解等方式损害他人合法权益(包括国家利益、社会公共利益)，人民法院则应当驳回其诉讼请求，并且还要视其情节之轻重，为其课加罚款、拘留等妨碍民事诉讼的强制措施；构成犯罪的，如虚构事实、伪造证据骗取了人民法院的生效裁判，甚至被实际执行的，则要移送其他司法机关作为刑事案件来追究其相应的刑事责任。其二，禁止恶意逃债。进入强制执行程序的前后，债务人

或者被执行人与他人恶意串通，通过虚假诉讼或虚假调解（还可能包括虚假支付令、虚假司法确认、虚假仲裁、虚假公证书等形式）转移财产，逃避履行法律文书所确定的义务，同样要受到相应的处置和制裁。

历年试题

2018年试卷二考生回忆版：甲公司与乙公司于2016年10月签订《房屋租赁合同》一份，甲公司将房屋出租给乙公司使用。该合同约定：租赁期限自2016年10月30日起至2026年10月29日止，每月租金为人民币11.8万元，装修免租期为5个月，逾期支付租金需按日租金5‰支付违约金，逾期支付租金累计超过1个月，出租方可提前解除合同，承租方应支付违约金11.8万元。合同签订后，乙公司自2017年7月起拒不履行支付租金的义务。甲公司经多次催讨无果，2018年2月诉至法院，要求支付自2017年7月30日起至2018年2月28日止的房屋租金70.8万元。一审法院审理后作出判决，判决乙公司支付拖欠的房屋租金70.8万元，并支付逾期付款的利息3600元，解除双方之间的租赁合同。关于法院对该案判决的评论，下列哪一选项是正确的？

A. 该判决符合法律规定，实事求是，全面保护了权利人的合法权益

B. 该判决不符合法律规定，违反了民事诉讼的处分原则

C. 该判决不符合法律规定，违反了民事诉讼的公开审判制度

D. 该判决不符合法律规定，违反了民事诉讼的两审终审制度

答案：B。本题是对处分原则的考查。处分原则是指民事诉讼当事人有权在法律规定的范围内，处分自己的民事权利和诉讼权利。本案中，当事人提出的诉讼请求是要求支付租金，并没有提出利息和解除合同的诉求，故B项正确。

2021年试卷二考生回忆版：甲因借款纠纷起诉乙，要求乙返还借款2万元，法院审理中查明借款金额应为20万元。法官询问甲，甲表示知晓总金额，但因乙背信弃义，要分10次起诉给他教训。关于本案，下列说法正确的是？

A. 对2万元作出判决，其既判力及于20万元

B. 对2万元作出判决，其既判力仅及于2万元

C. 法院对20万元作出判决不违反处分原则

D. 经过乙同意，法院可以将剩余18万元一并判决

答案：A。

强化模拟题

1. 某市法院为了实现司法为民，服务经济的要求，让法院工作人员主动下乡动员乡镇企业起诉债务人。这种做法违反了《民事诉讼法》的（　　）。

A. 法院独立审判原则　　B. 辩论原则

C. 处分原则　　D. 自愿、合法调解原则

答案：C。债权人对是否起诉债务人，有处分的权利，法院工作人员主动下乡动员乡镇企业起诉债务人侵犯了这种处分权利的行使。

2. 王某与钱某系夫妻，因感情不和王某提起离婚诉讼，一审法院经审理判决不准予离婚。王某不服提出上诉，二审法院经审理认为应当判决离婚，并对财产分割与子女抚养一并作出判决。关于二审法院的判决，下列哪些选项违反了《民事诉讼法》的原则或制度？

A. 处分原则　　B. 辩论原则

C. 两审终审制度　　D. 回避制度

答案：ABC。

第十四条　【检察监督原则】人民检察院有权对民事诉讼实行法律监督。

第十五条　【支持起诉原则】机关、社会团体、企业事业单位对损害国家、集体或者个人民事权益的行为，可以支持受损害的单位或者个人向人民法院起诉。

第十六条　【在线民事诉讼活动的法律效力】经当事人同意，民事诉讼活动可以通过信息网络平台在线进行。

民事诉讼活动通过信息网络平台在线进行的，与线下诉讼活动具有同等法律效力。

历年试题

2022年试卷二考生回忆版：黄某通过网络购物购买雅贝公司生产的保温壶，后因保温壶质量问题提起诉讼。法院受理后建议通过线上平台交换证据，雅贝公司同意在线交换，黄某不接受。法院以黄某无正当理由拒绝交换证据，认定其丧失证据交换权利。法院的这一做法违反了下列哪项民事诉讼法的基本原则：

A. 同等原则　　B. 在线诉讼原则

C. 诚信原则　　D. 对等原则

答案：B。《人民法院在线诉讼规则》第2条。黄某不同意在线交换证据，法院应尊重当事人的选择权，而不是变相强制适用在线诉讼，剥夺其合法权利。故法院违反了在线诉讼原则，本题正确答案为B。

2023年试卷二考生回忆版：张某起诉程某要求人身损害赔偿10万元，程某答辩称赔偿数额过高。法院决定线上开庭审理，张某同意，程某不同意线上开庭。法院给双方送达传票后，程某既没有参加线上开庭，也没有到线下来开庭。法院应如何处理？

A. 对程某进行公告送达

B. 法院用简易程序审理

C. 对程某缺席审判

D. 对张某线上开庭

答案：ACD。

第十七条　【民族自治地方的变通或者补充规定】民族自治地方的人民代表大会根据宪法和本法的原则，结合当地民族的具体情况，可以制定变通或者补充的规定。自治区的规定，报全国人民代表大会常务委员会批准。自治州、自治县的规定，报省或者自治区的人民代表大会常务委员会批准，并报全国人民代表大会常务委员会备案。

第二章　管　　辖

第一节　级别管辖

第十八条　【基层人民法院管辖】基层人民法院管辖第一审民事案件，但本法另有规定的除外。

第十九条　【中级人民法院管辖】中级人民法院管辖下列第一审民事案件：

（一）重大涉外案件；

（二）在本辖区有重大影响的案件；

（三）最高人民法院确定由中级人民法院管辖的案件。

相关规定

最高人民法院《关于适用〈中华人民共和国民事诉讼法〉的解释》（以下简称《民诉法司法解释》）（2014年12月18日最高人民法院审判委员会第1636次会议通过　根据2020年12月23日最高人民法院审判委员会第1823次会议通过的《关于修改〈最高人民法院关于人民法院民事调解工作若干问题的规定〉等十九件民事诉讼类司法解释的决定》第一次修正　根据2022年3月22日最高人民法院审判委员会第1866次会议通过的《最高人民法院关于修改〈关于适用《中华人民共和国民事诉讼法》的解释〉的决定》第二次修正）　法释〔2022〕11号［注：根据2023年修订的《民事诉讼法》对解释中的条文序号进行了修订］

第1条　民事诉讼法第十九条第一项规定的重大涉外案件，包括争议标的额大的案件、案情复杂的案件，或者一方当事人人数众多等具有重大影响的案件。

第2条　专利纠纷案件由知识产权法院、最高人民法院确定的中级人民法院和基层人民法院管辖。

海事、海商案件由海事法院管辖。

第283条　公益诉讼案件由侵权行为地或者被告住所地中级人民法院管辖，但法律、司法解释另有规定的除外。

因污染海洋环境提起的公益诉讼，由污染发生地、损害结果地或者采取预防污染措施地海事法院管辖。

对同一侵权行为分别向两个以上人民法院提起公益诉讼的，由最先立案的人民法院管辖，必要时由它们的共同上级人民法院指定管辖。

最高人民法院《关于审理著作权民事纠纷案件适用法律若干问题的解释》　法释〔2020〕19号

第2条　著作权民事纠纷案件，由中级以上人民法院管辖。

各高级人民法院根据本辖区的实际情况，可以报请最高人民法院批准，由若干基层人民法院管辖第一审著作权民事纠纷案件。

最高人民法院《关于审理环境民事公益诉讼案件适用法律若干问题的解释》　法释〔2020〕20号

第6条　第一审环境民事公益诉讼案件由污染环境、破坏生态行为发生地、损害结果地或者被告住所地的中级以上人民法院管辖。

中级人民法院认为确有必要的，可以在报请高级人民法院批准后，裁定将本院管辖的第一审环境民事公益诉讼案件交由基层人民法院审理。

同一原告或者不同原告对同一污染环境、破坏生态行为分别向两个以上有管辖权的人民法院提起环境民事公益诉讼的，由最先立案的人民法院管辖，必要时由共同上级人民法院指定管辖。

第7条　经最高人民法院批准，高级人民法院可以根据本辖区环境和生态保护的实际情况，在辖区内确定部分中级人民法院受理第一审环境民事公益诉讼案件。

中级人民法院管辖环境民事公益诉讼案件的区域由高级人民法院确定。

最高人民法院《关于互联网法院审理案件若干问题的规定》　法释〔2018〕16号

第1条　互联网法院采取在线方式审理案件，案件的受理、送达、调解、证据交换、庭前准备、庭审、宣判等诉讼环节一般应当在线上完成。

根据当事人申请或者案件审理需要，互联网法院可以决定在线下完成部分诉讼环节。

第2条　北京、广州、杭州互联网法院集中管辖所在市的辖区内应当由基层人民法院受理的下列第一审案件：

（一）通过电子商务平台签订或者履行网络购物合同而产生的纠纷；

(二)签订、履行行为均在互联网上完成的网络服务合同纠纷；

(三) 签订、履行行为均在互联网上完成的金融借款合同纠纷、小额借款合同纠纷；

(四)在互联网上首次发表作品的著作权或者邻接权权属纠纷；

(五)在互联网上侵害在线发表或者传播作品的著作权或者邻接权而产生的纠纷；

(六)互联网域名权属、侵权及合同纠纷；

(七)在互联网上侵害他人人身权、财产权等民事权益而产生的纠纷；

(八)通过电子商务平台购买的产品,因存在产品缺陷,侵害他人人身、财产权益而产生的产品责任纠纷；

(九)检察机关提起的互联网公益诉讼案件；

(十)因行政机关作出互联网信息服务管理、互联网商品交易及有关服务管理等行政行为而产生的行政纠纷；

(十一)上级人民法院指定管辖的其他互联网民事、行政案件。

第3条　当事人可以在本规定第二条确定的合同及其他财产权益纠纷范围内,依法协议约定与争议有实际联系地点的互联网法院管辖。

电子商务经营者、网络服务提供商等采取格式条款形式与用户订立管辖协议的,应当符合法律及司法解释关于格式条款的规定。

第4条　当事人对北京互联网法院作出的判决、裁定提起上诉的案件,由北京市第四中级人民法院审理,但互联网著作权权属纠纷和侵权纠纷、互联网域名纠纷的上诉案件,由北京知识产权法院审理。

当事人对广州互联网法院作出的判决、裁定提起上诉的案件,由广州市中级人民法院审理,但互联网著作权权属纠纷和侵权纠纷、互联网域名纠纷的上诉案件,由广州知识产权法院审理。

当事人对杭州互联网法院作出的判决、裁定提起上诉的案件,由杭州市中级人民法院审理。

最高人民法院《关于审理垄断民事纠纷案件适用法律若干问题的解释》(以下简称《审理垄断民事纠纷解释》)

第4条　第一审垄断民事纠纷案件,由知识产权法院和最高人民法院指定的中级人民法院管辖。

命题题眼

第18条规定了中级人民法院管辖案件的范围。在级别管辖中,只需掌握中级人民法院管辖案件的范围即可。主要考点有:

1. 涉外案件的含义。不是所有的涉外案件都由中级人民法院管辖。

2. 著作权、专利权、商标权纠纷的管辖。

强化模拟题

关于民事案件的级别管辖,下列哪一选项是正确的?

A. 第一审民事案件原则上由基层人民法院管辖

B. 涉外案件的管辖权全部属于中级人民法院

C. 高级人民法院管辖的一审民事案件包括在本辖区内有重大影响的民事案件和它认为应当由自己审理的案件

D. 最高人民法院仅管辖在全国有重大影响的民事案件

答案:A。

第二十条　【高级人民法院管辖】高级人民法院管辖在本辖区有重大影响的第一审民事案件。

第二十一条　【最高人民法院管辖】最高人民法院管辖下列第一审民事案件:

(一)在全国有重大影响的案件;

(二)认为应当由本院审理的案件。

第二节　地域管辖

第二十二条　【一般地域管辖】对公民提起的民事诉讼,由被告住所地人民法院管辖;被告住所地与经常居住地不一致的,由经常居住地人民法院管辖。

对法人或者其他组织提起的民事诉讼,由被告住所地人民法院管辖。

同一诉讼的几个被告住所地、经常居住地在两个以上人民法院辖区的,各该人民法院都有管辖权。

相关规定

《民诉法司法解释》

第3条　公民的住所地是指公民的户籍所在地,法人或者其他组织的住所地是指法人或者其他组织的主要办事机构所在地。

法人或者其他组织的主要办事机构所在地不能确定的,法人或者其他组织的注册地或者登记地为住所地。

第4条　公民的经常居住地是指公民离开住所地至起诉时已连续居住一年以上的地方,但公民住院就医的地方除外。

第5条　对没有办事机构的个人合伙、合伙型联营体提起的诉讼,由被告注册登记地人民法院管辖。没有注册登记,几个被告又不在同一辖区的,被告住所地的人民法院都有管辖权。

第7条　当事人的户籍迁出后尚未落户，有经常居住地的，由该地人民法院管辖；没有经常居住地的，由其原户籍所在地人民法院管辖。

第23条　债权人申请支付令，适用民事诉讼法第二十二条规定，由债务人住所地基层人民法院管辖。

《审理垄断民事纠纷解释》

第5条　垄断民事纠纷案件的地域管辖，根据案件具体情况，依照民事诉讼法及相关司法解释有关侵权纠纷、合同纠纷等的管辖规定确定。

命题题眼

第22条规定了一般地域管辖的内容，是常考、易考知识点。主要考点有：

1. 一般地域管辖的基本原则是原告就被告。
2. 住所地和经常居住地的含义。
3. 户籍迁出后尚未落户的地域管辖。

强化模拟题

1. 在一起借款民事纠纷中，原告张某自2011年1月始居住于A县，其户籍所在地为B县。被告林某2011年3月将其户籍从B县迁出，在C县居住了半年。后又至D市打工至2012年1月，其间并未落户。原告于2012年1月对被告提起了民事诉讼，对此案有管辖权的一审法院是(　　)。

A. A县人民法院　　B. B县人民法院
C. C县人民法院　　D. D市某基层人民法院

答案：B。

2. 张某与高某系夫妻，两人均居住在安徽省合肥市西市区。2009年，高某因患有精神病，到北京安康医院住院治疗。在长达3年的住院治疗期间，高某一直没有好转。因高某婚前隐瞒了曾患有精神病的情况，张某认为双方已没有夫妻感情，向法院起诉要求与高某离婚。对本案具有管辖权的法院是(　　)。

A. 北京安康医院所在地的人民法院
B. 合肥市西市区人民法院
C. 高某婚前户籍所在地的某基层人民法院
D. 双方当事人婚姻缔结地法院

答案：B。依据《民诉法司法解释》第4条，双方的住所地仍然是合肥市西市区，所以，B项正确。

第二十三条　【一般地域管辖的例外】下列民事诉讼，由原告住所地人民法院管辖；原告住所地与经常居住地不一致的，由原告经常居住地人民法院管辖：

(一)对不在中华人民共和国领域内居住的人提起的有关身份关系的诉讼；

(二)对下落不明或者宣告失踪的人提起的有关身份关系的诉讼；

(三)对被采取强制性教育措施的人提起的诉讼；

(四)对被监禁的人提起的诉讼。

相关规定

《民诉法司法解释》

第6条　被告被注销户籍的，依照民事诉讼法第二十三条规定确定管辖；原告、被告均被注销户籍的，由被告居住地人民法院管辖。

第8条　双方当事人都被监禁或者被采取强制性教育措施的，由被告原住所地人民法院管辖。被告被监禁或者被采取强制性教育措施一年以上的，由被告被监禁地或者被采取强制性教育措施地人民法院管辖。

第9条　追索赡养费、扶养费、抚养费案件的几个被告住所地不在同一辖区的，可以由原告住所地人民法院管辖。

第10条　不服指定监护或者变更监护关系的案件，可以由被监护人住所地人民法院管辖。

第11条　双方当事人均为军人或者军队单位的民事案件由军事法院管辖。

第12条　夫妻一方离开住所地超过一年，另一方起诉离婚的案件，可以由原告住所地人民法院管辖。

夫妻双方离开住所地超过一年，一方起诉离婚的案件，由被告经常居住地人民法院管辖；没有经常居住地的，由原告起诉时被告居住地人民法院管辖。

第13条　在国内结婚并定居国外的华侨，如定居国法院以离婚诉讼须由婚姻缔结地法院管辖为由不予受理，当事人向人民法院提出离婚诉讼的，由婚姻缔结地或者一方在国内的最后居住地人民法院管辖。

第14条　在国外结婚并定居国外的华侨，如定居国法院以离婚诉讼须由国籍所属国法院管辖为由不予受理，当事人向人民法院提出离婚诉讼的，由一方原住所地或者在国内的最后居住地人民法院管辖。

第15条　中国公民一方居住在国外，一方居住在国内，不论哪一方向人民法院提起离婚诉讼，国内一方住所地人民法院都有权管辖。国外一方在居住国法院起诉，国内一方向人民法院起诉的，受诉人民法院有权管辖。

第16条　中国公民双方在国外但未定居，一方向人民法院起诉离婚的，应由原告或者被告原住所地人民法院管辖。

第17条　已经离婚的中国公民，双方均定居国外，仅就国内财产分割提起诉讼的，由主要财产所在地人民法院管辖。

命题题眼

本条规定了"被告就原告"的几种情形,是常考、易考知识点,应结合司法解释的有关规定来具体掌握。

历年试题

2020试卷二考生回忆版:A区甲男与B区乙女婚后住A区,但婚后乙女长期居住于美国,双方感情破裂,甲男向A区法院起诉离婚,通知乙女后其称,她已于2019年2月向美国当地法院提起离婚诉讼,下列说法正确的是:

A. A区法院应致函美国法院后继续审理

B. A区法院应诉讼中止,待美国法院先审理结束

C. A区法院应诉讼终结

D. A区法院自行继续审理,不考虑乙女在美国是否起诉

答案:D。《民诉法司法解释》第15条规定:"中国公民一方居住在国外,一方居住在国内,不论哪一方向人民法院提起离婚诉讼,国内一方住所地人民法院都有权管辖。国外一方在居住国法院起诉,国内一方向人民法院起诉的,受诉人民法院有权管辖。"本题中,甲男居住在中国,乙女居住在美国,甲男在中国A区起诉,A区法院应有权管辖。乙女在美国起诉不影响A区法院自行继续审理,D项正确,其他选项错误。

强化模拟题

下列民事诉讼,由原告所在地人民法院管辖的诉讼包括(　　)。

A. 对下落不明或者宣告失踪的人提起的有关身份关系的诉讼

B. 对不在中华人民共和国领域内居住的人提起的有关身份关系的诉讼

C. 对下落不明或者宣告失踪的人提起的有关财产关系的诉讼

D. 非军人对军人提起的离婚诉讼

答案:AB。本题考查知识点是由原告所在地人民法院管辖的诉讼。

第二十四条　【合同纠纷的地域管辖】因合同纠纷提起的诉讼,由被告住所地或者合同履行地人民法院管辖。

第二十五条　【保险合同纠纷的地域管辖】因保险合同纠纷提起的诉讼,由被告住所地或者保险标的物所在地人民法院管辖。

第二十六条　【票据纠纷的地域管辖】因票据纠纷提起的诉讼,由票据支付地或者被告住所地人民法院管辖。

第二十七条　【公司诉讼管辖】因公司设立、确认股东资格、分配利润、解散等纠纷提起的诉讼,由公司住所地人民法院管辖。

第二十八条　【运输合同纠纷的地域管辖】因铁路、公路、水上、航空运输和联合运输合同纠纷提起的诉讼,由运输始发地、目的地或者被告住所地人民法院管辖。

相关规定

《民诉法司法解释》

第18条　合同约定履行地点的,以约定的履行地点为合同履行地。

合同对履行地点没有约定或者约定不明确,争议标的为给付货币的,接收货币一方所在地为合同履行地;交付不动产的,不动产所在地为合同履行地;其他标的,履行义务一方所在地为合同履行地。即时结清的合同,交易行为地为合同履行地。

合同没有实际履行,当事人双方住所地都不在合同约定的履行地的,由被告住所地人民法院管辖。

第19条　财产租赁合同、融资租赁合同以租赁物使用地为合同履行地。合同对履行地有约定的,从其约定。

第20条　以信息网络方式订立的买卖合同,通过信息网络交付标的的,以买受人住所地为合同履行地;通过其他方式交付标的的,收货地为合同履行地。合同对履行地有约定的,从其约定。

第21条　因财产保险合同纠纷提起的诉讼,如果保险标的物是运输工具或者运输中的货物,可以由运输工具登记注册地、运输目的地、保险事故发生地人民法院管辖。

因人身保险合同纠纷提起的诉讼,可以由被保险人住所地人民法院管辖。

第22条　因股东名册记载、请求变更公司登记、股东知情权、公司决议、公司合并、公司分立、公司减资、公司增资等纠纷提起的诉讼,依照民事诉讼法第二十七条规定确定管辖。

命题题眼

上述5条规定了合同纠纷及公司纠纷诉讼的管辖,此知识点几乎每年必考,应熟练掌握。主要考点有:

1. 合同纠纷一般管辖的原则是由被告住所地或者合同履行地人民法院管辖。注意:没有实际履行时管辖地的确定。

2. 保险、票据、运输等几类特殊合同纠纷的管辖法院。

3. 合同履行地的确定。

4. 公司纠纷的管辖法院。

历年试题

2018年试卷二考生回忆版：高某向杨某借款23.5万元，到期后一直没有归还。杨某于2018年10月21日向高某住所地A区法院申请支付令，并向法院提交了高某向杨某借款时出具的借条，要求高某偿还借款23.5万元。在支付令异议期间，杨某觉得支付令不如法院判决稳妥，于是向自己住所地的B区法院起诉。关于本案，下列说法错误的是：

A. 杨某向A区法院申请支付令

B. 杨某向B区法院起诉

C. 杨某向B区法院起诉，会导致支付令失效

D. 杨某未向发出支付令的法院起诉，不影响支付令的效力

答案：D。根据《民事诉讼法》第24条和《民诉法司法解释》第18条的规定，本案对该合同纠纷有管辖权的法院是被告高某住所地和接受货币的一方即杨某所在地的法院。故B项向B区法院起诉正确。

根据《民事诉讼法》第225条的规定，A项正确。根据《民诉法司法解释》第432条的规定，债权人就同一债权债务关系起诉的，无论是否向发出支付令的法院起诉，都会导致支付令失效。故C项正确，而D项错误。

2020年试卷二考生回忆版：甲地的张三，有块石头价值10万元，交给乙地的李四去参加展览，展览地在丙地，后来李四在丙地将该石头以20万元卖给了王五，李四之后告诉张三该石头卖了15万元，之后张三偶然得知真相，于是向法院起诉李四支付多余的5万元，问本案管辖法院如何确定？

A. 甲地法院和乙地法院

B. 乙地法院

C. 丙地法院

D. 丙地法院和乙地法院

答案：A。张三将石头交给李四去参加展览，双方之间本质上成立了委托合同关系。《民法典》第927条规定，受托人处理委托事务取得的财产，应当转交给委托人。因此，张某得知石头出售的真实价款后有权基于委托合同关系依据前述规定向法院起诉要求李四支付多余的5万元。

《民事诉讼法》第24条规定，因合同纠纷提起的诉讼，由被告住所地或合同履行地人民法院管辖。因此，本题张三提起的委托合同纠纷可以由被告李四住所地，即乙地法院，或者合同履行地法院管辖。关于本题“合同履行地”的确定，根据《民诉法司法解释》第18条的规定，合同约定履行地点的，以约定的履行地点为合同履行地。合同对履行地点没有约定或者约定不明确，争议标的为给付货币的，接收货币一方所在地为合同履行地。本题中，张三要求李四支付多余的5万元，即本案争议标的为货币，题干中未说明双方当事人在合同中约定了履行地点，因此根据《民诉法司法解释》第18条的规定应当以接收货币一方所在地为合同履行地，即张三所在的甲地。综上所述，本题案件的管辖法院为甲地和乙地法院，正确答案为A。

2021年试卷二考生回忆版：张三向李四借款10万元，双方约定合同履行发生纠纷由张三所在地的甲法院管辖，后李四又与王五就该笔借款签订保证合同，约定合同履行发生纠纷由王五所在地的乙法院管辖。后因张三拖欠借款发生纠纷。关于李四的救济方式，下列哪些选项是正确的？

A. 向甲法院起诉张三和王五

B. 向乙法院起诉张三和王五

C. 向甲法院起诉张三

D. 向乙法院起诉王五

答案：ACD。

2023年试卷二考生回忆版：甲、乙、丙三人成立某公司，章程约定与公司相关诉讼约定由A地法院管辖，后丙把股权转让给丁，丙、丁约定该转让协议涉及任何纠纷均由B地法院管辖。后丁以甲、乙未通知自己作出某个决议为由，申请法院撤销甲、乙作出的公司决议，问撤销该决议的纠纷由哪个法院管辖？

A. A地法院管辖

B. B地法院管辖

C. 公司住所地法院管辖

D. 被告住所地法院管辖

答案：A。《民事诉讼法》第27条、《民诉法司法解释》第22条。

公司诉讼当事人可以协议管辖。

强化模拟题

1. 居住在甲市的吴某与居住在乙市的王某在丁市签订了一份协议，吴某将一幅名人字画以10万元的价格卖给王某并约定双方在丙市一手交钱一手交货，后吴某反悔并电告王某自己已将字画卖给他人。王某若想追究吴某的违约责任，应向何地法院起诉？

A. 甲市法院　　B. 乙市法院

C. 丙市法院　　D. 丁市法院

答案：A。《民诉法司法解释》第18条。由于吴某与王某订立的合同没有实际履行，当事人双方住所地都不在合同约定的履行地，所以原告王某应向被告吴某的住所地甲市的人民法院起诉。

2. 甲公司与乙公司签订了一份货物销售合同，甲公司签发了一张由某市工商银行支付的支票，在乙公

司持票兑现时，某市工商银行经审查认为甲公司的账户余额不足而拒绝承兑。乙公司应向（　　）起诉甲公司。

A. 某市工商银行所在地的法院

B. 甲公司所在地的法院

C. 货物销售合同签订地的法院

D. 货物销售合同中协议选择的管辖法院

答案：AB。《民事诉讼法》第26条。

第二十九条　【侵权纠纷的地域管辖】因侵权行为提起的诉讼，由侵权行为地或者被告住所地人民法院管辖。

相关规定

《民诉法司法解释》

第24条　民事诉讼法第二十九条规定的侵权行为地，包括侵权行为实施地、侵权结果发生地。

第25条　信息网络侵权行为实施地包括实施被诉侵权行为的计算机等信息设备所在地，侵权结果发生地包括被侵权人住所地。

第26条　因产品、服务质量不合格造成他人财产、人身损害提起的诉讼，产品制造地、产品销售地、服务提供地、侵权行为地和被告住所地人民法院都有管辖权。

第27条　当事人申请诉前保全后没有在法定期间起诉或者申请仲裁，给被申请人、利害关系人造成损失引起的诉讼，由采取保全措施的人民法院管辖。

当事人申请诉前保全后在法定期间内起诉或者申请仲裁，被申请人、利害关系人因保全受到损失提起的诉讼，由受理起诉的人民法院或者采取保全措施的人民法院管辖。

最高人民法院《关于审理著作权民事纠纷案件适用法律若干问题的解释》

第4条　因侵害著作权行为提起的民事诉讼，由著作权法第四十七条、第四十八条所规定侵权行为的实施地、侵权复制品储藏地或者查封扣押地、被告住所地人民法院管辖。

前款规定的侵权复制品储藏地，是指大量或者经常性储存、隐匿侵权复制品所在地；查封扣押地，是指海关、版权等行政机关依法查封、扣押侵权复制品所在地。

第5条　对涉及不同侵权行为实施地的多个被告提起的共同诉讼，原告可以选择向其中一个被告的侵权行为实施地人民法院提起诉讼；仅对其中某一被告提起的诉讼，该被告侵权行为实施地的人民法院有管辖权。

最高人民法院《关于审理商标民事纠纷案件适用法律若干问题的解释》

第6条　因侵犯注册商标专用权行为提起的民事诉讼，由商标法第十三条、第五十七条所规定侵权行为的实施地、侵权商品的储藏地或者查封扣押地、被告住所地人民法院管辖。

前款规定的侵权商品的储藏地，是指大量或者经常性储存、隐匿侵权商品所在地；查封扣押地，是指海关等行政机关依法查封、扣押侵权商品所在地。

第7条　对涉及不同侵权行为实施地的多个被告提起的共同诉讼，原告可以选择其中一个被告的侵权行为实施地人民法院管辖；仅对其中某一被告提起的诉讼，该被告侵权行为实施地的人民法院有管辖权。

最高人民法院《关于审理专利纠纷案件适用法律问题的若干规定》

第2条　因侵犯专利权行为提起的诉讼，由侵权行为地或者被告住所地人民法院管辖。

侵权行为地包括：被诉侵犯发明、实用新型专利权的产品的制造、使用、许诺销售、销售、进口等行为的实施地；专利方法使用行为的实施地，依照该专利方法直接获得的产品的使用、许诺销售、销售、进口等行为的实施地；外观设计专利产品的制造、许诺销售、销售、进口等行为的实施地；假冒他人专利的行为实施地。上述侵权行为的侵权结果发生地。

第3条　原告仅对侵权产品制造者提起诉讼，未起诉销售者，侵权产品制造地与销售地不一致的，制造地人民法院有管辖权；以制造者与销售者为共同被告起诉的，销售地人民法院有管辖权。

销售者是制造者分支机构，原告在销售地起诉侵权产品制造者制造、销售行为的，销售地人民法院有管辖权。

命题题眼

本条规定了侵权纠纷的一般管辖，是常考、易考知识点。主要考点有：

1. 侵权行为地的具体含义。侵权行为地，包括侵权行为实施地、侵权结果发生地。

注意专利侵权纠纷、著作权侵权纠纷、名誉权侵权纠纷案件的侵权行为实施地和侵权结果发生地的确定。

2. 因侵权行为提起的诉讼，由侵权行为地或者被告住所地人民法院管辖。在侵权行为地和被告住所地不一致的情况下，即不属同一人民法院辖区的情况下,两地人民法院都有管辖权。

3.《民诉法司法解释》第26条确定的是产品质量侵权纠纷的管辖法院,而不是产品质量违约纠纷的管辖法院,后者应适用合同纠纷的有关规定。

历年试题

2018年试卷二考生回忆版:A区公司的货车在C区与另一辆小汽车相撞,经查,小汽车在B区保险公司投保交强险,小汽车司机甲负全部责任。甲住所地在D区,该车车主为E区的乙,甲系向乙借用。现该公司欲起诉赔偿,请问对本案有管辖权的法院包括:

A. A区　　B. B区

C. C区　　D. D区

答案:BCD。《民事诉讼法》第29条规定:"因侵权行为提起的诉讼,由侵权行为地或者被告住所地人民法院管辖。"侵权行为地为C区,有管辖权。另外分析本案中的被告。根据《民法典》第1209条:因租赁、借用等情形机动车所有人、管理人与使用人不是同一人时,发生交通事故造成损害,属于该机动车一方责任的,由机动车使用人承担赔偿责任;机动车所有人、管理人对损害的发生有过错的,承担相应的赔偿责任。本案涉及司机甲和机动车所有人乙,但是案情中并未交代乙对损害发生有过错。因此本案的适格被告应为甲及保险公司,故此被告住所地B区和D区也有管辖权。

强化模拟题

1. 某县林某从邻县幸福商场买了一台燃气热水器,热水器上标明是广东顺德市某热水器厂生产。林某买回后的半年里,某日在使用中热水器突然发生爆炸,炸伤自己及儿子。经有关部门检验,该热水器质量不合格。林某提起损害赔偿诉讼,(　　)有管辖权。

A. 某县人民法院

B. 广东顺德市某热水器厂所在地的人民法院

C. 幸福商场所在地的县人民法院

D. 上述三个法院都没有管辖权

答案:ABC。本题考查产品质量侵权纠纷的管辖。《民诉法司法解释》第26条。

2. 重庆A区某出版社出版了一本考试辅导书,天津B区某文化公司见该书销路很好,遂在天津市C区非法复制了10000册。该公司将这批非法复制的书藏匿在天津市D区,后在E区销售时被市场监督管理局查封。重庆某出版社欲对天津某文化公司提起著作权侵权诉讼,其可以选择向下列(　　)起诉。

A. 天津B区法院　　B. 天津C区法院

C. 天津D区法院　　D. 天津E区法院

答案:ABCD。《民事诉讼法》第29条、最高人民法院《关于审理著作权民事纠纷案件适用法律若干问题的解释》第4条。

第三十条　【交通事故损害赔偿纠纷的地域管辖】因铁路、公路、水上和航空事故请求损害赔偿提起的诉讼,由事故发生地或者车辆、船舶最先到达地、航空器最先降落地或者被告住所地人民法院管辖。

命题题眼

本条规定了交通事故的管辖。主要考点是,掌握交通事故的四个管辖法院:事故发生地,车辆、船舶最先到达地,航空器最先降落地,被告住所地人民法院。

强化模拟题

甲市甲某乘车去乙市出差,在丙市被丁市的司机林某驾驶的车辆撞成重伤,支付医药费、营养费、护理费等5万多元。甲某可以向(　　)法院提起损害赔偿诉讼。

A. 甲市人民法院　　B. 乙市人民法院

C. 丙市人民法院　　D. 丁市人民法院

答案:CD。交通事故的管辖法院,《民事诉讼法》第30条。

第三十一条　【海事损害事故赔偿纠纷的地域管辖】因船舶碰撞或者其他海事损害事故请求损害赔偿提起的诉讼,由碰撞发生地、碰撞船舶最先到达地、加害船舶被扣留地或者被告住所地人民法院管辖。

第三十二条　【海难救助费用纠纷的地域管辖】因海难救助费用提起的诉讼,由救助地或者被救助船舶最先到达地人民法院管辖。

第三十三条　【共同海损纠纷的地域管辖】因共同海损提起的诉讼,由船舶最先到达地、共同海损理算地或者航程终止地的人民法院管辖。

第三十四条　【专属管辖】下列案件,由本条规定的人民法院专属管辖:

(一)因不动产纠纷提起的诉讼,由不动产所在地人民法院管辖;

(二)因港口作业中发生纠纷提起的诉讼,由港口所在地人民法院管辖;

(三)因继承遗产纠纷提起的诉讼,由被继承人死亡时住所地或者主要遗产所在地人民法院管辖。

相关规定

《民诉法司法解释》

第28条　民事诉讼法第三十四条第一项规定的不动产纠纷是指因不动产的权利确认、分割、相邻关系等引起的物权纠纷。

农村土地承包经营合同纠纷、房屋租赁合同纠纷、建设工程施工合同纠纷、政策性房屋买卖合同纠纷,按照不动产纠纷确定管辖。

不动产已登记的,以不动产登记簿记载的所在地为不动产所在地;不动产未登记的,以不动产实际所在地为不动产所在地。

命题题眼

本条规定了专属管辖,是易考知识点。主要考点有:

1. 某类民事案件,法律规定必须由一定地区的法院管辖,其他法院无权管辖,也不允许当事人协议变更管辖的,称专属管辖。专属管辖的排他性:第一,排除一般地域管辖和特殊地域管辖的适用。第二,排除协议管辖的适用。

2. 专属管辖的具体情形。

历年试题

2023年试卷二考生回忆版:甲市A区的王某和E区的李某婚后不久就协议离婚,约定位于C区银行的50万元存款和B区价值100万元的房产归李某所有。离婚后半年,李某就搬至乙市D区居住。但王某离婚后发现,李某存在婚内出轨的情形,于是向法院起诉,请求将离婚协议中约定分割给李某的银行存款和房产判归自己所有,问本案有管辖权的法院是?

A. 甲市A区法院　　B. 甲市B区法院

C. 乙市D区法院　　D. 甲市E区法院

答案:D。离婚后财产权益纠纷案件,由被告住所地法院管辖。被告王某的住所地是E区,王某要起诉重新分割离婚协议里已分割的夫妻共同财产,必须在离婚后1年内起诉。李某在离婚后半年才搬到乙市D区居住,在王某起诉时,李某在D区居住的时间没有超过1年,D区不是李某的经常居住地,必须到李某住所地的E区法院起诉。乙市D区法院对本案没有管辖权。

原告住所地的A区法院和存款所在地的C区法院无管辖权。A、C项不选。

遗产诉讼和离婚案件中涉及不动产分割的,仍然按照遗产继承纠纷和离婚诉讼的管辖处理,不属于不动产专属管辖。B项不选。

强化模拟题

湖南省长沙市林某,在原籍河北省石家庄市有楼房1套。林某有二子,长子在南京市鼓楼区工作,次子在上海卢湾区工作。林某在长沙去世后,二子因继承遗产发生纠纷。此案有管辖权的法院是(　　)。

A. 湖南省长沙市某人民法院

B. 河北省石家庄市某人民法院

C. 南京市鼓楼区人民法院

D. 上海卢湾区基层人民法院

答案:AB。

第三十五条　【协议管辖】合同或者其他财产权益纠纷的当事人可以书面协议选择被告住所地、合同履行地、合同签订地、原告住所地、标的物所在地等与争议有实际联系的地点的人民法院管辖,但不得违反本法对级别管辖和专属管辖的规定。

相关规定

《民诉法司法解释》

第29条　民事诉讼法第三十五条规定的书面协议,包括书面合同中的协议管辖条款或者诉讼前以书面形式达成的选择管辖的协议。

第30条　根据管辖协议,起诉时能够确定管辖法院的,从其约定;不能确定的,依照民事诉讼法的相关规定确定管辖。

管辖协议约定两个以上与争议有实际联系的地点的人民法院管辖,原告可以向其中一个人民法院起诉。

第31条　经营者使用格式条款与消费者订立管辖协议,未采取合理方式提请消费者注意,消费者主张管辖协议无效的,人民法院应予支持。

第32条　管辖协议约定由一方当事人住所地人民法院管辖,协议签订后当事人住所地变更的,由签订管辖协议时的住所地人民法院管辖,但当事人另有约定的除外。

第33条　合同转让的,合同的管辖协议对合同受让人有效,但转让时受让人不知道有管辖协议,或者转让协议另有约定且原合同相对人同意的除外。

第34条　当事人因同居或者在解除婚姻、收养关系后发生财产争议,约定管辖的,可以适用民事诉讼法第三十五条规定确定管辖。

命题题眼

本条规定了协议管辖,是非常重要的知识点。主要考点有:

1. 合同或者其他财产权益纠纷的当事人可以依据本条的规定,协议选择有关的管辖法院。

2. 协议管辖须具备以下条件:(1)在审级上,协议管辖仅适用于第一审民事案件;(2)在案件类型上,协议管辖只限于因合同纠纷或者其他财产权益纠纷提起的诉讼;(3)在表现形式上,协议管辖必须以书面合同的形式选择管辖;(4)在选择范围上,仅限于本案的被告住所地、合同履行地、合同签订地、原告住所地和标的物所在地等与争议有实际联系的地点的人民法院,而不能选择与合同没有实际联系的地点的人民法院(注意:当事人选择的管辖法院必须是确定的、单一的);(5)在管辖类型上,当事人只能协议变更第一审的地域管辖,而不能协议变更级别管辖和专属管辖。

历年试题

2021 年试卷二考生回忆版：A 区的甲公司与 B 区的乙公司签订合同，约定合同履行地在 C 区。两公司随后又达成补充协议，约定发生纠纷由 C 区法院管辖。后经乙公司同意，甲公司将合同转让给 D 区的丙公司，丙公司对补充协议并不知情。后丙公司起诉乙公司要求履行合同，乙公司主张转让合同无效。关于本案，下列哪一法院有管辖权？

A. A 区法院　　　　B. B 区法院

C. C 区法院　　　　D. D 区法院

答案：B。

强化模拟题

1. A 县、B 县、C 县都是安徽省安庆市的市辖县。A 县某塑料厂（购买方）与 B 县废品回收公司（销售方）在 C 县签订了一份废品购销合同。合同约定由 B 县废品回收公司将货送至 A 县某塑料厂，货款价值为 1 万元。如果双方当事人同意以协议的方式约定该合同发生纠纷时的管辖法院，他们可以约定（　　）。

A. A 县基层人民法院

B. B 县基层人民法院

C. C 县基层人民法院

D. 安庆市中级人民法院

答案：ABC。《民事诉讼法》第 35 条。

2. 合肥市某蔬菜公司与济南市某运输公司在合肥市东市区签订运送新鲜蔬菜的合同。运输公司所属某车队在从济南市向蔬菜公司运输途中，行至蚌埠市附近发生车祸，车货俱损。合肥市某蔬菜公司因此向运输公司索赔，并要求支付违约金。运输公司则以车祸责任是由他人造成，交通管理部门认定自己不负交通事故责任为由，拒绝赔偿。蔬菜公司准备向法院起诉。

根据下列条件，回答下列问题：

（1）如果合肥市某蔬菜公司与济南市某运输公司未在合同中约定管辖法院，则对本案有管辖权的法院是（　　）。

A. 合肥市某蔬菜公司所在地的基层人民法院

B. 济南市某运输公司所在地的基层人民法院

C. 事故发生地的蚌埠市某区人民法院

D. 合肥市东市区人民法院

答案：AB。《民事诉讼法》第 28 条。

（2）如果双方在合同中约定管辖法院，可以约定由（　　）管辖。

A. 合肥市某蔬菜公司所在地的基层人民法院

B. 济南市某运输公司所在地的基层人民法院

C. 蔬菜所在地的基层人民法院

D. 合肥市东市区人民法院

答案：ABCD。本题考查合同的协议管辖，《民事诉讼法》第 35 条。

第三十六条　【共同管辖】两个以上人民法院都有管辖权的诉讼，原告可以向其中一个人民法院起诉；原告向两个以上有管辖权的人民法院起诉的，由最先立案的人民法院管辖。

相关规定

《民诉法司法解释》

第 36 条　两个以上人民法院都有管辖权的诉讼，先立案的人民法院不得将案件移送给另一个有管辖权的人民法院。人民法院在立案前发现其他有管辖权的人民法院已先立案的，不得重复立案；立案后发现其他有管辖权的人民法院已先立案的，裁定将案件移送给先立案的人民法院。

命题题眼

本条规定了共同管辖的内容。结合司法解释的规定掌握管辖冲突的解决办法：由最先立案的人民法院管辖。

强化模拟题

北京市西城区的张某驾车在北京市朝阳区将北京市东城区的周某撞伤。周某就车祸案于 2009 年 11 月 18 日向西城区人民法院提出了赔偿诉讼，又于 2009 年 11 月 23 日向朝阳区人民法院提出赔偿诉讼。西城区人民法院于 11 月 24 日正式立案，朝阳区人民法院在周某提交诉状的当日立案。下列说法正确的是（　　）。

A. 此案应由西城区人民法院管辖

B. 此案应由朝阳区人民法院管辖

C. 朝阳区人民法院可以将本案移交给西城区人民法院管辖

D. 西城区人民法院应当在得知朝阳区人民法院先立案的事实后，裁定将案件移送朝阳区人民法院

答案：BD。《民诉法司法解释》第 36 条。

第三节　移送管辖和指定管辖

第三十七条　【移送管辖】人民法院发现受理的案件不属于本院管辖的，应当移送有管辖权的人民法院，受移送的人民法院应当受理。受移送的人民法院认为受移送的案件依照规定不属于本院管辖的，应当报请上级人民法院指定管辖，不得再自行移送。

相关规定

《民诉法司法解释》

第 35 条　当事人在答辩期间届满后未应诉答辩，人民法院在一审开庭前，发现案件不属于本院管辖的，应当裁定移送有管辖权的人民法院。

第 37 条　案件受理后，受诉人民法院的管辖权

不受当事人住所地、经常居住地变更的影响。

第38条 有管辖权的人民法院受理案件后，不得以行政区域变更为由，将案件移送给变更后有管辖权的人民法院。判决后的上诉案件和依审判监督程序提审的案件，由原审人民法院的上级人民法院进行审判；上级人民法院指令再审、发回重审的案件，由原审人民法院再审或者重审。

《审理垄断民事纠纷解释》

第7条 案件立案时的案由并非垄断民事纠纷，人民法院受理后经审查发现属于垄断民事纠纷，但受诉人民法院并无垄断民事纠纷案件管辖权的，应当将案件移送有管辖权的人民法院。

第8条 两个以上原告因同一垄断行为向有管辖权的同一人民法院分别提起诉讼的，人民法院可以合并审理。

两个以上原告因同一垄断行为向有管辖权的不同人民法院分别提起诉讼的，后立案的人民法院发现其他有管辖权的人民法院已先立案的，应当裁定将案件移送先立案的人民法院；受移送的人民法院可以合并审理。

人民法院可以要求当事人提供与被诉垄断行为相关的行政执法、仲裁、诉讼等情况。当事人拒不如实提供的，可以作为认定其是否遵循诚信原则和构成滥用权利等的考量因素。

命题题眼

本条规定了移送管辖，是常考、易考知识点。主要考点有：

1. 移送管辖必须具备三个条件：人民法院已经受理了案件、移送的人民法院对案件没有管辖权、受移送的人民法院对案件有管辖权。

2. 移送管辖只能移送一次，一经移送，受移送的人民法院就应当受理，并且不能再自行移送。

3. 注意禁止移送的几种情形：

(1)受移送的人民法院不能再自行移送；

(2)根据管辖恒定的原则，有管辖权的人民法院受理案件后，不能以当事人住所地、经常居住地变更而移送管辖；

(3)两个以上的人民法院对案件都有管辖权时，应当由先立案的人民法院行使管辖权，先立案的人民法院不能将案件移送至另一有管辖权的人民法院。

4. 管辖恒定原则的具体含义。

管辖恒定原则，是指法院对某个民事案件是否享有管辖权，以起诉时为准，起诉时对案件享有管辖权的法院，不因确定管辖的因素在诉讼过程中发生变化而受影响。管辖恒定包括级别管辖恒定和地域管辖恒定。

(1)级别管辖恒定，主要是指级别管辖按照起诉时的标的额确定后，不因为诉讼过程中标的额的增加或者减少而变化。但当事人故意规避有关级别管辖等规定的除外。

(2)地域管辖恒定，是指地域管辖按起诉时的标准确定后，不因诉讼过程中据以确定管辖的因素的变动而受影响，即当事人住所地、经常居住地的变更以及案件受理后行政区域的变更都不能引起管辖权的变化。

(3)判决后的上诉案件和依审判监督程序提审的案件，由原审人民法院的上级法院进行审判；第二审人民法院发回重审或者上级人民法院指令再审的案件，由原审人民法院重审或者再审。

强化模拟题

1. 2000年6月4日，户口在甲区的高端向户口在乙区的江非借款10万元，双方约定于2001年年底之前归还。2001年8月，高端搬至其父母所在的丙区居住。2002年9月23日，江非因高端没有按期归还借款而向高端的户口所在地甲区人民法院起诉。甲区人民法院受理案件后，经查发现高端自2001年8月起即居住于丙区，于是以丙区为高端的经常居住地为由将案件移送至丙区人民法院。丙区人民法院接到移送后，经查发现高端自2001年8月搬至丙区居住，但高端自2002年3月起实际上居住于丁区。此时，丙区人民法院应当(　　)。

A. 将案件移送给高端现在居住地丁区人民法院

B. 将案件退回甲区人民法院

C. 报请自己与甲区人民法院的共同上级人民法院指定管辖

D. 报请上级人民法院指定管辖

答案：D。《民事诉讼法》第37、38条。

2. 2014年7月，家住A省的陈大因赡养费纠纷，将家住B省甲县的儿子陈小诉至甲县法院，该法院受理了此案。2014年8月，经政府正式批准，陈小居住的甲县所属区域划归乙县管辖。甲县法院以管辖区域变化对该案不再具有管辖权为由，将该案移送至乙县法院。乙县法院则根据管辖恒定原则，将案件送还至甲县法院。下列哪些说法是正确的？

A. 乙县法院对该案没有管辖权

B. 甲县法院的移送管辖是错误的

C. 乙县法院不得将该案送还甲县法院

D. 甲县法院对该案没有管辖权

答案：ABC。《民事诉讼法》第37条，《民诉法司法解释》第38条。

第三十八条 【指定管辖】有管辖权的人民法院由于特殊原因，不能行使管辖权的，由上级人民法院指定管辖。

人民法院之间因管辖权发生争议，由争议双方协商解决；协商解决不了的，报请它们的共同上级人民法院指定管辖。

相关规定

《民诉法司法解释》

第40条 依照民事诉讼法第三十八条第二款规定，发生管辖权争议的两个人民法院因协商不成报请它们的共同上级人民法院指定管辖时，双方为同属一个地、市辖区的基层人民法院的，由该地、市的中级人民法院及时指定管辖；同属一个省、自治区、直辖市的两个人民法院的，由该省、自治区、直辖市的高级人民法院及时指定管辖；双方为跨省、自治区、直辖市的人民法院，高级人民法院协商不成的，由最高人民法院及时指定管辖。

依照前款规定报请上级人民法院指定管辖时，应当逐级进行。

第41条 人民法院依照民事诉讼法第三十八条第二款规定指定管辖的，应当作出裁定。

对报请上级人民法院指定管辖的案件，下级人民法院应当中止审理。指定管辖裁定作出前，下级人民法院对案件作出判决、裁定的，上级人民法院应当在裁定指定管辖的同时，一并撤销下级人民法院的判决、裁定。

命题题眼

本条规定了指定管辖。主要考点有：

1. 指定管辖的三种情形：受移送的人民法院认为自己对移送来的案件无管辖权，有管辖权的法院由于特殊原因不能行使管辖权，通过协商不能解决管辖权争议。

2. 两个以上人民法院对地域管辖有争议的案件，有关人民法院均应当立即停止进行实体审理，在争议未解决前，任何一方人民法院均不得对案件作出判决。

强化模拟题

河北省甲县人民法院与山东省乙县人民法院因林某诉陈某合同纠纷一案的管辖权发生争执，下列做法正确的是（　　）。

A. 由甲县人民法院与乙县人民法院进行协商解决

B. 报请最高人民法院指定管辖

C. 两个人民法院都应当中止审理

D. 甲县人民法院在争议解决前，抢先作出了判决

答案：ABC。本题考查管辖权争议的解决。《民事诉讼法》第38条，《民诉法司法解释》第41条。

第三十九条 【管辖权的转移】上级人民法院有权审理下级人民法院管辖的第一审民事案件；确有必要将本院管辖的第一审民事案件交下级人民法院审理的，应当报请其上级人民法院批准。

下级人民法院对它所管辖的第一审民事案件，认为需要由上级人民法院审理的，可以报请上级人民法院审理。

相关规定

《民诉法司法解释》

第42条 下列第一审民事案件，人民法院依照民事诉讼法第三十九条第一款规定，可以在开庭前交下级人民法院审理：

（一）破产程序中有关债务人的诉讼案件；

（二）当事人人数众多且不方便诉讼的案件；

（三）最高人民法院确定的其他类型案件。

人民法院交下级人民法院审理前，应当报请其上级人民法院批准。上级人民法院批准后，人民法院应当裁定将案件交下级人民法院审理。

第三章 审判组织

第四十条 【一审审判组织】人民法院审理第一审民事案件，由审判员、人民陪审员共同组成合议庭或者由审判员组成合议庭。合议庭的成员人数，必须是单数。

适用简易程序审理的民事案件，由审判员一人独任审理。基层人民法院审理的基本事实清楚、权利义务关系明确的第一审民事案件，可以由审判员一人适用普通程序独任审理。

人民陪审员在参加审判活动时，除法律另有规定外，与审判员有同等的权利义务。

第四十一条 【二审和再审审判组织】人民法院审理第二审民事案件，由审判员组成合议庭。合议庭的成员人数，必须是单数。

中级人民法院对第一审适用简易程序审结或者不服裁定提起上诉的第二审民事案件，事实清楚、权利义务关系明确的，经双方当事人同意，可以由审判员一人独任审理。

发回重审的案件，原审人民法院应当按照第一审程序另行组成合议庭。

审理再审案件，原来是第一审的，按照第一审程序另行组成合议庭；原来是第二审的或者是上级人民法院提审的，按照第二审程序另行组成合议庭。

第四十二条 【不能独任审理的案件】人民法院审理下列民事案件,不得由审判员一人独任审理:

(一)涉及国家利益、社会公共利益的案件;

(二)涉及群体性纠纷,可能影响社会稳定的案件;

(三)人民群众广泛关注或者其他社会影响较大的案件;

(四)属于新类型或者疑难复杂的案件;

(五)法律规定应当组成合议庭审理的案件;

(六)其他不宜由审判员一人独任审理的案件。

第四十三条 【独任审理转合议庭审理】人民法院在审理过程中,发现案件不宜由审判员一人独任审理的,应当裁定转由合议庭审理。

当事人认为案件由审判员一人独任审理违反法律规定的,可以向人民法院提出异议。人民法院对当事人提出的异议应当审查,异议成立的,裁定转由合议庭审理;异议不成立的,裁定驳回。

第四十四条 【合议庭审判长的产生】合议庭的审判长由院长或者庭长指定审判员一人担任;院长或者庭长参加审判的,由院长或者庭长担任。

第四十五条 【合议庭的活动规则】合议庭评议案件,实行少数服从多数的原则。评议应当制作笔录,由合议庭成员签名。评议中的不同意见,必须如实记入笔录。

命题题眼

上述6个法条规定了审判组织的内容,是易考知识点。在掌握时应注意与《行政诉讼法》和《刑事诉讼法》中审判组织的有关规定进行比较。主要考点有:

1. 独任制的适用。

2. 合议庭的组成:

(1)第一审合议庭的组成:合议庭的成员人数必须为单数。第一审人民法院的合议庭,可以由审判员、人民陪审员共同组成,这是第一审审判组织的一个特点。

(2)第二审合议庭的组成:人民法院审理第二审民事案件,由审判员组成合议庭,即使没有人民陪审员参加,其成员也必须为单数。部分二审案件可以独任审理。

(3)重审或再审合议庭的组成。

3. 合议庭的评议规则是少数服从多数,而不是审判长决定制,但全体合议庭成员必须在笔录上签字。

历年试题

2020年试卷二考生回忆版:王某与易某有一子王晓,王某因车祸去世,易某在外地打工。王晓由王某的父亲王平抚养。易某每月支付1000元抚养费。为给王晓办理上学,王平向法院申请变更监护人。下列选项正确的是?

A. 审理过程中,王平与易某和解。王平撤诉,法院应当准许

B. 法院审判后,判决支持王平的请求

C. 法官李某、邓某和人民陪审员周某组成合议庭审理此案

D. 经法院调解,王平与易某达成调解协议,法院因此出具调解书,变更王平为王晓的监护人

答案:C。《民事诉讼法》第148条第1款规定,宣判前,原告申请撤诉的,是否准许,由人民法院裁定。本题中,王平与易某和解后,王平向法院申请撤诉的,是否准许由法院审查后作出裁定,而不是“应当准许”,故A项错误。

B项考查了监护权的确定。《民法典》第27条第1款规定,父母是未成年子女的监护人。本题中,如果仅仅是为了办理上学,在王晓的母亲易某仍具有监护能力的情况下,法院不应当支持王平的请求,故B项法院“判决支持王平的请求”的表述错误;除不得判决变更外,法院也不得以调解书的形式变更王晓的监护人,D项法院出具调解书变更王平为监护人的做法也是错误的。

《民事诉讼法》第40条第1款规定,人民法院审理第一审民事案件,由审判员、人民陪审员共同组成合议庭或者由审判员组成合议庭。合议庭的成员人数,必须是单数。本题申请变更监护人的一审案件,由法官李某、邓某和人民陪审员周某组成合议庭审理此案符合《民事诉讼法》规定,故C项正确。

2023年试卷二考生回忆版:某民事案件一审简易程序由赵四担任法官独任审判,一审判决作出后,甲上诉,二审法院裁定发回重审。关于发回重审,说法正确的是?

A. 适用普通程序,重组合议庭,赵四不得担任合议庭组成人员

B. 普通程序,重组合议庭,赵四和人民陪审员不得担任合议庭组成人员

C. 简易程序,可由赵四以外的审判员一人独任审判

D. 普通程序,可由审判员一人独任审判

答案:A。

强化模拟题

1. 关于合议庭评议案件,下列哪一表述是正确的?

A. 审判长意见与多数意见不同的,以其意见为准判决

B. 人民陪审员意见得到支持、形成多数的,可按

该意见判决

C. 合议庭意见存在分歧的，也可提交院长审查决定

D. 审判人员的不同意见均须写入笔录

答案：D。关于合议庭评议不同意见的处理，规定在《民事诉讼法》第45条中。

2. 下列关于民事诉讼二审审判组织的说法，正确的是（　　）。

A. 第二审人民法院审理上诉案件应当由审判员或审判员和人民陪审员组成合议庭

B. 第二审人民法院审理上诉案件可以组成合议庭，也可由审判员一人独任审判

C. 第二审人民法院审理民事上诉案件必须由审判员组成合议庭

D. 第二审人民法院审理民事上诉案件，应由审判员组成合议庭，但经主管院长批准，可吸收人民陪审员参加

答案：BC。本题考查二审案件审判组织的组成，《民事诉讼法》第41条。

第四十六条　【审判人员工作纪律】审判人员应当依法秉公办案。

审判人员不得接受当事人及其诉讼代理人请客送礼。

审判人员有贪污受贿，徇私舞弊，枉法裁判行为的，应当追究法律责任；构成犯罪的，依法追究刑事责任。

第四章　回　　避

第四十七条　【回避的对象、条件和方式】审判人员有下列情形之一的，应当自行回避，当事人有权用口头或者书面方式申请他们回避：

（一）是本案当事人或者当事人、诉讼代理人近亲属的；

（二）与本案有利害关系的；

（三）与本案当事人、诉讼代理人有其他关系，可能影响对案件公正审理的。

审判人员接受当事人、诉讼代理人请客送礼，或者违反规定会见当事人、诉讼代理人的，当事人有权要求他们回避。

审判人员有前款规定的行为的，应当依法追究法律责任。

前三款规定，适用于法官助理、书记员、司法技术人员、翻译人员、鉴定人、勘验人。

相关规定

《民诉法司法解释》

第43条　审判人员有下列情形之一的，应当自行回避，当事人有权申请其回避：

（一）是本案当事人或者当事人近亲属的；

（二）本人或者其近亲属与本案有利害关系的；

（三）担任过本案的证人、鉴定人、辩护人、诉讼代理人、翻译人员的；

（四）是本案诉讼代理人近亲属的；

（五）本人或者其近亲属持有本案非上市公司当事人的股份或者股权的；

（六）与本案当事人或者诉讼代理人有其他利害关系，可能影响公正审理的。

第44条　审判人员有下列情形之一的，当事人有权申请其回避：

（一）接受本案当事人及其受托人宴请，或者参加由其支付费用的活动的；

（二）索取、接受本案当事人及其受托人财物或者其他利益的；

（三）违反规定会见本案当事人、诉讼代理人的；

（四）为本案当事人推荐、介绍诉讼代理人，或者为律师、其他人员介绍代理本案的；

（五）向本案当事人及其受托人借用款物的；

（六）有其他不正当行为，可能影响公正审理的。

第45条　在一个审判程序中参与过本案审判工作的审判人员，不得再参与该案其他程序的审判。

发回重审的案件，在一审法院作出裁判后又进入第二审程序的，原第二审程序中审判人员不受前款规定的限制。

第46条　审判人员有应当回避的情形，没有自行回避，当事人也没有申请其回避的，由院长或者审判委员会决定其回避。

第47条　人民法院应当依法告知当事人对合议庭组成人员、独任审判员和书记员等人员有申请回避的权利。

第48条　民事诉讼法第四十七条所称的审判人员，包括参与本案审理的人民法院院长、副院长、审判委员会委员、庭长、副庭长、审判员和人民陪审员。

第49条　书记员和执行员适用审判人员回避的有关规定。

命题题眼

本条规定了回避人员的范围、回避的情形和回避的方式，是易考知识点。

1. 回避人员的范围包括七类人员：审判人员、法官助理、书记员、司法技术人员、翻译人员、鉴定人、勘验人，审判人员包括审判长和参加合议庭的人民陪审员。

2. 应当回避的几种情形。

3. 回避有自行回避和申请回避两种。

强化模拟题

下列(　　)情形适用回避制度。

A. 审判人员与本案有利害关系

B. 审判人员与本案有其他关系,可能影响对案件的公正审理的

C. 审判人员是本案当事人或者当事人、诉讼代理人的近亲属

D. 审判人员曾受过纪律处分

答案:ABC。《民事诉讼法》第 47 条。

第四十八条　【回避申请】当事人提出回避申请,应当说明理由,在案件开始审理时提出;回避事由在案件开始审理后知道的,也可以在法庭辩论终结前提出。

被申请回避的人员在人民法院作出是否回避的决定前,应当暂停参与本案的工作,但案件需要采取紧急措施的除外。

第四十九条　【回避决定的程序】院长担任审判长或者独任审判员时的回避,由审判委员会决定;审判人员的回避,由院长决定;其他人员的回避,由审判长或者独任审判员决定。

第五十条　【回避决定的时限及效力】人民法院对当事人提出的回避申请,应当在申请提出的三日内,以口头或者书面形式作出决定。申请人对决定不服的,可以在接到决定时申请复议一次。复议期间,被申请回避的人员,不停止参与本案的工作。人民法院对复议申请,应当在三日内作出复议决定,并通知复议申请人。

命题题眼

上述 3 条规定了回避的具体程序,应注意与《行政诉讼法》和《刑事诉讼法》的有关规定进行比较掌握。主要考点有:

1. 回避可以是口头和书面两种形式,但应当说明理由。提出回避的时间是在案件开始审理时,也可以在法庭辩论终结前。

2. 被申请回避的人员原则上暂停本案的工作。但复议期间被申请回避的人员不停止参与本案的工作。

3. 回避的决定人员有三个,即审判委员会、院长和审判长。院长担任审判长时的回避,由审判委员会决定;审判人员的回避,由院长决定;其他人员的回避,由审判长决定;实行独任制的,由审判员决定。

4. 当事人对回避决定的复议程序。

历年试题

2018 年试卷二考生回忆版:刘某因买卖合同纠纷向法院起诉,要求被告冯某履行合同并承担违约责任。法院按照普通程序审理该案件,决定由法官张某和人民陪审员乔某、吉某组成合议庭,张某任审判长。刘某得知陪审员乔某是被告的表弟,便要求其回避,但回避申请被张法官当场拒绝。法庭审理后作出判决,原告不服判决,提起上诉。关于本案,下列说法正确的是:

A. 刘某申请回避理由成立

B. 乔某作为人民陪审员,其是否应当回避审判长有权决定

C. 对法院作出的决定不服的,刘某可以提出上诉

D. 发回重审后,应当组成新的合议庭进行审理,且合议庭组成人员中不得有人民陪审员

答案:A。根据《民事诉讼法》第 47 条的规定,A 项正确。根据《民事诉讼法》第 49、51 条的规定,乔某作为人民陪审员,也属于审判人员,其回避由院长决定,故 B 项错误。根据《民事诉讼法》第 50 条的规定,C 项错误。根据《民事诉讼法》第 41 条第 3 款的规定,发回重审按照第一审程序另行组成合议庭,而一审普通程序合议庭组成人员中仍然可以有人民陪审员,D 项错误。

2023 年试卷二考生回忆版:王某诉马某侵权纠纷一案,庭审终结后,法院通知双方当事人于 2023 年 8 月 1 日宣判。马某于 2023 年 7 月 31 日向法院提出回避申请,主张书记员是原告王某弟弟的表妹夫。下列说法正确的是?

A. 以书记员不是回避对象,驳回申请

B. 以不属于回避法定理由驳回

C. 申请回避超期,法院应当不予审查

D. 法院应当延期宣判,对回避申请予以审查

答案:D。书记员是回避对象,A 项错误。最高人民法院《关于审判人员在诉讼活动中执行回避制度若干问题的规定》第 1 条第 2 款规定,"本规定所称近亲属,包括与审判人员有夫妻、直系血亲、三代以内旁系血亲及近姻亲关系的亲属"。王某的弟弟是王某的旁系血亲,王某的弟弟的表妹夫是旁系血亲的近姻亲,不构成回避对象中的近亲属关系,B 项错误。

根据《民事诉讼法》第 48 条的规定,本案当事人申请回避超出法定的期限,但是法院由此知道了本案存在回避的情形,可以指令回避。因此说应当不予审查是错误的。C 项错误,D 项正确。

强化模拟题

某县法院以简易程序审理许某诉方某人身伤害侵权纠纷一案,由审判长高某,人民陪审员郑某、卢某组成合议庭,并将合议庭成员通知了当事人,被告以审判长高某与原告曾经是邻居为由申请高某回避。合议庭讨论后认为理由不成立,驳回申请,方某不服,向上一

级法院提起上诉,3日后被驳回,维持原决定。在审理前的准备阶段,高某认为原、被告本是朋友,调解解决为妥,虽许某表示不愿调解,仍进行三次调解,因调解无效,遂开庭审理。在合议庭评议时,合议庭成员在案件处理上发生分歧,最后以审判长的意见作出判决,判决方某败诉。方某不服,于上诉期内向上一级人民法院提起上诉,请求降低赔偿额。二审法院对上诉案件在认定事实和适用法律上进行了全面审查,经过阅卷和询问当事人,认为事实清楚,不需开庭,遂径行判决,驳回上诉,维持原判。

问:请指出此案审理过程中程序上违法之处,简要说明理由。

答案:主要违法之处有:(1)简易程序应适用独任制;(2)审判长的回避要由法院院长决定;(3)方某对驳回回避申请的决定不能上诉,只能要求复议;(4)调解要自愿;(5)合议庭作出评议决定时要少数服从多数;(6)本案一审程序严重违法,二审只能撤销原判,发回重审。

第五章　诉讼参加人

第一节　当　事　人

第五十一条　【诉讼当事人】公民、法人和其他组织可以作为民事诉讼的当事人。

法人由其法定代表人进行诉讼。其他组织由其主要负责人进行诉讼。

相关规定

《民诉法司法解释》

第50条　法人的法定代表人以依法登记的为准,但法律另有规定的除外。依法不需要办理登记的法人,以其正职负责人为法定代表人;没有正职负责人的,以其主持工作的副职负责人为法定代表人。

法定代表人已经变更,但未完成登记,变更后的法定代表人要求代表法人参加诉讼的,人民法院可以准许。

其他组织,以其主要负责人为代表人。

第51条　在诉讼中,法人的法定代表人变更的,由新的法定代表人继续进行诉讼,并应向人民法院提交新的法定代表人身份证明书。原法定代表人进行的诉讼行为有效。

前款规定,适用于其他组织参加的诉讼。

第52条　民事诉讼法第五十一条规定的其他组织是指合法成立、有一定的组织机构和财产,但又不具备法人资格的组织,包括:

(一)依法登记领取营业执照的个人独资企业;

(二)依法登记领取营业执照的合伙企业;

(三)依法登记领取我国营业执照的中外合作经营企业、外资企业;

(四)依法成立的社会团体的分支机构、代表机构;

(五)依法设立并领取营业执照的法人的分支机构;

(六)依法设立并领取营业执照的商业银行、政策性银行和非银行金融机构的分支机构;

(七)经依法登记领取营业执照的乡镇企业、街道企业;

(八)其他符合本条规定条件的组织。

第53条　法人非依法设立的分支机构,或者虽依法设立,但没有领取营业执照的分支机构,以设立该分支机构的法人为当事人。

第55条　在诉讼中,一方当事人死亡,需要等待继承人表明是否参加诉讼的,裁定中止诉讼。人民法院应当及时通知继承人作为当事人承担诉讼,被继承人已经进行的诉讼行为对承担诉讼的继承人有效。

第56条　法人或者其他组织的工作人员执行工作任务造成他人损害的,该法人或者其他组织为当事人。

第57条　提供劳务一方因劳务造成他人损害,受害人提起诉讼的,以接受劳务一方为被告。

第58条　在劳务派遣期间,被派遣的工作人员因执行工作任务造成他人损害的,以接受劳务派遣的用工单位为当事人。当事人主张劳务派遣单位承担责任的,该劳务派遣单位为共同被告。

第59条　在诉讼中,个体工商户以营业执照上登记的经营者为当事人。有字号的,以营业执照上登记的字号为当事人,但应同时注明该字号经营者的基本信息。

营业执照上登记的经营者与实际经营者不一致的,以登记的经营者和实际经营者为共同诉讼人。

第60条　在诉讼中,未依法登记领取营业执照的个人合伙的全体合伙人为共同诉讼人。个人合伙有依法核准登记的字号的,应在法律文书中注明登记的字号。全体合伙人可以推选代表人;被推选的代表人,应由全体合伙人出具推选书。

第61条　当事人之间的纠纷经人民调解委员会或者其他依法设立的调解组织调解达成协议后,一方当事人不履行调解协议,另一方当事人向人民法院提起诉讼的,应以对方当事人为被告。

第62条　下列情形,以行为人为当事人:

(一)法人或者其他组织应登记而未登记,行为人即以该法人或者其他组织名义进行民事活动的；

（二）行为人没有代理权、超越代理权或者代理权终止后以被代理人名义进行民事活动的，但相对人有理由相信行为人有代理权的除外；

（三）法人或者其他组织依法终止后，行为人仍以其名义进行民事活动的。

第63条　企业法人合并的，因合并前的民事活动发生的纠纷，以合并后的企业为当事人；企业法人分立的，因分立前的民事活动发生的纠纷，以分立后的企业为共同诉讼人。

第64条　企业法人解散的，依法清算并注销前，以该企业法人为当事人；未依法清算即被注销的，以该企业法人的股东、发起人或者出资人为当事人。

第68条　居民委员会、村民委员会或者村民小组与他人发生民事纠纷的，居民委员会、村民委员会或者有独立财产的村民小组为当事人。

第69条　对侵害死者遗体、遗骨以及姓名、肖像、名誉、荣誉、隐私等行为提起诉讼的，死者的近亲属为当事人。

命题题眼

本条规定了当事人的确定，是重要知识点。主要考点有：

1. 当事人。

（1）当事人的含义：当事人是指因民事权利义务发生争议，以自己的名义进行诉讼，要求法院行使民事裁判权的人。狭义的当事人仅指原告和被告，广义的当事人还包括共同诉讼人和第三人。

（2）形式上的当事人与实质上的当事人。形式上的当事人是纯粹诉讼上的概念，与实体法律关系没有联系。实质上的当事人也称为正当当事人，是从实体法的角度观察的结果。形式上的当事人与实质上的当事人有区别。引起诉讼程序开始的当事人只能是形式上的当事人，没有形式上的当事人就无法确定管辖法院。形式上的当事人仅以原告主观上主张为准。作为诉讼标的的民事法律关系的主体是正当当事人。

（3）当事人适格。当事人适格又称正当当事人，是指对于具体的诉讼，有作为本案当事人起诉或者应诉的资格。

诉讼权利能力是作为抽象的诉讼当事人的资格，当事人适格是作为具体的诉讼当事人的资格，是针对具体的诉讼而言的，当事人适格与否，要看当事人与特定的诉讼标的有无直接联系，也就是对本案的诉讼标的，谁应当有权要求法院作出判决和谁应当作为被请求的相对人。

（4）判断当事人适格与否的标准。应当以当事人是否是所争议的民事法律关系（本案的诉讼标的）的主体，作为判断当事人适格与否的标准。因此，只要是民事法律关系或者民事权利的主体，以该民事法律关系或者民事权利作为诉讼标的进行诉讼，就是适格的当事人。

但是，在某些例外情况下，非民事法律关系或者民事权利的主体，也可以作为适格的当事人。这些例外情况主要有：

①公益诉讼。

②根据当事人的意思或者法律规定，依法对他人的民事法律关系或者民事权利享有管理权，如破产程序中的清算组、遗产管理人、遗嘱执行人等。当受其管理的民事法律关系或者民事权利发生争议后，这些人可以以自己名义起诉或者应诉。

③在确认之诉中，对诉讼标的有确认利益的人。在确认之诉中，对适格当事人的判断，不是看该当事人是否为该争议的法律关系的主体，而是看该当事人对该争议的法律关系的解决是否具有法律上的利害关系。

2. 重点掌握司法解释关于不同情况下当事人地位的确定，这是历年考试的重点。

3. 诉讼权利能力与诉讼行为能力。

（1）诉讼权利能力，是指公民、法人和其他组织在诉讼活动中，依法享有诉讼权利和承担义务的资格。具有诉讼权利能力是成为诉讼当事人的基本条件，如果起诉的当事人没有诉讼权利能力，法院将驳回起诉。

民事权利能力与诉讼权利能力的关系。在通常情况下，二者是一致的，即只要有民事权利能力，就有民事诉讼权利能力；在特殊情况下，民事权利能力与民事诉讼权利能力又不完全一致，对没有民事权利能力的人，法律也可以赋予民事诉讼权利能力。

一个公民从出生之日起到死亡之日止，都享有诉讼权利能力。一个企业事业单位、机关、团体，其诉讼权利能力始于它的成立之日，消灭于撤销、合并或终止之日。

（2）诉讼行为能力，亦称诉讼能力，就是能够亲自从事民事诉讼活动，具有独立行使诉讼权利和履行诉讼义务的能力。只有既有诉讼权利能力，又有诉讼行为能力的人，才能独立行使诉讼权利，履行诉讼义务。

（3）诉讼权利能力与诉讼行为能力的关系。有诉讼权利能力但没有诉讼行为能力的人，可以成为当事人，但不能亲自实施诉讼行为，只能通过其法定代理人或者由其法定代理人委托的诉讼代理人代为实施诉讼行为。所以，有无诉讼行为能力不是成为诉讼当事人的基本条件。

只有公民才存在诉讼权利能力与诉讼行为能力不一致的情况，法人和其他组织的诉讼权利能力与诉讼行为能力同时产生、同时消灭。

民事行为能力采用三分法，即完全民事行为能力、限制民事行为能力、无民事行为能力；民事诉讼行为能力只有有和无之分。只有完全民事行为能力公民才有诉讼行为能力，限制民事行为能力、无民事行为能力公民都没有诉讼行为能力。

历年试题

2020年试卷二考生回忆版：刘某工商登记注册个体餐馆，命名为“刘大厨私房菜”，与张某协议由张某实际经营餐馆。张某在经营中因供货质量问题与供应商甲发生争执，拟提起诉讼，谁为本案适格原告？

A. 刘某为原告

B. 张某为原告

C.“刘大厨私房菜”为原告

D. 刘某和张某共同原告

答案：D。《民诉法司法解释》第59条。

2021年试卷二考生回忆版：某个体工商户依法领取执照并登记字号为“家家利商店”，登记的经营者为张三，但是张三转让给李四经营。后因供货商未能按时供货，其欲起诉供货商。本案中，适格原告应是（　　）。

A. 张三　　B. 李四

C. 张三和李四　　D.“家家利商店”

答案：D。

2023年试卷二考生回忆版：甲把自己的私家车借给乙，因为乙刚拿驾照，两人约定乙只能在市区驾驶。但是乙开车出市区后，直接开上高速。行人丙横穿马路，乙为躲避丙急打方向盘，将丁撞伤。交警大队对本次事故责任认定：乙承担本次事故30%的责任，丙承担本次事故70%的责任。现丁为治疗撞伤花了医疗费1万元，欲起诉要求相关主体承担赔偿责任，问被告应该如何列明？

A. 以乙为适格被告

B. 以丙为适格被告

C. 甲和丙是共同被告

D. 甲、乙和丙是共同被告

答案：AB。《民法典》第1209条。机动车所有人甲尽到了合理的提醒和约束义务，对损害的发生没有过错，不能将所有人甲作为被告。A项正确，C、D项错误。行人丙横穿马路，对交通事故承担主要责任，对丁的损害应该承担主要责任，应该作为本案被告。B项正确。

2024年试卷二考生回忆版：甲有一只烈性犬，用铁链拴在自己家院子里，甲让张某帮忙喂狗。王某路过院子，好奇心趋使王某扔了一块石头，甲的狗受到惊吓挣脱铁链，冲出去将薛某撞伤。现在薛某拟起诉，适格被告是？

A. 仅以甲为适格被告

B. 仅以王某为被告

C. 甲和王某为共同被告

D. 甲和张某为共同被告

答案：AB。《民法典》第1247、1250条。

2024年试卷二考生回忆版：5岁幼儿丁某在医院看病期间，不慎将水洒在地板上，病人李某踩中水迹滑倒。后李某与医院、丁某父母就赔偿事宜不能协商一致，李某准备向法院起诉要求赔偿，李某可以如何起诉？

A. 仅起诉医院

B. 起诉丁某、丁某家长和医院

C. 起诉丁某和丁某家长

D. 仅起诉丁某

答案：BC。《民法典》第1198条，《民诉法司法解释》第67条。

强化模拟题

1. 甲市物资局所属的甲市物资租赁贸易服务总公司于2008年10月与乙市农业生产资料服务公司签订了一份买卖合同，该合同在履行过程中发生了纠纷。此时，甲市物资租赁贸易服务总公司一分为二，分立为甲市物资租赁服务公司和甲市物资贸易公司（均为独立法人），公司分立时，对上述买卖合同如何处理未作安排。现乙市农业生产资料服务公司到法院就该合同纠纷提起诉讼，本诉讼的被告应当是谁？

A. 甲市物资租赁贸易服务总公司

B. 甲市物资局

C. 甲市物资租赁服务公司或甲市物资贸易公司

D. 甲市物资租赁服务公司和甲市物资贸易公司

答案：D。企业法人分立的，因分立前的民事活动发生的纠纷，以分立后的企业为共同诉讼人。

2. 下列有关诉讼行为能力的说法，不正确的是（　　）。

A. 没有诉讼行为能力的人，不能作为民事诉讼当事人

B. 有无诉讼行为能力是决定当事人能否独自进行诉讼活动的唯一条件

C. 民事诉讼行为能力分为无诉讼行为能力、限制

诉讼行为能力和完全诉讼行为能力

D. 法人和其他组织的诉讼权利能力与诉讼行为能力同时产生、同时消灭

答案:AC。本题考查诉讼行为能力的含义。民事诉讼行为能力只分为无诉讼行为能力和完全诉讼行为能力。只有达到成年人的年龄,才具有诉讼行为能力。

第五十二条 【诉讼权利义务】当事人有权委托代理人,提出回避申请,收集、提供证据,进行辩论,请求调解,提起上诉,申请执行。

当事人可以查阅本案有关材料,并可以复制本案有关材料和法律文书。查阅、复制本案有关材料的范围和办法由最高人民法院规定。

当事人必须依法行使诉讼权利,遵守诉讼秩序,履行发生法律效力的判决书、裁定书和调解书。

第五十三条 【自行和解】双方当事人可以自行和解。

第五十四条 【诉讼请求的放弃、变更、承认、反驳及反诉】原告可以放弃或者变更诉讼请求。被告可以承认或者反驳诉讼请求,有权提起反诉。

相关规定

《民诉法司法解释》

第232条 在案件受理后,法庭辩论结束前,原告增加诉讼请求,被告提出反诉,第三人提出与本案有关的诉讼请求,可以合并审理的,人民法院应当合并审理。

第233条 反诉的当事人应当限于本诉的当事人的范围。

反诉与本诉的诉讼请求基于相同法律关系、诉讼请求之间具有因果关系,或者反诉与本诉的诉讼请求基于相同事实的,人民法院应当合并审理。

反诉应由其他人民法院专属管辖,或者与本诉的诉讼标的及诉讼请求所依据的事实、理由无关联的,裁定不予受理,告知另行起诉。

命题题眼

提起反诉的条件:

1. 须由本诉的被告向本诉的原告提出。

反诉与本诉当事人同一性的特征决定了只有本诉的被告才能够向本诉的原告提出反诉。如果不是本诉的被告,如无独立请求权的第三人、被告的诉讼代理人,则无权提出反诉。

2. 须在本诉进行中提出。

本诉进行中是指法院受理本诉后直至法庭辩论终结前。法院尚未受理本诉,诉讼程序尚未开始,反诉无从提起。法庭辩论已经终结,再受理反诉不但无法达到诉讼经济的目的,而且会造成诉讼的迟延。进入第二审程序后,原审被告依然可以提出反诉,但二审法院受理反诉后,已不能对反诉作出裁判,因为对反诉作出裁判后不服的一方当事人已无法再上诉,有违两审终审制。二审法院可以用调解的方式处理本诉与反诉,调解不成时,应当告知当事人另行起诉,而不能将本诉与反诉发回一审法院重审。

3. 须向受理本诉的法院提出,且受诉法院对反诉有管辖权。

4. 须与本诉适用同一诉讼程序。

反诉须与本诉适用同一种诉讼程序,方能利用本诉的诉讼程序合并审理。如果本诉适用的是简易程序而反诉应适用普通程序,则难以将两诉合并,反诉也就没有意义。

5. 须反诉与本诉之间存在牵连关系。

强化模拟题

下列属于反诉的是( )。

A. 原告提出要求交付买卖标的物汽车,被告请求确认买卖合同关系无效

B. 原告基于所有权请求被告交付所占有的动产,被告要求确认他对该动产享有的质权

C. 原告请求被告交纳房租,被告要求原告赔偿房屋失修造成的损失

D. 原告提出依据借款合同被告应当偿还借款,被告提出借款合同上自己的签名是原告伪造的

答案:ABC。反诉的本质是诉,所以必须要有诉讼请求,D项中的被告并没有提出独立的诉讼请求,只属于对原告诉讼请求的抗辩。

第五十五条 【共同诉讼】当事人一方或者双方为二人以上,其诉讼标的是共同的,或者诉讼标的是同一种类、人民法院认为可以合并审理并经当事人同意的,为共同诉讼。

共同诉讼的一方当事人对诉讼标的有共同权利义务的,其中一人的诉讼行为经其他共同诉讼人承认,对其他共同诉讼人发生效力;对诉讼标的没有共同权利义务的,其中一人的诉讼行为对其他共同诉讼人不发生效力。

相关法条

第一百三十五条 必须共同进行诉讼的当事人没有参加诉讼的,人民法院应当通知其参加诉讼。

相关规定

《民诉法司法解释》

第54条 以挂靠形式从事民事活动,当事人请求由挂靠人和被挂靠人依法承担民事责任的,该挂靠人和被挂靠人为共同诉讼人。

第65条 借用业务介绍信、合同专用章、盖章

的空白合同书或者银行账户的，出借单位和借用人为共同诉讼人。

第66条　因保证合同纠纷提起的诉讼，债权人向保证人和被保证人一并主张权利的，人民法院应当将保证人和被保证人列为共同被告。保证合同约定为一般保证，债权人仅起诉保证人的，人民法院应当通知被保证人作为共同被告参加诉讼；债权人仅起诉被保证人的，可以只列被保证人为被告。

第67条　无民事行为能力人、限制民事行为能力人造成他人损害的，无民事行为能力人、限制民事行为能力人和其监护人为共同被告。

第70条　在继承遗产的诉讼中，部分继承人起诉的，人民法院应通知其他继承人作为共同原告参加诉讼；被通知的继承人不愿意参加诉讼又未明确表示放弃实体权利的，人民法院仍应将其列为共同原告。

第71条　原告起诉被代理人和代理人，要求承担连带责任的，被代理人和代理人为共同被告。

原告起诉代理人和相对人，要求承担连带责任的，代理人和相对人为共同被告。

第72条　共有财产权受到他人侵害，部分共有权人起诉的，其他共有权人为共同诉讼人。

第73条　必须共同进行诉讼的当事人没有参加诉讼的，人民法院应当依照民事诉讼法第一百三十五条的规定，通知其参加；当事人也可以向人民法院申请追加。人民法院对当事人提出的申请，应当进行审查，申请理由不成立的，裁定驳回；申请理由成立的，书面通知被追加的当事人参加诉讼。

第74条　人民法院追加共同诉讼的当事人时，应当通知其他当事人。应当追加的原告，已明确表示放弃实体权利的，可不予追加；既不愿意参加诉讼，又不放弃实体权利的，仍应追加为共同原告，其不参加诉讼，不影响人民法院对案件的审理和依法作出判决。

命题题眼

本条规定了共同诉讼制度，是常考、易考知识点。主要考点有：

1. 共同诉讼是指当事人一方或双方为两人（含两人）以上的诉讼。共同诉讼是诉的合并的一种形式，属于诉的主体合并，即诉讼当事人的合并。

2. 必要共同诉讼。

（1）必要共同诉讼的概念。

必要共同诉讼，是指当事人一方或者双方为两人以上，诉讼标的同一，法院必须合并审理并合一判决的共同诉讼。

（2）必要共同诉讼的特点。

①当事人一方或双方为两人以上。这是共同诉讼的基本要求。

②诉讼标的具有同一性。

③法院必须合并审理、合一判决。所谓法院必须合并审理、合一判决，是指对于共同诉讼，法院必须适用同一诉讼程序进行审理，并对共同诉讼人的权利义务作出内容相同的裁判。这是由必要共同诉讼中诉讼标的同一性决定的。

（3）必要共同诉讼人的追加。

由于在必要共同诉讼中诉讼标的具有同一性，法院只能合并审理和合一判决，当事人只能一同起诉或应诉，否则当事人将不适格；因此，在起诉或应诉时，如果有部分当事人没有参加诉讼，就需要追加当事人。

追加当事人的方式有两种：一是由法院依职权进行，二是由法院根据参加诉讼的当事人的申请追加。

3. 普通共同诉讼。

（1）普通共同诉讼的概念。

普通的共同诉讼，是指当事人的一方或双方是二人以上，其诉讼标的同种类，当事人同意合并且法院认为可以合并审理的诉讼。因此，普通共同诉讼成立要件有三个：诉讼标的具有同类性，法院认为可以合并审理，当事人同意合并审理。

（2）普通共同诉讼的特点。

①普通共同诉讼的诉讼标的是同一种类的，这是普通共同诉讼与必要共同诉讼的基本区别。如一人对数人实施加害行为，造成损害时，数人作为共同诉讼人分别向加害人提出损害赔偿请求。正因为普通共同诉讼人之间的诉讼标的是同种类的，而不是同一的，所以共同诉讼人之间没有共同的权利义务，对其中一个诉讼标的作出的判决，其效力也不及于其他的诉讼标的。

②普通共同诉讼是一种可分之诉，共同诉讼人的诉讼行为具有独立性。因此，普通共同诉讼，既可以单独起诉，也可以共同起诉。共同起诉的，法院认为可以合并审理，而当事人又同意合并审理的，就形成了普通共同诉讼。

③法院对案件的合并审理与分别判决。

在普通共同诉讼中，因当事人合并进行诉讼，法院则对案件合并进行审理。合并审理只是审理行为的合并，而不是审理对象的合并。

人民法院对普通共同诉讼虽然合并进行审理，但基于不同共同诉讼人与对方当事人之间的诉讼标的是各自独立的，各自享有不同的实体权利或承担不同的实体义务，因而应对不同的共同诉讼人与对方当事人之间的争议，分别作出判决。如此便于共同诉讼人各自决定是否行使上诉权，以及判决生效后是否行使申请执行权。

历年试题

2020 年试卷二考生回忆版：普通共同诉讼，关于和 A 公司的投资纠纷，原告们选定甲当代表人参加案件审理，审理过程中甲与被告 A 公司达成调解，对此调解协议除张某要求判决解决纠纷外，其他人一致同意。关于调解正确的选项是？

A. 调解协议对全部人有效

B. 法院应作出判决

C. 调解协议对张某无效，张某应另行起诉

D. 法院应当制作调解书

答案：D。本题考查了普通共同诉讼的代表人诉讼。普通共同诉讼的特点之一在于其是一种可分之诉，一方当事人对诉讼标的没有共同的权利义务，法院并非必须作出统一的判决。本题中，若张某不同意调解方案，法院应当就其他当事人的部分制作调解书，就张某的部分继续审理。综上，D 项正确。

2021 年试卷二考生回忆版：甲向某银行贷款 100 万元，由乙提供担保。后甲又向该银行贷款 80 万元，由丙提供担保。两笔贷款现均已到期，甲无力还款，该银行就两笔贷款分别向法院起诉，法院决定将两个案件合并审理。关于本案，下列哪些说法是正确的？

A. 法院合并审理应当经乙、丙同意

B. 合并审理是诉的合并，应当经甲同意

C. 法院不应当合并审理

D. 本案是必要共同诉讼，应当合并审理

答案：AB。

强化模拟题

1. 个体工商户崔某从 2004 年起在某市经营一饭店，领有营业执照，2007 年因妻子生病急需用钱因而将饭店转让给赵某经营，但双方并未到工商局办理营业执照的更名手续。赵某在经营过程中，致使多名顾客食物中毒，这些顾客决定向法院起诉要求赔偿损失。此案中当事人的诉讼地位应如何确定？

A. 顾客是原告，赵某是被告，崔某与本案无关

B. 顾客是原告，崔某是被告，赵某与本案无关

C. 顾客是原告，崔某与赵某是共同被告

D. 顾客是原告，赵某是被告，崔某是无独立请求权的第三人

答案：C。《民诉法司法解释》第 59 条第 2 款。

2. 张志文、张志清、张志武、张志山均为张汉军的儿子（张汉军的妻子张王氏早年病故）。张汉军于 2006 年 12 月病故。张志文兄弟 4 人因继承遗产发生争议，张志文以张志武为被告提起诉讼。诉讼中，法院查明，张汉军除有张志文等 4 个儿子外，还有出嫁多年的女儿张玉珍，法院分别征求了张志清、张志山、张玉珍对继承其父亲遗产及是否愿意参加诉讼的意见，张玉珍表示放弃继承权，也不愿参加诉讼，张志清表示要分得一份父亲的遗产，并愿意以原告身份参加诉讼，张志山则表示不愿参加诉讼，但不放弃其继承权。在上述情况下，法院应将哪些人列为本案的原告？

A. 张玉珍　　B. 张志文

C. 张志清　　D. 张志山

答案：BCD。《民诉法司法解释》第 70 条。

第五十六条　【当事人一方人数确定的代表人诉讼】当事人一方人数众多的共同诉讼，可以由当事人推选代表人进行诉讼。代表人的诉讼行为对其所代表的当事人发生效力，但代表人变更、放弃诉讼请求或者承认对方当事人的诉讼请求，进行和解，必须经被代表的当事人同意。

第五十七条　【当事人人数不确定的代表人诉讼】诉讼标的是同一种类、当事人一方人数众多在起诉时人数尚未确定的，人民法院可以发出公告，说明案件情况和诉讼请求，通知权利人在一定期间向人民法院登记。

向人民法院登记的权利人可以推选代表人进行诉讼；推选不出代表人的，人民法院可以与参加登记的权利人商定代表人。

代表人的诉讼行为对其所代表的当事人发生效力，但代表人变更、放弃诉讼请求或者承认对方当事人的诉讼请求，进行和解，必须经被代表的当事人同意。

人民法院作出的判决、裁定，对参加登记的全体权利人发生效力。未参加登记的权利人在诉讼时效期间提起诉讼的，适用该判决、裁定。

相关规定

《民诉法司法解释》

第 75 条　民事诉讼法第五十六条、第五十七条和第二百一十条规定的人数众多，一般指十人以上。

第 76 条　依照民事诉讼法第五十六条规定，当事人一方人数众多在起诉时确定的，可以由全体当事人推选共同的代表人，也可以由部分当事人推选自己的代表人；推选不出代表人的当事人，在必要的共同诉讼中可以自己参加诉讼，在普通的共同诉讼中可以另行起诉。

第 77 条　根据民事诉讼法第五十七条规定，当

事人一方人数众多在起诉时不确定的，由当事人推选代表人。当事人推选不出的，可以由人民法院提出人选与当事人协商；协商不成的，也可以由人民法院在起诉的当事人中指定代表人。

第78条　民事诉讼法第五十六条和第五十七条规定的代表人为二至五人，每位代表人可以委托一至二人作为诉讼代理人。

第79条　依照民事诉讼法第五十七条规定受理的案件，人民法院可以发出公告，通知权利人向人民法院登记。公告期间根据案件的具体情况确定，但不得少于三十日。

第80条　根据民事诉讼法第五十七条规定向人民法院登记的权利人，应当证明其与对方当事人的法律关系和所受到的损害。证明不了的，不予登记，权利人可以另行起诉。人民法院的裁判在登记的范围内执行。未参加登记的权利人提起诉讼，人民法院认定其请求成立的，裁定适用人民法院已作出的判决、裁定。

命题题眼

上述2条规定了代表人诉讼制度。主要考点是：

1. 代表人诉讼分为人数确定的代表人诉讼和人数不确定的代表人诉讼。诉讼代表人是由众多当事人推选产生或者由人民法院与权利人商定产生的。

2. 诉讼代表人的条件和权限，其权限相当于一般授权的诉讼代理人。

3. 人民法院作出的判决、裁定，对参加登记的全体权利人发生效力。未参加登记的权利人在诉讼时效期间提起诉讼，人民法院认定其请求成立的，裁定适用人民法院已作出的判决、裁定。

历年试题

2023年试卷二考生回忆版：工厂违规排污导致周围农田受损，环境污染公益诉讼案件审结后，有55人起诉工厂，称自己的农田在该次污染中受到了损害。法院判决被告赔偿原告每人5万元。判决作出后，下游的A来诉讼，称自己的农田也在此次污染中遭到了损害。法院裁定对A适用先前55人起诉损害赔偿诉讼中每个人赔偿5万元的判决。但是A说自己损失太大，5万元不足以赔偿自己的损失，针对55人起诉损害赔偿案件的判决提起了第三人撤销之诉。法院应如何处理？

A. 裁定撤销赔偿5万元的判决

B. 判决撤销赔偿5万元的判决

C. 裁定不予受理

D. 判决驳回A的诉讼请求

答案：C。本案中55人提起的诉讼不属于公益诉讼，属于损害赔偿诉讼中的代表人诉讼。在代表人诉讼中，A属于未参加登记的权利人，不能针对代表人诉讼案件的生效判决提出第三人撤销之诉。因此对于A提起的第三人撤销之诉，法院应该裁定不予受理。C项正确。

法院不受理该案，就不能对实体问题进行处理，不能撤销55人提起的损害赔偿诉讼中的判决，也不能驳回A的诉讼请求。所以A、B、D项错误。

2023年试卷二考生回忆版：上市公司甲在公报中虚构业绩，导致大量投资者受到损失，某投保基金受易某等80名投资者的委托，提起特别代表人诉讼，法院依法认定了5808名投资者的委托，提起特别代表人诉讼，法院依法认定了5808名投资者受到虚假陈述影响，仅有郭某一人声明退出诉讼。关于本案判决对投资者的约束力，下列说法正确的是？

A. 如代表人败诉，判决约束易某等80名投资者，其他投资人另行起诉

B. 如代表人胜诉，判决约束除郭某外的5807名投资者

C. 如代表人胜诉，判决约束全部投资者

D. 如代表人诉讼败诉，判决只约束投保基金，所有投资者均可另行起诉

答案：B。代表人诉讼对参加诉讼的除郭某外的5807名当事人均产生约束力，不是只针对刚开始委托的80名投资者有效。A、D项错误。如代表人胜诉，因为郭某已经声明退出诉讼，所以判决不约束郭某，对其他的5807名投资者有效。B项正确。C项错误。

强化模拟题

1. 某厂生产的面包存在严重的质量问题，多名消费者在食用后身体健康受到损害。其中有3名消费者向人民法院提起诉讼，要求某厂赔偿损失。人民法院受理后，认为还存在数量不详的同样受到侵害的消费者。对此，正确的处理方式是(　　)。

A. 发出公告，通知其他消费者在20日内向人民法院登记

B. 向人民法院登记的消费者可以推选出诉讼代表人

C. 人民法院作出的判决对所有受到损害的消费者都有法律效力

D. 未参加登记的权利人在诉讼时效期间内提起诉讼，人民法院认定其请求成立的，裁定适用人民法院已作出的判决、裁定

答案：BD。《民事诉讼法》第57条。

2. A厂生产的一批酱油由于香精投放过多，对人体有损害。报纸披露此消息后，购买过该批酱油的消费者纷纷起诉A厂，要求赔偿损失。甲和乙被推选为诉讼代表人参加诉讼。下列哪一选项是正确的？

A. 甲和乙因故不能参加诉讼,法院可以指定另一名当事人为诉讼代表人代表当事人进行诉讼

B. 甲因病不能参加诉讼,可以委托一至两人作为诉讼代理人,而无须征得被代表的当事人的同意

C. 甲和乙可以自行决定变更诉讼请求,但事后应当及时告知其他当事人

D. 甲和乙经超过半数原告方当事人同意,可以和A厂签订和解协议

答案:B。诉讼代表人的权限相当于一般授权的诉讼代理人。所以,C、D项错误。

第五十八条　【公益诉讼】对污染环境、侵害众多消费者合法权益等损害社会公共利益的行为,法律规定的机关和有关组织可以向人民法院提起诉讼。

人民检察院在履行职责中发现破坏生态环境和资源保护、食品药品安全领域侵害众多消费者合法权益等损害社会公共利益的行为,在没有前款规定的机关和组织或者前款规定的机关和组织不提起诉讼的情况下,可以向人民法院提起诉讼。前款规定的机关或者组织提起诉讼的,人民检察院可以支持起诉。

相关规定

《民诉法司法解释》

第282条　环境保护法、消费者权益保护法等法律规定的机关和有关组织对污染环境、侵害众多消费者合法权益等损害社会公共利益的行为,根据民事诉讼法第五十八条规定提起公益诉讼,符合下列条件的,人民法院应当受理:

(一)有明确的被告;

(二)有具体的诉讼请求;

(三)有社会公共利益受到损害的初步证据;

(四)属于人民法院受理民事诉讼的范围和受诉人民法院管辖。

第284条　人民法院受理公益诉讼案件后,应当在十日内书面告知相关行政主管部门。

第285条　人民法院受理公益诉讼案件后,依法可以提起诉讼的其他机关和有关组织,可以在开庭前向人民法院申请参加诉讼。人民法院准许参加诉讼的,列为共同原告。

第286条　人民法院受理公益诉讼案件,不影响同一侵权行为的受害人根据民事诉讼法第一百二十二条规定提起诉讼。

第289条　公益诉讼案件的裁判发生法律效力后,其他依法具有原告资格的机关和有关组织就同一侵权行为另行提起公益诉讼的,人民法院裁定不予受理,但法律、司法解释另有规定的除外。

最高人民法院《关于审理环境民事公益诉讼案件适用法律若干问题的解释》

第1条　法律规定的机关和有关组织依据民事诉讼法第五十八条、环境保护法第五十八条等法律的规定,对已经损害社会公共利益或者具有损害社会公共利益重大风险的污染环境、破坏生态的行为提起诉讼,符合民事诉讼法第一百二十二条第二项、第三项、第四项规定的,人民法院应予受理。

第2条　依照法律、法规的规定,在设区的市级以上人民政府民政部门登记的社会团体、基金会以及社会服务机构等,可以认定为环境保护法第五十八条规定的社会组织。

第3条　设区的市,自治州、盟、地区,不设区的地级市,直辖市的区以上人民政府民政部门,可以认定为环境保护法第五十八条规定的"设区的市级以上人民政府民政部门"。

第4条　社会组织章程确定的宗旨和主要业务范围是维护社会公共利益,且从事环境保护公益活动的,可以认定为环境保护法第五十八条规定的"专门从事环境保护公益活动"。

社会组织提起的诉讼所涉及的社会公共利益,应与其宗旨和业务范围具有关联性。

第5条　社会组织在提起诉讼前五年内未因从事业务活动违反法律、法规的规定受过行政、刑事处罚的,可以认定为环境保护法第五十八条规定的"无违法记录"。

第8条　提起环境民事公益诉讼应当提交下列材料:

(一)符合民事诉讼法第一百二十四条规定的起诉状,并按照被告人数提出副本;

(二)被告的行为已经损害社会公共利益或者具有损害社会公共利益重大风险的初步证明材料;

(三)社会组织提起诉讼的,应当提交社会组织登记证书、章程、起诉前连续五年的年度工作报告书或者年检报告书,以及由其法定代表人或者负责人签字并加盖公章的无违法记录的声明。

第9条　人民法院认为原告提出的诉讼请求不足以保护社会公共利益的,可以向其释明变更或者增加停止侵害、修复生态环境等诉讼请求。

第10条　人民法院受理环境民事公益诉讼后,应当在立案之日起五日内将起诉状副本发送被告,并公告案件受理情况。

有权提起诉讼的其他机关和社会组织在公告之日起三十日内申请参加诉讼,经审查符合法定条件

的，人民法院应当将其列为共同原告；逾期申请的，不予准许。

公民、法人和其他组织以人身、财产受到损害为由申请参加诉讼的，告知其另行起诉。

第 11 条　检察机关、负有环境资源保护监督管理职责的部门及其他机关、社会组织、企业事业单位依据民事诉讼法第十五条的规定，可以通过提供法律咨询、提交书面意见、协助调查取证等方式支持社会组织依法提起环境民事公益诉讼。

第 12 条　人民法院受理环境民事公益诉讼后，应当在十日内告知对被告行为负有环境资源保护监督管理职责的部门。

第 18 条　对污染环境、破坏生态，已经损害社会公共利益或者具有损害社会公共利益重大风险的行为，原告可以请求被告承担停止侵害、排除妨碍、消除危险、修复生态环境、赔偿损失、赔礼道歉等民事责任。

第 19 条　原告为防止生态环境损害的发生和扩大，请求被告停止侵害、排除妨碍、消除危险的，人民法院可以依法予以支持。

原告为停止侵害、排除妨碍、消除危险采取合理预防、处置措施而发生的费用，请求被告承担的，人民法院可以依法予以支持。

第 20 条　原告请求修复生态环境的，人民法院可以依法判决被告将生态环境修复到损害发生之前的状态和功能。无法完全修复的，可以准许采用替代性修复方式。

人民法院可以在判决被告修复生态环境的同时，确定被告不履行修复义务时应承担的生态环境修复费用；也可以直接判决被告承担生态环境修复费用。

生态环境修复费用包括制定、实施修复方案的费用，修复期间的监测、监管费用，以及修复完成后的验收费用、修复效果后评估费用等。

第 21 条　原告请求被告赔偿生态环境受到损害至修复完成期间服务功能丧失导致的损失、生态环境功能永久性损害造成的损失的，人民法院可以依法予以支持。

第 22 条　原告请求被告承担以下费用的，人民法院可以依法予以支持：

（一）生态环境损害调查、鉴定评估等费用；

（二）清除污染以及防止损害的发生和扩大所支出的合理费用；

（三）合理的律师费以及为诉讼支出的其他合理费用。

第 23 条　生态环境修复费用难以确定或者确定具体数额所需鉴定费用明显过高的，人民法院可以结合污染环境、破坏生态的范围和程度，生态环境的稀缺性，生态环境恢复的难易程度，防治污染设备的运行成本，被告因侵害行为所获得的利益以及过错程度等因素，并可以参考负有环境资源保护监督管理职责的部门的意见、专家意见等，予以合理确定。

第 24 条　人民法院判决被告承担的生态环境修复费用、生态环境受到损害至修复完成期间服务功能丧失导致的损失、生态环境功能永久性损害造成的损失等款项，应当用于修复被损害的生态环境。

其他环境民事公益诉讼中败诉原告所需承担的调查取证、专家咨询、检验、鉴定等必要费用，可以酌情从上述款项中支付。

第 34 条　社会组织有通过诉讼违法收受财物等牟取经济利益行为的，人民法院可以根据情节轻重依法收缴其非法所得、予以罚款；涉嫌犯罪的，依法移送有关机关处理。

社会组织通过诉讼牟取经济利益的，人民法院应当向登记管理机关或者有关机关发送司法建议，由其依法处理。

命题题眼

本条规定了公益诉讼。公益诉讼制度有以下特点：第一，诉讼目的具有特殊性，公益诉讼的目的是维护社会公共利益。第二，起诉主体具有法定性、特殊性与广泛性。法定性是指公益诉讼的原告必须是获得法定授权的机关团体，个人不能成为公益诉讼的原告；特殊性和广泛性，是指民事公益诉讼的原告并不限于遭受违法行为侵害的直接利害关系人。第三，公益诉讼的提起并不以存在实际损害为前提条件，可以针对那些给社会公众或不特定多数人造成潜在危害的不法行为提起民事公益诉讼。

历年试题

2021 年试卷二考生回忆版：翔宇化工厂违规排放污水，造成河流严重污染。甲环保组织提起公益诉讼，要求赔偿 100 万元。法官审查后发现 100 万元远远不够治理河流污染，建议甲环保组织将赔偿额修改为 1000 万元。后法院判决甲环保组织胜诉。关于本案的程序规则，下列说法错误的是？

A. 适用一审终审，不得上诉

B. 应由中级法院管辖

C. 法官建议增加赔偿额，违反处分原则

D. 甲环保组织起诉前应通知生态环境部门

答案：ABCD。

2024 年试卷二考生回忆版：甲公司排放污水污染

环境，大地环保公益组织起诉要求损害赔偿1亿元并胜诉。后蓝天环保公益组织就同一污染行为提起公益诉讼，要求损害赔偿2亿元。以下不构成重复起诉的是？

A. 检察院针对同一行为提起的公益诉讼

B. 公民王某提起的侵权私益诉讼

C. 蓝天环保公益组织就同一行为提起的公益诉讼

D. 甲公司提起要求大地环保公益组织名誉损害赔偿的私益诉讼

答案：BD。《民诉法司法解释》第286、289条。

2024年试卷二考生回忆版：白某经常凌晨在小区花园弹吉他，影响居民休息，小区居民汪某多次与白某协调未果。汪某遂起诉请求判令白某停止凌晨在小区花园弹吉他。对于汪某的起诉，下面说法正确的是？

A. 汪某提起的诉讼是代表集体的诉讼，是代表人诉讼

B. 小区其他居民申请参加诉讼，法院可列为共同原告

C. 汪某提起的是公益诉讼

D. 因为判决实施行为，所以是给付之诉

答案：BD。

第五十九条 【第三人】对当事人双方的诉讼标的，第三人认为有独立请求权的，有权提起诉讼。

对当事人双方的诉讼标的，第三人虽然没有独立请求权，但案件处理结果同他有法律上的利害关系的，可以申请参加诉讼，或者由人民法院通知他参加诉讼。人民法院判决承担民事责任的第三人，有当事人的诉讼权利义务。

前两款规定的第三人，因不能归责于本人的事由未参加诉讼，但有证据证明发生法律效力的判决、裁定、调解书的部分或者全部内容错误，损害其民事权益的，可以自知道或者应当知道其民事权益受到损害之日起六个月内，向作出该判决、裁定、调解书的人民法院提起诉讼。人民法院经审理，诉讼请求成立的，应当改变或者撤销原判决、裁定、调解书；诉讼请求不成立的，驳回诉讼请求。

相关规定

《民诉法司法解释》

第81条　根据民事诉讼法第五十九条的规定，有独立请求权的第三人有权向人民法院提出诉讼请求和事实、理由，成为当事人；无独立请求权的第三人，可以申请或者由人民法院通知参加诉讼。

第一审程序中未参加诉讼的第三人，申请参加第二审程序的，人民法院可以准许。

第82条　在一审诉讼中，无独立请求权的第三人无权提出管辖异议，无权放弃、变更诉讼请求或者申请撤诉，被判决承担民事责任的，有权提起上诉。

第249条　在诉讼中，争议的民事权利义务转移的，不影响当事人的诉讼主体资格和诉讼地位。人民法院作出的发生法律效力的判决、裁定对受让人具有拘束力。

受让人申请以无独立请求权的第三人身份参加诉讼的，人民法院可予准许。受让人申请替代当事人承担诉讼的，人民法院可以根据案件的具体情况决定是否准许；不予准许的，可以追加其为无独立请求权的第三人。

第250条　依照本解释第二百四十九条规定，人民法院准许受让人替代当事人承担诉讼的，裁定变更当事人。

变更当事人后，诉讼程序以受让人为当事人继续进行，原当事人应当退出诉讼。原当事人已经完成的诉讼行为对受让人具有拘束力。

第290条　第三人对已经发生法律效力的判决、裁定、调解书提起撤销之诉的，应当自知道或者应当知道其民事权益受到损害之日起六个月内，向作出生效判决、裁定、调解书的人民法院提出，并应当提供存在下列情形的证据材料：

（一）因不能归责于本人的事由未参加诉讼；

（二）发生法律效力的判决、裁定、调解书的全部或者部分内容错误；

（三）发生法律效力的判决、裁定、调解书内容错误损害其民事权益。

第291条　人民法院应当在收到起诉状和证据材料之日起五日内送交对方当事人，对方当事人可以自收到起诉状之日起十日内提出书面意见。

人民法院应当对第三人提交的起诉状、证据材料以及对方当事人的书面意见进行审查。必要时，可以询问双方当事人。

经审查，符合起诉条件的，人民法院应当在收到起诉状之日起三十日内立案。不符合起诉条件的，应当在收到起诉状之日起三十日内裁定不予受理。

第292条　人民法院对第三人撤销之诉案件，应当组成合议庭开庭审理。

第293条　民事诉讼法第五十九条第三款规定的因不能归责于本人的事由未参加诉讼，是指没有被列为生效判决、裁定、调解书当事人，且无过错或者无明显过错的情形。包括：

（一）不知道诉讼而未参加的；

（二）申请参加未获准许的；

（三）知道诉讼，但因客观原因无法参加的；

（四）因其他不能归责于本人的事由未参加诉

讼的。

第 294 条　民事诉讼法第五十九条第三款规定的判决、裁定、调解书的部分或者全部内容，是指判决、裁定的主文，调解书中处理当事人民事权利义务的结果。

第 295 条　对下列情形提起第三人撤销之诉的，人民法院不予受理：

（一）适用特别程序、督促程序、公示催告程序、破产程序等非讼程序处理的案件；

（二）婚姻无效、撤销或者解除婚姻关系等判决、裁定、调解书中涉及身份关系的内容；

（三）民事诉讼法第五十七条规定的未参加登记的权利人对代表人诉讼案件的生效裁判；

（四）民事诉讼法第五十八条规定的损害社会公共利益行为的受害人对公益诉讼案件的生效裁判。

第 296 条　第三人提起撤销之诉，人民法院应当将该第三人列为原告，生效判决、裁定、调解书的当事人列为被告，但生效判决、裁定、调解书中没有承担责任的无独立请求权的第三人列为第三人。

第 297 条　受理第三人撤销之诉案件后，原告提供相应担保，请求中止执行的，人民法院可以准许。

第 298 条　对第三人撤销或者部分撤销发生法律效力的判决、裁定、调解书内容的请求，人民法院经审理，按下列情形分别处理：

（一）请求成立且确认其民事权利的主张全部或部分成立的，改变原判决、裁定、调解书内容的错误部分；

（二）请求成立，但确认其全部或部分民事权利的主张不成立，或者未提出确认其民事权利请求的，撤销原判决、裁定、调解书内容的错误部分；

（三）请求不成立的，驳回诉讼请求。

对前款规定裁判不服的，当事人可以上诉。

原判决、裁定、调解书的内容未改变或者未撤销的部分继续有效。

第 299 条　第三人撤销之诉案件审理期间，人民法院对生效判决、裁定、调解书裁定再审的，受理第三人撤销之诉的人民法院应当裁定将第三人的诉讼请求并入再审程序。但有证据证明原审当事人之间恶意串通损害第三人合法权益的，人民法院应当先行审理第三人撤销之诉案件，裁定中止再审诉讼。

第 300 条　第三人诉讼请求并入再审程序审理的，按照下列情形分别处理：

（一）按照第一审程序审理的，人民法院应当对第三人的诉讼请求一并审理，所作的判决可以上诉；

（二）按照第二审程序审理的，人民法院可以调解，调解达不成协议的，应当裁定撤销原判决、裁定、调解书，发回一审法院重审，重审时应当列明第三人。

第 301 条　第三人提起撤销之诉后，未中止生效判决、裁定、调解书执行的，执行法院对第三人依照民事诉讼法第二百三十八条规定提出的执行异议，应予审查。第三人不服驳回执行异议裁定，申请对原判决、裁定、调解书再审的，人民法院不予受理。

案外人对人民法院驳回其执行异议裁定不服，认为原判决、裁定、调解书内容错误损害其合法权益的，应当根据民事诉讼法第二百三十八条规定申请再审，提起第三人撤销之诉的，人民法院不予受理。

命题题眼

本条规定了第三人诉讼制度，是常考、易考知识点。主要考点有：

1. 第三人的特征：参加到他人已经开始的但还没有结束的诉讼中去；第三人参加诉讼，必须是对该诉讼标的有独立的请求权，或者虽无独立请求权但同案件的处理结果有法律上的利害关系。

2. 第三人分为有独立请求权和无独立请求权的第三人。两种第三人的区别是：参加诉讼的根据不同、参加诉讼的方式不同、诉讼地位不同、是否会被判决承担民事责任不同。

3. 本诉讼的原告、被告和有独立请求权的第三人，他们依照法律规定享受的权利和承担的义务完全平等。

4. 无独立请求权的第三人，既不是原告，也不是被告，而是参加到原告或被告一方，或者站在原告或被告一方，案件的处理结果与其有法律上的利害关系，这与证人不同，证人与案件处理结果没有法律上的利害关系。

5. 无独立请求权的第三人对原、被告争议的诉讼标的没有独立的请求权，他的权利比起一般当事人来说受到了一定限制：(1)无权变更诉讼的理由，无权承认或者放弃诉讼请求，无权请求和解，等等。(2)人民法院的判决结果使无独立请求权的第三人必须承担一定的实体义务，则其享有上诉权；如果人民法院的判决结果不涉及无独立请求权的第三人承担实体义务的问题，则其不享有上诉权。

6. 第三人撤销之诉的条件、管辖法院和法律效果。

历年试题

2020 年试卷二考生回忆版：甲公司诉乙公司买卖合同无效之诉，法院经审理判决合同无效，丙公司得知该判决后，认为该判决导致合同目的无法实现，损害其合法权益，遂向法院起诉。经审理，法院认为甲公司在

合同无效之诉中提供证据确系伪造,但丙未证明其利益受到该判决损害。下列哪一选项是正确的?

A. 应裁定撤销原判决

B. 应判决驳回丙公司诉讼请求

C. 应判决撤销该判决

D. 应裁定驳回丙公司起诉

答案:B。本题考查了第三人撤销之诉及裁判文书的类型。本题中,丙公司作为第三人主张原判决导致合同目的无法实现损害其合法权益向法院起诉撤销原判决,法院经审理认为原合同无效之诉中提供的证据确系伪造,但丙公司并未能证明其利益受到该判决损害,即丙公司的请求不成立。根据《民诉法司法解释》第298条的规定,法院应当驳回诉讼请求。驳回诉讼请求,是指人民法院对已经立案受理的案件经审理后,发现原告请求法院保护的实体权利不符合法律规定的条件,因而对原告的请求不予保护的司法行为,其所解决的是实体意义上的胜诉权问题,针对的是不符合法律规定的实体请求,应用判决的方式作出。故本题正确答案为B。

2024年试卷二考生回忆版:甲起诉乙对房屋确权。基层人民法院作出生效判决后,丙主张该房屋实为自己所有,提出第三人撤销之诉。中级人民法院此时以一审法律适用错误为由启动再审,并决定由中级人民法院提审。下列选项说法正确的是?

A. 先行审理再审案件,第三人撤销之诉中止审理

B. 第三人撤销之诉应当并入再审

C. 基层人民法院应将第三人撤销之诉移送给中级人民法院

D. 基层人民法院驳回丙的起诉,告知中级人民法院并案处理

答案:B。《民诉法司法解释》第298条。

2024年试卷二考生回忆版:陈某与张某结婚,后发现张某早已与郑某结婚。陈某向法院起诉请求确认陈某与张某的婚姻无效并分割同居期间的共同财产。下列说法正确的是?

A. 郑某有权作为有独立请求权的第三人参加诉讼

B. 仅陈某和张某有权向法院请求确认婚姻无效

C. 法院受理后,法院可以先调解

D. 法院受理后,陈某可以请求撤诉

答案:A。最高人民法院《关于适用〈中华人民共和国民法典〉婚姻家庭编的解释(一)》第9、11、16条。

强化模拟题

1. 某甲从某乙处买回一头牛。丙认为某甲购买的牛是其前天走失的,在向某甲索要未果的情况下,请求法院判令某甲返还牛。诉讼中,法院通知某乙参加诉讼。某乙在本案中是(　　)。

A. 原告

B. 被告

C. 有独立请求权的第三人

D. 无独立请求权的第三人

答案:D。某乙对双方的诉讼标的没有独立的请求权,但案件处理结果同他有法律上的利害关系,所以是无独立请求权的第三人。

2. 甲与乙订立建材购销合同。在甲如约付款后,乙却没有如约供货,导致甲承包的工程进度受到影响,给甲造成损失30万元。甲向人民法院起诉,要求乙履行合同并赔偿自己的损失。乙方答辩称自己没有如约履行合同是因为向自己供货的丙没有依合同向其供应建材。对此,人民法院应当(　　)。

A. 追加丙为无独立请求权第三人

B. 不应追加丙为无独立请求权第三人

C. 追加丙为共同被告

D. 不应追加丙为共同被告

答案:BD。根据合同相对性的原理,合同只约束双方当事人,乙方与丙方的合同纠纷是另一个独立的诉讼,在主体与客体上均无合并的可能。因此,不能与本案合并审理。

第二节　诉讼代理人

第六十条　【法定诉讼代理人】无诉讼行为能力人由他的监护人作为法定代理人代为诉讼。法定代理人之间互相推诿代理责任的,由人民法院指定其中一人代为诉讼。

相关规定

《民诉法司法解释》

第83条　在诉讼中,无民事行为能力人、限制民事行为能力人的监护人是他的法定代理人。事先没有确定监护人的,可以由有监护资格的人协商确定;协商不成的,由人民法院在他们之中指定诉讼中的法定代理人。当事人没有民法典第二十七条、第二十八条规定的监护人的,可以指定民法典第三十二条规定的有关组织担任诉讼中的法定代理人。

命题题眼

本条规定了法定代理人制度。主要考点有:

1. 法定代理是以民事实体法律,如《民法典》的有关规定为依据的。法定代理权是以民事实体法确定的亲权、监护权为基础的。其代理权的发生,是基于法律的规定。其诉讼权利的范围与当事人相同,凡是被代理人享有的诉讼权利,他都有权代为行使,凡是被代理人负有的诉讼义务,他都应当代为履行,

法定代理人所为的一切诉讼行为，均视为被代理人本人所为的诉讼行为，与当事人的诉讼行为具有同等的效力。

2. 无诉讼行为能力的人可以作为当事人，但参加诉讼必须由其法定代理人代为进行。此时，无诉讼行为能力人是当事人，法定代理人不是当事人。

3. 法定代理人与委托代理人的区别与联系。

历年试题

2020年试卷二考生回忆版：一对夫妻因车祸死亡，他们的四个孩子甲、乙、丙、丁，其中丁17岁，夫妻的遗产由甲在实际使用。现因不满意遗产分配情况，乙、丙、丁对甲提起诉讼，丁对他们的分配方案都不满意。本案如何确定丁的监护人？

A. 法院指定甲、乙、丙以外的人做丁的监护人

B. 法院指定甲做丁的监护人，并且担任丁的法定代理人参与诉讼

C. 丁没有监护人，自己参与诉讼

D. 丁委托乙做自己的诉讼代理人

答案：A。《民法典》第27条规定，父母是未成年子女的监护人。未成年人的父母已经死亡或者没有监护能力的，由下列有监护能力的人按顺序担任监护人：(1)祖父母、外祖父母；(2)兄、姐；(3)其他愿意担任监护人的个人或者组织，但是须经未成年人住所地的居民委员会、村民委员会或者民政部门同意。根据《民法典》第31条规定，法院需要按照最有利于被监护人的原则在依法具有监护资格的人中指定监护人。本题中，在继承纠纷案件中，甲、乙、丙与丁之间均可能存在利益冲突，如果法院指定甲、乙、丙中的一人担任丁的监护人，可能会导致丁的合法权益受到损害，不符合《民法典》规定的指定监护的原则，故A项正确，B项错误。

C项，《民事诉讼法》第60条规定，无诉讼行为能力人由他的监护人作为法定代理人代为诉讼。丁尚未年满18周岁，无诉讼行为能力，故必须由其监护人作为法定代表人参加诉讼，C项错误。

D项，根据《民法典》第23条的规定，无民事行为能力人、限制民事行为能力人的监护人是其法定代理人。乙作为限制民事行为能力人，不具有完全民事行为能力，因此也无权单独作出委托他人的民事法律行为，其应当适用法定代理制度，故D项错误。

强化模拟题

1. 林某系精神病患者，一日犯病，将张某打伤。张某诉至人民法院，林某之父老林代理林某进行诉讼活动。下列有关老林的诉讼地位的说法不正确的是（　　）。

A. 老林是本案当事人

B. 老林有权代理林某为一切诉讼行为

C. 若老林意外死亡，法院应终结诉讼

D. 若老林意外死亡，法院应中止诉讼

答案：AC。法定代理人的诉讼地位。

2. 关于民事诉讼中的法定代理人，下列哪些选项是正确的？

A. 法定代理人的被代理人都是无诉讼行为能力或限制行为能力的人

B. 法定代理人与诉讼当事人在诉讼上具有相同的诉讼地位

C. 法定代理人在诉讼中所实施的行为和发生的诉讼事件的法律后果与当事人所实施的行为和发生的诉讼事件的法律后果相同

D. 法定代理人与当事人都属于诉讼参加人的范畴

答案：AD。

第六十一条　【委托诉讼代理人】当事人、法定代理人可以委托一至二人作为诉讼代理人。

下列人员可以被委托为诉讼代理人：

（一）律师、基层法律服务工作者；

（二）当事人的近亲属或者工作人员；

（三）当事人所在社区、单位以及有关社会团体推荐的公民。

第六十二条　【委托诉讼代理权的取得和权限】委托他人代为诉讼，必须向人民法院提交由委托人签名或者盖章的授权委托书。

授权委托书必须记明委托事项和权限。诉讼代理人代为承认、放弃、变更诉讼请求，进行和解，提起反诉或者上诉，必须有委托人的特别授权。

侨居在国外的中华人民共和国公民从国外寄交或者托交的授权委托书，必须经中华人民共和国驻该国的使领馆证明；没有使领馆的，由与中华人民共和国有外交关系的第三国驻该国的使领馆证明，再转由中华人民共和国驻该第三国使领馆证明，或者由当地的爱国华侨团体证明。

第六十三条　【诉讼代理权的变更和解除】诉讼代理人的权限如果变更或者解除，当事人应当书面告知人民法院，并由人民法院通知对方当事人。

第六十四条　【诉讼代理人调查收集证据和查阅有关资料的权利】代理诉讼的律师和其他诉讼代理人有权调查收集证据，可以查阅本案有关材料。查阅本案有关材料的范围和办法由最高人民法院规定。

第六十五条　【离婚诉讼代理的特别规定】离婚案件有诉讼代理人的，本人除不能表达意思的以外，仍应出庭；确因特殊情况无法出庭的，必须向人民法

院提交书面意见。

相关规定

《民诉法司法解释》

第84条　无民事行为能力人、限制民事行为能力人以及其他依法不能作为诉讼代理人的,当事人不得委托其作为诉讼代理人。

第85条　根据民事诉讼法第六十一条第二款第二项规定,与当事人有夫妻、直系血亲、三代以内旁系血亲、近姻亲关系以及其他有抚养、赡养关系的亲属,可以当事人近亲属的名义作为诉讼代理人。

第86条　根据民事诉讼法第六十一条第二款第二项规定,与当事人有合法劳动人事关系的职工,可以当事人工作人员的名义作为诉讼代理人。

第87条　根据民事诉讼法第六十一条第二款第三项规定,有关社会团体推荐公民担任诉讼代理人的,应当符合下列条件:

(一)社会团体属于依法登记设立或者依法免予登记设立的非营利性法人组织;

(二)被代理人属于该社会团体的成员,或者当事人一方住所地位于该社会团体的活动地域;

(三)代理事务属于该社会团体章程载明的业务范围;

(四)被推荐的公民是该社会团体的负责人或者与该社会团体有合法劳动人事关系的工作人员。

专利代理人经中华全国专利代理人协会推荐,可以在专利纠纷案件中担任诉讼代理人。

第88条　诉讼代理人除根据民事诉讼法第六十二条规定提交授权委托书外,还应当按照下列规定向人民法院提交相关材料:

(一)律师应当提交律师执业证、律师事务所证明材料;

(二)基层法律服务工作者应当提交法律服务工作者执业证、基层法律服务所出具的介绍信以及当事人一方位于本辖区内的证明材料;

(三)当事人的近亲属应当提交身份证件和与委托人有近亲属关系的证明材料;

(四)当事人的工作人员应当提交身份证件和与当事人有合法劳动人事关系的证明材料;

(五)当事人所在社区、单位推荐的公民应当提交身份证件、推荐材料和当事人属于该社区、单位的证明材料;

(六)有关社会团体推荐的公民应当提交身份证件和符合本解释第八十七条规定条件的证明材料。

第89条　当事人向人民法院提交的授权委托书,应当在开庭审理前送交人民法院。授权委托书仅写"全权代理"而无具体授权的,诉讼代理人无权代为承认、放弃、变更诉讼请求,进行和解,提出反诉或者提起上诉。

适用简易程序审理的案件,双方当事人同时到庭并径行开庭审理的,可以当场口头委托诉讼代理人,由人民法院记入笔录。

命题题眼

本条规定了委托诉讼代理人的范围和权限,是常考、易考知识点。主要考点有:

1. 可以和不能作为诉讼委托代理人的范围。

2. 诉讼代理人的权限。

委托诉讼代理人代理权限的大小,取决于被代理人的授权,当事人、法定代理人授予他多大的权利,他就享有多大的权利。

授权委托书仅写"全权代理"而无具体授权的,诉讼代理人无权代为承认、放弃、变更诉讼请求,进行和解,提起反诉或者上诉。

3. 一般案件,当事人委托了诉讼代理人后,自己可以不再出庭,但离婚案件除特殊情况外,当事人仍应出庭。此考点应重点掌握。

4. 侨居国外的中国人从国外寄送授权委托书必须履行的手续。

强化模拟题

1. 张某与律师周某签订了一份委托代理合同,合同中写明,由周某全权代理。在代理诉讼过程中,周律师有权(　　)。

A. 承认对方的诉讼请求　　B. 提起反诉

C. 与对方进行和解　　D. 申请证人出庭

答案:D。本题考查诉讼代理人的权限。《民诉法司法解释》第89条。

2. 谢平和高强是夫妻,后高强因精神失常,生活不能自理,谢平遂提出离婚。下列做法错误的是(　　)。

A. 高强的母亲替高强委托了一名律师担任诉讼代理人

B. 法院为高强指定了一名律师担任其代理人

C. 高强没有出庭

D. 高强没有委托代理人,自己也没有出庭,法院缺席审判,判决支持了谢平的离婚请求

答案:D。《民诉法司法解释》第234条规定,无民事行为能力人的离婚诉讼,当事人的法定代理人应当到庭。法定代理人不能到庭的,人民法院应当在查清事实的基础上,依法作出判决。因此,本案中法院应通知高强的法定代理人到庭,只有在其法定代理人不能到庭的情况下,法院才可以缺席判决。

第六章 证 据

第六十六条 【证据种类】证据包括：

（一）当事人的陈述；

（二）书证；

（三）物证；

（四）视听资料；

（五）电子数据；

（六）证人证言；

（七）鉴定意见；

（八）勘验笔录。

证据必须查证属实，才能作为认定事实的根据。

命题题眼

本条规定了证据的法定分类，是常考、易考知识点，但常与证据的学理分类在一起进行考查，应结合教材掌握证据的学理分类。

1. 证据的法定分类。

（1）当事人陈述。当事人在民事诉讼中对案件事实情况所作的叙述叫作当事人陈述。

（2）书证。书证是以书面文字、符号、图案等内容和涵义来证明民事案件事实的证据。

（3）物证。物证是指能够证明案件事实的物品及其痕迹，它是以自己存在的形态、质量、规格、特征等来证明某种法律事实存在或不存在。

（4）视听资料。视听资料是指用录音、录像方法记录下来的有关案件事实的材料。

（5）电子数据。电子数据是指与案件事实有关的电子邮件、网上聊天记录、电子签名、网络访问记录等电子形式的证据。

（6）证人证言。证人是由于了解案件的真实情况，依法被人民法院传唤作证的人。证人对案件事实所作的陈述被称为证人证言。这是在民事诉讼中经常运用的一种证据。

（7）鉴定意见。鉴定是运用专门知识或特种技能对案件事实所进行的研究和判断的过程。运用自己的专门知识和技能，对案件的特殊问题进行鉴别后作出判断的人，就是鉴定人。鉴定人对案件专门性问题所作出的书面意见，是鉴定意见。

在鉴定书上不仅要盖鉴定人所在单位的公章，而且必须有鉴定人本人签名或盖章。

（8）勘验笔录。勘验笔录是人民法院指派的勘验人员对案件的诉讼标的物和有关证据经过现场勘验、调查所作的记录。

2. 证据的学理分类。

证据的学理分类是：本证与反证、直接证据和间接证据、原始证据和传来证据、人证与物证。

（1）本证与反证。本证与反证，是按照主张某种事实存在或否认对方主张事实的存在来划分的。本证是指当事人一方主张某种事实，提出能证明该事实存在的证据。对方当事人为否定或推翻主张事实的一方当事人所提出的证据，而提出相反的事实证据，以证明事实的不存在，谓之反证。原告与被告都可以提出本证和反证。

（2）直接证据和间接证据。直接证据和间接证据，是按照民事诉讼证据与证明对象的关系来划分的。所谓直接证据，就是能够直接证明案件事实的证据。一般说来，直接证据的可靠性大，证明效力强；所谓间接证据，就是指不能直接证明案件的事实，但能和其他证据联系起来，共同证明和确定案件事实的证据。

（3）原始证据和传来证据。原始证据和传来证据，是按民事诉讼证据来源加以区分的。所谓原始证据，就是直接来源于案件客观事实的证据，即人们通常所说的"第一手材料"。所谓传来证据，就是从原始证据中派生出来的证据，也就是人们通常所说的"第二手材料"。原始证据要比传来证据更可靠。但这也是有条件的，而不是绝对的。

（4）人证与物证。

历年试题

2020 年试卷二考生回忆版：甲向法院起诉乙归还 325 万元，向法院提供了借条，乙称借条是伪造，向法院提交转账凭证 200 万元，证明乙只借了 200 万元，其余的 125 万元是高利贷。以下说法正确的是？

A. 乙提供的借条是反证

B. 甲向法院申请鉴定借条真伪，否则承担诉讼结果的不利结果

C. 乙向法院申请鉴定借条的真伪，否则承担诉讼结果的不利后果

D. 甲提供的借条是本证

答案：BD。A 项和 D 项考查了本证和反证的分类。本证是指对待证事实负有举证责任的一方当事人提出支持自己主张的证据，反证是指对待证事实不负有举证责任的一方当事人提出反驳对方主张的证据，旨在推翻对方提出的事实。区分本证与反证的标准不在于证据的提出主体是原告还是被告，而在于究竟谁对待证事实负有证明责任、证据与举证责任之间的关系如何。《民诉法司法解释》第 91 条规定，主张法律关系存在的当事人，应当对产生该法律关系的基本事实承担举证证明责任。本题中，甲提交借条是为了证明其与乙之间的借款关系，根据《民诉法司法解释》第 91 条的规定，甲对该借款关系的成立承担举证责任，故其提交

的借条就属于本证，D项正确；乙其后提交转账凭证，并未否认甲主张的借款关系，但是对甲主张的借款数额提出了反驳，同时提出了一个新的事实，即借款金额为200万元；从乙反驳甲主张的借款数额的角度来说，乙提供的转账凭证属于反证，但就其主张的借款数额为200万元的事实的成立乙应当承担举证责任，故此种情况下乙提交的转账凭证属于本证。综上，乙提供的转账凭证既是本证也是反证，A项错误。

B项和C项考查了证明责任。证明责任是指当事人对自己提出的主张有提出证据并加以证明的责任，如果当事人未能尽到上述责任，则有可能承担对其主张不利的法律后果。最高人民法院《关于民事诉讼证据的若干规定》（以下简称《民诉证据规定》）第31条第2款规定，对需要鉴定的待证事实负有举证责任的当事人，在人民法院指定期间内无正当理由不提出鉴定申请，致使待证事实无法查明的，应当承担举证不能的法律后果。本题中，对待证事实借款关系成立负有举证责任的一方为甲，因此应当由甲向法院申请鉴定借条真伪，否则需要承担诉讼结果的不利结果。故B项正确，C项错误。

2023年试卷二考生回忆版：甲公司主张乙公司欠钱不还，在法庭上拿出了双方的买卖合同作证据。乙公司说我是欠钱但是已经归还，拿出了打印出来的网银转账电子对账单。甲说乙拿出来的转账记录代表的不是这笔钱，是乙的子公司之前向甲公司借款，只是通过乙公司还款而产生的还款转账，然后拿出了子公司的借款合同。关于本案，以下说法正确的是？

A. 甲公司拿出的借款合同是本证

B. 乙公司拿出的证明已经还款的转账记录证据是本证

C. 子公司需要承担与甲公司之间借款合同真实性的举证责任

D. 乙公司提供的电子对账单是电子数据

答案：BD。乙公司提供的网银转账电子对账单，属于电子数据。打印出来，也是电子数据的提交方式，不是书证。D项正确。

强化模拟题

1. 在陈文涛诉李先楚借款纠纷一案中，有以下几个证据：

①陈文涛出具的由李先楚签名的借条一张。该借条内容为：今借陈文涛人民币3000元整，1个月内返还。2009年3月20日。

②李先楚的同事乔生明的证言。乔生明证明，他在2009年3月21日听李先楚说，李先楚向陈文涛借了3000元钱，准备到外地去旅游时用。

③李先楚向受诉人民法院所作的陈述。李先楚说：“我在2009年3月20日向陈文涛借了3000元，但我在5月份就还给他了，当时我向他要借条，他说借条丢了。他给我写了一张收条，但收条我现在找不着了。”

④李先楚的朋友张明向受诉人民法院提出的证言：李先楚在2009年3月底与张明到五台山旅游时向张明说，这次出来玩的钱是向别人借的。

在上述证据中，哪些是证明李先楚向陈文涛借了3000元这一事实的直接证据？

A. 陈文涛提供的借条　　B. 乔生明的证言

C. 李先楚的陈述　　D. 张明的证言

答案：ABC。在本题中，借钱的事实是待证事实，ABC三项都能单独、直接地证明待证事实。

2. 甲、乙之间有一水泥买卖合同，乙未按合同约定交付货款，甲遂向法院起诉要求乙支付货款。乙在诉讼中提出，甲交付的水泥质量不合格，致使其财产遭受重大损失。乙提供了甲交付的水泥质量不合格而使其受损的证据。此证据在证据法理论上属于（　　）。

A. 反证　　B. 本证

C. 直接证据　　D. 原始证据

答案：BCD。乙某所提供的证据是直接证据和原始证据。该证据能证明甲交付的水泥质量不合格，致使乙财产遭受重大损失，所以是本证。

第六十七条　【举证责任与查证】当事人对自己提出的主张，有责任提供证据。

当事人及其诉讼代理人因客观原因不能自行收集的证据，或者人民法院认为审理案件需要的证据，人民法院应当调查收集。

人民法院应当按照法定程序，全面地、客观地审查核实证据。

相关规定

《最高人民法院关于民事诉讼证据的若干规定》（以下简称《民诉证据规定》）（2001年12月6日最高人民法院审判委员会第1201次会议通过　根据2019年10月14日最高人民法院审判委员会第1777次会议《关于修改〈关于民事诉讼证据的若干规定〉的决定》修正）　法释〔2019〕19号

第1条　原告向人民法院起诉或者被告提出反诉，应当提供符合起诉条件的相应的证据。

第2条　人民法院应当向当事人说明举证的要求及法律后果，促使当事人在合理期限内积极、全面、正确、诚实地完成举证。

当事人因客观原因不能自行收集的证据，可申请人民法院调查收集。

第3条　在诉讼过程中，一方当事人陈述的于己不利的事实，或者对于己不利的事实明确表示承认的，另一方当事人无需举证证明。

在证据交换、询问、调查过程中,或者在起诉状、答辩状、代理词等书面材料中,当事人明确承认于己不利的事实的,适用前款规定。

第4条　一方当事人对于另一方当事人主张的于己不利的事实既不承认也不否认,经审判人员说明并询问后,其仍然不明确表示肯定或者否定的,视为对该事实的承认。

第5条　当事人委托诉讼代理人参加诉讼的,除授权委托书明确排除的事项外,诉讼代理人的自认视为当事人的自认。

当事人在场对诉讼代理人的自认明确否认的,不视为自认。

第6条　普通共同诉讼中,共同诉讼人中一人或者数人作出的自认,对作出自认的当事人发生效力。

必要共同诉讼中,共同诉讼人中一人或者数人作出自认而其他共同诉讼人予以否认的,不发生自认的效力。其他共同诉讼人既不承认也不否认,经审判人员说明并询问后仍然不明确表示意见的,视为全体共同诉讼人的自认。

第7条　一方当事人对于另一方当事人主张的于己不利的事实有所限制或者附加条件予以承认的,由人民法院综合案件情况决定是否构成自认。

第8条　《最高人民法院关于适用〈中华人民共和国民事诉讼法〉的解释》第九十六条第一款规定的事实,不适用有关自认的规定。

自认的事实与已经查明的事实不符的,人民法院不予确认。

第9条　有下列情形之一,当事人在法庭辩论终结前撤销自认的,人民法院应当准许:

(一)经对方当事人同意的;

(二)自认是在受胁迫或者重大误解情况下作出的。

人民法院准许当事人撤销自认的,应当作出口头或者书面裁定。

第10条　下列事实,当事人无须举证证明:

(一)自然规律以及定理、定律;

(二)众所周知的事实;

(三)根据法律规定推定的事实;

(四)根据已知的事实和日常生活经验法则推定出的另一事实;

(五)已为仲裁机构的生效裁决所确认的事实;

(六)已为人民法院发生法律效力的裁判所确认的基本事实;

(七)已为有效公证文书所证明的事实。

前款第二项至第五项事实,当事人有相反证据足以反驳的除外;第六项、第七项事实,当事人有相反证据足以推翻的除外。

第11条　当事人向人民法院提供证据,应当提供原件或者原物。如需自己保存证据原件、原物或者提供原件、原物确有困难的,可以提供经人民法院核对无异的复制件或者复制品。

第12条　以动产作为证据的,应当将原物提交人民法院。原物不宜搬移或者不宜保存的,当事人可以提供复制品、影像资料或者其他替代品。

人民法院在收到当事人提交的动产或者替代品后,应当及时通知双方当事人到人民法院或者保存现场查验。

第13条　当事人以不动产作为证据的,应当向人民法院提供该不动产的影像资料。

人民法院认为有必要的,应当通知双方当事人到场进行查验。

第14条　电子数据包括下列信息、电子文件:

(一)网页、博客、微博客等网络平台发布的信息;

(二)手机短信、电子邮件、即时通信、通讯群组等网络应用服务的通信信息;

(三)用户注册信息、身份认证信息、电子交易记录、通信记录、登录日志等信息;

(四)文档、图片、音频、视频、数字证书、计算机程序等电子文件;

(五)其他以数字化形式存储、处理、传输的能够证明案件事实的信息。

第15条　当事人以视听资料作为证据的,应当提供存储该视听资料的原始载体。

当事人以电子数据作为证据的,应当提供原件。电子数据的制作者制作的与原件一致的副本,或者直接来源于电子数据的打印件或其他可以显示、识别的输出介质,视为电子数据的原件。

第16条　当事人提供的公文书证系在中华人民共和国领域外形成的,该证据应当经所在国公证机关证明,或者履行中华人民共和国与该所在国订立的有关条约中规定的证明手续。

中华人民共和国领域外形成的涉及身份关系的证据,应当经所在国公证机关证明并经中华人民共和国驻该国使领馆认证,或者履行中华人民共和国与该所在国订立的有关条约中规定的证明手续。

当事人向人民法院提供的证据是在香港、澳门、台湾地区形成的,应当履行相关的证明手续。

第17条　当事人向人民法院提供外文书证或

者外文说明资料，应当附有中文译本。

第18条　双方当事人无争议的事实符合《最高人民法院关于适用〈中华人民共和国民事诉讼法〉的解释》第九十九条第一款规定情形的，人民法院可以责令当事人提供有关证据。

第19条　当事人应当对其提交的证据材料逐一分类编号，对证据材料的来源、证明对象和内容作简要说明，签名盖章，注明提交日期，并依照对方当事人人数提出副本。

人民法院收到当事人提交的证据材料，应当出具收据，注明证据的名称、份数和页数以及收到的时间，由经办人员签名或者盖章。

第85条　人民法院应当以证据能够证明的案件事实为根据依法作出裁判。

审判人员应当依照法定程序，全面、客观地审核证据，依据法律的规定，遵循法官职业道德，运用逻辑推理和日常生活经验，对证据有无证明力和证明力大小独立进行判断，并公开判断的理由和结果。

第86条　当事人对于欺诈、胁迫、恶意串通事实的证明，以及对于口头遗嘱或赠与事实的证明，人民法院确信该待证事实存在的可能性能够排除合理怀疑的，应当认定该事实存在。

与诉讼保全、回避等程序事项有关的事实，人民法院结合当事人的说明及相关证据，认为有关事实存在的可能性较大的，可以认定该事实存在。

第87条　审判人员对单一证据可以从下列方面进行审核认定：

（一）证据是否为原件、原物，复制件、复制品与原件、原物是否相符；

（二）证据与本案事实是否相关；

（三）证据的形式、来源是否符合法律规定；

（四）证据的内容是否真实；

（五）证人或者提供证据的人与当事人有无利害关系。

第88条　审判人员对案件的全部证据，应当从各证据与案件事实的关联程度、各证据之间的联系等方面进行综合审查判断。

第89条　当事人在诉讼过程中认可的证据，人民法院应当予以确认。但法律、司法解释另有规定的除外。

当事人对认可的证据反悔的，参照《最高人民法院关于适用〈中华人民共和国民事诉讼法〉的解释》第二百二十九条的规定处理。

第90条　下列证据不能单独作为认定案件事实的根据：

（一）当事人的陈述；

（二）无民事行为能力人或者限制民事行为能力人所作的与其年龄、智力状况或者精神健康状况不相当的证言；

（三）与一方当事人或者其代理人有利害关系的证人陈述的证言；

（四）存有疑点的视听资料、电子数据；

（五）无法与原件、原物核对的复制件、复制品。

第97条　人民法院应当在裁判文书中阐明证据是否采纳的理由。

对当事人无争议的证据，是否采纳的理由可以不在裁判文书中表述。

《民诉法司法解释》

第90条　当事人对自己提出的诉讼请求所依据的事实或者反驳对方诉讼请求所依据的事实，应当提供证据加以证明，但法律另有规定的除外。

在作出判决前，当事人未能提供证据或者证据不足以证明其事实主张的，由负有举证证明责任的当事人承担不利的后果。

第91条　人民法院应当依照下列原则确定举证证明责任的承担，但法律另有规定的除外：

（一）主张法律关系存在的当事人，应当对产生该法律关系的基本事实承担举证证明责任；

（二）主张法律关系变更、消灭或者权利受到妨害的当事人，应当对该法律关系变更、消灭或者权利受到妨害的基本事实承担举证证明责任。

第92条　一方当事人在法庭审理中，或者在起诉状、答辩状、代理词等书面材料中，对于己不利的事实明确表示承认的，另一方当事人无需举证证明。

对于涉及身份关系、国家利益、社会公共利益等应当由人民法院依职权调查的事实，不适用前款自认的规定。

自认的事实与查明的事实不符的，人民法院不予确认。

第93条　下列事实，当事人无须举证证明：

（一）自然规律以及定理、定律；

（二）众所周知的事实；

（三）根据法律规定推定的事实；

（四）根据已知的事实和日常生活经验法则推定出的另一事实；

（五）已为人民法院发生法律效力的裁判所确认的事实；

（六）已为仲裁机构生效裁决所确认的事实；

（七）已为有效公证文书所证明的事实。

前款第二项至第四项规定的事实，当事人有相反证据足以反驳的除外；第五项至第七项规定的事实，当事人有相反证据足以推翻的除外。

第94条　民事诉讼法第六十七条第二款规定的当事人及其诉讼代理人因客观原因不能自行收集的证据包括：

（一）证据由国家有关部门保存，当事人及其诉讼代理人无权查阅调取的；

（二）涉及国家秘密、商业秘密或者个人隐私的；

（三）当事人及其诉讼代理人因客观原因不能自行收集的其他证据。

当事人及其诉讼代理人因客观原因不能自行收集的证据，可以在举证期限届满前书面申请人民法院调查收集。

第95条　当事人申请调查收集的证据，与待证事实无关联、对证明待证事实无意义或者其他无调查收集必要的，人民法院不予准许。

第96条　民事诉讼法第六十七条第二款规定的人民法院认为审理案件需要的证据包括：

（一）涉及可能损害国家利益、社会公共利益的；

（二）涉及身份关系的；

（三）涉及民事诉讼法第五十八条规定诉讼的；

（四）当事人有恶意串通损害他人合法权益可能的；

（五）涉及依职权追加当事人、中止诉讼、终结诉讼、回避等程序性事项的。

除前款规定外，人民法院调查收集证据，应当依照当事人的申请进行。

第97条　人民法院调查收集证据，应当由两人以上共同进行。调查材料要由调查人、被调查人、记录人签名、捺印或者盖章。

最高人民法院《关于审理环境民事公益诉讼案件适用法律若干问题的解释》

第13条　原告请求被告提供其排放的主要污染物名称、排放方式、排放浓度和总量、超标排放情况以及防治污染设施的建设和运行情况等环境信息，法律、法规、规章规定被告应当持有或者有证据证明被告持有而拒不提供，如果原告主张相关事实不利于被告的，人民法院可以推定该主张成立。

第14条　对于审理环境民事公益诉讼案件需要的证据，人民法院认为必要的，应当调查收集。

对于应当由原告承担举证责任且为维护社会公共利益所必要的专门性问题，人民法院可以委托具备资格的鉴定人进行鉴定。

第16条　原告在诉讼过程中承认的对己方不利的事实和认可的证据，人民法院认为损害社会公共利益的，应当不予确认。

第30条　已为环境民事公益诉讼生效裁判认定的事实，因同一污染环境、破坏生态行为依据民事诉讼法第一百二十二条规定提起诉讼的原告、被告均无需举证证明，但原告对该事实有异议并有相反证据足以推翻的除外。

对于环境民事公益诉讼生效裁判就被告是否存在法律规定的不承担责任或者减轻责任的情形、行为与损害之间是否存在因果关系、被告承担责任的大小等所作的认定，因同一污染环境、破坏生态行为依据民事诉讼法第一百二十二条规定提起诉讼的原告主张适用的，人民法院应予支持，但被告有相反证据足以推翻的除外。被告主张直接适用对其有利的认定的，人民法院不予支持，被告仍应举证证明。

《审理垄断民事纠纷解释》

第10条　反垄断执法机构认定构成垄断行为的处理决定在法定期限内未被提起行政诉讼或者已为人民法院生效裁判所确认，原告在相关垄断民事纠纷案件中据此主张该处理决定认定的基本事实为真实的，无需再行举证证明，但有相反证据足以推翻的除外。

必要时，人民法院可以要求作出处理决定的反垄断执法机构对该处理决定的有关情况予以说明。反垄断执法机构提供的信息、材料等尚未公开的，人民法院应当依职权或者依申请采取合理保护措施。

命题题眼

本条规定了举证责任（也称证明责任），是常考知识点。民事诉讼举证责任的基本原则是“谁主张、谁举证”，但有例外，存在举证责任倒置的情形。主要考点是：

1. 举证责任。举证责任是指当作为裁判基础的法律要件事实在诉讼中真伪不明时，一方当事人因此承担的诉讼上的不利后果。理解举证责任应注意以下几个问题：

（1）举证责任是一种不利的后果。

（2）真伪不明是举证责任发生的前提。

（3）真伪不明的事实是指作为裁判依据的主要事实。

（4）法院不是举证责任承担的主体。在针对单一诉讼请求时，举证责任只能由一方当事人承担，而不可能由双方当事人各自承担。

（5）举证责任不同于主张责任。

（6）举证责任由哪一方当事人承担是由法律、法规或者司法解释预先确定的，在诉讼中不存在原告、被告之间相互转移的问题。

(7)举证责任是一种拟制或者假定。

(8)注意当事人提出证据的权利与举证责任的关系。

2. 关于举证责任分配,《民诉法司法解释》第91条规定的举证责任分配原则也适用于涉及身份关系、侵权法律关系、物权法律关系等民事诉讼中可能出现的一切法律关系。

3. 注意举证责任倒置的规定和著作权法、商标法、专利法中关于侵权行为举证责任的规定。应当注意,举证责任倒置并非将按照一般分配原则分配给当事人的举证责任全部加以倒置,而是根据具体情况对某些举证责任予以倒置。关于损害事实的证明就没有倒置,仍然由权利人即受害人加以证明。

4. 免予证明的事实。《民诉法司法解释》第93条的规定。

5. 自认。自认是指一方当事人对另一方当事人主张的案件事实予以承认。

6. 证明标准。证明标准是法院在诉讼中认定案件事实所要达到的证明程度,是法院判断待证事实的基准。民事诉讼的证明标准要求具有高度盖然性,个别情况下,仅要求具有较高的盖然性。刑事诉讼的证明标准是能够排除一切合理怀疑,要高于民事诉讼的证明标准。

历年试题

2018年试卷二考生回忆版:甲公司与乙公司签订长期代销产品合同,2015年至2017年,甲公司支付给乙公司货款660万元,乙公司供货后开具590万元的增值税发票。2018年1月,甲公司向法院起诉要求乙公司返还差款价额70万元,乙公司辩称发票少开是对方同意的,但是确实给甲公司提供了价值660万元货物,并提供了双方2017年12月合同期限结束时的对账单,对账单写明了双方以先送货后付款的方式发生了660万元的业务并全部结清。甲公司辩称该对账单是传真件,是对方伪造的。关于本案,下列说法正确的是:

A. 对账单只是对账簿记录审核、对照形成的会计凭证,并不能作为证据使用

B. 该对账单是传真件,没有单位盖章,不能作为证据使用

C. 该对账单可以作为证据使用,法官可以综合案件情况对该事实进行认定

D. 该对账单是伪造的,该事实举证证明责任应该由甲公司承担

答案:CD。《民诉法司法解释》第104条第2款规定:"能够反映案件真实情况、与待证事实相关联、来源和形式符合法律规定的证据,应当作为认定案件事实的根据。"故对账单可以作为证据使用,A项错误。

根据《民事诉讼法》第73条和《民诉法司法解释》第111条的规定,B项错误,C项正确。

根据《民诉法司法解释》第91条的规定,账单是伪造的主张是甲公司提出的,故应当由其承担举证责任。故D项正确。

2021年试卷二考生回忆版:张三起诉李四要求清偿借款,李四主张该笔欠款已经偿还。为证明其主张,李四向法院提交了一张有张三签名的收条,张三提出其签名系伪造。关于本案收条的证明,下列哪些说法是正确的?

A. 张三对收条的真实性承担证明责任

B. 李四对收条的真实性承担证明责任

C. 张三对签名为假承担提供证据责任

D. 李四对签名为真承担提供证据责任

答案:BC。

2021年试卷二考生回忆版:张三向李四借款60万元,期限两年,王五提供连带保证。张三只在第一年还款6万元,后李四持张三欠其60万元的借条起诉,称双方口头约定10%的利息,偿还的6万元乃第一年的利息,请求法院判令两被告归还60万元借款本金以及第二年的利息共66万元。第一次开庭时张三承认6万元是利息,第二次开庭时张三改口称双方未约定利息,第一年还款6万元属于本金,现只欠李四54万元。王五始终拒绝承认约定过利息。各方均无其他证据。关于本案,下列表述正确的是?

A. 张三第一次自认有效,应向李四归还66万元

B. 王五未承认约定利息的事实,张三的表述不构成自认,应归还54万元

C. 王五应承担60万元的担保责任

D. 王五应与张三一并向李四归还54万元

答案:BD。

2023年试卷二考生回忆版:甲在自己家门口堆放杂物,邻居乙的小孩路过,杂物倒塌将小孩砸伤。乙要求甲赔偿,甲拒不赔偿,乙向法院提起诉讼。下列关于本案证明责任说法正确的是?

A. 甲应就损害事实承担举证责任

B. 乙应就损害事实承担举证责任

C. 乙应就甲主观有过错承担举证责任

D. 甲应就自己主观没有过错承担举证责任

答案:BD。损害事实属于损害结果,损害结果的举证责任在于原告乙,被告甲对损害事实不承担证明责任,A项错误,B项正确。被告甲证明自己无过错,而不是由原告乙证明被告甲有过错,C项错误,D项正确。

2024年试卷二考生回忆版:李兰起诉王虎归还借款5万元,并提供借条为证。王虎辩称该笔借款已还,还提供了5万元的银行转账账单。李兰辩称该笔转账

系偿还另一笔借款。关于当事人陈述，下列说法正确的是？

A.“该笔借款已还”是抗辩债权消灭，王虎应承担证明责任

B.“转账系偿还另一笔借款”对于本案中是否还款，属于本证

C.“该笔借款已还”是否认债权存在，王虎不承担证明责任

D.“转账系偿还另一笔借款”对于本案中是否还款，属于反证

答案：AD。

2024 年试卷二考生回忆版：邓某和妻子离婚，法院判决二人的婚生子女小邓判归邓某妻子抚养。因为邓某不支付抚养费，小邓起诉邓某。邓某主张双方不存在亲子关系。下列说法正确的是？

A. 邓某主张不存在亲子关系构成反诉

B. 邓某主张不存在亲子关系，需承担证明责任

C. 小邓主张存在亲子关系，需承担证明责任

D. 法院应依职权调查亲子关系

答案：AD。

强化模拟题

1. 下列事实，当事人无需举证的有(　　)。

A. 被告对原告提出的侵权事实，明确表示承认的

B. 2000 年 10 月 1 日是国庆节

C. 某中级人民法院终审判决认定张某对周某实施了故意伤害行为，周某向某县人民法院起诉，对起诉中提出的自己的伤是张某造成的事实

D. 已为有效公证书所证明的事实

答案：ABCD。

2. 三个小孩在公路边玩耍，此时，一辆轿车急速驶过，三个小孩捡起石子向轿车扔去，坐在后排座位的刘某被一石子击中。刘某将三个小孩起诉至法院。关于本案举证责任分配，下列哪些选项是正确的？

A. 刘某应对三个被告向轿车投掷石子的事实承担举证责任

B. 刘某应对其所受到损失承担举证责任

C. 三个被告应对投掷石子与刘某所受损害之间不存在因果关系承担举证责任

D. 三个被告应对其主观没有过错承担举证责任

答案：ABC。

第六十八条　【及时提供证据义务】当事人对自己提出的主张应当及时提供证据。

人民法院根据当事人的主张和案件审理情况，确定当事人应当提供的证据及其期限。当事人在该期限内提供证据确有困难的，可以向人民法院申请延长期限，人民法院根据当事人的申请适当延长。当事人逾期提供证据的，人民法院应当责令其说明理由；拒不说明理由或者理由不成立的，人民法院根据不同情形可以不予采纳该证据，或者采纳该证据但予以训诫、罚款。

相关规定

《民诉法司法解释》

第 99 条　人民法院应当在审理前的准备阶段确定当事人的举证期限。举证期限可以由当事人协商，并经人民法院准许。

人民法院确定举证期限，第一审普通程序案件不得少于十五日，当事人提供新的证据的第二审案件不得少于十日。

举证期限届满后，当事人对已经提供的证据，申请提供反驳证据或者对证据来源、形式等方面的瑕疵进行补正的，人民法院可以酌情再次确定举证期限，该期限不受前款规定的限制。

第 100 条　当事人申请延长举证期限的，应当在举证期限届满前向人民法院提出书面申请。

申请理由成立的，人民法院应当准许，适当延长举证期限，并通知其他当事人。延长的举证期限适用于其他当事人。

申请理由不成立的，人民法院不予准许，并通知申请人。

第 101 条　当事人逾期提供证据的，人民法院应当责令其说明理由，必要时可以要求其提供相应的证据。

当事人因客观原因逾期提供证据，或者对方当事人对逾期提供证据未提出异议的，视为未逾期。

第 102 条　当事人因故意或者重大过失逾期提供的证据，人民法院不予采纳。但该证据与案件基本事实有关的，人民法院应当采纳，并依照民事诉讼法第六十八条、第一百一十八条第一款的规定予以训诫、罚款。

当事人非因故意或者重大过失逾期提供的证据，人民法院应当采纳，并对当事人予以训诫。

当事人一方要求另一方赔偿因逾期提供证据致使其增加的交通、住宿、就餐、误工、证人出庭作证等必要费用的，人民法院可予支持。

《民诉证据规定》

三、举证时限与证据交换

第 49 条　被告应当在答辩期届满前提出书面答辩，阐明其对原告诉讼请求及所依据的事实和理由的意见。

第 50 条　人民法院应当在审理前的准备阶段向当事人送达举证通知书。

举证通知书应当载明举证责任的分配原则和要求、可以向人民法院申请调查收集证据的情形、人民法院根据案件情况指定的举证期限以及逾期提供证据的法律后果等内容。

第51条　举证期限可以由当事人协商，并经人民法院准许。

人民法院指定举证期限的，适用第一审普通程序审理的案件不得少于十五日，当事人提供新的证据的第二审案件不得少于十日。适用简易程序审理的案件不得超过十五日，小额诉讼案件的举证期限一般不得超过七日。

举证期限届满后，当事人提供反驳证据或者对已经提供的证据的来源、形式等方面的瑕疵进行补正的，人民法院可以酌情再次确定举证期限，该期限不受前款规定的期间限制。

第52条　当事人在举证期限内提供证据存在客观障碍，属于民事诉讼法第六十八条第二款规定的“当事人在该期限内提供证据确有困难”的情形。

前款情形，人民法院应当根据当事人的举证能力、不能在举证期限内提供证据的原因等因素综合判断。必要时，可以听取对方当事人的意见。

第53条　诉讼过程中，当事人主张的法律关系性质或者民事行为效力与人民法院根据案件事实作出的认定不一致的，人民法院应当将法律关系性质或者民事行为效力作为焦点问题进行审理。但法律关系性质对裁判理由及结果没有影响，或者有关问题已经当事人充分辩论的除外。

存在前款情形，当事人根据法庭审理情况变更诉讼请求的，人民法院应当准许并可以根据案件的具体情况重新指定举证期限。

第54条　当事人申请延长举证期限的，应当在举证期限届满前向人民法院提出书面申请。

申请理由成立的，人民法院应当准许，适当延长举证期限，并通知其他当事人。延长的举证期限适用于其他当事人。

申请理由不成立的，人民法院不予准许，并通知申请人。

第55条　存在下列情形的，举证期限按照如下方式确定：

（一）当事人依照民事诉讼法第一百三十条规定提出管辖权异议的，举证期限中止，自驳回管辖权异议的裁定生效之日起恢复计算；

（二）追加当事人、有独立请求权的第三人参加诉讼或者无独立请求权的第三人经人民法院通知参加诉讼的，人民法院应当依照本规定第五十一条的规定为新参加诉讼的当事人确定举证期限，该举证期限适用于其他当事人；

（三）发回重审的案件，第一审人民法院可以结合案件具体情况和发回重审的原因，酌情确定举证期限；

（四）当事人增加、变更诉讼请求或者提出反诉的，人民法院应当根据案件具体情况重新确定举证期限；

（五）公告送达的，举证期限自公告期届满之次日起计算。

第56条　人民法院依照民事诉讼法第一百三十六条第四项的规定，通过组织证据交换进行审理前准备的，证据交换之日举证期限届满。

证据交换的时间可以由当事人协商一致并经人民法院认可，也可以由人民法院指定。当事人申请延期举证经人民法院准许的，证据交换日相应顺延。

第57条　证据交换应当在审判人员的主持下进行。

在证据交换的过程中，审判人员对当事人无异议的事实、证据应当记录在卷；对有异议的证据，按照需要证明的事实分类记录在卷，并记载异议的理由。通过证据交换，确定双方当事人争议的主要问题。

第58条　当事人收到对方的证据后有反驳证据需要提交的，人民法院应当再次组织证据交换。

第59条　人民法院对逾期提供证据的当事人处以罚款的，可以结合当事人逾期提供证据的主观过错程度、导致诉讼迟延的情况、诉讼标的金额等因素，确定罚款数额。

命题题眼

《民事诉讼法》第68条在要求当事人及时提出证据的同时，赋予法官是否采纳逾期提供证据的自由裁量权。

强化模拟题

1. 李某起诉王某要求返还10万元借款并支付利息5000元，并向法院提交了王某亲笔书写的借条。王某辩称，已还2万元，李某还出具了收条，但王某并未在法院要求的时间内提交证据。法院一审判决王某返还李某10万元并支付5000元利息，王某不服提起上诉，并称一审期间未找到收条，现找到了并提交法院。关于王某迟延提交收条的法律后果，下列哪一选项是正确的？

A. 因不属于新证据，法院不予采纳

B. 法院应采纳该证据，并对王某进行训诫

C. 如果李某同意，法院可以采纳该证据

D. 法院应当责令王某说明理由，视情况决定是否

采纳该证据

答案：B。

2. 根据有关司法解释，人民法院规定了民事诉讼当事人举证期限，下列哪一说法符合有关司法解释的规定？

A. 举证期限一经确定，在任何情况下，当事人都不可以申请延长举证期限

B. 当事人在举证期限内提交证据确有困难的，经法院允许，可以适当延长举证期限，但只允许延长一次

C. 当事人在举证期限内提交证据确有困难的，经法院允许，可以适当延长举证期限，延长举证期限后，当事人提交证据材料还有困难的，当事人可以再次提出延期申请，是否准许由人民法院决定

D. 当事人在举证期限内提交证据确有困难的，可以多次申请延长举证期限，但自第二次申请起，是否准许由上级人民法院决定

答案：C。《民诉法司法解释》第100条。

第六十九条　【证据收据】人民法院收到当事人提交的证据材料，应当出具收据，写明证据名称、页数、份数、原件或者复印件以及收到时间等，并由经办人员签名或者盖章。

第七十条　【人民法院调查取证】人民法院有权向有关单位和个人调查取证，有关单位和个人不得拒绝。

人民法院对有关单位和个人提出的证明文书，应当辨别真伪，审查确定其效力。

相关规定

《民诉证据规定》

第20条　当事人及其诉讼代理人申请人民法院调查收集证据，应当在举证期限届满前提交书面申请。

申请书应当载明被调查人的姓名或者单位名称、住所地等基本情况、所要调查收集的证据名称或者内容、需要由人民法院调查收集证据的原因及其要证明的事实以及明确的线索。

第21条　人民法院调查收集的书证，可以是原件，也可以是经核对无误的副本或者复制件。是副本或者复制件的，应当在调查笔录中说明来源和取证情况。

第22条　人民法院调查收集的物证应当是原物。被调查人提供原物确有困难的，可以提供复制品或者影像资料。提供复制品或者影像资料的，应当在调查笔录中说明取证情况。

第23条　人民法院调查收集视听资料、电子数据，应当要求被调查人提供原始载体。

提供原始载体确有困难的，可以提供复制件。提供复制件的，人民法院应当在调查笔录中说明其来源和制作经过。

人民法院对视听资料、电子数据采取证据保全措施的，适用前款规定。

第24条　人民法院调查收集可能需要鉴定的证据，应当遵守相关技术规范，确保证据不被污染。

命题题眼

该条规定了人民法院的调查取证权。主要考点是：

证据原则上由当事人自己提供，只有当事人及其诉讼代理人因客观原因不能自行收集的证据，或者人民法院认为审理案件需要的证据，人民法院才应当调查收集。注意当事人及其诉讼代理人申请人民法院调查收集证据的条件和程序。

值得注意的是，人民法院无论是依职权还是依当事人申请而调查收集的证据都应在法庭上出示，并由当事人质证，未经法庭质证的证据，不能作为认定案件事实的根据。

另外，还应注意的是，在依申请调查的情况下，如果人民法院未能收集到证据，仍然由负举证责任的当事人负担举证不能的后果。依职权调取的证据，只关涉程序性事项或者国家、公共利益，因此，在未能收集的情况下，当事人不承担举证不能的不利法律后果。

第七十一条　【法庭质证】证据应当在法庭上出示，并由当事人互相质证。对涉及国家秘密、商业秘密和个人隐私的证据应当保密，需要在法庭出示的，不得在公开开庭时出示。

相关规定

《民诉证据规定》

四、质证

第60条　当事人在审理前的准备阶段或者人民法院调查、询问过程中发表过质证意见的证据，视为质证过的证据。

当事人要求以书面方式发表质证意见，人民法院在听取对方当事人意见后认为有必要的，可以准许。人民法院应当及时将书面质证意见送交对方当事人。

第61条　对书证、物证、视听资料进行质证时，当事人应当出示证据的原件或者原物。但有下列情形之一的除外：

（一）出示原件或者原物确有困难并经人民法院准许出示复制件或者复制品的；

（二）原件或者原物已不存在，但有证据证明复制件、复制品与原件或者原物一致的。

第62条　质证一般按下列顺序进行：

（一）原告出示证据，被告、第三人与原告进行质证；

（二）被告出示证据，原告、第三人与被告进行质证；

（三）第三人出示证据，原告、被告与第三人进行质证。

人民法院根据当事人申请调查收集的证据，审判人员对调查收集证据的情况进行说明后，由提出申请的当事人与对方当事人、第三人进行质证。

人民法院依职权调查收集的证据，由审判人员对调查收集证据的情况进行说明后，听取当事人的意见。

第63条　当事人应当就案件事实作真实、完整的陈述。

当事人的陈述与此前陈述不一致的，人民法院应当责令其说明理由，并结合当事人的诉讼能力、证据和案件具体情况进行审查认定。

当事人故意作虚假陈述妨碍人民法院审理的，人民法院应当根据情节，依照民事诉讼法第一百一十四条的规定进行处罚。

第64条　人民法院认为有必要的，可以要求当事人本人到场，就案件的有关事实接受询问。

人民法院要求当事人到场接受询问的，应当通知当事人询问的时间、地点、拒不到场的后果等内容。

第65条　人民法院应当在询问前责令当事人签署保证书并宣读保证书的内容。

保证书应当载明保证据实陈述，绝无隐瞒、歪曲、增减，如有虚假陈述应当接受处罚等内容。当事人应当在保证书上签名、捺印。

当事人有正当理由不能宣读保证书的，由书记员宣读并进行说明。

第66条　当事人无正当理由拒不到场、拒不签署或宣读保证书或者拒不接受询问的，人民法院应当综合案件情况，判断待证事实的真伪。待证事实无其他证据证明的，人民法院应当作出不利于该当事人的认定。

《民诉法司法解释》

第103条　证据应当在法庭上出示，由当事人互相质证。未经当事人质证的证据，不得作为认定案件事实的根据。

当事人在审理前的准备阶段认可的证据，经审判人员在庭审中说明后，视为质证过的证据。

涉及国家秘密、商业秘密、个人隐私或者法律规定应当保密的证据，不得公开质证。

第104条　人民法院应当组织当事人围绕证据的真实性、合法性以及与待证事实的关联性进行质证，并针对证据有无证明力和证明力大小进行说明和辩论。

能够反映案件真实情况、与待证事实相关联、来源和形式符合法律规定的证据，应当作为认定案件事实的根据。

第105条　人民法院应当按照法定程序，全面、客观地审核证据，依照法律规定，运用逻辑推理和日常生活经验法则，对证据有无证明力和证明力大小进行判断，并公开判断的理由和结果。

第106条　对以严重侵害他人合法权益、违反法律禁止性规定或者严重违背公序良俗的方法形成或者获取的证据，不得作为认定案件事实的根据。

第107条　在诉讼中，当事人为达成调解协议或者和解协议作出妥协而认可的事实，不得在后续的诉讼中作为对其不利的根据，但法律另有规定或者当事人均同意的除外。

第108条　对负有举证证明责任的当事人提供的证据，人民法院经审查并结合相关事实，确信待证事实的存在具有高度可能性的，应当认定该事实存在。

对一方当事人为反驳负有举证证明责任的当事人所主张事实而提供的证据，人民法院经审查并结合相关事实，认为待证事实真伪不明的，应当认定该事实不存在。

法律对于待证事实所应达到的证明标准另有规定的，从其规定。

第109条　当事人对欺诈、胁迫、恶意串通事实的证明，以及对口头遗嘱或者赠与事实的证明，人民法院确信该待证事实存在的可能性能够排除合理怀疑的，应当认定该事实存在。

第110条　人民法院认为有必要的，可以要求当事人本人到庭，就案件有关事实接受询问。在询问当事人之前，可以要求其签署保证书。

保证书应当载明据实陈述、如有虚假陈述愿意接受处罚等内容。当事人应当在保证书上签名或者捺印。

负有举证证明责任的当事人拒绝到庭、拒绝接受询问或者拒绝签署保证书，待证事实又欠缺其他证据证明的，人民法院对其主张的事实不予认定。

最高人民法院《关于互联网法院审理案件若干问题的规定》

第9条　互联网法院组织在线证据交换的，当事人应当将在线电子数据上传、导入诉讼平台，或者将线下证据通过扫描、翻拍、转录等方式进行电子化处理后上传至诉讼平台进行举证，也可以运用已经导入诉讼平台的电子数据证明自己的主张。

第10条　当事人及其他诉讼参与人通过技术手段将身份证明、营业执照副本、授权委托书、法定代表人身份证明等诉讼材料，以及书证、鉴定意见、勘验笔录等证据材料进行电子化处理后提交的，经互联网法院审核通过后，视为符合原件形式要求。对方当事人对上述材料真实性提出异议且有合理理由的，互联网法院应当要求当事人提供原件。

第11条　当事人对电子数据真实性提出异议的，互联网法院应当结合质证情况，审查判断电子数据生成、收集、存储、传输过程的真实性，并着重审查以下内容：

(一)电子数据生成、收集、存储、传输所依赖的计算机系统等硬件、软件环境是否安全、可靠；

(二)电子数据的生成主体和时间是否明确，表现内容是否清晰、客观、准确；

(三)电子数据的存储、保管介质是否明确，保管方式和手段是否妥当；

(四)电子数据提取和固定的主体、工具和方式是否可靠，提取过程是否可以重现；

(五)电子数据的内容是否存在增加、删除、修改及不完整等情形；

(六)电子数据是否可以通过特定形式得到验证。

当事人提交的电子数据，通过电子签名、可信时间戳、哈希值校验、区块链等证据收集、固定和防篡改的技术手段或者通过电子取证存证平台认证，能够证明其真实性的，互联网法院应当确认。

当事人可以申请具有专门知识的人就电子数据技术问题提出意见。互联网法院可以根据当事人申请或者依职权，委托鉴定电子数据的真实性或者调取其他相关证据进行核对。

第12条　互联网法院采取在线视频方式开庭。存在确需当庭查明身份、核对原件、查验实物等特殊情形的，互联网法院可以决定在线下开庭，但其他诉讼环节仍应当在线完成。

强化模拟题

高某诉张某合同纠纷案，终审高某败诉。高某向检察院反映，其在一审中提交了偷录双方谈判过程的录音带，其中有张某承认货物存在严重质量问题的陈述，足以推翻原判，但法院从未组织质证。对此，检察院提起抗诉。关于再审程序中证据的表述，下列哪些选项是正确的？

A. 再审质证应当由高某、张某和检察院共同进行

B. 该录音带属于电子数据，高某应当提交证据原件进行质证

C. 虽然该录音带系高某偷录，但仍可作为质证对象

D. 如再审法院认定该录音带涉及商业秘密，应当依职权决定不公开质证

答案：CD。本题中当事人偷录的录音带，在民事诉讼中一般将其归类为视听资料，而非电子数据。从民事诉讼法理论上讲，私录证据原则上可以采纳，但是根据《民诉法司法解释》第106条的规定，“对以严重侵害他人合法权益、违反法律禁止性规定或者严重违背公序良俗的方法形成或者获取的证据，不得作为认定案件事实的根据”。本题中看不出来违反了此规定，故该录音带可以作为证据使用，既然如此，当然可以作为质证的对象。所以，C项正确，B项错误。

根据《民事诉讼法》第71条的规定，D项正确。质证应当由当事人进行，而A项中表述为高某、张某和检察院共同进行质证，由于检察院并不是当事人，所以A项错误。

第七十二条　【公证证据的证明力】经过法定程序公证证明的法律事实和文书，人民法院应当作为认定事实的根据，但有相反证据足以推翻公证证明的除外。

第七十三条　【书证、物证】书证应当提交原件。物证应当提交原物。提交原件或者原物确有困难的，可以提交复制品、照片、副本、节录本。

提交外文书证，必须附有中文译本。

第七十四条　【视听资料】人民法院对视听资料，应当辨别真伪，并结合本案的其他证据，审查确定能否作为认定事实的根据。

相关规定

《民诉证据规定》

第44条　摘录有关单位制作的与案件事实相关的文件、材料，应当注明出处，并加盖制作单位或者保管单位的印章，摘录人和其他调查人员应当在摘录件上签名或者盖章。

摘录文件、材料应当保持内容相应的完整性。

第45条　当事人根据《最高人民法院关于适用〈中华人民共和国民事诉讼法〉的解释》第一百一十二条的规定申请人民法院责令对方当事人提交书证的，申请书应当载明所申请提交的书证名称或者内容、需要以该书证证明的事实及事实的重要性、对方当事人控制该书证的根据以及应当提交该书证的理由。

对方当事人否认控制书证的，人民法院应当根据法律规定、习惯等因素，结合案件的事实、证据，对于书证是否在对方当事人控制之下的事实作出综合判断。

第46条　人民法院对当事人提交书证的申请进行审查时，应当听取对方当事人的意见，必要时可以要求双方当事人提供证据、进行辩论。

当事人申请提交的书证不明确、书证对于待证事实的证明无必要、待证事实对于裁判结果无实质性影响、书证未在对方当事人控制之下或者不符合本规定第四十七条情形的，人民法院不予准许。

当事人申请理由成立的，人民法院应当作出裁定，责令对方当事人提交书证；理由不成立的，通知申请人。

第47条　下列情形，控制书证的当事人应当提交书证：

（一）控制书证的当事人在诉讼中曾经引用过的书证；

（二）为对方当事人的利益制作的书证；

（三）对方当事人依照法律规定有权查阅、获取的书证；

（四）账簿、记账原始凭证；

（五）人民法院认为应当提交书证的其他情形。

前款所列书证，涉及国家秘密、商业秘密、当事人或第三人的隐私，或者存在法律规定应当保密的情形的，提交后不得公开质证。

第48条　控制书证的当事人无正当理由拒不提交书证的，人民法院可以认定对方当事人所主张的书证内容为真实。

控制书证的当事人存在《最高人民法院关于适用〈中华人民共和国民事诉讼法〉的解释》第一百一十三条规定情形的，人民法院可以认定对方当事人主张以该书证证明的事实为真实。

第91条　公文书证的制作者根据文书原件制作的载有部分或者全部内容的副本，与正本具有相同的证明力。

在国家机关存档的文件，其复制件、副本、节录本经档案部门或者制作原本的机关证明其内容与原本一致的，该复制件、副本、节录本具有与原本相同的证明力。

第92条　私文书证的真实性，由主张以私文书证证明案件事实的当事人承担举证责任。

私文书证由制作者或者其代理人签名、盖章或捺印的，推定为真实。

私文书证上有删除、涂改、增添或者其他形式瑕疵的，人民法院应当综合案件的具体情况判断其证明力。

第93条　人民法院对于电子数据的真实性，应当结合下列因素综合判断：

（一）电子数据的生成、存储、传输所依赖的计算机系统的硬件、软件环境是否完整、可靠；

（二）电子数据的生成、存储、传输所依赖的计算机系统的硬件、软件环境是否处于正常运行状态，或者不处于正常运行状态时对电子数据的生成、存储、传输是否有影响；

（三）电子数据的生成、存储、传输所依赖的计算机系统的硬件、软件环境是否具备有效的防止出错的监测、核查手段；

（四）电子数据是否被完整地保存、传输、提取，保存、传输、提取的方法是否可靠；

（五）电子数据是否在正常的往来活动中形成和存储；

（六）保存、传输、提取电子数据的主体是否适当；

（七）影响电子数据完整性和可靠性的其他因素。

人民法院认为有必要的，可以通过鉴定或者勘验等方法，审查判断电子数据的真实性。

第94条　电子数据存在下列情形的，人民法院可以确认其真实性，但有足以反驳的相反证据的除外：

（一）由当事人提交或者保管的于己不利的电子数据；

（二）由记录和保存电子数据的中立第三方平台提供或者确认的；

（三）在正常业务活动中形成的；

（四）以档案管理方式保管的；

（五）以当事人约定的方式保存、传输、提取的。

电子数据的内容经公证机关公证的，人民法院应当确认其真实性，但有相反证据足以推翻的除外。

第95条　一方当事人控制证据无正当理由拒不提交，对待证事实负有举证责任的当事人主张该证据的内容不利于控制人的，人民法院可以认定该主张成立。

最高人民法院《关于审理著作权民事纠纷案件适用法律若干问题的解释》

第7条　当事人提供的涉及著作权的底稿、原件、合法出版物、著作权登记证书、认证机构出具的证明、取得权利的合同等，可以作为证据。

在作品或者制品上署名的自然人、法人或者非法人组织视为著作权、与著作权有关权益的权利人，但有相反证明的除外。

第8条　当事人自行或者委托他人以定购、现场交易等方式购买侵权复制品而取得的实物、发票等，可以作为证据。

公证人员在未向涉嫌侵权的一方当事人表明身份的情况下，如实对另一方当事人按照前款规定的方式取得的证据和取证过程出具的公证书，应当作为证据使用，但有相反证据的除外。

《民诉法司法解释》

第111条　民事诉讼法第七十三条规定的提交书证原件确有困难，包括下列情形：

（一）书证原件遗失、灭失或者毁损的；

（二）原件在对方当事人控制之下，经合法通知提交而拒不提交的；

（三）原件在他人控制之下，而其有权不提交的；

（四）原件因篇幅或者体积过大而不便提交的；

（五）承担举证证明责任的当事人通过申请人民法院调查收集或者其他方式无法获得书证原件的。

前款规定情形，人民法院应当结合其他证据和案件具体情况，审查判断书证复制品等能否作为认定案件事实的根据。

第112条　书证在对方当事人控制之下的，承担举证证明责任的当事人可以在举证期限届满前书面申请人民法院责令对方当事人提交。

申请理由成立的，人民法院应当责令对方当事人提交，因提交书证所产生的费用，由申请人负担。对方当事人无正当理由拒不提交的，人民法院可以认定申请人所主张的书证内容为真实。

第113条　持有书证的当事人以妨碍对方当事人使用为目的，毁灭有关书证或者实施其他致使书证不能使用行为的，人民法院可以依照民事诉讼法第一百一十四条规定，对其处以罚款、拘留。

第114条　国家机关或者其他依法具有社会管理职能的组织，在其职权范围内制作的文书所记载的事项推定为真实，但有相反证据足以推翻的除外。必要时，人民法院可以要求制作文书的机关或者组织对文书的真实性予以说明。

第115条　单位向人民法院提出的证明材料，应当由单位负责人及制作证明材料的人员签名或者盖章，并加盖单位印章。人民法院就单位出具的证明材料，可以向单位及制作证明材料的人员进行调查核实。必要时，可以要求制作证明材料的人员出庭作证。

单位及制作证明材料的人员拒绝人民法院调查核实，或者制作证明材料的人员无正当理由拒绝出庭作证的，该证明材料不得作为认定案件事实的根据。

第116条　视听资料包括录音资料和影像资料。

电子数据是指通过电子邮件、电子数据交换、网上聊天记录、博客、微博客、手机短信、电子签名、域名等形成或者存储在电子介质中的信息。

存储在电子介质中的录音资料和影像资料，适用电子数据的规定。

命题题眼

上述法条规定了证据的审查认定和证据的证明力，是易考点。

历年试题

2018年试卷二考生回忆版：贾某因家里突发急事、急需用钱，向好友艾某借了30万元，并承诺下月还钱，因是朋友关系，再加上很快就会归还，艾某也就没有让贾某打借条。过了半年之后，贾某仍未归还该笔欠款。正好赶上艾某家里有事用钱，就打电话给贾某让其尽快还钱。电话中，艾某要求贾某归还欠款30万元，并要求贾某支付逾期利息3000元。贾某承认借款30万元，但请求艾某免除利息。后双方没有协商成功，艾某向法院起诉，要求贾某归还欠款及支付利息。艾某将其与贾某打电话时私下偷录的电话录音，剪辑之后提交给了法院。关于本案证据的认定，下列说法错误的是：

A. 电话录音没有经过对方同意，不能作为证据使用

B. 电话录音虽然没有经过对方同意，依然可以作为证据使用

C. 电话录音经过了剪辑，存有疑点，不能作为证据使用

D. 贾某对借款事实的承认构成了自认

答案：ACD。根据《民诉法司法解释》第106条规定，对以严重侵害他人合法权益、违反法律禁止性规定或者严重违背公序良俗的方法形成或者获取的证据，不得作为认定案件事实的根据。故该录音可以作为证据使用没问题，故A项错误，B项正确。

根据《民诉证据规定》第90条的规定，“下列证据不能单独作为认定案件事实的根据：……（四）存有疑点的视听资料……”故此录音存有疑点是不能单独作为认定案件依据，但是这只是说明其证明力比较弱，而不是不能作为证据使用，因此C项错误。

根据《民诉法司法解释》第92条的规定，只有在法庭审理中或者在起诉状、答辩状、代理词中的认可才构成自认。因此贾某的承认不构成自认。D项错误。

2020 年试卷二考生回忆版：甲与乙之间有债务纠纷，甲声称与乙签有借条，并将乙告上法院，以下哪一借条可视为真实？

A. 甲称借条已遗失，借条上写有甲借给乙 20 万元，乙承认有此借条但称已还款 10 万元

B. 甲称原始借条已遗失，并提供了借条复印件，乙不承认有借条存在

C. 甲提供借条复印件，借条写有甲借乙 20 万元，乙在调解过程中答应还款 20 万元

D. 甲提供借条复印件，乙承认借后又反悔的

答案：A。

A 项，《民诉证据规定》第 89 条第 1 款规定，当事人在诉讼过程中认可的证据，人民法院应当予以确认。但法律、司法解释另有规定的除外。据此，虽然甲未提供借条的原件或复印件，但乙对该借条明确表示了承认，只是对还款数额存在异议，并未否定借款关系的存在，这种情况下法院应当确认该借条为真实，A 项正确。

B 项，《民事诉讼法》第 73 条第 1 款规定，书证应当提交原件。物证应当提交原物。提交原件或者原物确有困难的，可以提交复制品、照片、副本、节录本。《民诉法司法解释》第 111 条第 1 款规定，《民事诉讼法》第 73 条规定的提交书证原件确有困难，包括下列情形：书证原件遗失、灭失或者毁损的。第 2 款规定，前述规定情形，人民法院应当结合其他证据和案件具体情况，审查判断书证复制品等能否作为认定案件事实的根据。B 项中，甲声称原始借条遗失仅提供了复印件，在无法与原件核对的情况下，根据《民诉法司法解释》第 111 条第 2 款的规定，需要提供其他证据予以佐证。在乙不承认又无其他证据证明的情况下，法院不能认定该借条真实，B 项错误。

C 项，《民诉法司法解释》第 107 条规定，在诉讼中，当事人为达成调解协议或者和解协议作出妥协而认可的事实，不得在后续的诉讼中作为对其不利的根据，但法律另有规定或者当事人均同意的除外。本题中，如前述 B 项的分析，在甲仅提供了无法与原件核对的借条复印件的情况下，认定借条的真实性需要有其他证据进行佐证。但 C 项中虽然说明了乙答应还款 20 万元，但系在调解过程中作出的承诺，根据《民诉法司法解释》第 107 条的规定，乙在调解过程中作出妥协而认可的事实，不得在后续的诉讼中作为对其不利的根据，即不得进行采纳作为佐证借条真实性的证据，故 C 项错误。

D 项，《民诉证据规定》第 89 条第 2 款规定，当事人对认可的证据反悔的，参照《民诉法司法解释》第 229 条的规定处理。《民诉法司法解释》第 229 条规定，当事人在庭审中对其在审理前的准备阶段认可的事实和证据提出不同意见的，人民法院应当责令其说明理由。必要时，可以责令其提供相应证据。人民法院应当结合当事人的诉讼能力、证据和案件的具体情况进行审查。理由成立的，可以列入争议焦点进行审理。据此，对于 D 项中的借条的真实性，需要法院进行进一步的审查后才能够作出判断，D 项错误。

强化模拟题

1. 郭某诉张某财产损害一案，法院进行了庭前调解，张某承认对郭某财产造成损害，但在赔偿数额上双方无法达成协议。关于本案，下列哪一选项是正确的？

A. 张某承认对郭某财产造成损害，已构成自认

B. 张某承认对郭某财产造成损害，可作为对张某不利的证据使用

C. 郭某仍需对张某造成财产损害的事实举证证明

D. 法院无需开庭审理，本案事实清楚可直接作出判决

答案：C。

2. 在民事诉讼中，下列哪些证据不能单独作为认定案件事实的依据？

A. 未成年人所作的与其年龄和智力状况不相当的证言

B. 与一方当事人有亲属关系的证人出具的对该当事人有利的证言

C. 没有其他证据印证并有疑点的视听资料

D. 无法与原件、原物核对的复印件、复制品

答案：ABCD。

第七十五条　【证人义务、资格】凡是知道案件情况的单位和个人，都有义务出庭作证。有关单位的负责人应当支持证人作证。

不能正确表达意思的人，不能作证。

第七十六条　【证人出庭作证】经人民法院通知，证人应当出庭作证。有下列情形之一的，经人民法院许可，可以通过书面证言、视听传输技术或者视听资料等方式作证：

（一）因健康原因不能出庭的；

（二）因路途遥远，交通不便不能出庭的；

（三）因自然灾害等不可抗力不能出庭的；

（四）其他有正当理由不能出庭的。

第七十七条　【证人出庭费用承担】证人因履行出庭作证义务而支出的交通、住宿、就餐等必要费用以及误工损失，由败诉一方当事人负担。当事人申请证人作证的，由该当事人先行垫付；当事人没有申

请,人民法院通知证人作证的,由人民法院先行垫付。

相关规定

《民诉证据规定》

第67条　不能正确表达意思的人,不能作为证人。

待证事实与其年龄、智力状况或者精神健康状况相适应的无民事行为能力人和限制民事行为能力人,可以作为证人。

第68条　人民法院应当要求证人出庭作证,接受审判人员和当事人的询问。证人在审理前的准备阶段或者人民法院调查、询问等双方当事人在场时陈述证言的,视为出庭作证。

双方当事人同意证人以其他方式作证并经人民法院准许的,证人可以不出庭作证。

无正当理由未出庭的证人以书面等方式提供的证言,不得作为认定案件事实的根据。

第69条　当事人申请证人出庭作证的,应当在举证期限届满前向人民法院提交申请书。

申请书应当载明证人的姓名、职业、住所、联系方式,作证的主要内容,作证内容与待证事实的关联性,以及证人出庭作证的必要性。

符合《最高人民法院关于适用〈中华人民共和国民事诉讼法〉的解释》第九十六条第一款规定情形的,人民法院应当依职权通知证人出庭作证。

第70条　人民法院准许证人出庭作证申请的,应当向证人送达通知书并告知双方当事人。通知书中应当载明证人作证的时间、地点,作证的事项、要求以及作伪证的法律后果等内容。

当事人申请证人出庭作证的事项与待证事实无关,或者没有通知证人出庭作证必要的,人民法院不予准许当事人的申请。

第71条　人民法院应当要求证人在作证之前签署保证书,并在法庭上宣读保证书的内容。但无民事行为能力人和限制民事行为能力人作为证人的除外。

证人确有正当理由不能宣读保证书的,由书记员代为宣读并进行说明。

证人拒绝签署或者宣读保证书的,不得作证,并自行承担相关费用。

证人保证书的内容适用当事人保证书的规定。

第72条　证人应当客观陈述其亲身感知的事实,作证时不得使用猜测、推断或者评论性语言。

证人作证前不得旁听法庭审理,作证时不得以宣读事先准备的书面材料的方式陈述证言。

证人言辞表达有障碍的,可以通过其他表达方式作证。

第73条　证人应当就其作证的事项进行连续陈述。

当事人及其法定代理人、诉讼代理人或者旁听人员干扰证人陈述的,人民法院应当及时制止,必要时可以依照民事诉讼法第一百一十三条的规定进行处罚。

第74条　审判人员可以对证人进行询问。当事人及其诉讼代理人经审判人员许可后可以询问证人。

询问证人时其他证人不得在场。

人民法院认为有必要的,可以要求证人之间进行对质。

第75条　证人出庭作证后,可以向人民法院申请支付证人出庭作证费用。证人有困难需要预先支取出庭作证费用的,人民法院可以根据证人的申请在出庭作证前支付。

第76条　证人确有困难不能出庭作证,申请以书面证言、视听传输技术或者视听资料等方式作证的,应当向人民法院提交申请书。申请书中应当载明不能出庭的具体原因。

符合民事诉讼法第七十六条规定情形的,人民法院应当准许。

第77条　证人经人民法院准许,以书面证言方式作证的,应当签署保证书;以视听传输技术或者视听资料方式作证的,应当签署保证书并宣读保证书的内容。

第78条　当事人及其诉讼代理人对证人的询问与待证事实无关,或者存在威胁、侮辱证人或不适当引导等情形的,审判人员应当及时制止。必要时可以依照民事诉讼法第一百一十三条、第一百一十四条的规定进行处罚。

证人故意作虚假陈述,诉讼参与人或者其他人以暴力、威胁、贿买等方法妨碍证人作证,或者在证人作证后以侮辱、诽谤、诬陷、恐吓、殴打等方式对证人打击报复的,人民法院应当根据情节,依照民事诉讼法第一百一十四条的规定,对行为人进行处罚。

第96条　人民法院认定证人证言,可以通过对证人的智力状况、品德、知识、经验、法律意识和专业技能等的综合分析作出判断。

第98条　对证人、鉴定人、勘验人的合法权益依法予以保护。

当事人或者其他诉讼参与人伪造、毁灭证据,提供虚假证据,阻止证人作证,指使、贿买、胁迫他人作伪证,或者对证人、鉴定人、勘验人打击报复的,依照民事诉讼法第一百一十三条、第一百一十四条的规定进行处罚。

《民诉法司法解释》

第117条　当事人申请证人出庭作证的,应当在举证期限届满前提出。

符合本解释第九十六条第一款规定情形的,人民法院可以依职权通知证人出庭作证。

未经人民法院通知,证人不得出庭作证,但双方当事人同意并经人民法院准许的除外。

第118条　民事诉讼法第七十七条规定的证人因履行出庭作证义务而支出的交通、住宿、就餐等必要费用,按照机关事业单位工作人员差旅费用和补贴标准计算;误工损失按照国家上年度职工日平均工资标准计算。

人民法院准许证人出庭作证申请的,应当通知申请人预缴证人出庭作证费用。

第119条　人民法院在证人出庭作证前应当告知其如实作证的义务以及作伪证的法律后果,并责令其签署保证书,但无民事行为能力人和限制民事行为能力人除外。

证人签署保证书适用本解释关于当事人签署保证书的规定。

第120条　证人拒绝签署保证书的,不得作证,并自行承担相关费用。

命题题眼

证人的作证是易考知识点。

1. 民事诉讼中的证人包括单位和个人两大类。单位作证时,应由单位的法定代表人、负责人或者授权的人代表单位作证。

2. 不能作为证人的情况是不能正确表达意思,与年龄、精神状况、与当事人的关系等都没有直接联系。另外,诉讼代理人、办理本案的法官、书记员、翻译人员和检察人员不能同时作为证人。

3. 当事人申请证人作证的时间。

4. 一般情况下证人应当出庭作证,注意可以不出庭作证的具体情形。

强化模拟题

杨青(15岁)与何翔(14岁)两人经常嬉戏打闹,一次,杨青失手将何翔推倒,致何翔成了植物人。当时在场的还有何翔的弟弟何军(11岁)。法院审理时,何军以证人身份出庭。关于何军作证,下列哪些说法不能成立?

A. 何军只有11岁,无诉讼行为能力,不具有证人资格,故不可作为证人

B. 何军是何翔的弟弟,应回避

C. 何军作为未成年人,其所有证言依法都不具有证明力

D. 何军作为何翔的弟弟,证言具有明显的倾向性,其证言不能单独作为认定案件事实的根据

答案:ABC。

第七十八条　【当事人陈述】人民法院对当事人的陈述,应当结合本案的其他证据,审查确定能否作为认定事实的根据。

当事人拒绝陈述的,不影响人民法院根据证据认定案件事实。

第七十九条　【鉴定程序启动】当事人可以就查明事实的专门性问题向人民法院申请鉴定。当事人申请鉴定的,由双方当事人协商确定具备资格的鉴定人;协商不成的,由人民法院指定。

当事人未申请鉴定,人民法院对专门性问题认为需要鉴定的,应当委托具备资格的鉴定人进行鉴定。

第八十条　【鉴定人权利义务】鉴定人有权了解进行鉴定所需要的案件材料,必要时可以询问当事人、证人。

鉴定人应当提出书面鉴定意见,在鉴定书上签名或者盖章。

第八十一条　【鉴定人出庭作证】当事人对鉴定意见有异议或者人民法院认为鉴定人有必要出庭的,鉴定人应当出庭作证。经人民法院通知,鉴定人拒不出庭作证的,鉴定意见不得作为认定事实的根据;支付鉴定费用的当事人可以要求返还鉴定费用。

第八十二条　【专家证人出庭】当事人可以申请人民法院通知有专门知识的人出庭,就鉴定人作出的鉴定意见或者专业问题提出意见。

相关规定

《民诉证据规定》

第39条　鉴定人出庭费用按照证人出庭作证费用的标准计算,由败诉的当事人负担。因鉴定意见不明确或者有瑕疵需要鉴定人出庭的,出庭费用由其自行负担。

人民法院委托鉴定时已经确定鉴定人出庭费用包含在鉴定费用中的,不再通知当事人预交。

第40条　当事人申请重新鉴定,存在下列情形之一的,人民法院应当准许:

(一)鉴定人不具备相应资格的;

(二)鉴定程序严重违法的;

(三)鉴定意见明显依据不足的;

(四)鉴定意见不能作为证据使用的其他情形。

存在前款第一项至第三项情形的，鉴定人已经收取的鉴定费用应当退还。拒不退还的，依照本规定第八十一条第二款的规定处理。

对鉴定意见的瑕疵，可以通过补正、补充鉴定或者补充质证、重新质证等方法解决的，人民法院不予准许重新鉴定的申请。

重新鉴定的，原鉴定意见不得作为认定案件事实的根据。

第41条　对于一方当事人就专门性问题自行委托有关机构或者人员出具的意见，另一方当事人有证据或者理由足以反驳并申请鉴定的，人民法院应予准许。

第42条　鉴定意见被采信后，鉴定人无正当理由撤销鉴定意见的，人民法院应当责令其退还鉴定费用，并可以根据情节，依照民事诉讼法第一百一十四条的规定对鉴定人进行处罚。当事人主张鉴定人负担由此增加的合理费用的，人民法院应予支持。

人民法院采信鉴定意见后准许鉴定人撤销的，应当责令其退还鉴定费用。

第79条　鉴定人依照民事诉讼法第七十八条的规定出庭作证的，人民法院应当在开庭审理三日前将出庭的时间、地点及要求通知鉴定人。

委托机构鉴定的，应当由从事鉴定的人员代表机构出庭。

第80条　鉴定人应当就鉴定事项如实答复当事人的异议和审判人员的询问。当庭答复确有困难的，经人民法院准许，可以在庭审结束后书面答复。

人民法院应当及时将书面答复送交当事人，并听取当事人的意见。必要时，可以再次组织质证。

第81条　鉴定人拒不出庭作证的，鉴定意见不得作为认定案件事实的根据。人民法院应当建议有关主管部门或者组织对拒不出庭作证的鉴定人予以处罚。

当事人要求退还鉴定费用的，人民法院应当在三日内作出裁定，责令鉴定人退还；拒不退还的，由人民法院依法执行。

当事人因鉴定人拒不出庭作证申请重新鉴定的，人民法院应当准许。

第82条　经法庭许可，当事人可以询问鉴定人、勘验人。

询问鉴定人、勘验人不得使用威胁、侮辱等不适当的言语和方式。

第83条　当事人依照民事诉讼法第七十九条和《最高人民法院关于适用〈中华人民共和国民事诉讼法〉的解释》第一百二十二条的规定，申请有专门知识的人出庭的，申请书中应当载明有专门知识的人的基本情况和申请的目的。

人民法院准许当事人申请的，应当通知双方当事人。

第84条　审判人员可以对有专门知识的人进行询问。经法庭准许，当事人可以对有专门知识的人进行询问，当事人各自申请的有专门知识的人可以就案件中的有关问题进行对质。

有专门知识的人不得参与对鉴定意见质证或者就专业问题发表意见之外的法庭审理活动。

《民诉法司法解释》

第121条　当事人申请鉴定，可以在举证期限届满前提出。申请鉴定的事项与待证事实无关联，或者对证明待证事实无意义的，人民法院不予准许。

人民法院准许当事人鉴定申请的，应当组织双方当事人协商确定具备相应资格的鉴定人。当事人协商不成的，由人民法院指定。

符合依职权调查收集证据条件的，人民法院应当依职权委托鉴定，在询问当事人的意见后，指定具备相应资格的鉴定人。

第122条　当事人可以依照民事诉讼法第八十二条的规定，在举证期限届满前申请一至二名具有专门知识的人出庭，代表当事人对鉴定意见进行质证，或者对案件事实所涉及的专业问题提出意见。

具有专门知识的人在法庭上就专业问题提出的意见，视为当事人的陈述。

人民法院准许当事人申请的，相关费用由提出申请的当事人负担。

第123条　人民法院可以对出庭的具有专门知识的人进行询问。经法庭准许，当事人可以对出庭的具有专门知识的人进行询问，当事人各自申请的具有专门知识的人可以就案件中的有关问题进行对质。

具有专门知识的人不得参与专业问题之外的法庭审理活动。

最高人民法院《关于审理环境民事公益诉讼案件适用法律若干问题的解释》

第15条　当事人申请通知有专门知识的人出庭，就鉴定人作出的鉴定意见或者就因果关系、生态环境修复方式、生态环境修复费用以及生态环境受到损害至修复完成期间服务功能丧失导致的损失等专门性问题提出意见的，人民法院可以准许。

前款规定的专家意见经质证，可以作为认定事实的根据。

《审理垄断民事纠纷解释》

第11条　当事人可以向人民法院申请一至二

名具有案件所涉领域、经济学等专门知识的人员出庭,就案件的专门性问题进行说明。

当事人可以向人民法院申请委托专业机构或者专业人员就案件的专门性问题提出市场调查或者经济分析意见。该专业机构或者专业人员可以由双方当事人协商确定;协商不成的,由人民法院指定。人民法院可以参照民事诉讼法及相关司法解释有关鉴定意见的规定,对该专业机构或者专业人员提出的市场调查或者经济分析意见进行审查判断。

一方当事人就案件的专门性问题自行委托有关专业机构或者专业人员提出市场调查或者经济分析意见,该意见缺乏可靠的事实、数据或者其他必要基础资料佐证,或者缺乏可靠的分析方法,或者另一方当事人提出证据或者理由足以反驳的,人民法院不予采信。

历年试题

2023年试卷二考生回忆版:人民法院审理某民事案件过程中,A鉴定机构根据法院委托对案件中的某个事实作了鉴定报告,原告甲申请李教授出庭,询问鉴定机构的鉴定人;被告乙询问了李教授。下列说法正确的是?

A. 李教授询问鉴定人适用鉴定人规则

B. 被告询问李教授适用鉴定人规则

C. 被告询问李教授适用证人规则

D. 被告询问李教授适用当事人规则

答案:A。本案中李教授是一方当事人请来帮助对专业问题发表意见的,属于专家辅助人,李教授询问鉴定人适用鉴定人规则,A项正确。被告询问李教授应适用有专门知识的人的规则,而不是鉴定人规则。B项错误。

李教授不是证人,所以被告询问李教授不适用证人规则,适用专家辅助人规则。C项错误。

虽然有专门知识的人对案件提出的意见,视为当事人陈述,但是从性质上看,其本身是有专门知识的人,而不是当事人,所以对有专门知识人的询问不适用当事人规则。D项错误。

强化模拟题

1. 甲公司诉乙公司专利侵权,乙公司是否侵权成为焦点。经法院委托,丙鉴定中心出具了鉴定意见书,认定侵权。乙公司提出异议,并申请某大学燕教授出庭说明专业意见。关于鉴定的说法,下列哪一选项是正确的?

A. 丙鉴定中心在鉴定过程中可以询问当事人

B. 丙鉴定中心应当派员出庭,但有正当理由不能出庭的除外

C. 如果燕教授出庭,其诉讼地位是鉴定人

D. 燕教授出庭费用由乙公司垫付,最终由败诉方承担

答案:A。《民事诉讼法》第80条第1款、第81条、第82条,《诉讼费用交纳办法》第6条。

燕教授不属于鉴定人,因此其出庭期间的费用不属于诉讼费用,不能由败诉方承担。无论胜诉与否,都应当由乙公司自行承担。所以D项错误。

2. 在一起侵权诉讼中,原告申请由其弟袁某(某大学计算机系教授)作为专家辅助人出庭对专业技术问题予以说明。下列哪一表述是正确的?

A. 被告以袁某是原告的近亲属为由申请其回避,法院应批准

B. 袁某在庭上的陈述是一种法定证据

C. 被告可对袁某进行询问

D. 袁某出庭的费用,由败诉方当事人承担

答案:BC。根据《民诉司法解释》第122条,专家辅助人的意见应被视为当事人陈述。

第八十三条 【勘验笔录】勘验物证或者现场,勘验人必须出示人民法院的证件,并邀请当地基层组织或者当事人所在单位派人参加。当事人或者当事人的成年家属应当到场,拒不到场的,不影响勘验的进行。

有关单位和个人根据人民法院的通知,有义务保护现场,协助勘验工作。

勘验人应当将勘验情况和结果制作笔录,由勘验人、当事人和被邀参加人签名或者盖章。

相关规定

《民诉证据规定》

第43条 人民法院应当在勘验前将勘验的时间和地点通知当事人。当事人不参加的,不影响勘验进行。

当事人可以就勘验事项向人民法院进行解释和说明,可以请求人民法院注意勘验中的重要事项。

人民法院勘验物证或者现场,应当制作笔录,记录勘验的时间、地点、勘验人、在场人、勘验的经过、结果,由勘验人、在场人签名或者盖章。对于绘制的现场图应当注明绘制的时间、方位、测绘人姓名、身份等内容。

《民诉法司法解释》

第124条 人民法院认为有必要的,可以根据当事人的申请或者依职权对物证或者现场进行勘验。勘验时应当保护他人的隐私和尊严。

人民法院可以要求鉴定人参与勘验。必要时,可以要求鉴定人在勘验中进行鉴定。

第八十四条 【证据保全】在证据可能灭失或者以后难以取得的情况下,当事人可以在诉讼过程中

向人民法院申请保全证据，人民法院也可以主动采取保全措施。

因情况紧急，在证据可能灭失或者以后难以取得的情况下，利害关系人可以在提起诉讼或者申请仲裁前向证据所在地、被申请人住所地或者对案件有管辖权的人民法院申请保全证据。

证据保全的其他程序，参照适用本法第九章保全的有关规定。

相关规定

《民诉证据规定》

第25条　当事人或者利害关系人根据民事诉讼法第八十四条的规定申请证据保全的，申请书应当载明需要保全的证据的基本情况、申请保全的理由以及采取何种保全措施等内容。

当事人根据民事诉讼法第八十四条第一款的规定申请证据保全的，应当在举证期限届满前向人民法院提出。

法律、司法解释对诉前证据保全有规定的，依照其规定办理。

第26条　当事人或者利害关系人申请采取查封、扣押等限制保全标的物使用、流通等保全措施，或者保全可能对证据持有人造成损失的，人民法院应当责令申请人提供相应的担保。

担保方式或者数额由人民法院根据保全措施对证据持有人的影响、保全标的物的价值、当事人或者利害关系人争议的诉讼标的金额等因素综合确定。

第27条　人民法院进行证据保全，可以要求当事人或者诉讼代理人到场。

根据当事人的申请和具体情况，人民法院可以采取查封、扣押、录音、录像、复制、鉴定、勘验等方法进行证据保全，并制作笔录。

在符合证据保全目的的情况下，人民法院应当选择对证据持有人利益影响最小的保全措施。

第28条　申请证据保全错误造成财产损失，当事人请求申请人承担赔偿责任的，人民法院应予支持。

第29条　人民法院采取诉前证据保全措施后，当事人向其他有管辖权的人民法院提起诉讼的，采取保全措施的人民法院应当根据当事人的申请，将保全的证据及时移交受理案件的人民法院。

第99条　本规定对证据保全没有规定的，参照适用法律、司法解释关于财产保全的规定。

除法律、司法解释另有规定外，对当事人、鉴定人、有专门知识的人的询问参照适用本规定中关于询问证人的规定；关于书证的规定适用于视听资料、电子数据；存储在电子计算机等电子介质中的视听资料，适用电子数据的规定。

《民诉法司法解释》

第98条　当事人根据民事诉讼法第八十四条第一款规定申请证据保全的，可以在举证期限届满前书面提出。

证据保全可能对他人造成损失的，人民法院应当责令申请人提供相应的担保。

第七章　期间、送达

第一节　期　　间

第八十五条　【期间的种类和计算】期间包括法定期间和人民法院指定的期间。

期间以时、日、月、年计算。期间开始的时和日，不计算在期间内。

期间届满的最后一日是法定休假日的，以法定休假日后的第一日为期间届满的日期。

期间不包括在途时间，诉讼文书在期满前交邮的，不算过期。

第八十六条　【期间的耽误和顺延】当事人因不可抗拒的事由或者其他正当理由耽误期限的，在障碍消除后的十日内，可以申请顺延期限，是否准许，由人民法院决定。

相关规定

《民诉法司法解释》

第125条　依照民事诉讼法第八十五条第二款规定，民事诉讼中以时起算的期间从次时起算；以日、月、年计算的期间从次日起算。

第126条　民事诉讼法第一百二十六条规定的立案期限，因起诉状内容欠缺通知原告补正的，从补正后交人民法院的次日起算。由上级人民法院转交下级人民法院立案的案件，从受诉人民法院收到起诉状的次日起算。

第127条　民事诉讼法第五十九条第三款、第二百一十七条以及本解释第三百七十四条、第三百八十四条、第四百零一条、第四百二十二条、第四百二十三条规定的六个月，民事诉讼法第二百三十四条规定的一年，为不变期间，不适用诉讼时效中止、中断、延长的规定。

第128条　再审案件按照第一审程序或者第二审程序审理的，适用民事诉讼法第一百五十二条、第一百八十三条规定的审限。审限自再审立案的次日起算。

第129条　对申请再审案件，人民法院应当自受理之日起三个月内审查完毕，但公告期间、当事人和解期间等不计入审查期限。有特殊情况需要延长的，由本院院长批准。

命题题眼

上述两条规定了期间的内容，常结合其他知识点如审判期限、诉讼时效等进行考查。主要考点有：

1. 重点注意期间的计算方法。期间的计算应注意以下几点：(1)期间以时、日、月、年计算。无论是法定期间还是指定期间，期间开始的时和日都不计算在内，期间以月计算，不分大月、小月；以年计算的，不分平年、闰年。期间届满的日期，就是最后一个月的相当于开始的月份的那一天；没有相当于开始月份的那一天的，应当是最后一个月的最后一天。期间届满的最后一日是休假日的，以休假日后的第一日为期间届满的日期。(2)期间不包括在途时间，但这只是指诉讼文书的在途期间。

2.《民诉法司法解释》第126条的立案期限的计算应特别注意。

3. 期间耽误及其补救。注意：《刑事诉讼法》规定当事人申请期限顺延的时间是5天，而《民事诉讼法》规定的是10天。

强化模拟题

1. 张兄与张弟因遗产纠纷诉至法院，一审判决张兄胜诉。张弟不服，却在赴法院提交上诉状的路上被撞昏迷，待其经抢救苏醒时已超过上诉期限一天。对此，下列哪一说法是正确的?

A. 法律上没有途径可对张弟上诉权予以补救

B. 因意外事故耽误上诉期限，法院应依职权决定顺延期限

C. 张弟可在清醒后10日内，申请顺延期限，是否准许，由法院决定

D. 上诉期限为法定期间，张弟提出顺延期限，法院不应准许

答案：C。

2. 人民法院于2005年9月16日向甲送达了一审判决书，原告对此判决不服，通过邮局于10月4日寄出了上诉书，人民法院于10月7日收到，并于10月11日将上诉状副本送达一审被告。关于本案期间的计算，正确的说法是(　　)。

A. 本案上诉期间届满的日期应为10月4日

B. 本案上诉期间届满的日期应为10月1日

C. 本案上诉期间届满的日期应为9月30日

D. 甲没有超过上诉期

答案：AD。

第二节　送　　达

第八十七条　【送达回证】送达诉讼文书必须有送达回证，由受送达人在送达回证上记明收到日期，签名或者盖章。

受送达人在送达回证上的签收日期为送达日期。

第八十八条　【直接送达】送达诉讼文书，应当直接送交受送达人。受送达人是公民的，本人不在交他的同住成年家属签收；受送达人是法人或者其他组织的，应当由法人的法定代表人、其他组织的主要负责人或者该法人、组织负责收件的人签收；受送达人有诉讼代理人的，可以送交其代理人签收；受送达人已向人民法院指定代收人的，送交代收人签收。

受送达人的同住成年家属，法人或者其他组织的负责收件的人，诉讼代理人或者代收人在送达回证上签收的日期为送达日期。

第八十九条　【留置送达】受送达人或者他的同住成年家属拒绝接收诉讼文书的，送达人可以邀请有关基层组织或者所在单位的代表到场，说明情况，在送达回证上记明拒收事由和日期，由送达人、见证人签名或者盖章，把诉讼文书留在受送达人的住所；也可以把诉讼文书留在受送达人的住所，并采用拍照、录像等方式记录送达过程，即视为送达。

第九十条　【电子送达】经受送达人同意，人民法院可以采用能够确认其收悉的电子方式送达诉讼文书。通过电子方式送达的判决书、裁定书、调解书，受送达人提出需要纸质文书的，人民法院应当提供。

采用前款方式送达的，以送达信息到达受送达人特定系统的日期为送达日期。

第九十一条　【委托送达与邮寄送达】直接送达诉讼文书有困难的，可以委托其他人民法院代为送达，或者邮寄送达。邮寄送达的，以回执上注明的收件日期为送达日期。

第九十二条　【对军人的转交送达】受送达人是军人的，通过其所在部队团以上单位的政治机关转交。

第九十三条　【对被监禁人或被劳动教养人的转交送达】受送达人被监禁的，通过其所在监所转交。

受送达人被采取强制性教育措施的，通过其所在强制性教育机构转交。

第九十四条　【转交送达的送达日期】代为转交

的机关、单位收到诉讼文书后,必须立即交受送达人签收,以在送达回证上的签收日期,为送达日期。

第九十五条　【公告送达】受送达人下落不明,或者用本节规定的其他方式无法送达的,公告送达。自发出公告之日起,经过三十日,即视为送达。

公告送达,应当在案卷中记明原因和经过。

相关规定

《民诉法司法解释》

第130条　向法人或者其他组织送达诉讼文书,应当由法人的法定代表人、该组织的主要负责人或者办公室、收发室、值班室等负责收件的人签收或者盖章,拒绝签收或者盖章的,适用留置送达。

民事诉讼法第八十九条规定的有关基层组织和所在单位的代表,可以是受送达人住所地的居民委员会、村民委员会的工作人员以及受送达人所在单位的工作人员。

第131条　人民法院直接送达诉讼文书的,可以通知当事人到人民法院领取。当事人到达人民法院,拒绝签署送达回证的,视为送达。审判人员、书记员应当在送达回证上注明送达情况并签名。

人民法院可以在当事人住所地以外向当事人直接送达诉讼文书。当事人拒绝签署送达回证的,采用拍照、录像等方式记录送达过程即视为送达。审判人员、书记员应当在送达回证上注明送达情况并签名。

第132条　受送达人有诉讼代理人的,人民法院既可以向受送达人送达,也可以向其诉讼代理人送达。受送达人指定诉讼代理人为代收人的,向诉讼代理人送达时,适用留置送达。

第133条　调解书应当直接送达当事人本人,不适用留置送达。当事人本人因故不能签收的,可由其指定的代收人签收。

第134条　依照民事诉讼法第九十一条规定,委托其他人民法院代为送达的,委托法院应当出具委托函,并附需要送达的诉讼文书和送达回证,以受送达人在送达回证上签收的日期为送达日期。

委托送达的,受委托人民法院应当自收到委托函及相关诉讼文书之日起十日内代为送达。

第135条　电子送达可以采用传真、电子邮件、移动通信等即时收悉的特定系统作为送达媒介。

民事诉讼法第九十条第二款规定的到达受送达人特定系统的日期,为人民法院对应系统显示发送成功的日期,但受送达人证明到达其特定系统的日期与人民法院对应系统显示发送成功的日期不一致的,以受送达人证明到达其特定系统的日期为准。

第136条　受送达人同意采用电子方式送达的,应当在送达地址确认书中予以确认。

第137条　当事人在提起上诉、申请再审、申请执行时未书面变更送达地址的,其在第一审程序中确认的送达地址可以作为第二审程序、审判监督程序、执行程序的送达地址。

第138条　公告送达可以在法院的公告栏和受送达人住所地张贴公告,也可以在报纸、信息网络等媒体上刊登公告,发出公告日期以最后张贴或者刊登的日期为准。对公告送达方式有特殊要求的,应当按要求的方式进行。公告期满,即视为送达。

人民法院在受送达人住所地张贴公告的,应当采取拍照、录像等方式记录张贴过程。

第139条　公告送达应当说明公告送达的原因;公告送达起诉状或者上诉状副本的,应当说明起诉或者上诉要点,受送达人答辩期限及逾期不答辩的法律后果;公告送达传票,应当说明出庭的时间和地点及逾期不出庭的法律后果;公告送达判决书、裁定书的,应当说明裁判主要内容,当事人有权上诉的,还应当说明上诉权利、上诉期限和上诉的人民法院。

第140条　适用简易程序的案件,不适用公告送达。

第141条　人民法院在定期宣判时,当事人拒不签收判决书、裁定书的,应视为送达,并在宣判笔录中记明。

第253条　当庭宣判的案件,除当事人当庭要求邮寄发送裁判文书的外,人民法院应当告知当事人或者诉讼代理人领取裁判文书的时间和地点以及逾期不领取的法律后果。上述情况,应当记入笔录。

最高人民法院《关于互联网法院审理案件若干问题的规定》

第15条　经当事人同意,互联网法院应当通过中国审判流程信息公开网、诉讼平台、手机短信、传真、电子邮件、即时通讯账号等电子方式送达诉讼文书及当事人提交的证据材料等。

当事人未明确表示同意,但已经约定发生纠纷时在诉讼中适用电子送达的,或者通过回复收悉、作出相应诉讼行为等方式接受已经完成的电子送达,并且未明确表示不同意电子送达的,可以视为同意电子送达。

经告知当事人权利义务,并征得其同意,互联网法院可以电子送达裁判文书。当事人提出需要纸质版裁判文书的,互联网法院应当提供。

第16条　互联网法院进行电子送达,应当向当事人确认电子送达的具体方式和地址,并告知电子送达的适用范围、效力、送达地址变更方式以及其他需告知的送达事项。

受送达人未提供有效电子送达地址的，互联网法院可以将能够确认为受送达人本人的近三个月内处于日常活跃状态的手机号码、电子邮箱、即时通讯账号等常用电子地址作为优先送达地址。

第17条　互联网法院向受送达人主动提供或者确认的电子地址进行送达的，送达信息到达受送达人特定系统时，即为送达。

互联网法院向受送达人常用电子地址或者能够获取的其他电子地址进行送达的，根据下列情形确定是否完成送达：

（一）受送达人回复已收到送达材料，或者根据送达内容作出相应诉讼行为的，视为完成有效送达。

（二）受送达人的媒介系统反馈受送达人已阅知，或者有其他证据可以证明受送达人已经收悉的，推定完成有效送达，但受送达人能够证明存在媒介系统错误、送达地址非本人所有或者使用、非本人阅知等未收悉送达内容的情形除外。

完成有效送达的，互联网法院应当制作电子送达凭证。电子送达凭证具有送达回证效力。

命题题眼

1. 送达的方式。

（1）直接送达，是最基本的送达方式。

（2）留置送达，与直接送达具有同等的效力，适用情形是受送达人或者他的同住成年家属拒绝签收送达的诉讼文书。留置送达必须符合法律的要求。把诉讼文书留在受送达人的住所，并采用拍照、录像等方式记录送达过程，即视为送达。

（3）电子送达的具体规定，注意可适用于判决书、裁定书、调解书的送达。

（4）委托送达，接受委托的只能是人民法院。

（5）邮寄送达。

（6）转交送达。

（7）公告送达，是在受送达人下落不明或用其他方式无法送达的情况下所适用的一种送达方式。注意公告送达的公告方式和公告地点。

2. 调解书唯一的送达方式是直接送达，不适用留置送达，因为当事人对调解协议在送达之前有权反悔，拒收调解书就意味着其对调解协议反悔。这是常考知识点，应特别注意。

3. 送达日期的确定。一般原则是以受送达人在送达回证上的签收日期为送达日期。

委托送达以受送达人在送达回证上签收的日期为送达日期。邮寄送达日期以挂号信回执上注明的收件日期为送达日期。转交送达时涉及两个日期，一个是转交机关收到的日期，另一个是受送达人的签收日期，确定送达日期应以后者为准。公告送达日期的确定：自发出公告之日起，经过60日，即视为送达。

历年试题

2018年试卷二考生回忆版：王某与吴某是同学关系。2010年2月王某因结婚需购买住房向吴某借款2万元，口头约定年底归还。后王某无力偿还借款。吴某在多次催讨无果的情况下，于2012年2月7日诉诸法院。2月28日开庭时，王某辩称此前已还了1万元借款，但未向法庭提供证据。在调解未果的情况下，法庭通知双方决定于2012年3月8日就该案进行宣判。王某因事无法走开，委托其妻子到庭代为签收判决书。宣判之日，王某妻子发现判决王某败诉，并没对1万元还款事实予以认定，当即表示不认可判决结果，并拒绝在送达回证上签字。审判人员、书记员在送达回证上注明了送达情况并签名。关于本案判决书的送达方式，下列说法正确的是：

A. 构成留置送达

B. 构成直接送达

C. 构成委托送达

D. 构成电子送达

答案：B。《民诉法司法解释》第131条。

2023年试卷二考生回忆版：李某与赵某的诉讼案件，法院多次向赵某送达应诉通知书均无人接收，后通过赵某的邻居了解到，赵某在外出差，已一年多没有回来居住。下列法院对赵某可以采用的送达方式正确的是？

A. 可采取电子送达的方式

B. 可采取留置送达的方式

C. 可采取邮寄送达的方式

D. 可采取公告送达的方式

答案：D。电子送达必须受送达人同意才可以适用，本案中赵某下落不明，不可能同意适用电子送达。A项不当选。

留置送达必须是见到了受送达人或与其同住的成年家属，对方只是不签收才可以适用。本案中都见不到受送达人赵某，不能适用留置送达。B项不当选。

邮寄送达不能在明知受送达人下落不明的情况下适用。C项不当选。

邻居说赵某已经1年多没有回来居住，可以视为下落不明。因此对赵某可以公告送达。D项正确。

强化模拟题

下列关于送达，说法正确的是（　　）。

A. 直接送达有困难的，法院可以委托国家邮政机构以法院专递方式邮寄送达

B. 转交送达中，代为转交的机关、单位收到诉讼

文书的日期为送达日期

C. 人民法院将诉讼文书交受送达人的诉讼代理人签收属于直接送达

D. 人民法院依据原告起诉时所提供的被告住址无法直接送达或者留置送达，应以原告不能提供真实、准确的被告住址为由裁定驳回起诉或者裁定终结诉讼

答案：AC。

第八章　调　　解

第九十六条　【法院调解原则】人民法院审理民事案件，根据当事人自愿的原则，在事实清楚的基础上，分清是非，进行调解。

第九十七条　【法院调解的程序】人民法院进行调解，可以由审判员一人主持，也可以由合议庭主持，并尽可能就地进行。

人民法院进行调解，可以用简便方式通知当事人、证人到庭。

第九十八条　【对法院调解的协助】人民法院进行调解，可以邀请有关单位和个人协助。被邀请的单位和个人，应当协助人民法院进行调解。

第九十九条　【调解协议的达成】调解达成协议，必须双方自愿，不得强迫。调解协议的内容不得违反法律规定。

第一百条　【调解书的制作、送达和效力】调解达成协议，人民法院应当制作调解书。调解书应当写明诉讼请求、案件的事实和调解结果。

调解书由审判人员、书记员署名，加盖人民法院印章，送达双方当事人。

调解书经双方当事人签收后，即具有法律效力。

第一百零一条　【不需要制作调解书的案件】下列案件调解达成协议，人民法院可以不制作调解书：

（一）调解和好的离婚案件；

（二）调解维持收养关系的案件；

（三）能够即时履行的案件；

（四）其他不需要制作调解书的案件。

对不需要制作调解书的协议，应当记入笔录，由双方当事人、审判人员、书记员签名或者盖章后，即具有法律效力。

第一百零二条　【调解不成或调解后反悔的处理】调解未达成协议或者调解书送达前一方反悔的，人民法院应当及时判决。

相关法条

第一百二十五条　当事人起诉到人民法院的民事纠纷，适宜调解的，先行调解，但当事人拒绝调解的除外。

第一百四十五条　法庭辩论终结，应当依法作出判决。判决前能够调解的，还可以进行调解，调解不成的，应当及时判决。

第一百七十九条　第二审人民法院审理上诉案件，可以进行调解。调解达成协议，应当制作调解书，由审判人员、书记员署名，加盖人民法院印章。调解书送达后，原审人民法院的判决即视为撤销。

相关规定

《民诉法司法解释》

第142条　人民法院受理案件后，经审查，认为法律关系明确、事实清楚，在征得当事人双方同意后，可以径行调解。

第143条　适用特别程序、督促程序、公示催告程序的案件，婚姻等身份关系确认案件以及其他根据案件性质不能进行调解的案件，不得调解。

第144条　人民法院审理民事案件，发现当事人之间恶意串通，企图通过和解、调解方式侵害他人合法权益的，应当依照民事诉讼法第一百一十五条的规定处理。

第145条　人民法院审理民事案件，应当根据自愿、合法的原则进行调解。当事人一方或者双方坚持不愿调解的，应当及时裁判。

人民法院审理离婚案件，应当进行调解，但不应久调不决。

第146条　人民法院审理民事案件，调解过程不公开，但当事人同意公开的除外。

调解协议内容不公开，但为保护国家利益、社会公共利益、他人合法权益，人民法院认为确有必要公开的除外。

主持调解以及参与调解的人员，对调解过程以及调解过程中获悉的国家秘密、商业秘密、个人隐私和其他不宜公开的信息，应当保守秘密，但为保护国家利益、社会公共利益、他人合法权益的除外。

第147条　人民法院调解案件时，当事人不能出庭的，经其特别授权，可由其委托代理人参加调解，达成的调解协议，可由委托代理人签名。

离婚案件当事人确因特殊情况无法出庭参加调解的，除本人不能表达意志的以外，应当出具书面意见。

第148条　当事人自行和解或者调解达成协议后，请求人民法院按照和解协议或者调解协议的内容制作判决书的，人民法院不予准许。

无民事行为能力人的离婚案件，由其法定代理

人进行诉讼。法定代理人与对方达成协议要求发给判决书的,可根据协议内容制作判决书。

第149条　调解书需经当事人签收后才发生法律效力的,应当以最后收到调解书的当事人签收的日期为调解书生效日期。

第150条　人民法院调解民事案件,需由无独立请求权的第三人承担责任的,应当经其同意。该第三人在调解书送达前反悔的,人民法院应当及时裁判。

第151条　根据民事诉讼法第一百零一条第一款第四项规定,当事人各方同意在调解协议上签名或者盖章后即发生法律效力的,经人民法院审查确认后,应当记入笔录或者将调解协议附卷,并由当事人、审判人员、书记员签名或者盖章后即具有法律效力。

前款规定情形,当事人请求制作调解书的,人民法院审查确认后可以制作调解书送交当事人。当事人拒收调解书的,不影响调解协议的效力。

第289条　对公益诉讼案件,当事人可以和解,人民法院可以调解。

当事人达成和解或者调解协议后,人民法院应当将和解或者调解协议进行公告。公告期间不得少于三十日。

公告期满后,人民法院经审查,和解或者调解协议不违反社会公共利益的,应当出具调解书;和解或者调解协议违反社会公共利益的,不予出具调解书,继续对案件进行审理并依法作出裁判。

第528条　涉外民事诉讼中,经调解双方达成协议,应当制发调解书。当事人要求发给判决书的,可以依协议的内容制作判决书送达当事人。

最高人民法院《关于审理环境民事公益诉讼案件适用法律若干问题的解释》

第25条　环境民事公益诉讼当事人达成调解协议或者自行达成和解协议后,人民法院应当将协议内容公告,公告期间不少于三十日。

公告期满后,人民法院审查认为调解协议或者和解协议的内容不损害社会公共利益的,应当出具调解书。当事人以达成和解协议为由申请撤诉的,不予准许。

调解书应当写明诉讼请求、案件的基本事实和协议内容,并应当公开。

最高人民法院《关于适用简易程序审理民事案件的若干规定》　法释〔2020〕20号

第14条　下列民事案件,人民法院在开庭审理时应当先行调解:

(一)婚姻家庭纠纷和继承纠纷;

(二)劳务合同纠纷;

(三)交通事故和工伤事故引起的权利义务关系较为明确的损害赔偿纠纷;

(四)宅基地和相邻关系纠纷;

(五)合伙合同纠纷;

(六)诉讼标的额较小的纠纷。

但是根据案件的性质和当事人的实际情况不能调解或者显然没有调解必要的除外。

第15条　调解达成协议并经审判人员审核后,双方当事人同意该调解协议经双方签名或者按指印生效的,该调解协议自双方签名或者按指印之日起发生法律效力。当事人要求摘录或者复制该调解协议的,应予准许。

调解协议符合前款规定,且不属于不需要制作调解书的,人民法院应当另行制作民事调解书。调解协议生效后一方拒不履行的,另一方可以持民事调解书申请强制执行。

第16条　人民法院可以当庭告知当事人到人民法院领取民事调解书的具体日期,也可以在当事人达成调解协议的次日起十日内将民事调解书发送给当事人。

第17条　当事人以民事调解书与调解协议的原意不一致为由提出异议,人民法院审查后认为异议成立的,应当根据调解协议裁定补正民事调解书的相关内容。

最高人民法院《关于人民法院民事调解工作若干问题的规定》　法释〔2020〕20号

第1条　根据民事诉讼法第九十八条的规定,人民法院可以邀请与当事人有特定关系或者与案件有一定联系的企业事业单位、社会团体或者其他组织,和具有专门知识、特定社会经验、与当事人有特定关系并有利于促成调解的个人协助调解工作。

经各方当事人同意,人民法院可以委托前款规定的单位或者个人对案件进行调解,达成调解协议后,人民法院应当依法予以确认。

第2条　当事人在诉讼过程中自行达成和解协议的,人民法院可以根据当事人的申请依法确认和解协议制作调解书。双方当事人申请庭外和解的期间,不计入审限。

当事人在和解过程中申请人民法院对和解活动进行协调的,人民法院可以委派审判辅助人员或者邀请、委托有关单位和个人从事协调活动。

第3条　人民法院应当在调解前告知当事人主持调解人员和书记员姓名以及是否申请回避等有关诉讼权利和诉讼义务。

第4条　在答辩期满前人民法院对案件进行调解，适用普通程序的案件在当事人同意调解之日起15天内，适用简易程序的案件在当事人同意调解之日起7天内未达成调解协议的，经各方当事人同意，可以继续调解。延长的调解期间不计入审限。

第5条　当事人申请不公开进行调解的，人民法院应当准许。

调解时当事人各方应当同时在场，根据需要也可以对当事人分别作调解工作。

第6条　当事人可以自行提出调解方案，主持调解的人员也可以提出调解方案供当事人协商时参考。

第7条　调解协议内容超出诉讼请求的，人民法院可以准许。

第8条　人民法院对于调解协议约定一方不履行协议应当承担民事责任的，应予准许。

调解协议约定一方不履行协议，另一方可以请求人民法院对案件作出裁判的条款，人民法院不予准许。

第9条　调解协议约定一方提供担保或者案外人同意为当事人提供担保的，人民法院应当准许。

案外人提供担保的，人民法院制作调解书应当列明担保人，并将调解书送交担保人。担保人不签收调解书的，不影响调解书生效。

当事人或者案外人提供的担保符合民法典规定的条件时生效。

第10条　调解协议具有下列情形之一的，人民法院不予确认：

（一）侵害国家利益、社会公共利益的；

（二）侵害案外人利益的；

（三）违背当事人真实意思的；

（四）违反法律、行政法规禁止性规定的。

第11条　当事人不能对诉讼费用如何承担达成协议的，不影响调解协议的效力。人民法院可以直接决定当事人承担诉讼费用的比例，并将决定记入调解书。

第12条　对调解书的内容既不享有权利又不承担义务的当事人不签收调解书的，不影响调解书的效力。

第13条　当事人以民事调解书与调解协议的原意不一致为由提出异议，人民法院审查后认为异议成立的，应当根据调解协议裁定补正民事调解书的相关内容。

第14条　当事人就部分诉讼请求达成调解协议的，人民法院可以就此先行确认并制作调解书。

当事人就主要诉讼请求达成调解协议，请求人民法院对未达成协议的诉讼请求提出处理意见并表示接受该处理结果的，人民法院的处理意见是调解协议的一部分内容，制作调解书的记入调解书。

第15条　调解书确定的担保条款条件或者承担民事责任的条件成就时，当事人申请执行的，人民法院应当依法执行。

不履行调解协议的当事人按照前款规定承担了调解书确定的民事责任后，对方当事人又要求其承担民事诉讼法第二百六十四条规定的迟延履行责任的，人民法院不予支持。

第16条　调解书约定给付特定标的物的，调解协议达成前该物上已经存在的第三人的物权和优先权不受影响。第三人在执行过程中对执行标的物提出异议的，应当按照民事诉讼法第二百三十八条规定处理。

第17条　人民法院对刑事附带民事诉讼案件进行调解，依照本规定执行。

第18条　本规定实施前人民法院已经受理的案件，在本规定施行后尚未审结的，依照本规定执行。

第19条　本规定实施前最高人民法院的有关司法解释与本规定不一致的，适用本规定。

第20条　本规定自2004年11月1日起实施。

命题题眼

1. 凡属于民事权利义务争议引起的民事案件，都可适用调解方式解决。从诉讼程序上来说，在普通程序、简易程序、第二审程序以及审判监督程序中，都可适用法院调解。适用特别程序、督促程序、公示催告程序、破产还债程序的案件，婚姻关系、身份关系确认案件，以及其他依案件性质不能进行调解的民事案件，人民法院不予调解。

2. 调解不是诉讼的必经阶段，但对离婚案件，调解是必经阶段。最高人民法院《关于适用简易程序审理民事案件的若干规定》还规定了几类应当先行调解的案件。《民事诉讼法》第125条则进一步规定，对于有可能通过调解解决的民事案件，人民法院应当调解。

3. 调解过程及调解协议内容以不公开为原则。

4. 调解书的效力。调解书经双方当事人签收后，即具有法律效力。调解书同人民法院生效的判决书具有同等法律效力。这种法律效力表现为约束力和执行力。

约束力：调解书一经双方当事人签收，即标志着人民法院对当事人双方的争议作出了最后处理，当事人应受其约束,不得就同一诉讼标的、同一理由再行提起诉讼,解除婚姻关系的调解书不能申请再审。人民法院非经法定程序也不得撤销调解书或改变调解书的内容。

执行力:具有执行内容的调解书当事人应当自动履行,一方当事人不履行时,对方当事人有权请求人民法院强制执行,调解书是人民法院强制执行的根据。

历年试题

2018 年试卷二考生回忆版:周某(男)与张某(女)婚后因感情纠纷,诉至法院,请求离婚。诉讼中双方达成调解协议:约定两个孩子由女方抚养,两套房屋均归女方所有,男方每月支付抚养费 1 万元,法院依据调解协议制作调解书送达给双方当事人。张某发现法院调解书上关于房屋部分的内容错误,将调解协议中约定都归她所有的两套房屋写成了周某和张某一人一套,遂提出异议。关于本案,下列说法正确的有:

A. 调解书已经生效,不能提出异议,可以违反自愿原则为由申请再审

B. 调解书不生效,法院收回调解书,重新制作后再送达给双方

C. 法院审查后认为异议成立的,及时作出判决

D. 法院审查后认为异议成立的,作出裁定予以补正

答案:D。根据最高人民法院《关于人民法院民事调解工作若干问题的规定》第 13 条规定,当事人以民事调解书与调解协议的原意不一致为由提出异议,人民法院审查后认为异议成立的,应当根据调解协议裁定补正民事调解书的相关内容。

2024 年试卷二考生回忆版:张某委托李某作为诉讼代理人参加诉讼,为其特别授权:代为调解。关于李某有权代理实施的行为有?

A. 签收调解书

B. 签署调解协议

C. 参加法院主持的调解活动并发表意见

D. 向法院申请执行调解书

答案:ABC。《民诉法司法解释》第 147 条,最高人民法院《关于人民法院执行工作若干问题的规定(试行)》第 20 条。

2024 年试卷二考生回忆版:甲公司不付员工张三工资,劳动人事仲裁委员会就该争议做了调解,双方签署了调解书。但甲公司拒不履行付款义务。劳动者张三可以采取的措施是?

A. 劳动者申请支付令

B. 向法院申请强制执行

C. 提起劳动仲裁

D. 向法院起诉

答案:B。在劳动人事仲裁委员会已经作出生效法律文书的情况下,当事人不能再就同一纠纷向劳动人事仲裁委员会提起劳动仲裁或向法院起诉,包括不能向法院起诉和申请支付令。

强化模拟题

1. 对下列哪些案件调解达成协议的,人民法院可以不制作民事调解书?

A. 被告拖欠原告贷款 10 万元,双方达成协议,被告在 1 个月内付清,原告不要求被告支付拖欠期间的贷款利息

B. 赔偿案件中的被告人在国外,与原告达成赔偿协议,同意在 2 个月内赔付

C. 赡养案件中当事人双方达成协议,被告愿意每月向原告支付赡养费 200 元,原告申请撤诉

D. 收养案件中当事人双方达成协议,维持收养关系

答案:CD。《民事诉讼法》第 101 条。C 项当事人双方自行和解,原告申请撤诉,法院不应制作调解书,而应裁定准予撤诉即可。

2. 某化肥厂排放污水造成甲、乙、丙三村共同的鱼塘严重污染、鱼类减少,损失达 10 万元。三村共同向人民法院起诉要求索赔,法院调解后,化肥厂只同意索赔金额的 3/4,甲、乙两村同意,并同化肥厂达成协议。调解书送达丙村时,丙村以自己不在场为由拒绝接受,坚持要求化肥厂按照诉讼请求进行赔偿。下列有关此案的说法正确的是(　　)。

A. 本案属于普通的共同诉讼,丙村在诉讼中是共同原告

B. 甲、乙两村同化肥厂达成的协议有效,但丙村可以拒绝接受,坚持自己的赔偿要求

C. 法院应在甲、乙、丙三村共同参与的情况下进行调解

D. 甲、乙两村同化肥厂达成的协议无效,因为丙村不在场,没有参与调解过程

答案:CD。本案属于必要的共同诉讼,甲、乙二村的诉讼行为没有经丙的同意,对丙不发生法律效力,其与化肥厂达成的调解协议也是无效的。

第九章　保全和先予执行

第一百零三条　【诉讼保全】人民法院对于可能因当事人一方的行为或者其他原因,使判决难以执行或者造成当事人其他损害的案件,根据对方当事人的申请,可以裁定对其财产进行保全、责令其作出一定行为或者禁止其作出一定行为;当事人没有提出申请的,人民法院在必要时也可以裁定采取保全措施。

人民法院采取保全措施,可以责令申请人提供担保,申请人不提供担保的,裁定驳回申请。

人民法院接受申请后,对情况紧急的,必须在四十八小时内作出裁定;裁定采取保全措施的,应当立即开始执行。

第一百零四条 【诉前保全】利害关系人因情况紧急,不立即申请保全将会使其合法权益受到难以弥补的损害的,可以在提起诉讼或者申请仲裁前向被保全财产所在地、被申请人住所地或者对案件有管辖权的人民法院申请采取保全措施。申请人应当提供担保,不提供担保的,裁定驳回申请。

人民法院接受申请后,必须在四十八小时内作出裁定;裁定采取保全措施的,应当立即开始执行。

申请人在人民法院采取保全措施后三十日内不依法提起诉讼或者申请仲裁的,人民法院应当解除保全。

第一百零五条 【保全范围】保全限于请求的范围,或者与本案有关的财物。

第一百零六条 【财产保全措施】财产保全采取查封、扣押、冻结或者法律规定的其他方法。人民法院保全财产后,应当立即通知被保全财产的人。

财产已被查封、冻结的,不得重复查封、冻结。

第一百零七条 【保全解除】财产纠纷案件,被申请人提供担保的,人民法院应当裁定解除保全。

第一百零八条 【保全错误补救】申请有错误的,申请人应当赔偿被申请人因保全所遭受的损失。

相关规定

《民诉法司法解释》

第152条 人民法院依照民事诉讼法第一百零三条、第一百零四条规定,在采取诉前保全、诉讼保全措施时,责令利害关系人或者当事人提供担保的,应当书面通知。

利害关系人申请诉前保全的,应当提供担保。申请诉前财产保全的,应当提供相当于请求保全数额的担保;情况特殊的,人民法院可以酌情处理。申请诉前行为保全的,担保的数额由人民法院根据案件的具体情况决定。

在诉讼中,人民法院依申请或者依职权采取保全措施的,应当根据案件的具体情况,决定当事人是否应当提供担保以及担保的数额。

第153条 人民法院对季节性商品、鲜活、易腐烂变质以及其他不宜长期保存的物品采取保全措施时,可以责令当事人及时处理,由人民法院保存价款;必要时,人民法院可予以变卖,保存价款。

第154条 人民法院在财产保全中采取查封、扣押、冻结财产措施时,应当妥善保管被查封、扣押、冻结的财产。不宜由人民法院保管的,人民法院可以指定被保全人负责保管;不宜由被保全人保管的,可以委托他人或者申请保全人保管。

查封、扣押、冻结担保物权人占有的担保财产,一般由担保物权人保管;由人民法院保管的,质权、留置权不因采取保全措施而消灭。

第155条 由人民法院指定被保全人保管的财产,如果继续使用对该财产的价值无重大影响,可以允许被保全人继续使用;由人民法院保管或者委托他人、申请保全人保管的财产,人民法院和其他保管人不得使用。

第156条 人民法院采取财产保全的方法和措施,依照执行程序相关规定办理。

第157条 人民法院对抵押物、质押物、留置物可以采取财产保全措施,但不影响抵押权人、质权人、留置权人的优先受偿权。

第158条 人民法院对债务人到期应得的收益,可以采取财产保全措施,限制其支取,通知有关单位协助执行。

第159条 债务人的财产不能满足保全请求,但对他人有到期债权的,人民法院可以依债权人的申请裁定该他人不得对本案债务人清偿。该他人要求偿付的,由人民法院提存财物或者价款。

第160条 当事人向采取诉前保全措施以外的其他有管辖权的人民法院起诉的,采取诉前保全措施的人民法院应当将保全手续移送受理案件的人民法院。诉前保全的裁定视为受移送人民法院作出的裁定。

第161条 对当事人不服一审判决提起上诉的案件,在第二审人民法院接到报送的案件之前,当事人有转移、隐匿、出卖或者毁损财产等行为,必须采取保全措施的,由第一审人民法院依当事人申请或者依职权采取。第一审人民法院的保全裁定,应当及时报送第二审人民法院。

第162条 第二审人民法院裁定对第一审人民法院采取的保全措施予以续保或者采取新的保全措施的,可以自行实施,也可以委托第一审人民法院实施。

再审人民法院裁定对原保全措施予以续保或者采取新的保全措施的,可以自行实施,也可以委托原审人民法院或者执行法院实施。

第163条 法律文书生效后,进入执行程序前,债权人因对方当事人转移财产等紧急情况,不申请保全将可能导致生效法律文书不能执行或者难以执行的,可以向执行法院申请采取保全措施。债权人在法律文书指定的履行期间届满后五日内不申请执行的，人民法院应当解除保全。

第164条　对申请保全人或者他人提供的担保财产，人民法院应当依法办理查封、扣押、冻结等手续。

第165条　人民法院裁定采取保全措施后，除作出保全裁定的人民法院自行解除或者其上级人民法院决定解除外，在保全期限内，任何单位不得解除保全措施。

第166条　裁定采取保全措施后，有下列情形之一的，人民法院应当作出解除保全裁定：

（一）保全错误的；

（二）申请人撤回保全申请的；

（三）申请人的起诉或者诉讼请求被生效裁判驳回的；

（四）人民法院认为应当解除保全的其他情形。

解除以登记方式实施的保全措施的，应当向登记机关发出协助执行通知书。

第167条　财产保全的被保全人提供其他等值担保财产且有利于执行的，人民法院可以裁定变更保全标的物为被保全人提供的担保财产。

第168条　保全裁定未经人民法院依法撤销或者解除，进入执行程序后，自动转为执行中的查封、扣押、冻结措施，期限连续计算，执行法院无需重新制作裁定书，但查封、扣押、冻结期限届满的除外。

命题题眼

1. 保全分为诉中保全和诉前保全。两者的最主要区别是：第一，申请保全的时间不同。诉前保全必须在向法院起诉前申请，诉中保全只能发生在诉讼进行中，法律文书生效后进入执行程序前也可以申请诉讼保全。第二，启动主体不同。诉中保全可以依当事人申请或者人民法院依职权主动进行，诉前保全只能是依当事人的申请进行。第三，诉中保全是法院可以责令提供担保，诉前保全是法院应当责令提供担保。

2. 掌握诉中保全和诉前保全各自的条件及执行机关。

历年试题

2018年试卷二考生回忆版：H地的刘某创作了歌曲《沙漠骆驼》，B地的罗某、展某未经过刘某同意演唱了该首歌曲，一炮而红，并计划在C地开演唱会。刘某拟申请诉前禁令，关于本案，下列说法错误的有：

A. 刘某可以向H地、B地、C地法院申请诉前禁令

B. 刘某应在法院采取保全措施后的30天内提起诉讼

C. 刘某申请诉前禁令时应当提供担保，且应当提供相当于请求保全数额的担保

D. 罗某、展某可在收到保全裁定之日起5日内提出异议，收到异议后，法院应当撤销原裁定，禁止令失效

答案：ACD。最高人民法院《关于审查知识产权纠纷行为保全案件适用法律若干问题的规定》第3条规定："申请诉前行为保全，应当向被申请人住所地具有相应知识产权纠纷管辖权的人民法院或者对案件具有管辖权的人民法院提出。当事人约定仲裁的，应当向前款规定的人民法院申请行为保全。"故刘某住所地H地没有管辖权，A项错误。

《民事诉讼法》第104条第3款规定："申请人在人民法院采取保全措施后三十日内不依法提起诉讼或者申请仲裁的，人民法院应当解除保全。"故B项正确。

《民诉法司法解释》第152条第2款规定："利害关系人申请诉前保全的，应当提供担保。申请诉前财产保全的，应当提供相当于请求保全数额的担保；情况特殊的，人民法院可以酌情处理。申请诉前行为保全的，担保的数额由人民法院根据案件的具体情况决定。"故C项前半句正确，后半句错误，行为保全并不要求提供等额担保。

根据《民诉法司法解释》第171条的规定，被申请人提出异议后，法院还需要进行审查，并不是直接裁定撤销。D项错误。

2021年试卷二考生回忆版：吴某与张某为邻里关系，因琐事经常发生争吵，因张某较为强势，吴某遂向甲市乙区法院申请禁止令，要求禁止张某辱骂自己，获得法院支持。张某认为，自己对吴某只是正常沟通交流，对禁止令有异议。对此，张某可采取下列哪一救济措施？

A. 向甲市中级法院上诉

B. 向乙区法院申请复议

C. 向乙区法院申请再审

D. 向乙区法院提出申诉

答案：B。

2023年试卷二考生回忆版：甲和乙是父子，甲全款买下房屋后，将该房屋登记在乙名下，后甲请求判决该房屋归甲所有，法院判决甲胜诉。丙对乙享有债权，认为该判决会影响丙债权实现，丙可通过什么方式救济其债权？

A. 申请再审

B. 申请诉前保全，阻止甲、乙变更登记

C. 另行起诉，并申请对该房屋进行保全

D. 提出第三人撤销之诉

答案：BD。丙作为甲、乙诉讼的案外人，不能申请再审，只能提出第三人撤销之诉。A项错误。

撤销权诉讼撤销的是民事行为，第三人撤销之诉撤销的是生效法律文书。本案中丙提出的是债权人的第三人撤销之诉，D项正确。

***2024年试卷二考生回忆版*：**甲、乙公司的专利权侵权诉讼中，甲公司申请冻结乙公司的账户，并提供A厂房作为担保。法院查封A厂房后冻结乙公司的账户，后法院驳回甲公司的全部诉讼请求，乙公司要求赔偿保全错误造成的损失。乙公司的救济正确的是？

A. 直接申请执行A厂房

B. 申请启动对A厂房的担保物权实现程序

C. 起诉甲公司赔偿

D. 申请保全A厂房

答案：CD。《民诉法司法解释》第27条。

强化模拟题

1. 宏大商业公司有一座六层的办公楼。2014年7月，宏大商业公司向A银行贷款，将该办公楼抵押给A银行。2014年12月，宏大商业公司因一购销合同与志新贸易有限公司发生纠纷，志新贸易有限公司向法院起诉，并申请保全，受诉法院裁定将宏大商业公司办公楼查封。在下列选项中哪个是正确的？

A. 法院所作的裁定是错误的，因该办公楼已事先抵押给了A银行

B. 法院可以作出裁定，但应事先征得A银行同意

C. 法院可以作出裁定，A银行对该办公楼仍有优先受偿权

D. 法院作出裁定是正确的，但A银行因此对该办公楼丧失优先受偿权

答案：C。《民诉法司法解释》第157条。

2. 甲公司以乙公司为被告向法院提起诉讼，要求乙公司支付拖欠的货款100万元。在诉讼中，甲公司申请对乙公司一处价值90万元的房产采取保全措施，并提供担保。一审法院在作出保全裁定之后发现，乙公司在向丙银行贷款100万元时已将该房产和一辆小轿车抵押给丙银行。关于本案，下列哪一说法是正确的？

A. 一审法院不能对该房产采取保全措施，因为该房产已抵押给丙银行

B. 一审法院可以对该房产采取保全措施，但是需要征得丙银行的同意

C. 一审法院可以对该房产采取保全措施，但是丙银行仍然享有优先受偿权

D. 一审法院可以对该房产采取保全措施，同时丙银行的优先受偿权丧失

答案：C。《民诉法司法解释》第157条。

第一百零九条　【先予执行】人民法院对下列案件，根据当事人的申请，可以裁定先予执行：

（一）追索赡养费、扶养费、抚养费、抚恤金、医疗费用的；

（二）追索劳动报酬的；

（三）因情况紧急需要先予执行的。

第一百一十条　【先予执行条件】人民法院裁定先予执行的，应当符合下列条件：

（一）当事人之间权利义务关系明确，不先予执行将严重影响申请人的生活或者生产经营的；

（二）被申请人有履行能力。

人民法院可以责令申请人提供担保，申请人不提供担保的，驳回申请。申请人败诉的，应当赔偿被申请人因先予执行遭受的财产损失。

第一百一十一条　【复议】当事人对保全或者先予执行的裁定不服的，可以申请复议一次。复议期间不停止裁定的执行。

相关规定

《民诉法司法解释》

第169条　民事诉讼法规定的先予执行，人民法院应当在受理案件后终审判决作出前采取。先予执行应当限于当事人诉讼请求的范围，并以当事人的生活、生产经营的急需为限。

第170条　民事诉讼法第一百零九条第三项规定的情况紧急，包括：

（一）需要立即停止侵害、排除妨碍的；

（二）需要立即制止某项行为的；

（三）追索恢复生产、经营急需的保险理赔费的；

（四）需要立即返还社会保险金、社会救助资金的；

（五）不立即返还款项，将严重影响权利人生活和生产经营的。

第171条　当事人对保全或者先予执行裁定不服的，可以自收到裁定书之日起五日内向作出裁定的人民法院申请复议。人民法院应当在收到复议申请后十日内审查。裁定正确的，驳回当事人的申请；裁定不当的，变更或者撤销原裁定。

第172条　利害关系人对保全或者先予执行的裁定不服申请复议的，由作出裁定的人民法院依照民事诉讼法第一百一十一条规定处理。

第173条　人民法院先予执行后，根据发生法律效力的判决，申请人应当返还因先予执行所取得的利益的，适用民事诉讼法第二百四十四条的规定。

命题题眼

上述3条规定了先予执行的有关内容，主要考点有：

1. 先予执行的条件：（1）当事人之间的权利义

务关系明确、肯定；(2)双方当事人之间不存在对待给付的义务；(3)行使权利具有紧迫性，即享有权利的一方当事人急需实现其权利，如不实现势必严重影响其生活或生产；(4)须根据当事人的申请；(5)须被申请人有履行能力。

2. 人民法院先予执行的裁定，应当由当事人提出书面申请，人民法院不能依职权主动采取。

3. 先予执行的具体情形、适用条件，尤其是《民事诉讼法》第109条第3项和《民诉法司法解释》第170条规定的紧急情况的具体情形。

4. 对先予执行裁定不服的救济途径。

历年试题

2020年试卷二考生回忆版：王某与胜达公司订立了商品房购房合同，购买位于甲市的房屋，后胜达公司拒绝交付房屋，王某根据仲裁条款向设立在乙市的仲裁委申请仲裁要求交付房屋，仲裁过程中，王某提出案件法律关系清楚，且自己结婚在即，申请先予执行，关于本案先予执行正确的是？

A. 王某无权申请先予执行

B. 应向乙市仲裁委申请，由仲裁委提交法院

C. 应向甲县基层法院提出先予执行

D. 王某应向乙市基层法院提出

答案：A。根据《民事诉讼法》第109、110条，《民诉法司法解释》第170条的规定，本题中，王某主张本案法律关系清楚，但其要求交付房屋的请求并不属于《民事诉讼法》及《民诉法司法解释》规定的先予执行的适用范围，不符合"情况紧急"的标准，故王某无权申请先予执行，A项正确。因王某无权申请先予执行，故选项B、C、D均不选。

2024年试卷二考生回忆版：张三殴打李四，并且拒绝支付医疗费，李四起诉张三并申请先予执行1万元，法院裁定准许先予执行，张三给付李四1万元。后二人案外达成和解协议：李四撤诉，张三除先予执行1万元外另外再赔偿李四2万元。下列法院的做法正确的是？

A. 根据和解协议制作调解书送达双方当事人

B. 准予李四撤诉，并告知李四不能再起诉

C. 依职权撤销先予执行裁定后准予李四撤诉

D. 准予撤诉，先予执行继续有效，在调解书中对先予执行的情况予以说明，需在相应的给付款项中扣除

答案：D。

强化模拟题

甲被乙打伤需要住院治疗，医院让甲预交5000元保证金，甲无力交付，乙替甲交了2000元，其余拒绝支付。甲诉至法院并申请让乙先行支付4000元，法院审查后裁定先予执行。乙不服，向法院申请复议。对乙的申请，人民法院应当(　　)。

A. 认定原裁定正确，裁定驳回乙的申请

B. 认定原裁定正确，通知驳回乙的申请

C. 认定原裁定错误，裁定撤销原裁定

D. 认定原裁定错误，通知撤销原裁定

答案：B。《民诉法司法解释》第171条。

第十章　对妨害民事诉讼的强制措施

第一百一十二条　【拘传的适用】人民法院对必须到庭的被告，经两次传票传唤，无正当理由拒不到庭的，可以拘传。

第一百一十三条　【对违反法庭规则、扰乱法庭秩序的行为的强制措施】诉讼参与人和其他人应当遵守法庭规则。

人民法院对违反法庭规则的人，可以予以训诫，责令退出法庭或者予以罚款、拘留。

人民法院对哄闹、冲击法庭，侮辱、诽谤、威胁、殴打审判人员，严重扰乱法庭秩序的人，依法追究刑事责任；情节较轻的，予以罚款、拘留。

第一百一十四条　【对妨害诉讼证据的收集、调查和阻拦、干扰诉讼进行的行为的强制措施】诉讼参与人或者其他人有下列行为之一的，人民法院可以根据情节轻重予以罚款、拘留；构成犯罪的，依法追究刑事责任：

(一)伪造、毁灭重要证据，妨碍人民法院审理案件的；

(二)以暴力、威胁、贿买方法阻止证人作证或者指使、贿买、胁迫他人作伪证的；

(三)隐藏、转移、变卖、毁损已被查封、扣押的财产，或者已被清点并责令其保管的财产，转移已被冻结的财产的；

(四)对司法工作人员、诉讼参加人、证人、翻译人员、鉴定人、勘验人、协助执行的人，进行侮辱、诽谤、诬陷、殴打或者打击报复的；

(五)以暴力、威胁或者其他方法阻碍司法工作人员执行职务的；

(六)拒不履行人民法院已经发生法律效力的判决、裁定的。

人民法院对有前款规定的行为之一的单位，可以对其主要负责人或者直接责任人员予以罚款、拘留；构成犯罪的，依法追究刑事责任。

第一百一十五条　【对虚假诉讼、调解行为的司

法处罚】当事人之间恶意串通，企图通过诉讼、调解等方式侵害国家利益、社会公共利益或者他人合法权益的，人民法院应当驳回其请求，并根据情节轻重予以罚款、拘留；构成犯罪的，依法追究刑事责任。

当事人单方捏造民事案件基本事实，向人民法院提起诉讼，企图侵害国家利益、社会公共利益或者他人合法权益的，适用前款规定。

第一百一十六条 【对恶意串通逃避执行行为的司法处罚】被执行人与他人恶意串通，通过诉讼、仲裁、调解等方式逃避履行法律文书确定的义务的，人民法院应当根据情节轻重予以罚款、拘留；构成犯罪的，依法追究刑事责任。

第一百一十七条 【不协助调查、执行的强制措施】有义务协助调查、执行的单位有下列行为之一的，人民法院除责令其履行协助义务外，并可以予以罚款：

（一）有关单位拒绝或者妨碍人民法院调查取证的；

（二）有关单位接到人民法院协助执行通知书后，拒不协助查询、扣押、冻结、划拨、变价财产的；

（三）有关单位接到人民法院协助执行通知书后，拒不协助扣留被执行人的收入、办理有关财产权证照转移手续、转交有关票证、证照或者其他财产的；

（四）其他拒绝协助执行的。

人民法院对有前款规定的行为之一的单位，可以对其主要负责人或者直接责任人员予以罚款；对仍不履行协助义务的，可以予以拘留；并可以向监察机关或者有关机关提出予以纪律处分的司法建议。

第一百一十八条 【罚款、拘留】对个人的罚款金额，为人民币十万元以下。对单位的罚款金额，为人民币五万元以上一百万元以下。

拘留的期限，为十五日以下。

被拘留的人，由人民法院交公安机关看管。在拘留期间，被拘留人承认并改正错误的，人民法院可以决定提前解除拘留。

第一百一十九条 【拘传、罚款、拘留的程序】拘传、罚款、拘留必须经院长批准。

拘传应当发拘传票。

罚款、拘留应当用决定书。对决定不服的，可以向上一级人民法院申请复议一次。复议期间不停止执行。

第一百二十条 【强制措施决定权】采取对妨害民事诉讼的强制措施必须由人民法院决定。任何单位和个人采取非法拘禁他人或者非法私自扣押他人财产追索债务的，应当依法追究刑事责任，或者予以拘留、罚款。

相关规定

《民诉法司法解释》

第 174 条　民事诉讼法第一百一十二条规定的必须到庭的被告，是指负有赡养、抚育、扶养义务和不到庭就无法查清案情的被告。

人民法院对必须到庭才能查清案件基本事实的原告，经两次传票传唤，无正当理由拒不到庭的，可以拘传。

第 175 条　拘传必须用拘传票，并直接送达被拘传人；在拘传前，应当向被拘传人说明拒不到庭的后果，经批评教育仍拒不到庭的，可以拘传其到庭。

第 176 条　诉讼参与人或者其他人有下列行为之一的，人民法院可以适用民事诉讼法第一百一十三条规定处理：

（一）未经准许进行录音、录像、摄影的；

（二）未经准许以移动通信等方式现场传播审判活动的；

（三）其他扰乱法庭秩序，妨害审判活动进行的。

有前款规定情形的，人民法院可以暂扣诉讼参与人或者其他人进行录音、录像、摄影、传播审判活动的器材，并责令其删除有关内容；拒不删除的，人民法院可以采取必要手段强制删除。

第 177 条　训诫、责令退出法庭由合议庭或者独任审判员决定。训诫的内容、被责令退出法庭者的违法事实应当记入庭审笔录。

第 178 条　人民法院依照民事诉讼法第一百一十三条至第一百一十七条的规定采取拘留措施的，应经院长批准，作出拘留决定书，由司法警察将被拘留人送交当地公安机关看管。

第 179 条　被拘留人不在本辖区的，作出拘留决定的人民法院应当派员到被拘留人所在地的人民法院，请该院协助执行，受委托的人民法院应当及时派员协助执行。被拘留人申请复议或者在拘留期间承认并改正错误，需要提前解除拘留的，受委托人民法院应当向委托人民法院转达或者提出建议，由委托人民法院审查决定。

第 180 条　人民法院对被拘留人采取拘留措施后，应当在二十四小时内通知其家属；确实无法按时通知或者通知不到的，应当记录在案。

第 181 条　因哄闹、冲击法庭，用暴力、威胁等方法抗拒执行公务等紧急情况，必须立即采取拘留措施的，可在拘留后，立即报告院长补办批准手续。院长认为拘留不当的，应当解除拘留。

第182条　被拘留人在拘留期间认错悔改的，可以责令其具结悔过，提前解除拘留。提前解除拘留，应报经院长批准，并作出提前解除拘留决定书，交负责看管的公安机关执行。

第183条　民事诉讼法第一百一十三条至第一百一十六条规定的罚款、拘留可以单独适用，也可以合并适用。

第184条　对同一妨害民事诉讼行为的罚款、拘留不得连续适用。发生新的妨害民事诉讼行为的，人民法院可以重新予以罚款、拘留。

第185条　被罚款、拘留的人不服罚款、拘留决定申请复议的，应当自收到决定书之日起三日内提出。上级人民法院应当在收到复议申请后五日内作出决定，并将复议结果通知下级人民法院和当事人。

第186条　上级人民法院复议时认为强制措施不当的，应当制作决定书，撤销或者变更下级人民法院作出的拘留、罚款决定。情况紧急的，可以在口头通知后三日内发出决定书。

第187条　民事诉讼法第一百一十四条第一款第五项规定的以暴力、威胁或者其他方法阻碍司法工作人员执行职务的行为，包括：

（一）在人民法院哄闹、滞留，不听从司法工作人员劝阻的；

（二）故意毁损、抢夺人民法院法律文书、查封标志的；

（三）哄闹、冲击执行公务现场，围困、扣押执行或者协助执行公务人员的；

（四）毁损、抢夺、扣留案件材料、执行公务车辆、其他执行公务器械、执行公务人员服装和执行公务证件的；

（五）以暴力、威胁或者其他方法阻碍司法工作人员查询、查封、扣押、冻结、划拨、拍卖、变卖财产的；

（六）以暴力、威胁或者其他方法阻碍司法工作人员执行职务的其他行为。

第188条　民事诉讼法第一百一十四条第一款第六项规定的拒不履行人民法院已经发生法律效力的判决、裁定的行为，包括：

（一）在法律文书发生法律效力后隐藏、转移、变卖、毁损财产或者无偿转让财产、以明显不合理的价格交易财产、放弃到期债权、无偿为他人提供担保等，致使人民法院无法执行的；

（二）隐藏、转移、毁损或者未经人民法院允许处分已向人民法院提供担保的财产的；

（三）违反人民法院限制高消费令进行消费的；

（四）有履行能力而拒不按照人民法院执行通知履行生效法律文书确定的义务的；

（五）有义务协助执行的个人接到人民法院协助执行通知书后，拒不协助执行的。

第189条　诉讼参与人或者其他人有下列行为之一的，人民法院可以适用民事诉讼法第一百一十四条的规定处理：

（一）冒充他人提起诉讼或者参加诉讼的；

（二）证人签署保证书后作虚假证言，妨碍人民法院审理案件的；

（三）伪造、隐藏、毁灭或者拒绝交出有关被执行人履行能力的重要证据，妨碍人民法院查明被执行人财产状况的；

（四）擅自解冻已被人民法院冻结的财产的；

（五）接到人民法院协助执行通知书后，给当事人通风报信，协助其转移、隐匿财产的。

第190条　民事诉讼法第一百一十五条规定的他人合法权益，包括案外人的合法权益、国家利益、社会公共利益。

第三人根据民事诉讼法第五十九条第三款规定提起撤销之诉，经审查，原案当事人之间恶意串通进行虚假诉讼的，适用民事诉讼法第一百一十五条规定处理。

第191条　单位有民事诉讼法第一百一十五条或者第一百一十六条规定行为的，人民法院应当对该单位进行罚款，并可以对其主要负责人或者直接责任人员予以罚款、拘留；构成犯罪的，依法追究刑事责任。

第192条　有关单位接到人民法院协助执行通知书后，有下列行为之一的，人民法院可以适用民事诉讼法第一百一十七条规定处理：

（一）允许被执行人高消费的；

（二）允许被执行人出境的；

（三）拒不停止办理有关财产权证照转移手续、权属变更登记、规划审批等手续的；

（四）以需要内部请示、内部审批，有内部规定等为由拖延办理的。

第193条　人民法院对个人或者单位采取罚款措施时，应当根据其实施妨害民事诉讼行为的性质、情节、后果，当地的经济发展水平，以及诉讼标的额等因素，在民事诉讼法第一百一十八条第一款规定的限额内确定相应的罚款金额。

历年试题

2024年试卷二考生回忆版：甲、乙两人串通进行虚假仲裁，仲裁庭审理中发现二人恶意串通，下列仲裁机构的处理正确的是：

A. 驳回仲裁申请

B. 在裁决书里记载虚假仲裁

C. 移交仲裁机构所在地中级人民法院对当事人进行罚款

D. 移送公安机关，追究虚假仲裁的刑事责任

答案：ABCD。《民事诉讼法》第115条。

第十一章　诉讼费用

第一百二十一条　【诉讼费用】当事人进行民事诉讼，应当按照规定交纳案件受理费。财产案件除交纳案件受理费外，并按照规定交纳其他诉讼费用。

当事人交纳诉讼费用确有困难的，可以按照规定向人民法院申请缓交、减交或者免交。

收取诉讼费用的办法另行制定。

相关规定

《民诉法司法解释》

第194条　依照民事诉讼法第五十七条审理的案件不预交案件受理费，结案后按照诉讼标的额由败诉方交纳。

第195条　支付令失效后转入诉讼程序的，债权人应当按照《诉讼费用交纳办法》补交案件受理费。

支付令被撤销后，债权人另行起诉的，按照《诉讼费用交纳办法》交纳诉讼费用。

第196条　人民法院改变原判决、裁定、调解结果的，应当在裁判文书中对原审诉讼费用的负担一并作出处理。

第197条　诉讼标的物是证券的，按照证券交易规则并根据当事人起诉之日前最后一个交易日的收盘价、当日的市场价或者其载明的金额计算诉讼标的金额。

第198条　诉讼标的物是房屋、土地、林木、车辆、船舶、文物等特定物或者知识产权，起诉时价值难以确定的，人民法院应当向原告释明主张过高或者过低的诉讼风险，以原告主张的价值确定诉讼标的金额。

第199条　适用简易程序审理的案件转为普通程序的，原告自接到人民法院交纳诉讼费用通知之日起七日内补交案件受理费。

原告无正当理由未按期足额补交的，按撤诉处理，已经收取的诉讼费用退还一半。

第200条　破产程序中有关债务人的民事诉讼案件，按照财产案件标准交纳诉讼费，但劳动争议案件除外。

第201条　既有财产性诉讼请求，又有非财产性诉讼请求的，按照财产性诉讼请求的标准交纳诉讼费。

有多个财产性诉讼请求的，合并计算交纳诉讼费；诉讼请求中有多个非财产性诉讼请求的，按一件交纳诉讼费。

第202条　原告、被告、第三人分别上诉的，按照上诉请求分别预交二审案件受理费。

同一方多人共同上诉的，只预交一份二审案件受理费；分别上诉的，按照上诉请求分别预交二审案件受理费。

第203条　承担连带责任的当事人败诉的，应当共同负担诉讼费用。

第204条　实现担保物权案件，人民法院裁定拍卖、变卖担保财产的，申请费由债务人、担保人负担；人民法院裁定驳回申请的，申请费由申请人负担。

申请人另行起诉的，其已经交纳的申请费可以从案件受理费中扣除。

第205条　拍卖、变卖担保财产的裁定作出后，人民法院强制执行的，按照执行金额收取执行申请费。

第206条　人民法院决定减半收取案件受理费的，只能减半一次。

第207条　判决生效后，胜诉方预交但不应负担的诉讼费用，人民法院应当退还，由败诉方向人民法院交纳，但胜诉方自愿承担或者同意败诉方直接向其支付的除外。

当事人拒不交纳诉讼费用的，人民法院可以强制执行。

最高人民法院《关于审理环境民事公益诉讼案件适用法律若干问题的解释》

第33条　原告交纳诉讼费用确有困难，依法申请缓交的，人民法院应予准许。

败诉或者部分败诉的原告申请减交或者免交诉讼费用的，人民法院应当依照《诉讼费用交纳办法》的规定，视原告的经济状况和案件的审理情况决定是否准许。

第二编　审判程序

第十二章　第一审普通程序

第一节　起诉和受理

第一百二十二条　【起诉条件】起诉必须符合下

列条件：

（一）原告是与本案有直接利害关系的公民、法人和其他组织；

（二）有明确的被告；

（三）有具体的诉讼请求和事实、理由；

（四）属于人民法院受理民事诉讼的范围和受诉人民法院管辖。

命题题眼

1. 起诉的四个条件。

值得注意的是，很多人认为如果诉讼请求不能得到法院的支持，法院就不应受理，这实际上混淆了实体问题和程序问题的区别。事实上，只要起诉符合起诉的四个条件，并且没有法律规定的不予受理的情形，法院就应当受理。法院的庭前审查只是形式审查，至于起诉人能否胜诉，属于实体问题，不能作为是否受理的判断依据。

注意：起诉时要求有明确的被告，而不是正确的被告。被告也只要求具有诉讼权利能力即可，不要求具备诉讼行为能力。

诉讼请求只要具体就可以，至于诉讼请求是否合法、证据是否充分不是受理的条件。

2. 多数情况下，原告是为了保护自己的合法权益而参加诉讼，但在少数情况下，当事人起诉是因为依据法律的规定对他人的民事权益负有照顾、保管之责，主要有：清算组织、失踪人的财产代管人，遗产管理人，遗嘱执行人，为保护死者名誉权而起诉的死者的亲属等。另外，在公益诉讼中，原告是为了保护公共利益。原告只要求具有诉讼权利能力即可，不要求具备诉讼行为能力。

3. 诉的要素。

（1）诉讼当事人。实体法上确定的权利是主体的权利。实体法确定权利义务关系是以相对主体为条件的。在诉讼中，总是有具体的当事人起诉、应诉，不存在没有当事人的诉讼。诉讼当事人既是诉的制度的组成部分，也是诉的构成要素之一。

（2）诉讼标的。诉讼标的，是指当事人之间因发生争议，而要求人民法院作出裁判的法律关系。当事人因民事上的法律关系发生争议而诉诸法院，要求法院对争议作出裁判，民事法律关系即成为民事诉讼的诉讼标的。诉讼标的是诉的构成要素之一。每一个诉讼案件至少有一个诉讼标的，但有的案件有两个或者两个以上的诉讼标的。每一个诉讼标的为一个独立之诉，其目的在于正确认识案件，以正确贯彻诉的制度。诉讼标的与标的物不同：前者是法律关系，后者是法律关系中权利义务指向的对象。任何一个诉都有诉讼标的，但并非都有标的物。诉讼标的与诉讼请求，二者既有联系，又有区别。诉讼标的是双方当事人之间的法律关系，而诉讼请求则是原告通过法院对被告主张的权利。法律关系决定诉讼请求。

（3）诉讼理由。诉讼理由，是指提起诉讼和进行诉讼的理由。作为诉讼理由的事实：一是双方当事人之间法律关系发生、变更、消灭的事实，二是民事权益受到侵犯或者权利义务关系发生争议的事实。前者是用于请求确认权利义务状态的根据，后者是用于请求给予司法保护的根据。

4. 诉的分类。区分诉的类别的依据，一是客观事实，二是法律根据。人民法院根据当事人诉状中提供的事实，依法确定其诉的类别。

（1）确认之诉。确认之诉，是指当事人要求人民法院确认某种法律关系存在或者不存在的诉讼。前者被称为积极的确认之诉，后者被称为消极的确认之诉。这种诉的诉讼标的，就是是否存在有争议的法律关系。其诉讼理由，就是是否具有法律关系成立的事实和条件。

确认之诉的特点是：发生争议的法律关系必须具有现实意义，诉讼本身只要求确认某种法律关系是存在或者是不存在，而不要求确认具有什么权利或者免除什么具体义务；双方当事人是对法律关系本身是否存在发生争执，而不是对行使权利和履行义务发生争执。

（2）给付之诉。给付之诉，是指一方当事人要求另一方当事人履行一定民事实体义务的诉讼。一方当事人基于某种法律关系，要求对方当事人履行一定义务而发生争执，诉诸法院，请求对方为一定给付行为，就是给付之诉。这种诉的诉讼标的，是双方当事人之间的法律关系和一方当事人的请求。其诉讼理由是法律上确定的权利义务关系与行使权利的条件。

给付之诉的特点是：一方当事人依法存在实体请求权，另一方当事人依法应承担相应的实体义务，或者双方都享有权利和承担义务；双方当事人之间有权利义务之争，有如何行使权利与履行义务之争；法院判决是在确认权利义务关系的基础上，责令义务人履行应有的义务。在有些给付之诉中，既有法律关系的确认，又有履行义务的给付。

（3）变更之诉。变更之诉，是指当事人要求改变或者消灭某种民事法律关系的诉讼。双方当事人对某种法律关系是否保持存续发生争议，诉诸法院，要求予以变更，就是变更之诉。变更之诉的诉讼标的，是双方当事人之间现存的法律关系。

变更之诉的特点是：双方当事人对现存的法律关系无争议，只是对是否变更或者如何变更有争执；双方当事人争执的主要是有法律意义的事实，法院判决生效之前法律关系处于不变状态，法院变更判决生效之后，其法律关系发生变更或者消灭。

历年试题

2018年试卷二考生回忆版：2013年4月23日，甲网络公司与乙公司签订《企业短消息发布业务合作协议书》（以下简称《短消息合作协议书》）1份，约定甲网络公司向乙公司提供定向移动信息发布服务，单价为：普通短信0.04元/条，小区定投0.1元/条，在移动信息服务执行中因考虑到时间、内容、区域、手机用户群体等随时调整的不确定性，发送时间、内容、区域、手机用户群体不作为合同附件；乙公司应根据双方确认的《信息服务执行确认单》所签的合同总金额向甲网络公司付款，乙公司应于第2个月向甲网络公司支付已执行的信息费用。至诉讼时，甲网络公司已执行信息服务总金额计8.4万元，但乙公司未按约支付该费用，甲网络公司多次催讨未果，遂起诉至法院，要求判令：1. 乙公司立即支付拖欠甲网络公司信息服务费共计8.4万元；2. 本案诉讼费由乙公司承担。关于本案，法院应当如何处理？

A. 不予受理

B. 驳回起诉

C. 判决驳回诉讼请求

D. 判决将服务费收缴归国家所有

答案：C。当事人订立、履行合同，应当遵守法律、行政法规，尊重社会公德，不得扰乱社会经济秩序，损害社会公共利益。根据原被告的《短消息合作协议书》，双方在对所发送的电子信息的性质充分知情的情况下，强行向不特定公众发送商业广告，违反网络信息保护规定、侵害不特定公众的利益，所发送的短信应认定为垃圾短信。根据《民法典》，损害社会公共利益或违反法律、行政法规强制性规定的合同，属于无效合同。故双方合同为无效合同，法院应判决驳回原告的诉讼请求。故A、B项错误，C项正确。双方合同因损害社会公共利益，所涉价款属于非法所得，法院对涉案服务费应另行制作决定予以收缴。故D项错误。本题答案为C。

2020年试卷二考生回忆版：甲起诉乙要求履行合同，乙主张合同已经解除。提出自己两个月之前已经通知甲因合同目的无法实现，通知其解除合同，甲没有提出异议。以下说法正确的是？

A. 乙可以抗辩的方式提出合同解除

B. 如果乙以抗辩的方式提出合同解除，则法院的判决对合同解除没有既判力

C. 乙可以以反诉方式确认合同解除

D. 如果乙以反诉的方式提出，则法院的判决对合同解除有既判力

答案：ACD。抗辩是指当事人通过主张与对方主张的事实不同的事实或法律关系，以排斥对方所主张的事实的行为。抗辩对本诉具有依附性，原告撤诉后，抗辩也就不复存在，抗辩也只能在本诉原告诉请范围内要求减轻或免除自己的责任。反诉，是指在已经提起的诉讼中，本诉的被告为了维护自己的权益，以本诉的原告为被告，向法院提出与本诉有牵连关系的独立的诉讼请求，以达到抵销、动摇或者吞并本诉的目的，其是一种新的独立的诉讼请求。

根据《民法典》第565条的规定，本题中，乙提出其两个月前已经通知甲因合同目的无法实现而解除合同，甲对此没有提出异议。因此，甲、乙之间的合同在乙的通知到达甲时已经解除，即乙此时向法院提出的合同解除实际上是提供了一个既有的事实，并意图通过该事实对抗甲要求乙履行合同的主张，这一解除合同的形成权的行使的主张可以理解为一种事实抗辩，A项正确。C项涉及确认之诉的问题，一般来说，确认之诉是指原告请求人民法院确认其主张的某种法律关系存在或不存在的诉讼，也就是要求确认权利关系或法律关系存在与否之诉。确认之诉可以分为效力的确认之诉，权利的确认之诉，但本题中“合同已经解除”是一种事实状态，因此乙如果以反诉的方式请求法院确认“合同已经解除”提起的诉讼属于对事实状态的确认之诉，乙可以反诉的方式要求法院确认合同已经解除，故C项正确。

既判力是指，民事判决作出后即具有法律上的效力，不得任意撤销或者变更，当事人不得再就同一诉讼标的再行起诉或者在其他诉讼中提出与确定判决相反的主张，法院在一个确定判决作出后，之后的任何裁判都不得与该确定判决的内容相抵触。本题中，乙如果以抗辩的方式提出合同解除，题干中说明甲对于乙主张的合同已经解除没有提出异议，法院可以对“合同已经解除”的事实予以认可，同时该事实也是关系到该案件裁判的主要事实依据，因此该部分事实也可以认为具有既判力，故B项错误。如果乙以反诉的形式提出合同解除，作为一个独立的诉讼，法院经审理后就解除合同作出的判决当然具有既判力，故D项正确。

2020年试卷二考生回忆版：A公司与B公司产生合同纠纷，A公司提起诉讼请求法院判令解除合同，并判令B公司支付违约金。审理过程中，A公司增加诉讼请求，要求确认合同无效，如果法院没有判令合同无效，便请求法院解除合同并要求B公司支付违约金。下列哪些选项是正确的？

A. 裁定不予受理，因为两个诉讼请求先后矛盾

B. 让另行起诉，因为是两个诉讼请求

C. 让原告明确诉讼请求

D. 按诉讼请求提交顺序处理

答案：D。本题涉及预备合并之诉。所谓预备合并之诉是指当事人向法院提出一个在先之诉，为了预防在先之诉无理由时而向法院提出一个在后之诉。当法院认为在先顺序的诉不应获得支持时，由法院就后位之诉再进行审理，而当在先之诉有理由时，在后顺序的诉自然消灭。我国现行有效的法律及司法解释尚未就预备合并之诉作出明确规定，但其在司法实践中已逐渐得到认可。当事人提起两个相互矛盾的诉讼请求时，如果两者均诉讼要素齐全，符合《民事诉讼法》规定的立案标准，法院均应受理。本题中，A公司提出的确认合同无效的诉讼请求和要求法院解除合同的诉讼请求存在矛盾，法院应当按顺序进行审理，D项正确。

2021年试卷二考生回忆版：张三向李四借款10万元，借1年，双方约定利息1万元，到期不归还借款支付罚息2万元。后张三到期未偿还借款，李四起诉要求张三归还本金并支付利息和罚息。关于本案诉讼标的的数量，下列哪一表述是正确的？

A. 仅有一个诉讼标的

B. 本金和利息一个诉讼标的，罚息一个诉讼标的

C. 本金一个诉讼标的，利息和罚息一个诉讼标的

D. 本金、利息、罚息共三个诉讼标的

答案：A。

2023年试卷二考生回忆版：甲公司将设备出租给乙公司，乙公司未按照操作规程使用，甲公司致函乙公司告知必须按章操作，乙公司不予理会。后甲公司诉至法院，提出诉讼请求：1. 确认乙公司违规操作；2. 要求乙公司返还设备；3. 要求乙公司赔偿损失；4. 要求解除甲、乙两公司之间的租赁合同。下列说法正确的是？

A. 1是确认之诉　　B. 2是给付之诉

C. 3是给付之诉　　D. 4是变更之诉

答案：BCD。

2024年试卷二考生回忆版：下列属于确认之诉的是？

A. 蓝天公司起诉白云公司请求确认其债务已过诉讼时效

B. 甲起诉乙请求确认双方之间的仲裁协议无效

C. 赵大强起诉赵小二请求确认双方之间的父子关系不存在

D. 丙起诉丁要求解除双方之间的租赁合同

答案：C。

2024年试卷二考生回忆版：欧某与汪某的买卖合同纠纷案，一审法院判决汪某支付货款10万元。汪某不服上诉，二审法院判决汪某支付货款6万元。欧某申请再审，请求确认二审法院认定事实有误，撤销原判，改判汪某支付货款10万元。关于欧某撤销请求的性质，下列哪些选项是正确的？

A. 要求汪某支付货款，属于给付之诉

B. 要求确认二审法院认定事实错误，属于确认之诉

C. 要求撤销原判，属于变更之诉

D. 要求变更原判决给付内容，属于形成之诉

答案：A。

2024年试卷二考生回忆版：甲和乙签订了股权转让协议A，又就同一股权和丙签订了股权转让协议B。乙知道后向法院起诉，提出两个诉讼请求：(1)确认协议B无效，(2)请求法院判决甲继续履行协议A。丙知道后也向法院起诉，诉讼请求为：请求甲履行协议B。法院将案件合并审理。其属于下列哪种诉的合并？

A. 主观合并　　B. 客观合并

C. 重叠合并　　D. 选择合并

答案：BD。诉的客观合并，是指多个诉讼请求的合并审理，可以是几个诉讼请求的合并，也可以是诉的预备合并、重叠合并、选择合并。本案中当事人提出了多个诉讼请求，法院将多个诉讼请求合并审理，属于诉的客观合并。B项正确。

诉的重叠合并是指当事人提出了两个以上的诉讼请求，且这两个诉讼请求是递进关系，第一个诉求成立，则继续审理第二个诉讼请求；第一个诉讼请求不成立，则第二个诉求不用审理。诉的选择合并是指当事人提出了两个以上的诉讼请求，但是对审理顺序没有要求，由法院进行选择并择一进行裁判。如果其中一个诉讼请求的理由成立，则不再要求法院对其他诉讼请求进行裁判。

强化模拟题

甲因乙久拖房租不付，向法院起诉，要求乙支付半年房租6000元。在案件开庭审理前，甲提出书面材料，表示时间已过去1个月，乙应将房租增至7000元。关于法院对甲增加房租的要求的处理，下列哪一选项是正确的？

A. 作为新的诉讼受理，合并审理

B. 作为诉讼标的变更，另案审理

C. 作为诉讼请求增加，继续审理

D. 不予受理，告知甲可以另行起诉

答案：C。

第一百二十三条　【起诉方式】起诉应当向人民法院递交起诉状，并按照被告人数提出副本。

书写起诉状确有困难的，可以口头起诉，由人民法院记入笔录，并告知对方当事人。

第一百二十四条 【起诉状】起诉状应当记明下列事项：

（一）原告的姓名、性别、年龄、民族、职业、工作单位、住所、联系方式，法人或者其他组织的名称、住所和法定代表人或者主要负责人的姓名、职务、联系方式；

（二）被告的姓名、性别、工作单位、住所等信息，法人或者其他组织的名称、住所等信息；

（三）诉讼请求和所根据的事实与理由；

（四）证据和证据来源，证人姓名和住所。

命题题眼

注意起诉状应当记明的事项。

第一百二十五条 【先行调解】当事人起诉到人民法院的民事纠纷，适宜调解的，先行调解，但当事人拒绝调解的除外。

第一百二十六条 【立案期限】人民法院应当保障当事人依照法律规定享有的起诉权利。对符合本法第一百二十二条的起诉，必须受理。符合起诉条件的，应当在七日内立案，并通知当事人；不符合起诉条件的，应当在七日内作出裁定书，不予受理；原告对裁定不服的，可以提起上诉。

第一百二十七条 【审查起诉】人民法院对下列起诉，分别情形，予以处理：

（一）依照行政诉讼法的规定，属于行政诉讼受案范围的，告知原告提起行政诉讼；

（二）依照法律规定，双方当事人达成书面仲裁协议申请仲裁、不得向人民法院起诉的，告知原告向仲裁机构申请仲裁；

（三）依照法律规定，应当由其他机关处理的争议，告知原告向有关机关申请解决；

（四）对不属于本院管辖的案件，告知原告向有管辖权的人民法院起诉；

（五）对判决、裁定、调解书已经发生法律效力的案件，当事人又起诉的，告知原告申请再审，但人民法院准许撤诉的裁定除外；

（六）依照法律规定，在一定期限内不得起诉的案件，在不得起诉的期限内起诉的，不予受理；

（七）判决不准离婚和调解和好的离婚案件，判决、调解维持收养关系的案件，没有新情况、新理由，原告在六个月内又起诉的，不予受理。

相关规定

《民诉法司法解释》

第 208 条　人民法院接到当事人提交的民事起诉状时，对符合民事诉讼法第一百二十二条的规定，且不属于第一百二十七条规定情形的，应当登记立案；对当场不能判定是否符合起诉条件的，应当接收起诉材料，并出具注明收到日期的书面凭证。

需要补充必要相关材料的，人民法院应当及时告知当事人。在补齐相关材料后，应当在七日内决定是否立案。

立案后发现不符合起诉条件或者属于民事诉讼法第一百二十四条规定情形的，裁定驳回起诉。

第 209 条　原告提供被告的姓名或者名称、住所等信息具体明确，足以使被告与他人相区别的，可以认定为有明确的被告。

起诉状列写被告信息不足以认定明确的被告的，人民法院可以告知原告补正。原告补正后仍不能确定明确的被告的，人民法院裁定不予受理。

第 210 条　原告在起诉状中有谩骂和人身攻击之辞的，人民法院应当告知其修改后提起诉讼。

第 211 条　对本院没有管辖权的案件，告知原告向有管辖权的人民法院起诉；原告坚持起诉的，裁定不予受理；立案后发现本院没有管辖权的，应当将案件移送有管辖权的人民法院。

第 212 条　裁定不予受理、驳回起诉的案件，原告再次起诉，符合起诉条件且不属于民事诉讼法第一百二十七条规定情形的，人民法院应予受理。

第 213 条　原告应当预交而未预交案件受理费，人民法院应当通知其预交，通知后仍不预交或者申请减、缓、免未获批准而仍不预交的，裁定按撤诉处理。

第 214 条　原告撤诉或者人民法院按撤诉处理后，原告以同一诉讼请求再次起诉的，人民法院应予受理。

原告撤诉或者按撤诉处理的离婚案件，没有新情况、新理由，六个月内又起诉的，比照民事诉讼法第一百二十七条第七项的规定不予受理。

第 215 条　依照民事诉讼法第一百二十七条第二项的规定，当事人在书面合同中订有仲裁条款，或者在发生纠纷后达成书面仲裁协议，一方向人民法院起诉的，人民法院应当告知原告向仲裁机构申请仲裁，其坚持起诉的，裁定不予受理，但仲裁条款或者仲裁协议不成立、无效、失效、内容不明确无法执行的除外。

第 216 条　在人民法院首次开庭前，被告以有书面仲裁协议为由对受理民事案件提出异议的，人民法院应当进行审查。

经审查符合下列情形之一的，人民法院应当裁定驳回起诉：

（一）仲裁机构或者人民法院已经确认仲裁协议有效的；

（二）当事人没有在仲裁庭首次开庭前对仲裁协议的效力提出异议的；

（三）仲裁协议符合仲裁法第十六条规定且不具有仲裁法第十七条规定情形的。

第217条　夫妻一方下落不明，另一方诉至人民法院，只要求离婚，不申请宣告下落不明人失踪或者死亡的案件，人民法院应当受理，对下落不明人公告送达诉讼文书。

第218条　赡养费、扶养费、抚养费案件，裁判发生法律效力后，因新情况、新理由，一方当事人再行起诉要求增加或者减少费用的，人民法院应作为新案受理。

第219条　当事人超过诉讼时效期间起诉的，人民法院应予受理。受理后对方当事人提出诉讼时效抗辩，人民法院经审理认为抗辩事由成立的，判决驳回原告的诉讼请求。

第247条　当事人就已经提起诉讼的事项在诉讼过程中或者裁判生效后再次起诉，同时符合下列条件的，构成重复起诉：

（一）后诉与前诉的当事人相同；

（二）后诉与前诉的诉讼标的相同；

（三）后诉与前诉的诉讼请求相同，或者后诉的诉讼请求实质上否定前诉裁判结果。

当事人重复起诉的，裁定不予受理；已经受理的，裁定驳回起诉，但法律、司法解释另有规定的除外。

第248条　裁判发生法律效力后，发生新的事实，当事人再次提起诉讼的，人民法院应当依法受理。

最高人民法院《关于审理环境民事公益诉讼案件适用法律若干问题的解释》

第28条　环境民事公益诉讼案件的裁判生效后，有权提起诉讼的其他机关和社会组织就同一污染环境、破坏生态行为另行起诉，有下列情形之一的，人民法院应予受理：

（一）前案原告的起诉被裁定驳回的；

（二）前案原告申请撤诉被裁定准许的，但本解释第二十六条规定的情形除外。

环境民事公益诉讼案件的裁判生效后，有证据证明存在前案审理时未发现的损害，有权提起诉讼的机关和社会组织另行起诉的，人民法院应予受理。

第29条　法律规定的机关和社会组织提起环境民事公益诉讼的，不影响因同一污染环境、破坏生态行为受到人身、财产损害的公民、法人和其他组织依据民事诉讼法第一百二十二条的规定提起诉讼。

《民法典》

第1082条　女方在怀孕期间、分娩后一年内或者终止妊娠后六个月内，男方不得提出离婚；但是，女方提出离婚或者人民法院认为确有必要受理男方离婚请求的除外。

最高人民法院《关于互联网法院审理案件若干问题的规定》

第5条　互联网法院应当建设互联网诉讼平台（以下简称诉讼平台），作为法院办理案件和当事人及其他诉讼参与人实施诉讼行为的专用平台。通过诉讼平台作出的诉讼行为，具有法律效力。

互联网法院审理案件所需涉案数据，电子商务平台经营者、网络服务提供商、相关国家机关应当提供，并有序接入诉讼平台，由互联网法院在线核实、实时固定、安全管理。诉讼平台对涉案数据的存储和使用，应当符合《中华人民共和国网络安全法》等法律法规的规定。

第6条　当事人及其他诉讼参与人使用诉讼平台实施诉讼行为的，应当通过证件证照比对、生物特征识别或者国家统一身份认证平台认证等在线方式完成身份认证，并取得登录诉讼平台的专用账号。

使用专用账号登录诉讼平台所作出的行为，视为被认证人本人行为，但因诉讼平台技术原因导致系统错误，或者被认证人能够证明诉讼平台账号被盗用的除外。

第7条　互联网法院在线接收原告提交的起诉材料，并于收到材料后七日内，在线作出以下处理：

（一）符合起诉条件的，登记立案并送达案件受理通知书、诉讼费交纳通知书、举证通知书等诉讼文书。

（二）提交材料不符合要求的，及时发出补正通知，并于收到补正材料后次日重新起算受理时间；原告未在指定期限内按要求补正的，起诉材料作退回处理。

（三）不符合起诉条件的，经释明后，原告无异议的，起诉材料作退回处理；原告坚持继续起诉的，依法作出不予受理裁定。

第8条　互联网法院受理案件后，可以通过原告提供的手机号码、传真、电子邮箱、即时通讯账号等，通知被告、第三人通过诉讼平台进行案件关联和身份验证。

被告、第三人应当通过诉讼平台了解案件信息，接收和提交诉讼材料，实施诉讼行为。

《审理垄断民事纠纷解释》

第1条　本解释所称垄断民事纠纷案件，是指自然人、法人或者非法人组织因垄断行为受到损失以及因合同内容或者经营者团体的章程、决议、决定等违反反垄断法而发生争议，依据反垄断法向人民法院提起民事诉讼的案件。

本解释所称经营者团体，包括行业协会等由两个以上经营者为了实现共同目的而组成的结合体或者联合体。

第2条　原告依据反垄断法直接向人民法院提起民事诉讼，或者在反垄断执法机构认定构成垄断行为的处理决定作出后向人民法院提起民事诉讼，且符合法律规定的受理条件的，人民法院应予受理。

原告起诉仅请求人民法院确认被告的特定行为构成垄断，而不请求被告承担民事责任的，人民法院不予受理。

第3条　一方当事人向人民法院提起垄断民事诉讼，另一方当事人以双方之间存在合同关系且有仲裁协议为由，主张人民法院不应受理的，人民法院不予支持。

第9条　原告无正当理由而根据影响地域、持续时间、实施场合、损害范围等因素对被告的同一垄断行为予以拆分，分别提起数个诉讼的，由最先受理诉讼的人民法院合并审理。

命题题眼

1. 起诉不符合受理条件的，人民法院应当裁定不予受理。立案后发现起诉不符合受理条件的，裁定驳回起诉。

2. 当事人超过诉讼时效期间起诉的，人民法院应予受理。受理后对方当事人提出诉讼时效抗辩，人民法院经审理认为抗辩事由成立的，判决驳回原告的诉讼请求。

3. 注意掌握《民事诉讼法》第127条和司法解释中的各种受理和不受理的情形，尤其是离婚案件的受理问题，是历年考试重点。

4. 重复起诉的认定。

历年试题

2017年试卷三第42题：甲、乙两公司签订了一份家具买卖合同，因家具质量问题，甲公司起诉乙公司要求更换家具并支付违约金3万元。法院经审理判决乙公司败诉，乙公司未上诉。之后，乙公司向法院起诉，要求确认该家具买卖合同无效。对乙公司的起诉，法院应采取下列哪一处理方式？

A. 予以受理

B. 裁定不予受理

C. 裁定驳回起诉

D. 按再审处理

答案：B。

2023年试卷二考生回忆版：甲被乙撞伤，甲起诉乙要求人身损害赔偿，法院判决乙赔偿甲10万元。一年后甲还是觉得脚痛，经检查是撞伤的后遗症，甲又找乙要求赔偿5万元，下列说法正确的是？

A. 10万元判决的既判力对之后的损害有约束力，所以法院应该驳回起诉

B. 10万元判决的既判力对之后发生的事情没有约束力，所以法院应该受理

C. 法院应该先行先调解，调解不成，告知当事人另行起诉

D. 本案构成重复起诉，法院裁定不予受理

答案：B。《民诉法司法解释》第248条规定，裁判发生法律效力后，发生新的事实，当事人再次提起诉讼的，人民法院应当依法受理，B项正确，D项认为裁定不予受理错误。甲就新的损害另行起诉，法院应受理。受理后调解不成，应及时判决，不能告知其另行起诉。C项错误。

2024年试卷二考生回忆版：甲、乙之间存在借款合同，3月1日，甲向法院提起借款诉讼。法院于3月5日立案并通知双方。后甲撤诉，4月15日，法院裁定准许撤诉并同时送达双方。关于本案的诉讼时效中断，正确的是？

A. 因为甲撤回起诉，所以诉讼时效不中断

B. 本案诉讼时效于3月1日中断

C. 本案诉讼时效于3月5日中断

D. 本案诉讼时效于4月15日中断

答案：B。最高人民法院《关于审理民事案件适用诉讼时效制度若干问题的规定》第10条。

2024年试卷二考生回忆版：张甲开车撞伤了李乙，李乙起诉张甲赔偿10万元。随后李乙后遗症暴发，又起诉张甲赔偿8万元。下列说法正确的是？

A. 即判力后发生的事实，法院应当受理

B. 既判力客观范围之外的事实，法院应当受理

C. 既判力主观范围之外的事实，法院不应受理

D. 既判力客观范围之内的事实，法院不应受理

答案：AB。

2024年试卷二考生回忆版：A与B结婚婚后生一子，孩子六岁，结婚后B消失不见，B的母亲一直不满A，遂以A和B为近亲属为由向法院申请婚姻无效。后经查明A与B确实是近亲属，但在B母亲起诉前B已经死亡。法院对B的母亲的诉讼请求的处理，下列说法正确的是？

A. 裁定驳回起诉

B. 判决确认婚姻无效

C. 裁定不予受理

D. 判决驳回诉讼请求

答案：B。

强化模拟题

1. 田某数年怠于催讨债款，已逾诉讼时效期限。但田某执意要提起诉讼，以讨个公道。对此，有人劝阻他，并帮助他分析下列几种对其不利的情形，请问：下列哪种分析是正确的？

A. 超过诉讼时效，就丧失了诉权，就不具备当事人资格

B. 对超过诉讼时效的起诉，法院将不予立案，当事人执意要起诉的，法院则裁定不予受理

C. 受理后查明无中止、中断、延长事由的，对超过诉讼时效的当事人判决驳回其诉讼请求

D. 受理后对方当事人提出诉讼时效抗辩，人民法院经审理认为抗辩事由成立的，判决驳回原告的诉讼请求

答案：D。《民诉法司法解释》第219条。

2. 某甲诉某乙离婚一案，诉讼过程中某甲申请撤诉，法院于2010年2月2日裁定准许。根据下列假设的情况，法院对哪些起诉应当受理？

A. 某甲在6个月内再次起诉离婚，未提出新情况、新理由

B. 某甲在6个月后再次起诉离婚，未提出新情况、新理由

C. 某乙在6个月内再次起诉离婚，未提出新情况、新理由

D. 某乙在6个月后再次起诉离婚，未提出新情况、新理由

答案：BCD。

第二节　审理前的准备

第一百二十八条　【送达起诉状和答辩状】人民法院应当在立案之日起五日内将起诉状副本发送被告，被告应当在收到之日起十五日内提出答辩状。答辩状应当记明被告的姓名、性别、年龄、民族、职业、工作单位、住所、联系方式；法人或者其他组织的名称、住所和法定代表人或者主要负责人的姓名、职务、联系方式。人民法院应当在收到答辩状之日起五日内将答辩状副本发送原告。

被告不提出答辩状的，不影响人民法院审理。

第一百二十九条　【诉讼权利义务的告知】人民法院对决定受理的案件，应当在受理案件通知书和应诉通知书中向当事人告知有关的诉讼权利义务，或者口头告知。

第一百三十条　【管辖权异议和应诉管辖】人民法院受理案件后，当事人对管辖权有异议的，应当在提交答辩状期间提出。人民法院对当事人提出的异议，应当审查。异议成立的，裁定将案件移送有管辖权的人民法院；异议不成立的，裁定驳回。

当事人未提出管辖异议，并应诉答辩或者提出反诉的，视为受诉人民法院有管辖权，但违反级别管辖和专属管辖规定的除外。

相关规定

最高人民法院《关于审理民事级别管辖异议案件若干问题的规定》　法释〔2020〕20号

第1条　被告在提交答辩状期间提出管辖权异议，认为受诉人民法院违反级别管辖规定，案件应当由上级人民法院或者下级人民法院管辖的，受诉人民法院应当审查，并在受理异议之日起十五日内作出裁定：

（一）异议不成立的，裁定驳回；

（二）异议成立的，裁定移送有管辖权的人民法院。

第2条　在管辖权异议裁定作出前，原告申请撤回起诉，受诉人民法院作出准予撤回起诉裁定的，对管辖权异议不再审查，并在裁定书中一并写明。

第3条　提交答辩状期间届满后，原告增加诉讼请求金额致使案件标的额超过受诉人民法院级别管辖标准，被告提出管辖权异议，请求由上级人民法院管辖的，人民法院应当按照本规定第一条审查并作出裁定。

第4条　对于应由上级人民法院管辖的第一审民事案件，下级人民法院不得报请上级人民法院交其审理。

《民诉法司法解释》

第39条　人民法院对管辖异议审查后确定有管辖权的，不因当事人提起反诉、增加或者变更诉讼请求等改变管辖，但违反级别管辖、专属管辖规定的除外。

人民法院发回重审或者按第一审程序再审的案件，当事人提出管辖异议的，人民法院不予审查。

第223条　当事人在提交答辩状期间提出管辖异议，又针对起诉状的内容进行答辩的，人民法院应当依照民事诉讼法第一百三十条第一款的规定，对管辖异议进行审查。

当事人未提出管辖异议，就案件实体内容进行答辩、陈述或者反诉的，可以认定为民事诉讼法第一百三十条第二款规定的应诉答辩。

命题题眼

主要考点有：

1. 提出管辖权的异议须具备以下两个条件：

（1）必须是本案的当事人，这里的当事人仅限于被告，不包括原告和第三人；

(2)当事人对管辖权的异议,应当在提交答辩状期间提出。

2. 当事人提出的管辖权异议,符合上述两个条件的,人民法院应当进行审查。经过审查,当事人对管辖权的异议成立的,受诉法院应当作出裁定书,将案件移送给有管辖权的人民法院。异议不成立的,裁定予以驳回。当事人对受诉法院的裁定不服的,在10日内有权向上一级人民法院提起上诉。

3. 一、二审法院驳回管辖权异议的裁定发生法律效力后,当事人就法院的管辖权问题申诉的,不影响法院对案件进行审理。

历年试题

2020年试卷二考生回忆版:最高人民法院规定基层人民法院只能受理3000万元以下的案件,甲公司向基层人民法院起诉乙公司案件诉讼标的额为2900万元,开庭后甲公司又增加了要求乙公司支付290万元违约金的诉讼请求。本案被告乙公司以案件标的额超过基层人民法院的管辖权限为由,对此提出管辖权异议。问本案基层人民法院做法正确的是?

A. 基层人民法院应当将案件移送中级人民法院

B. 案件已经开庭,不能增加诉讼请求,告知另诉

C. 基层人民法院已经受理案件,管辖恒定可以继续审理

D. 驳回被告提出的管辖权异议

答案:A。本题中,乙公司开庭后增加290万元违约金的诉讼请求导致本案的诉讼标的额超过了基层人民法院的审理范围3000万元,而最高人民法院规定基层人民法院只能受理3000万元以下的案件。最高人民法院《关于审理民事级别管辖异议案件若干问题的规定》第9条规定,经最高人民法院批准的第一审民事案件级别管辖标准的规定,应当作为审理民事级别管辖异议案件的依据。因此,基层人民法院对乙公司的管辖权异议应当裁定异议成立,将案件移送有管辖权的法院,即中级人民法院,故A项正确。

强化模拟题

1. 红光公司起诉蓝光公司合同纠纷一案,A市B区法院受理后,蓝光公司提出管辖权异议,认为本案应当由A市中级人民法院管辖。B区法院裁定驳回蓝光公司异议,蓝光公司提起上诉。此时,红光公司向B区法院申请撤诉,获准。关于本案,下列哪一选项是正确的?

A. B区法院裁定准予撤诉是错误的,因为蓝光公司已经提起上诉

B. 红光公司应当向A市中级人民法院申请撤诉,并由其裁定是否准予撤诉

C. B区法院应当待A市中级人民法院就蓝光公司的上诉作出裁定后,再裁定是否准予撤诉

D. B区法院裁定准予撤诉后,二审法院不再对管辖权异议的上诉进行审查

答案:D。最高人民法院《关于审理民事级别管辖异议案件若干问题的规定》第2条。

2. 下列关于民事诉讼管辖权异议,说法正确的是(　　)。

A. 异议不成立的,人民法院决定予以驳回

B. 管辖权异议既可以在一审时提出,也可在二审时提出

C. 管辖权异议只能在一审被告答辩期间提出

D. 法院对案件作出的判决发生法律效力后,当事人就管辖权问题和判决一并申诉的,法院经过复查,发现管辖确有错误而判决正确的,应按审判监督程序予以处理

答案:C。《民事诉讼法》第130条。D项法院的管辖错误,虽严重违反法定程序,但正确的判决表明此情形不属于"可能影响案件正确判决",因而不应作审判监督程序处理。

第一百三十一条　【合议庭组成人员的告知】审判人员确定后,应当在三日内告知当事人。

第一百三十二条　【审核取证】审判人员必须认真审核诉讼材料,调查收集必要的证据。

第一百三十三条　【调查取证的程序】人民法院派出人员进行调查时,应当向被调查人出示证件。

调查笔录经被调查人校阅后,由被调查人、调查人签名或者盖章。

第一百三十四条　【委托调查】人民法院在必要时可以委托外地人民法院调查。

委托调查,必须提出明确的项目和要求。受委托人民法院可以主动补充调查。

受委托人民法院收到委托书后,应当在三十日内完成调查。因故不能完成的,应当在上述期限内函告委托人民法院。

第一百三十五条　【当事人的追加】必须共同进行诉讼的当事人没有参加诉讼的,人民法院应当通知其参加诉讼。

第一百三十六条　【开庭准备程序】人民法院对受理的案件,分别情形,予以处理:

(一)当事人没有争议,符合督促程序规定条件的,可以转入督促程序;

(二)开庭前可以调解的,采取调解方式及时解决纠纷;

(三)根据案件情况,确定适用简易程序或者普通程序;

(四)需要开庭审理的,通过要求当事人交换证据等方式,明确争议焦点。

相关规定

《民诉法司法解释》

第222条　原告在起诉状中直接列写第三人的，视为其申请人民法院追加该第三人参加诉讼。是否通知第三人参加诉讼，由人民法院审查决定。

第224条　依照民事诉讼法第一百三十六条第四项规定，人民法院可以在答辩期届满后，通过组织证据交换、召集庭前会议等方式，作好审理前的准备。

第225条　根据案件具体情况，庭前会议可以包括下列内容：

（一）明确原告的诉讼请求和被告的答辩意见；

（二）审查处理当事人增加、变更诉讼请求的申请和提出的反诉，以及第三人提出的与本案有关的诉讼请求；

（三）根据当事人的申请决定调查收集证据，委托鉴定，要求当事人提供证据，进行勘验，进行证据保全；

（四）组织交换证据；

（五）归纳争议焦点；

（六）进行调解。

第226条　人民法院应当根据当事人的诉讼请求、答辩意见以及证据交换的情况，归纳争议焦点，并就归纳的争议焦点征求当事人的意见。

命题题眼

《民事诉讼法》第136条主要考点是掌握开庭前准备程序中处理不同案件的具体内容以及庭前会议的内容。

第三节　开庭审理

第一百三十七条　【公开审理及例外】人民法院审理民事案件，除涉及国家秘密、个人隐私或者法律另有规定的以外，应当公开进行。

离婚案件，涉及商业秘密的案件，当事人申请不公开审理的，可以不公开审理。

相关规定

《民诉法司法解释》

第220条　民事诉讼法第七十一条、第一百三十七条、第一百五十九条规定的商业秘密，是指生产工艺、配方、贸易联系、购销渠道等当事人不愿公开的技术秘密、商业情报及信息。

命题题眼

本条规定了公开审理的内容，是易考知识点，应比较《刑事诉讼法》和《行政诉讼法》的相关内容掌握。主要考点有不公开审理有法定不公开和申请不公开审理两种，要掌握各自的情形。

强化模拟题

关于民事诉讼中的公开审判制度，下列哪一选项是错误的？

A. 公开审判制度是指法院审理民事案件，除法律规定的情况外，审判过程及结果应当向群众、社会公开

B. 公开审判是指法院审理案件和宣告判决一律公开进行的制度

C. 涉及国家秘密的案件，属于法定不公开审理的案件

D. 离婚案件，属于当事人申请不公开审理，法院决定可以不公开审理的案件

答案：B。

第一百三十八条　【巡回审理】人民法院审理民事案件，根据需要进行巡回审理，就地办案。

第一百三十九条　【开庭通知与公告】人民法院审理民事案件，应当在开庭三日前通知当事人和其他诉讼参与人。公开审理的，应当公告当事人姓名、案由和开庭的时间、地点。

第一百四十条　【宣布开庭】开庭审理前，书记员应当查明当事人和其他诉讼参与人是否到庭，宣布法庭纪律。

开庭审理时，由审判长或者独任审判员核对当事人，宣布案由，宣布审判人员、法官助理、书记员等的名单，告知当事人有关的诉讼权利义务，询问当事人是否提出回避申请。

第一百四十一条　【法庭调查顺序】法庭调查按照下列顺序进行：

（一）当事人陈述；

（二）告知证人的权利义务，证人作证，宣读未到庭的证人证言；

（三）出示书证、物证、视听资料和电子数据；

（四）宣读鉴定意见；

（五）宣读勘验笔录。

第一百四十二条　【当事人庭审诉讼权利】当事人在法庭上可以提出新的证据。

当事人经法庭许可，可以向证人、鉴定人、勘验人发问。

当事人要求重新进行调查、鉴定或者勘验的，是否准许，由人民法院决定。

第一百四十三条　【合并审理】原告增加诉讼请求，被告提出反诉，第三人提出与本案有关的诉讼请求，可以合并审理。

第一百四十四条　【法庭辩论】法庭辩论按照下列顺序进行：

（一）原告及其诉讼代理人发言；

（二）被告及其诉讼代理人答辩；

（三）第三人及其诉讼代理人发言或者答辩；

（四）互相辩论。

法庭辩论终结，由审判长或者独任审判员按照原告、被告、第三人的先后顺序征询各方最后意见。

第一百四十五条 【法庭调解】法庭辩论终结，应当依法作出判决。判决前能够调解的，还可以进行调解，调解不成的，应当及时判决。

相关规定

《民诉法司法解释》

第221条 基于同一事实发生的纠纷，当事人分别向同一人民法院起诉的，人民法院可以合并审理。

第227条 人民法院适用普通程序审理案件，应当在开庭三日前用传票传唤当事人。对诉讼代理人、证人、鉴定人、勘验人、翻译人员应当用通知书通知其到庭。当事人或者其他诉讼参与人在外地的，应当留有必要的在途时间。

第228条 法庭审理应当围绕当事人争议的事实、证据和法律适用等焦点问题进行。

第229条 当事人在庭审中对其在审理前的准备阶段认可的事实和证据提出不同意见的，人民法院应当责令其说明理由。必要时，可以责令其提供相应证据。人民法院应当结合当事人的诉讼能力、证据和案件的具体情况进行审查。理由成立的，可以列入争议焦点进行审理。

第230条 人民法院根据案件具体情况并征得当事人同意，可以将法庭调查和法庭辩论合并进行。

第231条 当事人在法庭上提出新的证据的，人民法院应当依照民事诉讼法第六十八条第二款规定和本解释相关规定处理。

第232条 在案件受理后，法庭辩论结束前，原告增加诉讼请求，被告提出反诉，第三人提出与本案有关的诉讼请求，可以合并审理的，人民法院应当合并审理。

第233条 反诉的当事人应当限于本诉的当事人的范围。

反诉与本诉的诉讼请求基于相同法律关系、诉讼请求之间具有因果关系，或者反诉与本诉的诉讼请求基于相同事实的，人民法院应当合并审理。

反诉应由其他人民法院专属管辖，或者与本诉的诉讼标的及诉讼请求所依据的事实、理由无关联的，裁定不予受理，告知另行起诉。

第251条 二审裁定撤销一审判决发回重审的案件，当事人申请变更、增加诉讼请求或者提出反诉，第三人提出与本案有关的诉讼请求的，依照民事诉讼法第一百四十三条规定处理。

第252条 再审裁定撤销原判决、裁定发回重审的案件，当事人申请变更、增加诉讼请求或者提出反诉，符合下列情形之一的，人民法院应当准许：

（一）原审未合法传唤缺席判决，影响当事人行使诉讼权利的；

（二）追加新的诉讼当事人的；

（三）诉讼标的物灭失或者发生变化致使原诉讼请求无法实现的；

（四）当事人申请变更、增加的诉讼请求或者提出的反诉，无法通过另诉解决的。

最高人民法院《关于审理环境民事公益诉讼案件适用法律若干问题的解释》

第17条 环境民事公益诉讼案件审理过程中，被告以反诉方式提出诉讼请求的，人民法院不予受理。

最高人民法院《关于互联网法院审理案件若干问题的规定》

第13条 互联网法院可以视情决定采取下列方式简化庭审程序：

（一）开庭前已经在线完成当事人身份核实、权利义务告知、庭审纪律宣示的，开庭时可以不再重复进行；

（二）当事人已经在线完成证据交换的，对于无争议的证据，法官在庭审中说明后，可以不再举证、质证；

（三）经征得当事人同意，可以将当事人陈述、法庭调查、法庭辩论等庭审环节合并进行。对于简单民事案件，庭审可以直接围绕诉讼请求或者案件要素进行。

命题题眼

上述法条的主要考点是：

1. 合并审理的具体情形。

2. 法庭调查和法庭辩论可以合并进行，但要经当事人同意。

历年试题

2021年试卷二考生回忆版：甲省规定不超过3000万元的财产纠纷由基层人民法院管辖。大昌公司在甲省乙市丙区法院起诉请求兴平公司支付工程款2500万元。法庭辩论终结后，合议庭评议一致决定支持大昌公司的诉讼请求。准备写判决书时，大昌公司变更诉讼请求要求兴平公司支付工程款3500万元。对此，法院的下列哪一做法是正确的？

A. 直接移送乙市中级人民法院审理

B. 直接就2500万元诉讼请求作出判决

C. 重新进行法庭调查

D. 兴平公司提出管辖权异议后移送管辖

答案:B。

2023年试卷二考生回忆版:张三租住李四的房屋,使用不当导致房屋严重受损,修复款需要2万元,李四起诉到法院要求张三支付修复款。法院一审判决张三支付给李四2万元,随后张三认为属于正常损耗不服上诉。法院以一审法院认定事实不清为由发回重审。在发回重审期间,赶上原材料涨价,李四随之变更诉求为要求张三恢复原状。下列说法正确的是?

A. 法院不能按照原审证据材料认定事实

B. 法院应当根据李四变更后的诉讼请求审理案件

C. 李四应受到原审诉讼的约束

D. 法院应当驳回李四变更诉讼请求的要求

答案:BC。发回重审的案件,既是原审程序的延续,同时又允许当事人提出新的诉求和证据,A项错误。

《民事诉讼法》第143条、《民诉法司法解释》第251条。发回重审后当事人可以变更诉讼请求,法院可以合并审理,法院应当根据李四变更后的诉讼请求审理案件。B项正确。D项错误。

发回重审还是要受到原审程序的约束,李四不能随意撤回原审中的自认,原来的诉讼行为原则上对双方当事人都有约束力。所以说李四应受原审诉讼的约束是对的。C项正确。

第一百四十六条 【原告不到庭和中途退庭的处理】原告经传票传唤,无正当理由拒不到庭的,或者未经法庭许可中途退庭的,可以按撤诉处理;被告反诉的,可以缺席判决。

第一百四十七条 【被告不到庭和中途退庭的处理】被告经传票传唤,无正当理由拒不到庭的,或者未经法庭许可中途退庭的,可以缺席判决。

第一百四十八条 【原告申请撤诉的处理】宣判前,原告申请撤诉的,是否准许,由人民法院裁定。

人民法院裁定不准许撤诉的,原告经传票传唤,无正当理由拒不到庭的,可以缺席判决。

相关规定

《民诉法司法解释》

第234条 无民事行为能力人的离婚诉讼,当事人的法定代理人应当到庭;法定代理人不能到庭的,人民法院应当在查清事实的基础上,依法作出判决。

第235条 无民事行为能力的当事人的法定代理人,经传票传唤无正当理由拒不到庭,属于原告方的,比照民事诉讼法第一百四十六条的规定,按撤诉处理;属于被告方的,比照民事诉讼法第一百四十七条的规定,缺席判决。必要时,人民法院可以拘传其到庭。

第236条 有独立请求权的第三人经人民法院传票传唤,无正当理由拒不到庭的,或者未经法庭许可中途退庭的,比照民事诉讼法第一百四十六条的规定,按撤诉处理。

第237条 有独立请求权的第三人参加诉讼后,原告申请撤诉,人民法院在准许原告撤诉后,有独立请求权的第三人作为另案原告,原案原告、被告作为另案被告,诉讼继续进行。

第238条 当事人申请撤诉或者依法可以按撤诉处理的案件,如果当事人有违反法律的行为需要依法处理的,人民法院可以不准许撤诉或者不按撤诉处理。

法庭辩论终结后原告申请撤诉,被告不同意的,人民法院可以不予准许。

第239条 人民法院准许本诉原告撤诉的,应当对反诉继续审理;被告申请撤回反诉的,人民法院应予准许。

第240条 无独立请求权的第三人经人民法院传票传唤,无正当理由拒不到庭,或者未经法庭许可中途退庭的,不影响案件的审理。

第241条 被告经传票传唤无正当理由拒不到庭,或者未经法庭许可中途退庭的,人民法院应当按期开庭或者继续开庭审理,对到庭的当事人诉讼请求、双方的诉辩理由以及已经提交的证据及其他诉讼材料进行审理后,可以依法缺席判决。

第288条 公益诉讼案件的原告在法庭辩论终结后申请撤诉的,人民法院不予准许。

最高人民法院《关于审理环境民事公益诉讼案件适用法律若干问题的解释》

第26条 负有环境资源保护监督管理职责的部门依法履行监管职责而使原告诉讼请求全部实现,原告申请撤诉的,人民法院应予准许。

第27条 法庭辩论终结后,原告申请撤诉的,人民法院不予准许,但本解释第二十六条规定的情形除外。

最高人民法院《关于互联网法院审理案件若干问题的规定》

第14条 互联网法院根据在线庭审特点,适用《中华人民共和国人民法院法庭规则》的有关规定。除经查明确属网络故障、设备损坏、电力中断或者不可抗力等原因外,当事人不按时参加在线庭审的,视为"拒不到庭",庭审中擅自退出的,视为"中途退庭",分别按照《中华人民共和国民事诉讼法》《中华人民共和国行政诉讼法》及相关司法解释的规定处理。

命题题眼

1.《民诉法司法解释》在依法保护当事人撤诉权的同时,从公平保护各方当事人出发,对申请撤诉依法作了限制性规定。如《民诉法司法解释》规定,当事人申请撤诉或者依法可以按撤诉处理的案件,如果当事人有违反法律的行为需要依法处理的,人民法院可以不准许撤诉或者不按撤诉处理。

2. 撤诉分为申请撤诉和按撤诉处理两种情况。两种撤诉的法律后果相同:人民法院准许的,诉讼程序终结;诉讼时效重新计算;在诉讼时效内,原告再次起诉的,人民法院应当受理;诉讼费用由原告或者上诉人负担。

3. 申请撤诉的条件是:申请人是原告、上诉人及其法定代理人、有独立请求权的第三人;撤诉必须合法,不能规避法律;撤诉必须在案件受理后,宣告判决前;撤诉必须由人民法院裁定。

《民诉法司法解释》限制了原告的撤诉权,即法庭辩论终结后原告申请撤诉,被告不同意的,人民法院可以不予准许。

4. 按撤诉处理或者称为视为撤诉的具体情形:

(1)原告或上诉人未按期交纳诉讼费用;

(2)原告经传票传唤,无正当理由拒不到庭;

(3)原告未经法庭许可中途退庭;

(4)原告应预交而未预交案件受理费,人民法院通知其预交,通知后仍不交纳,或申请缓、减、免未获人民法院的批准仍不缴纳诉讼费用的;

(5)无民事行为能力的原告的法定代理人经法院传票传唤无正当理由拒不到庭的;

(6)有独立请求权的第三人经法院传票传唤无正当理由拒不到庭的,或未经法庭许可中途退庭的。

5. 根据《民诉法司法解释》第 237 条的规定,有独立请求权的第三人参加诉讼后,原告撤诉并被人民法院准许后,不影响有独立请求权的第三人参加的诉讼继续进行,但是应另行立案,继续审理,法院和当事人已经进行的诉讼行为,在诉讼分离后仍然有约束力。

6. 缺席判决的情形:

(1)原告不出庭或中途退庭,被告提出反诉的;

(2)被告经传票传唤,无正当理由拒不到庭的,或未经法院许可中途退庭的;

(3)法院裁定不准撤诉,原告经传票传唤,无正当理由拒不到庭的;

(4)无民事行为能力的被告的法定代理人,经传票传唤无正当理由拒不到庭的;

(5)在借贷案件中,债权人起诉时,债务人下落不明的,人民法院受理案件后公告传唤债务人应诉。公告期满债务人仍不应诉,借贷关系明确的,经审理后可缺席判决。在审理中债务人出走,下落不明,借贷关系明确的,可缺席判决。

历年试题

2020 年试卷二考生回忆版:甲公司诉乙公司买卖合同纠纷一案,法院判决乙公司败诉,判决生效后,乙公司发现新证据申请再审。再审审理中,再审法院发现遗漏了必须参加诉讼的丙公司,遂裁定发回重审。在重审中乙公司提出反诉,后甲公司提出撤诉的申请。关于法院的处理,正确的是:

A. 法院准许乙公司提反诉

B. 法院应适用普通程序审理

C. 法院准许甲公司撤诉后,应裁定驳回乙公司的再审申请

D. 法院准许甲公司撤诉后,法院应就乙公司的反诉进行审理

答案:ABD。A 项考查了再审发回重审后提出反诉的处理。根据《民诉法司法解释》第 252 条的规定,本题中,乙公司在重审中提起反诉,基于再审发现遗漏了必须参加诉讼的丙公司,一审法院重审时应当追加其为诉讼当事人,即属于前述规定所列的第二种情形。因此,若乙公司提出反诉的,法院应当准许,A 项正确。

《民事诉讼法》第 41 条第 3 款规定,发回重审的案件,原审人民法院应当按照第一审程序另行组成合议庭。审理再审案件,原来是第一审的,按照第一审程序另行组成合议庭;原来是第二审的或者是上级人民法院提审的,按照第二审程序另行组成合议庭。本题中,原审法院应当另行组成合议庭,即应当适用普通程序审理。B 项正确。

《民事诉讼法》第 148 条第 1 款规定,宣判前,原告申请撤诉的,是否准许,由人民法院裁定。法院裁定准许甲公司撤诉后,无需再作出驳回乙公司再审申请的裁定,因为在乙公司申请再审时,法院已经裁定再审,发回重审,即其已经就乙公司的再审申请作出处理。重审中甲公司申请撤诉的,无需再由裁定再审的法院作出处理,只需要再审法院作出是否准许的裁定即可。故选项 C"裁定驳回乙公司的再审申请"的表述错误。

《民诉法司法解释》第239条规定：人民法院准许本诉原告撤诉的，应当对反诉继续审理；被告申请撤回反诉的，人民法院应予准许。故D项正确，法院应当就乙公司的反诉进行审理。

2021年试卷二考生回忆版：张三与李四自愿登记结婚，李四的母亲却一直反对，遂以李四与张三结婚时未达到法定结婚年龄为由，向法院起诉请求确认婚姻无效。诉讼过程中，因李四态度坚决，李四的母亲无奈向法院申请撤诉。关于本案的处理，法院的下列哪一做法是正确的？

A. 裁定同意撤诉申请　　B. 调解结案

C. 判决结案　　D. 裁定驳回起诉

答案：C。

强化模拟题

1. 2014年10月，夏佳华向S市H区人民法院起诉，请求法院判令被告夏佳平还欠款6000元。诉讼过程中，双方达成和解协议：夏佳平在15日内一次性向夏佳华还欠款5000元。夏佳华向法院申请撤诉，法院裁定准许。在此情况下，法律上产生的后果是什么？

A. 该案民事诉讼法律关系消灭

B. 该诉讼费用由夏佳华承担

C. 若夏佳平不履行和解协议，夏佳华可以向法院申请执行

D. 在任何情况下，夏佳华都不可以再次以相同请求向法院起诉

答案：AB。和解协议不具有强制执行力，所以，若夏佳平不履行和解协议，夏佳华不可以向法院申请执行。

2. 甲与乙对一古董所有权发生争议诉至法院。诉讼过程中，丙声称古董属自己所有，主张对古董的所有权。下列哪一说法是正确的？

A. 如丙没有起诉，法院可以依职权主动追加其作为有独立请求权第三人

B. 如丙起诉后认为受案法院无管辖权，可以提出管辖权异议

C. 如丙起诉后经法院传票传唤，无正当理由拒不到庭，应当视为撤诉

D. 如丙起诉后，甲与乙达成协议经法院同意而撤诉，应当驳回丙的起诉

答案：C。丙为有独立请求权的第三人，其享有的诉讼权利、承担的诉讼义务与原告、被告相同。根据《民诉法司法解释》第236条，C项正确。

3. 齐某起诉宋某要求返还借款8万元，法院适用普通程序审理并向双方当事人送达出庭传票，因被告宋某不在家，宋某的妻子代其签收了传票。开庭时，被告宋某未到庭。经查，宋某已离家出走，下落不明。关于法院对本案的处理，下列哪一选项是正确的？

A. 法院对本案可以进行缺席判决

B. 法院应当对被告宋某重新适用公告方式送达传票

C. 法院应当通知宋某的妻子以诉讼代理人的身份参加诉讼

D. 法院应当裁定中止诉讼

答案：A。《民事诉讼法》第147条。根据《民事诉讼法》第88条的规定，本案中人民法院的送达是合法的。

第一百四十九条　【延期审理】有下列情形之一的，可以延期开庭审理：

（一）必须到庭的当事人和其他诉讼参与人有正当理由没有到庭的；

（二）当事人临时提出回避申请的；

（三）需要通知新的证人到庭，调取新的证据，重新鉴定、勘验，或者需要补充调查的；

（四）其他应当延期的情形。

命题题眼

本条规定了延期审理的内容，是易考知识点。主要考点有：

1. 延期审理只能发生在开庭审理的阶段，延期审理前已经进行的诉讼行为，对延期后的审理仍有效。但延期的时间不计算在审理期限内。

2. 延期审理的具体情形。

历年试题

2024年试卷二考生回忆版：甲、乙纠纷诉至法院，法院决定采用在线诉讼方式审理案件。法院审理中，甲因网络原因离线，供电公司明确说当天无法供电。法院下列做法正确的是？

A. 对甲进行拘传

B. 决定延期审理

C. 法院依职权查明断电原因

D. 决定重新审理

答案：B。《民事诉讼法》第149条。

强化模拟题

某甲与某乙因离婚发生纠纷，起诉到人民法院。在人民法院第一次开庭后，某甲因被单位安排到国外进修3个月，而不能参加第二次的庭审。人民法院对此案应（　　）。

A. 作出缺席判决

B. 人民法院应依法中止诉讼

C. 人民法院依法延期开庭审理

D. 在某甲回国后，重新进行审理

答案：C。

第一百五十条　【法庭笔录】书记员应当将法庭审理的全部活动记入笔录，由审判人员和书记员

签名。

法庭笔录应当当庭宣读，也可以告知当事人和其他诉讼参与人当庭或者在五日内阅读。当事人和其他诉讼参与人认为对自己的陈述记录有遗漏或者差错的，有权申请补正。如果不予补正，应当将申请记录在案。

法庭笔录由当事人和其他诉讼参与人签名或者盖章。拒绝签名盖章的，记明情况附卷。

第一百五十一条 【宣告判决】人民法院对公开审理或者不公开审理的案件，一律公开宣告判决。

当庭宣判的，应当在十日内发送判决书；定期宣判的，宣判后立即发给判决书。

宣告判决时，必须告知当事人上诉权利、上诉期限和上诉的法院。

宣告离婚判决，必须告知当事人在判决发生法律效力前不得另行结婚。

相关规定

《民诉法司法解释》

第242条 一审宣判后，原审人民法院发现判决有错误，当事人在上诉期内提出上诉的，原审人民法院可以提出原判决有错误的意见，报送第二审人民法院，由第二审人民法院按照第二审程序进行审理；当事人不上诉的，按照审判监督程序处理。

最高人民法院《关于互联网法院审理案件若干问题的规定》

第19条 互联网法院在线审理的案件，审判人员、法官助理、书记员、当事人及其他诉讼参与人等通过在线确认、电子签章等在线方式对调解协议、笔录、电子送达凭证及其他诉讼材料予以确认的，视为符合《中华人民共和国民事诉讼法》有关“签名”的要求。

第20条 互联网法院在线审理的案件，可以在调解、证据交换、庭审、合议等诉讼环节运用语音识别技术同步生成电子笔录。电子笔录以在线方式核对确认后，与书面笔录具有同等法律效力。

第21条 互联网法院应当利用诉讼平台随案同步生成电子卷宗，形成电子档案。案件纸质档案已经全部转化为电子档案的，可以以电子档案代替纸质档案进行上诉移送和案卷归档。

第一百五十二条 【一审审限】人民法院适用普通程序审理的案件，应当在立案之日起六个月内审结。有特殊情况需要延长的，经本院院长批准，可以延长六个月；还需要延长的，报请上级人民法院批准。

相关规定

《民诉法司法解释》

第243条 民事诉讼法第一百五十二条规定的审限，是指从立案之日起至裁判宣告、调解书送达之日止的期间，但公告期间、鉴定期间、双方当事人和解期间、审理当事人提出的管辖异议以及处理人民法院之间的管辖争议期间不应计算在内。

第244条 可以上诉的判决书、裁定书不能同时送达双方当事人的，上诉期从各自收到判决书、裁定书之日计算。

第四节 诉讼中止和终结

第一百五十三条 【诉讼中止】有下列情形之一的，中止诉讼：

（一）一方当事人死亡，需要等待继承人表明是否参加诉讼的；

（二）一方当事人丧失诉讼行为能力，尚未确定法定代理人的；

（三）作为一方当事人的法人或者其他组织终止，尚未确定权利义务承受人的；

（四）一方当事人因不可抗拒的事由，不能参加诉讼的；

（五）本案必须以另一案的审理结果为依据，而另一案尚未审结的；

（六）其他应当中止诉讼的情形。

中止诉讼的原因消除后，恢复诉讼。

相关规定

《民诉法司法解释》

第246条 裁定中止诉讼的原因消除，恢复诉讼程序时，不必撤销原裁定，从人民法院通知或者准许当事人双方继续进行诉讼时起，中止诉讼的裁定即失去效力。

《审理垄断民事纠纷解释》

第13条 反垄断执法机构对被诉垄断行为已经立案调查的，人民法院可以根据案件具体情况，裁定中止诉讼。

命题题眼

本条规定了中止诉讼的内容，是常考、易考知识点。主要考点有：

1. 延期审理与中止诉讼的含义不同：（1）二者作出的时间不同。延期审理的决定只能在开庭审理期间作出。中止诉讼的决定则可以在人民法院受理案件以后开庭准备阶段直至裁判作出之前作出。（2）理由不同。（3）再次开庭的可预见性不同。延期审理的案件可以预见再次开庭审理的时间，但中止诉讼的案件则无法预见恢复审理的时间。

2. 诉讼中止的原因消除，从人民法院通知当事人或者准许当事人继续进行诉讼之日起，诉讼中止的裁定即自行失效，不需作出新的裁定。诉讼程序恢复后，诉讼是继续进行，而不是从头开始。

历年试题

2018 年试卷二考生回忆版：温某驾驶未登记的电动车回家，路上不慎撞倒黄某，致其重度颅内损伤构成五级伤残。事故发生后，双方达成赔偿协议，约定温某一次性赔偿黄某医疗费、护理费等各项损失共计 8.4 万元，此次事故一次性解决后了事。后黄某以欺诈为由诉请撤销该协议，并要求温某赔偿损失 120 万元。法院受理后，对该案进行了开庭审理，但是在庭审结束后第二天，黄某又被电动车撞倒，当场死亡。法院查明，黄某只有唯一一个继承人黄小明，现黄小明下落不明。法院应该如何处理？

A. 裁定撤诉

B. 裁定中止诉讼

C. 根据庭审情况直接作出判决

D. 裁定终止诉讼

答案：B。根据《民事诉讼法》第 153 条的规定，本案应当中止诉讼。

2021 年试卷二考生回忆版：甲因合同纠纷起诉星星公司，诉讼过程中甲突发急病，不幸变成植物人。其父老甲表示要撤回起诉，专心为甲治病；其妻乙不同意撤诉，想要继续进行诉讼。对此，法院的下列哪一做法是正确的？

A. 变更乙为原告，继续诉讼

B. 裁定诉讼中止

C. 裁定乙为法定代理人，继续诉讼

D. 裁定准许撤诉

答案：B。

强化模拟题

1. 杜大林于 2013 年 12 月向朋友陈若水借款 10000 元，此后，杜外出做生意一直下落不明。陈于 2014 年 9 月 2 日到法院起诉杜，并向法院出具了借条，借条的落款不甚清楚，法院在公告传唤杜期间，曾向杜的家属调查案情，杜的家属均说不知此事，并说陈向法院出具的借条上字迹一点也不像杜大林的。公告期满，杜大林仍无音信，陈未能向法院提供其他证据，法院也未能收集到其他证明杜大林向陈借款的证据，在此情况下，法院对本案应如何处理？

A. 延期审理　　B. 依法缺席判决

C. 裁定中止诉讼　　D. 裁定终结诉讼

答案：C。

2. 刘某夫妻与杨某是大学同学，关系甚密。后来刘某与杨某在生意中发生纠纷，刘某起诉至法院，要求杨某给付货款 4000 元。法院受理后依法开庭审理，在审理中杨某提出刘某的妻子曾向其借款 5000 元，至今未还，要求刘某夫妻用货款抵债并偿还其余 1000 元。法院对此应如何处理？

A. 将杨某的请求作为反诉与原诉讼合并审理

B. 中止给付货款的诉讼

C. 追加刘某的妻子为第三人

D. 告知被告杨某另行起诉

答案：D。杨某提出的请求不是针对本诉中的原告刘某，而是针对刘某的妻子，所以不成立反诉。本案也不存在中止诉讼的情形。刘某的妻子对当事人双方的诉讼标的没有独立请求权，与案件的处理结果也没有法律上的利害关系，不是本案的第三人，法院只能告知杨某另行起诉。

第一百五十四条　【诉讼终结】有下列情形之一的，终结诉讼：

（一）原告死亡，没有继承人，或者继承人放弃诉讼权利的；

（二）被告死亡，没有遗产，也没有应当承担义务的人的；

（三）离婚案件一方当事人死亡的；

（四）追索赡养费、扶养费、抚养费以及解除收养关系案件的一方当事人死亡的。

命题题眼

本条规定了诉讼终结的内容，主要考点有：

1. 终结诉讼的具体情形。

2. 诉讼中止和诉讼终结，人民法院都应作出裁定。裁定一经作出即发生法律效力，当事人不服，不能上诉。

3. 诉讼终结，只是结束诉讼程序。人民法院终结诉讼的裁定，不能涉及有关实体权利的处理。

历年试题

2017 年试卷三第 81 题：对张男诉刘女离婚案（两人无子女，刘父已去世），因刘女为无行为能力人，法院准许其母李某以法定代理人身份代其诉讼。2017 年 7 月 3 日，法院判决二人离婚，并对双方共有财产进行了分割。该判决同日送达双方当事人，李某对解除其女儿与张男的婚姻关系无异议，但对共有财产分割有意见，拟提起上诉。2017 年 7 月 10 日，刘女身亡。在此情况下，本案将产生哪些法律后果？

A. 本案诉讼中止，视李某是否就一审判决提起上诉而确定案件是否终结

B. 本案诉讼终结

C. 一审判决生效，二人的夫妻关系根据判决解除，李某继承判决分配给刘女的财产

D. 一审判决未生效，二人的共有财产应依法分割，张男与李某对刘女的遗产均有继承权

答案：BD。

2021年试卷二考生回忆版:杨某和谢某办理结婚手续后,杨某向法院起诉确认婚姻无效。诉讼过程中谢某突发疾病死亡,其没有任何直系亲属。对此,法院的下列哪一做法是正确的?

A. 裁定诉讼终结

B. 裁定诉讼中止

C. 继续审理后作出判决

D. 追加民政部门为诉讼参加人

答案:C。

强化模拟题

某甲于2000年收养了某乙,双方共同生活了19年。2019年某甲与某乙因某乙的教育问题发生矛盾,关系恶化。某甲于2020年1月向某县人民法院提出解除收养关系。人民法院受理后,依法开庭进行了审理,但在判决作出前某甲因突发心脏病死亡。此时,人民法院应( )。

A. 判决解除收养关系

B. 判决维持收养关系

C. 根据某乙的意愿作出维持或解除的判决

D. 终结诉讼

答案:D。《民事诉讼法》第154条。

第五节 判决和裁定

第一百五十五条 【判决书的内容】判决书应当写明判决结果和作出该判决的理由。判决书内容包括:

(一)案由、诉讼请求、争议的事实和理由;

(二)判决认定的事实和理由、适用的法律和理由;

(三)判决结果和诉讼费用的负担;

(四)上诉期间和上诉的法院。

判决书由审判人员、书记员署名,加盖人民法院印章。

第一百五十六条 【先行判决】人民法院审理案件,其中一部分事实已经清楚,可以就该部分先行判决。

第一百五十七条 【裁定】裁定适用于下列范围:

(一)不予受理;

(二)对管辖权有异议的;

(三)驳回起诉;

(四)保全和先予执行;

(五)准许或者不准许撤诉;

(六)中止或者终结诉讼;

(七)补正判决书中的笔误;

(八)中止或者终结执行;

(九)撤销或者不予执行仲裁裁决;

(十)不予执行公证机关赋予强制执行效力的债权文书;

(十一)其他需要裁定解决的事项。

对前款第一项至第三项裁定,可以上诉。

裁定书应当写明裁定结果和作出该裁定的理由。裁定书由审判人员、书记员署名,加盖人民法院印章。口头裁定的,记入笔录。

相关法条

第一百七十八条 第二审人民法院对不服第一审人民法院裁定的上诉案件的处理,一律使用裁定。

相关规定

《民诉法司法解释》

第245条 民事诉讼法第一百五十七条第一款第七项规定的笔误是指法律文书误写、误算,诉讼费用漏写、误算和其他笔误。

命题题眼

1. 裁定一般适用于解决案件的程序性问题,应掌握适用裁定的具体情形。

2. 可以上诉的裁定的范围,这是考试的重点。对有些裁定,虽然不可以上诉,但依规定可以申请复议,如保全和先予执行的裁定,《民事诉讼法》第236条规定的驳回当事人、利害关系人对违法执行行为书面异议的裁定。

3. 民事决定的适用情形。

(1)用于处理有关回避和对妨害民事诉讼的强制措施方面的问题。对这种决定准许与决定有直接利害关系的人可申请复议一次。

(2)用于处理人民法院内部工作关系方面的问题,如有关审判组织事项的决定,有关诉讼期限事项的决定,有关发生审判程序事项的决定。这类决定不涉及诉讼参与人的诉讼权利和民事权利,当事人不能申请复议。

民事决定一经作出,立即发生法律效力。有些决定虽然可以申请复议一次,但在复议期间不停止案件的审理,不停止决定的执行。

强化模拟题

1. 某死亡赔偿案件,二审法院在将判决书送达当事人签收后,发现其中死亡赔偿金计算错误(数学上的错误),导致总金额少了7万余元。关于二审法院如何纠正,下列哪一选项是正确的?

A. 应当通过审判监督程序,重新制作判决书

B. 直接作出改正原判决的新判决书并送达双方

当事人

C. 作出裁定书予以补正

D. 报请上级法院批准后作出裁定予以补正

答案:C。

2. 在民事诉讼中,当事人对下列(　　)可以提出上诉。

A. 一审人民法院准予保全的裁定

B. 一审人民法院驳回破产申请的裁定

C. 一审人民法院对当事人提出的管辖权异议予以驳回的裁定

D. 一审人民法院作出的不准许当事人撤诉的裁定

答案:BC。A、D 项都不能上诉。

第一百五十八条　【一审裁判的生效】最高人民法院的判决、裁定,以及依法不准上诉或者超过上诉期没有上诉的判决、裁定,是发生法律效力的判决、裁定。

第一百五十九条　【裁判文书公开】公众可以查阅发生法律效力的判决书、裁定书,但涉及国家秘密、商业秘密和个人隐私的内容除外。

相关规定

《民诉法司法解释》

第 254 条　公民、法人或者其他组织申请查阅发生法律效力的判决书、裁定书的,应当向作出该生效裁判的人民法院提出。申请应当以书面形式提出,并提供具体的案号或者当事人姓名、名称。

第 255 条　对于查阅判决书、裁定书的申请,人民法院根据下列情形分别处理:

(一)判决书、裁定书已经通过信息网络向社会公开的,应当引导申请人自行查阅;

(二)判决书、裁定书未通过信息网络向社会公开,且申请符合要求的,应当及时提供便捷的查阅服务;

(三)判决书、裁定书尚未发生法律效力,或者已失去法律效力的,不提供查阅并告知申请人;

(四)发生法律效力的判决书、裁定书不是本院作出的,应当告知申请人向作出生效裁判的人民法院申请查阅;

(五)申请查阅的内容涉及国家秘密、商业秘密、个人隐私的,不予准许并告知申请人。

第十三章　简易程序

第一百六十条　【简易程序的适用范围】基层人民法院和它派出的法庭审理事实清楚、权利义务关系明确、争议不大的简单的民事案件,适用本章规定。

基层人民法院和它派出的法庭审理前款规定以外的民事案件,当事人双方也可以约定适用简易程序。

第一百六十一条　【简易程序的起诉方式和受理程序】对简单的民事案件,原告可以口头起诉。

当事人双方可以同时到基层人民法院或者它派出的法庭,请求解决纠纷。基层人民法院或者它派出的法庭可以当即审理,也可以另定日期审理。

第一百六十二条　【简易程序的传唤方式】基层人民法院和它派出的法庭审理简单的民事案件,可以用简便方式传唤当事人和证人、送达诉讼文书、审理案件,但应当保障当事人陈述意见的权利。

第一百六十三条　【独任审理】简单的民事案件由审判员一人独任审理,并不受本法第一百三十九条、第一百四十一条、第一百四十四条规定的限制。

第一百六十四条　【简易程序的审限】人民法院适用简易程序审理案件,应当在立案之日起三个月内审结。有特殊情况需要延长的,经本院院长批准,可以延长一个月。

第一百六十五条　【小额诉讼】基层人民法院和它派出的法庭审理事实清楚、权利义务关系明确、争议不大的简单金钱给付民事案件,标的额为各省、自治区、直辖市上年度就业人员年平均工资百分之五十以下的,适用小额诉讼的程序审理,实行一审终审。

基层人民法院和它派出的法庭审理前款规定的民事案件,标的额超过各省、自治区、直辖市上年度就业人员年平均工资百分之五十但在二倍以下的,当事人双方也可以约定适用小额诉讼的程序。

第一百六十六条　【不适用小额诉讼程序的案件】人民法院审理下列民事案件,不适用小额诉讼的程序:

(一)人身关系、财产确权案件;

(二)涉外案件;

(三)需要评估、鉴定或者对诉前评估、鉴定结果有异议的案件;

(四)一方当事人下落不明的案件;

(五)当事人提出反诉的案件;

（六）其他不宜适用小额诉讼的程序审理的案件。

第一百六十七条 【小额诉讼程序的简化】人民法院适用小额诉讼的程序审理案件，可以一次开庭审结并且当庭宣判。

第一百六十八条 【小额诉讼程序的审限】人民法院适用小额诉讼的程序审理案件，应当在立案之日起两个月内审结。有特殊情况需要延长的，经本院院长批准，可以延长一个月。

第一百六十九条 【小额诉讼程序转普通程序】人民法院在审理过程中，发现案件不宜适用小额诉讼的程序的，应当适用简易程序的其他规定审理或者裁定转为普通程序。

当事人认为案件适用小额诉讼的程序审理违反法律规定的，可以向人民法院提出异议。人民法院对当事人提出的异议应当审查，异议成立的，应当适用简易程序的其他规定审理或者裁定转为普通程序；异议不成立的，裁定驳回。

第一百七十条 【简易程序转普通程序】人民法院在审理过程中，发现案件不宜适用简易程序的，裁定转为普通程序。

相关规定

《民诉法司法解释》

第256条 民事诉讼法第一百六十条规定的简单民事案件中的事实清楚，是指当事人对争议的事实陈述基本一致，并能提供相应的证据，无须人民法院调查收集证据即可查明事实；权利义务关系明确是指能明确区分谁是责任的承担者，谁是权利的享有者；争议不大是指当事人对案件的是非、责任承担以及诉讼标的争执无原则分歧。

第257条 下列案件，不适用简易程序：

（一）起诉时被告下落不明的；

（二）发回重审的；

（三）当事人一方人数众多的；

（四）适用审判监督程序的；

（五）涉及国家利益、社会公共利益的；

（六）第三人起诉请求改变或者撤销生效判决、裁定、调解书的；

（七）其他不宜适用简易程序的案件。

第258条 适用简易程序审理的案件，审理期限到期后，有特殊情况需要延长的，经本院院长批准，可以延长审理期限。延长后的审理期限累计不得超过四个月。

人民法院发现案件不宜适用简易程序，需要转为普通程序审理的，应当在审理期限届满前作出裁定并将审判人员及相关事项书面通知双方当事人。

案件转为普通程序审理的，审理期限自人民法院立案之日计算。

第259条 当事人双方可就开庭方式向人民法院提出申请，由人民法院决定是否准许。经当事人双方同意，可以采用视听传输技术等方式开庭。

第260条 已经按照普通程序审理的案件，在开庭后不得转为简易程序审理。

第261条 适用简易程序审理案件，人民法院可以依照民事诉讼法第九十条、第一百六十二条的规定采取捎口信、电话、短信、传真、电子邮件等简便方式传唤双方当事人、通知证人和送达诉讼文书。

以简便方式送达的开庭通知，未经当事人确认或者没有其他证据证明当事人已经收到的，人民法院不得缺席判决。

适用简易程序审理案件，由审判员独任审判，书记员担任记录。

第262条 人民法庭制作的判决书、裁定书、调解书，必须加盖基层人民法院印章，不得用人民法庭的印章代替基层人民法院的印章。

第263条 适用简易程序审理案件，卷宗中应当具备以下材料：

（一）起诉状或者口头起诉笔录；

（二）答辩状或者口头答辩笔录；

（三）当事人身份证明材料；

（四）委托他人代理诉讼的授权委托书或者口头委托笔录；

（五）证据；

（六）询问当事人笔录；

（七）审理（包括调解）笔录；

（八）判决书、裁定书、调解书或者调解协议；

（九）送达和宣判笔录；

（十）执行情况；

（十一）诉讼费收据；

（十二）适用民事诉讼法第一百六十五条规定审理的，有关程序适用的书面告知。

第264条 当事人双方根据民事诉讼法第一百六十条第二款规定约定适用简易程序的，应当在开庭前提出。口头提出的，记入笔录，由双方当事人签名或者捺印确认。

本解释第二百五十七条规定的案件，当事人约定适用简易程序的，人民法院不予准许。

第265条　原告口头起诉的，人民法院应当将当事人的姓名、性别、工作单位、住所、联系方式等基本信息，诉讼请求，事实及理由等准确记入笔录，由原告核对无误后签名或者捺印。对当事人提交的证据材料，应当出具收据。

第266条　适用简易程序案件的举证期限由人民法院确定，也可以由当事人协商一致并经人民法院准许，但不得超过十五日。被告要求书面答辩的，人民法院可在征得其同意的基础上，合理确定答辩期间。

人民法院应当将举证期限和开庭日期告知双方当事人，并向当事人说明逾期举证以及拒不到庭的法律后果，由双方当事人在笔录和开庭传票的送达回证上签名或者捺印。

当事人双方均表示不需要举证期限、答辩期间的，人民法院可以立即开庭审理或者确定开庭日期。

第267条　适用简易程序审理案件，可以简便方式进行审理前的准备。

第268条　对没有委托律师、基层法律服务工作者代理诉讼的当事人，人民法院在庭审过程中可以对回避、自认、举证证明责任等相关内容向其作必要的解释或者说明，并在庭审过程中适当提示当事人正确行使诉讼权利、履行诉讼义务。

第269条　当事人就案件适用简易程序提出异议，人民法院经审查，异议成立的，裁定转为普通程序；异议不成立的，裁定驳回。裁定以口头方式作出的，应当记入笔录。

转为普通程序的，人民法院应当将审判人员及相关事项以书面形式通知双方当事人。

转为普通程序前，双方当事人已确认的事实，可以不再进行举证、质证。

第270条　适用简易程序审理的案件，有下列情形之一的，人民法院在制作判决书、裁定书、调解书时，对认定事实或者裁判理由部分可以适当简化：

（一）当事人达成调解协议并需要制作民事调解书的；

（二）一方当事人明确表示承认对方全部或者部分诉讼请求的；

（三）涉及商业秘密、个人隐私的案件，当事人一方要求简化裁判文书中的相关内容，人民法院认为理由正当的；

（四）当事人双方同意简化的。

第271条　人民法院审理小额诉讼案件，适用民事诉讼法第一百六十五条的规定，实行一审终审。

第272条　民事诉讼法第一百六十五条规定的各省、自治区、直辖市上年度就业人员年平均工资，是指已经公布的各省、自治区、直辖市上一年度就业人员年平均工资。在上一年度就业人员年平均工资公布前，以已经公布的最近年度就业人员年平均工资为准。

第273条　海事法院可以适用小额诉讼的程序审理海事、海商案件。案件标的额应当以实际受理案件的海事法院或者其派出法庭所在的省、自治区、直辖市上年度就业人员年平均工资为基数计算。

第274条　人民法院受理小额诉讼案件，应当向当事人告知该类案件的审判组织、一审终审、审理期限、诉讼费用交纳标准等相关事项。

第275条　小额诉讼案件的举证期限由人民法院确定，也可以由当事人协商一致并经人民法院准许，但一般不超过七日。

被告要求书面答辩的，人民法院可以在征得其同意的基础上合理确定答辩期间，但最长不得超过十五日。

当事人到庭后表示不需要举证期限和答辩期间的，人民法院可立即开庭审理。

第276条　当事人对小额诉讼案件提出管辖异议的，人民法院应当作出裁定。裁定一经作出即生效。

第277条　人民法院受理小额诉讼案件后，发现起诉不符合民事诉讼法第一百二十二条规定的起诉条件的，裁定驳回起诉。裁定一经作出即生效。

第278条　因当事人申请增加或者变更诉讼请求、提出反诉、追加当事人等，致使案件不符合小额诉讼案件条件的，应当适用简易程序的其他规定审理。

前款规定案件，应当适用普通程序审理的，裁定转为普通程序。

适用简易程序的其他规定或者普通程序审理前，双方当事人已确认的事实，可以不再进行举证、质证。

第279条　当事人对按照小额诉讼案件审理有异议的，应当在开庭前提出。人民法院经审查，异议成立的，适用简易程序的其他规定审理或者裁定转为普通程序；异议不成立的，告知当事人，并记入笔录。

第280条　小额诉讼案件的裁判文书可以简化，主要记载当事人基本信息、诉讼请求、裁判主文等内容。

第281条　人民法院审理小额诉讼案件，本解释没有规定的，适用简易程序的其他规定。

最高人民法院《关于适用简易程序审理民事案件的若干规定》 法释〔2020〕20号

一、适用范围

第1条 基层人民法院根据民事诉讼法第一百六十条规定审理简单的民事案件，适用本规定，但有下列情形之一的案件除外：

（一）起诉时被告下落不明的；

（二）发回重审的；

（三）共同诉讼中一方或者双方当事人人数众多的；

（四）法律规定应当适用特别程序、审判监督程序、督促程序、公示催告程序和企业法人破产还债程序的；

（五）人民法院认为不宜适用简易程序进行审理的。

第2条 基层人民法院适用第一审普通程序审理的民事案件，当事人各方自愿选择适用简易程序，经人民法院审查同意的，可以适用简易程序进行审理。

人民法院不得违反当事人自愿原则，将普通程序转为简易程序。

第3条 当事人就适用简易程序提出异议，人民法院认为异议成立的，或者人民法院在审理过程中发现不宜适用简易程序的，应当将案件转入普通程序审理。

二、起诉与答辩

第4条 原告本人不能书写起诉状，委托他人代写起诉状确有困难的，可以口头起诉。

原告口头起诉的，人民法院应当将当事人的基本情况、联系方式、诉讼请求、事实及理由予以准确记录，将相关证据予以登记。人民法院应当将上述记录和登记的内容向原告当面宣读，原告认为无误后应当签名或者按指印。

第5条 当事人应当在起诉或者答辩时向人民法院提供自己准确的送达地址、收件人、电话号码等其他联系方式，并签名或者按指印确认。

送达地址应当写明受送达人住所地的邮政编码和详细地址；受送达人是有固定职业的自然人的，其从业的场所可以视为送达地址。

第6条 原告起诉后，人民法院可以采取捎口信、电话、传真、电子邮件等简便方式随时传唤双方当事人、证人。

第7条 双方当事人到庭后，被告同意口头答辩的，人民法院可以当即开庭审理；被告要求书面答辩的，人民法院应当将提交答辩状的期限和开庭的具体日期告知各方当事人，并向当事人说明逾期举证以及拒不到庭的法律后果，由各方当事人在笔录和开庭传票的送达回证上签名或者按指印。

第8条 人民法院按照原告提供的被告的送达地址或者其他联系方式无法通知被告应诉的，应当按以下情况分别处理：

（一）原告提供了被告准确的送达地址，但人民法院无法向被告直接送达或者留置送达应诉通知书的，应当将案件转入普通程序审理；

（二）原告不能提供被告准确的送达地址，人民法院经查证后仍不能确定被告送达地址的，可以被告不明确为由裁定驳回原告起诉。

第9条 被告到庭后拒绝提供自己的送达地址和联系方式的，人民法院应当告知其拒不提供送达地址的后果；经人民法院告知后被告仍然拒不提供的，按下列方式处理：

（一）被告是自然人的，以其户籍登记中的住所或者经常居所为送达地址；

（二）被告是法人或者非法人组织的，应当以其在登记机关登记、备案中的住所为送达地址。

人民法院应当将上述告知的内容记入笔录。

第10条 因当事人自己提供的送达地址不准确、送达地址变更未及时告知人民法院，或者当事人拒不提供自己的送达地址而导致诉讼文书未能被当事人实际接收的，按下列方式处理：

（一）邮寄送达的，以邮件回执上注明的退回之日视为送达之日；

（二）直接送达的，送达人当场在送达回证上记明情况之日视为送达之日。

上述内容，人民法院应当在原告起诉和被告答辩时以书面或者口头方式告知当事人。

第11条 受送达的自然人以及他的同住成年家属拒绝签收诉讼文书的，或者法人、非法人组织负责收件的人拒绝签收诉讼文书的，送达人应当依据民事诉讼法第八十九条的规定邀请有关基层组织或者所在单位的代表到场见证，被邀请的人不愿到场见证的，送达人应当在送达回证上记明拒收事由、时间和地点以及被邀请人不愿到场见证的情形，将诉讼文书留在受送达人的住所或者从业场所，即视为送达。

受送达人的同住成年家属或者法人、非法人组织负责收件的人是同一案件中另一方当事人的，不适用前款规定。

三、审理前的准备

第12条 适用简易程序审理的民事案件，当事人及其诉讼代理人申请证人出庭作证，应当在举证期限届满前提出。

第13条　当事人一方或者双方就适用简易程序提出异议后，人民法院应当进行审查，并按下列情形分别处理：

（一）异议成立的，应当将案件转入普通程序审理，并将合议庭的组成人员及相关事项以书面形式通知双方当事人；

（二）异议不成立的，口头告知双方当事人，并将上述内容记入笔录。

转入普通程序审理的民事案件的审理期限自人民法院立案的次日起开始计算。

第14条　下列民事案件，人民法院在开庭审理时应当先行调解：

（一）婚姻家庭纠纷和继承纠纷；

（二）劳务合同纠纷；

（三）交通事故和工伤事故引起的权利义务关系较为明确的损害赔偿纠纷；

（四）宅基地和相邻关系纠纷；

（五）合伙合同纠纷；

（六）诉讼标的额较小的纠纷。

但是根据案件的性质和当事人的实际情况不能调解或者显然没有调解必要的除外。

第15条　调解达成协议并经审判人员审核后，双方当事人同意该调解协议经双方签名或者按指印生效的，该调解协议自双方签名或者按指印之日起发生法律效力。当事人要求摘录或者复制该调解协议的，应予准许。

调解协议符合前款规定，且不属于不需要制作调解书的，人民法院应当另行制作民事调解书。调解协议生效后一方拒不履行的，另一方可以持民事调解书申请强制执行。

第16条　人民法院可以当庭告知当事人到人民法院领取民事调解书的具体日期，也可以在当事人达成调解协议的次日起十日内将民事调解书发送给当事人。

第17条　当事人以民事调解书与调解协议的原意不一致为由提出异议，人民法院审查后认为异议成立的，应当根据调解协议裁定补正民事调解书的相关内容。

四、开庭审理

第18条　以捎口信、电话、传真、电子邮件等形式发送的开庭通知，未经当事人确认或者没有其他证据足以证明当事人已经收到的，人民法院不得将其作为按撤诉处理和缺席判决的根据。

第19条　开庭前已经书面或者口头告知当事人诉讼权利义务，或者当事人各方均委托律师代理诉讼的，审判人员除告知当事人申请回避的权利外，可以不再告知当事人其他的诉讼权利义务。

第20条　对没有委托律师代理诉讼的当事人，审判人员应当对回避、自认、举证责任等相关内容向其作必要的解释或者说明，并在庭审过程中适当提示当事人正确行使诉讼权利、履行诉讼义务，指导当事人进行正常的诉讼活动。

第21条　开庭时，审判人员可以根据当事人的诉讼请求和答辩意见归纳出争议焦点，经当事人确认后，由当事人围绕争议焦点举证、质证和辩论。

当事人对案件事实无争议的，审判人员可以在听取当事人就适用法律方面的辩论意见后径行判决、裁定。

第22条　当事人双方同时到基层人民法院请求解决简单的民事纠纷，但未协商举证期限，或者被告一方经简便方式传唤到庭的，当事人在开庭审理时要求当庭举证的，应予准许；当事人当庭举证有困难的，举证的期限由当事人协商决定，但最长不得超过十五日；协商不成的，由人民法院决定。

第23条　适用简易程序审理的民事案件，应当一次开庭审结，但人民法院认为确有必要再次开庭的除外。

第24条　书记员应当将适用简易程序审理民事案件的全部活动记入笔录。对于下列事项，应当详细记载：

（一）审判人员关于当事人诉讼权利义务的告知、争议焦点的概括、证据的认定和裁判的宣告等重大事项；

（二）当事人申请回避、自认、撤诉、和解等重大事项；

（三）当事人当庭陈述的与其诉讼权利直接相关的其他事项。

第25条　庭审结束时，审判人员可以根据案件的审理情况对争议焦点和当事人各方举证、质证和辩论的情况进行简要总结，并就是否同意调解征询当事人的意见。

第26条　审判人员在审理过程中发现案情复杂需要转为普通程序的，应当在审限届满前及时作出决定，并书面通知当事人。

五、宣判与送达

第27条　适用简易程序审理的民事案件，除人民法院认为不宜当庭宣判的以外，应当当庭宣判。

第28条　当庭宣判的案件，除当事人当庭要求邮寄送达的以外,人民法院应当告知当事人或者诉讼代理人领取裁判文书的期间和地点以及逾期不领取的法律后果。上述情况,应当记入笔录。

人民法院已经告知当事人领取裁判文书的期间和地点的,当事人在指定期间内领取裁判文书之日即为送达之日;当事人在指定期间内未领取的,指定领取裁判文书期间届满之日即为送达之日,当事人的上诉期从人民法院指定领取裁判文书期间届满之日的次日起开始计算。

第 29 条　当事人因交通不便或者其他原因要求邮寄送达裁判文书的,人民法院可以按照当事人自己提供的送达地址邮寄送达。

人民法院根据当事人自己提供的送达地址邮寄送达的,邮件回执上注明收到或者退回之日即为送达之日,当事人的上诉期从邮件回执上注明收到或者退回之日的次日起开始计算。

第 30 条　原告经传票传唤,无正当理由拒不到庭或者未经法庭许可中途退庭的,可以按撤诉处理;被告经传票传唤,无正当理由拒不到庭或者未经法庭许可中途退庭的,人民法院可以根据原告的诉讼请求及双方已经提交给法庭的证据材料缺席判决。

按撤诉处理或者缺席判决的,人民法院可以按照当事人自己提供的送达地址将裁判文书送达给未到庭的当事人。

第 31 条　定期宣判的案件,定期宣判之日即为送达之日,当事人的上诉期自定期宣判的次日起开始计算。当事人在定期宣判的日期无正当理由未到庭的,不影响该裁判上诉期间的计算。

当事人确有正当理由不能到庭,并在定期宣判前已经告知人民法院的,人民法院可以按照当事人自己提供的送达地址将裁判文书送达给未到庭的当事人。

第 32 条　适用简易程序审理的民事案件,有下列情形之一的,人民法院在制作裁判文书时对认定事实或者判决理由部分可以适当简化:

(一)当事人达成调解协议并需要制作民事调解书的;

(二)一方当事人在诉讼过程中明确表示承认对方全部诉讼请求或者部分诉讼请求的;

(三)当事人对案件事实没有争议或者争议不大的;

(四)涉及自然人的隐私、个人信息,或者商业秘密的案件,当事人一方要求简化裁判文书中的相关内容,人民法院认为理由正当的;

(五)当事人双方一致同意简化裁判文书的。

六、其他

第 33 条　本院已经公布的司法解释与本规定不一致的,以本规定为准。

第 34 条　本规定自 2003 年 12 月 1 日起施行。2003 年 12 月 1 日以后受理的民事案件,适用本规定。

最高人民法院《关于互联网法院审理案件若干问题的规定》

第 18 条　对需要进行公告送达的事实清楚、权利义务关系明确的简单民事案件,互联网法院可以适用简易程序审理。

命题题眼

1. 简易程序的适用条件。
2. 不能适用简易程序的几类案件。
3. 掌握简易程序的简易性的主要体现。
4. 注意简易程序和普通程序的转换。
5. 应当先行调解的简易程序案件范围。
6. 小额诉讼的适用条件,不能适用小额诉讼的案件范围,小额诉讼程序的特点。

历年试题

2017 年试卷三第 43 题:夏某因借款纠纷起诉陈某,法院决定适用简易程序审理。法院依夏某提供的被告地址送达时,发现有误,经多方了解和查证也无法确定准确地址。对此,法院下列哪一处理是正确的?

A. 将案件转为普通程序审理

B. 采取公告方式送达

C. 裁定中止诉讼

D. 裁定驳回起诉

答案:D。

2018 年试卷二考生回忆版:2014 年 9 月 30 日,吴某租赁王某建筑搭架设备,使用结束后,经双方结算吴某欠王某 1000 元。2016 年 5 月 29 日,吴某为王某出具了一张 1000 元欠条,后经王某多次催要,吴某一直未还,王某诉至法院。法院决定适用小额诉讼程序审理,告知了双方小额诉讼程序的特点。被告要求书面答辩,法院确定了 7 天的答辩期,并指定了 5 天的举证期限。在答辩期内,被告提出了管辖权异议,法院告知其小额诉讼程序不能提管辖权异议。关于本案诉讼程序中,法院做法正确的有:

A. 法院决定适用小额诉讼程序审理该案

B. 法院确定了 7 天的答辩期

C. 法院指定的 5 天举证期限

D. 法院告知其小额诉讼程序不能提管辖权异议

答案:ABC。根据《民事诉讼法》第 165 条规定,小额诉讼程序案件的标的额为各省、自治区、直辖市上年度就业人员年平均工资 50% 以下。本案标的额为 1000

元，符合此条件，故A项正确。

根据《民诉法司法解释》第275条的规定，B、C项正确。

《民诉法司法解释》第276条规定："当事人对小额诉讼案件提出管辖异议的，人民法院应当作出裁定。裁定一经作出即生效。"故D项不当选。

2020年试卷二考生回忆版：C法院是民事诉讼繁简分流改革试点，苏强向C法院起诉儿子苏明，要求其支付每月赡养费3000元，苏明称自己没有固定收入，无法支付，关于本案审理程序，下列正确的是？

A. 经双方同意，可以不开庭审理

B. 经双方同意，裁判文书可以不写裁判理由

C. 经双方同意，可以进行在线视频审理

D. 可以一审终审

答案：BCD。小额诉讼案件一审必须开庭，A项错误。

根据《民诉法司法解释》第280条的规定，B项正确。

根据《民诉法司法解释》第259条规定，双方当事人同意的情况下可以进行在线视频审理，C项正确。

根据《民诉法司法解释》第271条的规定，人民法院审理小额诉讼案件，实行一审终审。D项正确。

2021年试卷二考生回忆版：美国人汤姆在中国生活期间，花费500元向中国卖家网购一件衬衫，因衬衫质量问题产生纠纷，汤姆向互联网法院起诉。关于本案可适用的程序规则，下列哪一选项是不正确的？

A. 决定线下开庭审理

B. 电子送达判决书

C. 审判员独任审理

D. 适用小额诉讼程序审理

答案：D。

强化模拟题

下列哪些案件适用简易程序审理是错误的？

A. 甲欠乙借款2万元，现甲不知去向，乙向法院提起诉讼，要求偿还贷款，法院决定适用简易程序

B. 丙与丁因加工承揽产生纠纷，法院组成合议庭审理该案，审理中审判长认为此案事实清楚，双方当事人争议不大，决定将该案改为简易程序审理

C. 法院对戊与己离婚案作出一审判决，己不服提起上诉，上级法院认为一审判决并无错误，决定适用简易程序审理己的上诉

D. 适用简易程序审理的某案件在判决生效后，法院发现判决确有错误，决定对该案进行再审，并决定对该案的再审仍适用简易程序

答案：ABCD。

第十四章　第二审程序

第一百七十一条　【上诉的期限】当事人不服地方人民法院第一审判决的，有权在判决书送达之日起十五日内向上一级人民法院提起上诉。

当事人不服地方人民法院第一审裁定的，有权在裁定书送达之日起十日内向上一级人民法院提起上诉。

相关规定

《民诉法司法解释》

第315条　双方当事人和第三人都提起上诉的，均列为上诉人。人民法院可以依职权确定第二审程序中当事人的诉讼地位。

第316条　民事诉讼法第一百七十三条、第一百七十四条规定的对方当事人包括被上诉人和原审其他当事人。

第317条　必要共同诉讼人的一人或者部分人提起上诉的，按下列情形分别处理：

（一）上诉仅对与对方当事人之间权利义务分担有意见，不涉及其他共同诉讼人利益的，对方当事人为被上诉人，未上诉的同一方当事人依原审诉讼地位列明；

（二）上诉仅对共同诉讼人之间权利义务分担有意见，不涉及对方当事人利益的，未上诉的同一方当事人为被上诉人，对方当事人依原审诉讼地位列明；

（三）上诉对双方当事人之间以及共同诉讼人之间权利义务承担有意见的，未提起上诉的其他当事人均为被上诉人。

命题题眼

1. 可以上诉的裁判包括：按照普通程序、简易程序审理的第一审判决以及法律明确规定可以上诉的裁定。按照特别程序审理作出的裁判，当事人不得上诉。小额诉讼的一审裁判、中级以上人民法院的第二审裁判，最高人民法院的第一审裁判，都是终审裁判，当事人也不得上诉。

2. 只有双方当事人的上诉期都届满后，双方都没有提起上诉的，裁决才发生法律效力。

3. 必要共同诉讼人的上诉期应当以最后一个收到裁决的共同诉讼人的上诉期来计算；普通共同诉讼人的上诉期则分别计算。

4. 司法解释中上诉人和被上诉人的确定。

历年试题

2017年试卷三第44题：甲、乙、丙三人共同致丁身

体损害，丁起诉三人要求赔偿3万元。一审法院经审理判决甲、乙、丙分别赔偿2万元、8000元和2000元，三人承担连带责任。甲认为丙赔偿2000元的数额过低，提起上诉。关于本案二审当事人诉讼地位的确定，下列哪一选项是正确的？

A. 甲为上诉人，丙为被上诉人，乙为原审被告，丁为原审原告

B. 甲为上诉人，丙、丁为被上诉人，乙为原审被告

C. 甲、乙为上诉人，丙为被上诉人，丁为原审原告

D. 甲、乙、丙为上诉人，丁为被上诉人

答案：A。

2024年试卷二考生回忆版：章佑与蒋浩离婚后章佑的哥哥章佐起诉蒋浩归还借款30万元，法院受理后认为，借款系夫妻共同债务，追加章佑为共同被告，判决双方共同偿还。章佐认为法院不应追加章佑为共同被告，上诉请求改判蒋浩一人偿还；章佑认为借款是蒋浩个人债务，上诉请求改判蒋浩一人偿还。关于本案二审中当事人，下列哪一选项正确？

A. 章佐为上诉人，章佑为被上诉人，蒋浩为被上诉人

B. 章佐为上诉人，章佑为上诉人，蒋浩为被上诉人

C. 章佐为上诉人，蒋浩为被上诉人，章佑按原审地位

D. 章佑为上诉人，蒋浩为被上诉人，章佐按原审地位

答案：B。《民诉法司法解释》第317条。

强化模拟题

1. 某甲在某乙处购买一空调，在使用中发现质量有问题。某甲将某乙起诉到某县人民法院，该空调是某丙生产的。在诉讼中，某丙作为无独立请求权的第三人参诉，对他的上诉权，说法正确的有(　　)。

A. 某丙有上诉权

B. 某丙无上诉权

C. 如果某乙同意，某丙就有上诉权

D. 如果一审人民法院判决某丙承担民事责任，则其享有上诉权

答案：D。

2. 甲、乙与同一电视机生产厂家丙发生产品质量纠纷，人民法院经当事人同意，将该案按普通共同诉讼合并审理，并作出了一审判决。人民法院于2010年1月2日作出判决，并于2010年1月4日向甲送达了判决书，于同年1月6日向乙送达了判决书，于同年1月7日向丙送达了判决书。关于甲、乙、丙的上诉期，说法正确的是(　　)。

A. 都是2010年1月17日前

B. 都是2010年1月22日前

C. 甲的上诉期是2010年1月19日前，乙的上诉期是2010年1月21日前

D. 丙的上诉期是2010年1月22日前

答案：CD。普通共同诉讼案件的上诉期从各自收到判决、裁定书的次日起计算。

第一百七十二条　【上诉状的内容】上诉应当递交上诉状。上诉状的内容，应当包括当事人的姓名，法人的名称及其法定代表人的姓名或者其他组织的名称及其主要负责人的姓名；原审人民法院名称、案件的编号和案由；上诉的请求和理由。

第一百七十三条　【上诉的提起】上诉状应当通过原审人民法院提出，并按照对方当事人或者代表人的人数提出副本。

当事人直接向第二审人民法院上诉的，第二审人民法院应当在五日内将上诉状移交原审人民法院。

第一百七十四条　【上诉的受理】原审人民法院收到上诉状，应当在五日内将上诉状副本送达对方当事人，对方当事人在收到之日起十五日内提出答辩状。人民法院应当在收到答辩状之日起五日内将副本送达上诉人。对方当事人不提出答辩状的，不影响人民法院审理。

原审人民法院收到上诉状、答辩状，应当在五日内连同全部案卷和证据，报送第二审人民法院。

相关规定

《民诉法司法解释》

第318条　一审宣判时或者判决书、裁定书送达时，当事人口头表示上诉的，人民法院应告知其必须在法定上诉期间内递交上诉状。未在法定上诉期间内递交上诉状的，视为未提起上诉。虽递交上诉状，但未在指定的期限内交纳上诉费的，按自动撤回上诉处理。

第319条　无民事行为能力人、限制民事行为能力人的法定代理人，可以代理当事人提起上诉。

第320条　上诉案件的当事人死亡或者终止的，人民法院依法通知其权利义务承继者参加诉讼。

需要终结诉讼的，适用民事诉讼法第一百五十四条规定。

历年试题

2021年试卷二考生回忆版：红光公司因合同纠纷起诉绿源公司，甲市乙区法院一审判决红光公司胜诉。绿源公司不服一审判决，通过乙区法院提起上诉，乙区法院收到上诉状后发现，绿源公司的上诉已超过法定

上诉期限。关于本案的处理，乙区法院的下列哪一做法是正确的？

A. 报请甲市中级人民法院裁定驳回绿源公司的上诉

B. 直接裁定驳回绿源公司的上诉

C. 不予接收绿源公司的上诉状

D. 向甲市中级人民法院移送案卷

答案：D。

强化模拟题

赵林诉赵森继承遗产纠纷一案，赵永发以有独立请求权第三人的身份参加诉讼。一审法院依法作了判决，在向当事人送达判决时，赵林当场口头表示不上诉，但在上诉期内又向一审法院提交了上诉状；赵森当场口头表示上诉，但在上诉期内未直接到一审法院提交上诉状，而是在上诉期届满前一天到邮局以挂号的方式向一审法院邮寄了上诉状，法院收到上诉状时，上诉期已过了两天；赵永发当场口头表示要上诉，但始终未向法院提交上诉状。在上述情况下，从法律上讲，对本案判决提出了上诉的人是谁？

A. 赵林、赵森、赵永发　　B. 赵森、赵永发

C. 赵林、赵森　　D. 赵林、赵永发

答案：C。《民诉法司法解释》第 318 条。

第一百七十五条　【二审的审理范围】第二审人民法院应当对上诉请求的有关事实和适用法律进行审查。

相关规定

《民诉法司法解释》

第 321 条　第二审人民法院应当围绕当事人的上诉请求进行审理。

当事人没有提出请求的，不予审理，但一审判决违反法律禁止性规定，或者损害国家利益、社会公共利益、他人合法权益的除外。

命题题眼

二审的审理范围限于当事人的上诉请求，即第二审审理中所要解决的是一审已经审理但仍存在争议的问题，但有例外规定。这符合民事案件不告不理的基本原则，与刑事案件的全面审查原则不同。

历年试题

2024 年试卷二考生回忆版：甲起诉乙返还本金及利息，起诉丙承担一般担保责任。一审法院判决支持甲的诉讼请求。乙上诉主张减少利息，二审审理中，丙向法院主张不存在担保责任，法院审理范围正确的是？

A. 利息及担保责任

B. 仅利息

C. 本金及担保责任

D. 本金，利息及担保责任

答案：B。《民事诉讼法》第 175 条，《民诉法司法解释》第 321 条。

强化模拟题

1. 朱某诉力胜公司商品房买卖合同纠纷案，朱某要求判令被告支付违约金 5 万元；因房屋质量问题，请求被告修缮，费用由被告支付。一审法院判决被告败诉，认可了原告全部诉讼请求。力胜公司不服令其支付 5 万元违约金的判决，提起上诉。二审法院发现一审法院关于房屋有质量问题的事实认定，证据不充分。关于二审法院对本案的处理，下列哪些说法是正确的？

A. 应针对上诉人不服违约金判决的请求进行审理

B. 可对房屋修缮问题在查明事实的情况下依法改判

C. 应针对上诉人上诉请求所涉及的事实认定和法律适用进行审理

D. 应全面审查一审法院对案件的事实认定和法律适用

答案：AC。

2. 某县人民法院对张某与李某离婚案作出一审判决，认定房屋、汽车、家具等为夫妻共同财产，由双方平均分割。李某提出上诉，认为房屋是其婚前财产，不应共同分割，上诉状中没有涉及其他事项。对此，二审人民法院应(　　)。

A. 对全案的事实认定和法律适用均进行审查

B. 只对房屋归属事实的认定予以审查

C. 如果发现一审认定的汽车是夫妻共同财产的事实有错误，不能予以纠正

D. 对李某没有提出的事项应当进行审查，但不能予以纠正

答案：B。《民事诉讼法》第 175 条，《民诉法司法解释》第 321 条。

第一百七十六条　【二审的审理方式和地点】第二审人民法院对上诉案件应当开庭审理。经过阅卷、调查和询问当事人，对没有提出新的事实、证据或者理由，人民法院认为不需要开庭审理的，可以不开庭审理。

第二审人民法院审理上诉案件，可以在本院进行，也可以到案件发生地或者原审人民法院所在地进行。

相关规定

《民诉法司法解释》

第 322 条　开庭审理的上诉案件，第二审人民法院可以依照民事诉讼法第一百三十六条第四项规

定进行审理前的准备。

第331条　第二审人民法院对下列上诉案件，依照民事诉讼法第一百七十六条规定可以不开庭审理：

(一)不服不予受理、管辖权异议和驳回起诉裁定的；

(二)当事人提出的上诉请求明显不能成立的；

(三)原判决、裁定认定事实清楚，但适用法律错误的；

(四)原判决严重违反法定程序，需要发回重审的。

最高人民法院《关于互联网法院审理案件若干问题的规定》

第22条　当事人对互联网法院审理的案件提起上诉的，第二审法院原则上采取在线方式审理。第二审法院在线审理规则参照适用本规定。

命题题眼

第二审人民法院对上诉案件，决定可以不开庭审理的，须以当事人没有提出新的事实、证据或者理由为前提。如果当事人上诉时提出了新的事实、证据或者理由，则第二审人民法院必须开庭审理。

历年试题

2024年试卷二考生回忆版：张某起诉邓某要求归还借款10万元，向法院出示一张邓某书写的借条。邓某承认借条的真实性，同时邓某主张已经通过现金方式向张某归还该笔借款。一审法院判决支持张某诉讼请求。邓某不服一审判决，提起上诉。在二审中，邓某主张虽然双方当事人之间存在借条，但张某并未向邓某转款。关于本案表述正确的是？

A. 基于处分原则，张某在二审中可以变更诉讼请求

B. 基于诚信原则，张某在二审中不能否认收款的事实

C. 基于辩论原则，法院应当将借款事实作为焦点问题进行审理

D. 基于平等原则，张某应当对转款的事实承担证明责任

答案：BC。

2024年试卷二考生回忆版：甲起诉乙借款纠纷一案，一审中乙承认借款事实但是主张已经用现金偿还了该笔款项，法院判决乙败诉。乙提出上诉，在二审中承认借条，但是主张甲没有支付借款给自己。关于二审程序，下列选项说法正确的是？

A. 法院决定延期审理

B. 法院重新为当事人指定15日的举证期限

C. 应当重新组织当事人进行证据交换

D. 二审法院可以到一审法院所在地开庭审理

答案：D。

第一百七十七条　【二审裁判】第二审人民法院对上诉案件，经过审理，按照下列情形，分别处理：

(一)原判决、裁定认定事实清楚，适用法律正确的，以判决、裁定方式驳回上诉，维持原判决、裁定；

(二)原判决、裁定认定事实错误或者适用法律错误的，以判决、裁定方式依法改判、撤销或者变更；

(三)原判决认定基本事实不清的，裁定撤销原判决，发回原审人民法院重审，或者查清事实后改判；

(四)原判决遗漏当事人或者违法缺席判决等严重违反法定程序的，裁定撤销原判决，发回原审人民法院重审。

原审人民法院对发回重审的案件作出判决后，当事人提起上诉的，第二审人民法院不得再次发回重审。

第一百七十八条　【对一审适用裁定的上诉案件的处理】第二审人民法院对不服第一审人民法院裁定的上诉案件的处理，一律使用裁定。

相关规定

《民诉法司法解释》

第323条　下列情形，可以认定为民事诉讼法第一百七十七条第一款第四项规定的严重违反法定程序：

(一)审判组织的组成不合法的；

(二)应当回避的审判人员未回避的；

(三)无诉讼行为能力人未经法定代理人代为诉讼的；

(四)违法剥夺当事人辩论权利的。

第327条　一审判决不准离婚的案件，上诉后，第二审人民法院认为应当判决离婚的，可以根据当事人自愿的原则，与子女抚养、财产问题一并调解；调解不成的，发回重审。

双方当事人同意由第二审人民法院一并审理的，第二审人民法院可以一并裁判。

第328条　人民法院依照第二审程序审理案件，认为依法不应由人民法院受理的，可以由第二审人民法院直接裁定撤销原裁判，驳回起诉。

第329条　人民法院依照第二审程序审理案件，认为第一审人民法院受理案件违反专属管辖规定的，应当裁定撤销原裁判并移送有管辖权的人民法院。

第330条　第二审人民法院查明第一审人民法院作出的不予受理裁定有错误的，应当在撤销原裁定的同时，指令第一审人民法院立案受理；查明第一审人民法院作出的驳回起诉裁定有错误的，应当在撤销原裁定的同时，指令第一审人民法院审理。

第332条　原判决、裁定认定事实或者适用法律虽有瑕疵，但裁判结果正确的，第二审人民法院可以在判决、裁定中纠正瑕疵后，依照民事诉讼法第一百七十七条第一款第一项规定予以维持。

第333条　民事诉讼法第一百七十七条第一款第三项规定的基本事实，是指用以确定当事人主体资格、案件性质、民事权利义务等对原判决、裁定的结果有实质性影响的事实。

第334条　在第二审程序中，作为当事人的法人或者其他组织分立的，人民法院可以直接将分立后的法人或者其他组织列为共同诉讼人；合并的，将合并后的法人或者其他组织列为当事人。

命题题眼

上述法条规定了二审案件的处理，是常考、易考知识点。主要考点有：

1. 二审裁判有三种：驳回上诉，维持原判；依法改判；发回重审。掌握具体的适用情形。

2. 二审裁判发生法律效力后，当事人不能就同一事实、理由和同一诉讼标的重新起诉，但判决不准离婚的案件、调解和好的离婚案件、判决维持收养关系的案件、调解维持收养关系的案件除外。

3.《民事诉讼法》对发回重审的条件和次数作了限制，原审人民法院对发回重审的案件作出判决后，当事人提起上诉的，第二审人民法院不得再次发回重审。

历年试题

2020年试卷二考生回忆版：杨某和吴某协议离婚不成，杨某遂诉至法院，要求法院判决离婚，一审法院经审理后，作出不予离婚的判决，后杨某上诉，二审法院审理后认为应判离婚，并对杨某和吴某之间的财产分割问题进行了调解，但最终没能达成调解协议。二审法院遂撤销原判，发回重审，原一审法院接到该发回重审的案件后，再次作出不予离婚的判决，杨某再次提起上诉。此时二审法院应当如何处理？

A. 再次发回重审

B. 对杨某、吴某的离婚和财产分割问题直接作出判决

C. 可以再次进行调解

D. 可以就离婚问题作出判决

答案：D。

本题主要考查了对发回重审的次数限制及离婚案件的原则及二审处理。一审法院作出不予离婚的判决后，二审法院经调解未能达成调解协议，故应根据《民诉法司法解释》第327条的规定撤销原判、发回重审。原一审法院再次作出不予离婚的判决后，根据《民事诉讼法》第177条第2款的规定，二审法院不得再次发回重审，故A项错误。

根据《民诉法司法解释》第327条的规定，二审法院对婚姻关系、子女抚养及财产问题一并审理的，需要经过当事人的同意，故B项"直接作出判决"的表述错误。

人民法院审理离婚案件，应当进行调解，但不应久调不决。因此，二审法院就离婚问题进行审理时，应当进行调解，故C项"可以再次进行调解"的表述错误。

二审法院调解过程中，若双方调解达成一致，可以调解结案；若调解不成，本题中二审法院已发回重审一次，此时法院应当作出判决，即法院可以作出调解书，也可以作出判决。故D项正确。

2021年试卷二考生回忆版：甲公司与乙公司因合同纠纷起诉至法院，二审审理过程中，甲公司和丙公司合并为丁公司。关于本案，下列说法正确的是？

A. 法院作出的一审判决对丁公司有实质的既判力

B. 乙公司可以向法院申请更换丁公司为诉讼当事人

C. 法院可依职权更换丁公司为诉讼当事人

D. 法院继续审理，作出的判决对丁公司有拘束力

答案：BC。

强化模拟题

1. 甲、乙二公司发生购销合同纠纷，乙公司诉至某市人民法院。2010年2月12日，某市人民法院作出一审判决，甲公司对一审判决不服，上诉至二审人民法院。二审人民法院经审查发现，甲公司在一审答辩期间，就提出双方之间存在合法有效的仲裁协议，某市人民法院无权受理。二审人民法院认为该案确实不应由人民法院受理，而应由仲裁机关管辖。对此案，二审人民法院处理正确的是(　　)。

A. 直接将该案件提交给合同约定的仲裁机关

B. 二审判决撤销原判，驳回乙的起诉

C. 发回一审人民法院重审，由一审人民法院裁定撤销原判，驳回起诉

D. 可以由二审人民法院直接裁定撤销原判，驳回起诉

答案：D。《民诉法司法解释》第328条。

2. 某甲向某县人民法院起诉，要求某乙支付房屋租金3000元。某乙在答辩期内提出了管辖权异议，被

某县法院裁定予以驳回。某乙不服,提出上诉,二审法院驳回上诉,维持原裁定。某县人民法院对该案作出判决后,某乙不服提出上诉。在审理中,二审法院发现一审判决确有错误,并且一、二审驳回管辖权异议也确有错误。此案正确的处理方式是(　　)。

A. 裁定发回重审

B. 撤销一审判决

C. 直接改判

D. 移送有管辖权法院审理

答案:ABD。本题考查在二审中发现驳回管辖权异议的裁定和一审判决都存在错误时的处理。《民诉法司法解释》第330条。

第一百七十九条　【上诉案件的调解】第二审人民法院审理上诉案件,可以进行调解。调解达成协议,应当制作调解书,由审判人员、书记员署名,加盖人民法院印章。调解书送达后,原审人民法院的判决即视为撤销。

相关规定

《民诉法司法解释》

第324条　对当事人在第一审程序中已经提出的诉讼请求,原审人民法院未作审理、判决的,第二审人民法院可以根据当事人自愿的原则进行调解;调解不成的,发回重审。

第325条　必须参加诉讼的当事人或者有独立请求权的第三人,在第一审程序中未参加诉讼,第二审人民法院可以根据当事人自愿的原则予以调解;调解不成的,发回重审。

第326条　在第二审程序中,原审原告增加独立的诉讼请求或者原审被告提出反诉的,第二审人民法院可以根据当事人自愿的原则就新增加的诉讼请求或者反诉进行调解;调解不成的,告知当事人另行起诉。

双方当事人同意由第二审人民法院一并审理的,第二审人民法院可以一并裁判。

命题题眼

本条规定了二审中的调解,是常考知识点。主要考点有:

1. 二审中允许当事人调解的范围,不仅仅限于上诉人请求的事项。在上诉案件的调解书送达后,原审人民法院的判决即视为撤销。

2. 对一审漏审的诉讼请求、漏审的当事人和二审中增加诉讼请求、反诉的处理方式。注意,按照《民诉法司法解释》第326条的规定,二审中增加诉讼请求、反诉的,在双方当事人均同意的情况下,可以由二审法院一并裁判。这是重点知识点。

历年试题

2023年试卷二考生回忆版:甲公司给张三装修房屋花费100万元,张三拒不支付装修款,甲公司起诉到法院要求张三支付装修款项。张三主张装修房屋有瑕疵,应当少支付20万元。法院提出可以对房屋的装修质量进行鉴定,但双方均未申请鉴定,故法院判决张三支付甲公司100万元装修款。张三随之以未鉴定事实不清为由上诉,并提出要求甲公司赔偿损失的诉讼请求。下列说法正确的是?

A. 法院应当驳回张三的鉴定请求

B. 法院应当告知张三基于赔偿损失请求另诉

C. 法院先行调解,调解不成发回重审

D. 法院对张三提出的损害赔偿的诉求,先行调解,调解不成告知另行起诉

答案:D。《民事诉讼法》并未禁止当事人在二审中申请鉴定。故驳回张三的鉴定申请是错误的。A项错误。《民诉法司法解释》第326条规定:在第二审程序中,原审原告增加独立的诉讼请求或者原审被告提出反诉的,第二审人民法院可以根据当事人自愿的原则就新增加的诉讼请求或者反诉进行调解;调解不成的,告知当事人另行起诉。B、C项错误,D项正确。

强化模拟题

1. 齐远、张红是夫妻,因感情破裂诉至法院离婚,提出解除婚姻关系、子女抚养、住房分割等诉讼请求。一审判决准予离婚并对子女抚养问题作出判决。齐远不同意离婚提出上诉。二审中,张红增加诉讼请求,要求分割诉讼期间齐远继承其父的遗产。下列哪一说法是正确的?

A. 一审漏判的住房分割诉讼请求,二审可调解,调解不成,发回重审

B. 二审增加的遗产分割诉讼请求,二审可调解,调解不成,发回重审

C. 住房和遗产分割的两个诉讼请求,二审可合并调解,也可一并发回重审

D. 住房和遗产分割的两个诉讼请求,经当事人同意,二审法院可一并裁判

答案:A。

2. 陈国忠在安定庄有五间瓦房,陈国忠的儿子陈良在外地工作,2008年陈国忠去世,陈国忠的五间瓦房由其侄子陈治一家暂住。2009年陈治未经陈良同意,将房子卖给了同村的胡双龙,陈良听说后立即将陈治告上法庭,法院审理后判决陈治将卖房所得款项全部返还陈良,陈治不服提起上诉。在上诉审过程中,陈治提出反诉,要求陈良返还其对房屋的修缮金。问二审人民法院应当如何处理陈治的反诉?

A. 应当将反诉与本诉一并审理、判决

B. 直接将案件发回重审

C. 可以对反诉进行调解,调解不成发回重审

D. 可以对反诉进行调解,调解不成告知陈治另行起诉

答案:D。《民诉法司法解释》第 326 条。

第一百八十条 【上诉的撤回】第二审人民法院判决宣告前,上诉人申请撤回上诉的,是否准许,由第二审人民法院裁定。

相关规定

《民诉法司法解释》

第 335 条 在第二审程序中,当事人申请撤回上诉,人民法院经审查认为一审判决确有错误,或者当事人之间恶意串通损害国家利益、社会公共利益、他人合法权益的,不应准许。

第 336 条 在第二审程序中,原审原告申请撤回起诉,经其他当事人同意,且不损害国家利益、社会公共利益、他人合法权益的,人民法院可以准许。准许撤诉的,应当一并裁定撤销一审裁判。

原审原告在第二审程序中撤回起诉后重复起诉的,人民法院不予受理。

第 337 条 当事人在第二审程序中达成和解协议的,人民法院可以根据当事人的请求,对双方达成的和解协议进行审查并制作调解书送达当事人;因和解而申请撤诉,经审查符合撤诉条件的,人民法院应予准许。

命题题眼

1. 不允许撤回上诉的情形:一审判决确有错误,双方当事人串通损害国家和集体利益、社会公共利益及他人合法权益。这是重要知识点。

2. 原审原告申请撤回起诉的处理。

3. 二审中当事人可以和解。

历年试题

2017 年试卷三第 45 题:张某诉新立公司买卖合同纠纷案,新立公司不服一审判决提起上诉。二审中,新立公司与张某达成协议,双方同意撤回起诉和上诉。关于本案,下列哪一选项是正确的?

A. 起诉应在一审中撤回,二审中撤回起诉的,法院不应准许

B. 因双方达成合意撤回起诉和上诉的,法院可准许张某二审中撤回起诉

C. 二审法院应裁定撤销一审判决并发回重审,一审法院重审时准许张某撤回起诉

D. 二审法院可裁定新立公司撤回上诉,而不许张某撤回起诉

答案:B。

2017 年试卷三第 46 题:石山公司起诉建安公司请求返还 86 万元借款及支付 5 万元利息,一审判决石山公司胜诉,建安公司不服提起上诉。二审中,双方达成和解协议:石山公司放弃 5 万元利息主张,建安公司在撤回上诉后 15 日内一次性付清 86 万元本金。建安公司向二审法院申请撤回上诉后,并未履行还款义务。关于石山公司的做法,下列哪一表述是正确的?

A. 可依和解协议申请强制执行

B. 可依一审判决申请强制执行

C. 可依和解协议另行起诉

D. 可依和解协议申请司法确认

答案:B。

强化模拟题

某甲诉某乙房屋买卖一案,某甲对一审判决不服,上诉到某市中级人民法院。在二审期间,某甲与某乙达成和解协议。对此,人民法院正确的处理方法是(　　)。

A. 不准许某甲与某乙之间自行达成和解协议

B. 二审中因和解而要求撤诉的,经审查符合条件,人民法院应予准许

C. 二审人民法院可根据当事人的请求,对双方和解协议进行审查,并制作调解书送达当事人

D. 按某甲与某乙之间达成的和解协议,作出终审判决

答案:BC。《民诉法司法解释》第 337 条。

第一百八十一条 【二审适用的程序】第二审人民法院审理上诉案件,除依照本章规定外,适用第一审普通程序。

第一百八十二条 【二审裁判的效力】第二审人民法院的判决、裁定,是终审的判决、裁定。

第一百八十三条 【二审审限】人民法院审理对判决的上诉案件,应当在第二审立案之日起三个月内审结。有特殊情况需要延长的,由本院院长批准。

人民法院审理对裁定的上诉案件,应当在第二审立案之日起三十日内作出终审裁定。

相关规定

《民诉法司法解释》

第 338 条 第二审人民法院宣告判决可以自行宣判,也可以委托原审人民法院或者当事人所在地人民法院代行宣判。

第 339 条 人民法院审理对裁定的上诉案件,应当在第二审立案之日起三十日内作出终审裁定。有特殊情况需要延长审限的,由本院院长批准。

第 340 条 当事人在第一审程序中实施的诉讼行为,在第二审程序中对该当事人仍具有拘束力。

当事人推翻其在第一审程序中实施的诉讼行为时，人民法院应当责令其说明理由。理由不成立的，不予支持。

第十五章　特别程序

第一节　一般规定

第一百八十四条　【特别程序的适用范围】人民法院审理选民资格案件、宣告失踪或者宣告死亡案件、指定遗产管理人案件、认定公民无民事行为能力或者限制民事行为能力案件、认定财产无主案件、确认调解协议案件和实现担保物权案件，适用本章规定。本章没有规定的，适用本法和其他法律的有关规定。

第一百八十五条　【审级及审判组织】依照本章程序审理的案件，实行一审终审。选民资格案件或者重大、疑难的案件，由审判员组成合议庭审理；其他案件由审判员一人独任审理。

第一百八十六条　【特别程序转化】人民法院在依照本章程序审理案件的过程中，发现本案属于民事权益争议的，应当裁定终结特别程序，并告知利害关系人可以另行起诉。

第一百八十七条　【审限】人民法院适用特别程序审理的案件，应当在立案之日起三十日内或者公告期满后三十日内审结。有特殊情况需要延长的，由本院院长批准。但审理选民资格的案件除外。

相关规定

《民诉法司法解释》

第372条　适用特别程序作出的判决、裁定，当事人、利害关系人认为有错误的，可以向作出该判决、裁定的人民法院提出异议。人民法院经审查，异议成立或者部分成立的，作出新的判决、裁定撤销或者改变原判决、裁定；异议不成立的，裁定驳回。

对人民法院作出的确认调解协议、准许实现担保物权的裁定，当事人有异议的，应当自收到裁定之日起十五日内提出；利害关系人有异议的，自知道或者应当知道其民事权益受到侵害之日起六个月内提出。

命题题眼

上述法条是关于特别程序的一般规定。主要考点有：

1. 注意特别程序的适用范围。

2. 特别程序的特点。

(1)特别程序是几类不同审理程序的概称，每一不同类型的案件，各自独立地适用一种特别程序。各种特别程序之间没有联系，不能混合适用。

(2)特别程序没有原告，其程序的发动，除选民资格案件由起诉人起诉外，其他案件均由申请人提出申请。

(3)特别程序案件中均没有被告，因而不存在反诉、调解等问题，也不存在与被告相关的其他诉讼程序。

(4)特别程序的审判组织除选民资格案件或者重大、疑难的案件由审判员组成合议庭外，其他案件均由审判员一人独任审理。在组成合议庭的情况下，不适用陪审员制。

(5)特别程序案件的审理，实行一审终审。判决书一旦送达，即发生法律效力，不得对之提出上诉。

(6)特别程序案件审理过程中，如发现所受理的案件属于一般民事权益争议，裁定终结特别程序，并告知利害关系人另行起诉。

(7)特别程序的审结期限不同于其他程序。除选民资格案件必须在选举日之前审结外，其他案件必须在立案之日起30日内或公告期满30日内审理终结，有特殊情况需要延长的，必须由本院院长批准。

3. 实行合议制的案件和选民资格案件的审限。

4. 对适用特别程序作出的判决、裁定的异议程序。

强化模拟题

下述(　　)案件适用特别程序审理。

A. 某甲向人民法院申请宣告某乙失踪

B. 某甲以某乙欠债为由，向人民法院申请支付令

C. 某利害关系人申请人民法院认定某公民为无民事行为能力人

D. 某公民对选举委员会的选民资格名单持不同意见，向人民法院起诉

答案：ACD。本题考查特别程序的适用范围。B项属于督促程序。

第二节　选民资格案件

第一百八十八条　【起诉与受理】公民不服选举委员会对选民资格的申诉所作的处理决定，可以在选举日的五日以前向选区所在地基层人民法院起诉。

第一百八十九条　【审理、审限及判决】人民法院受理选民资格案件后，必须在选举日前审结。

审理时，起诉人、选举委员会的代表和有关公民必须参加。

人民法院的判决书，应当在选举日前送达选举

委员会和起诉人，并通知有关公民。

命题题眼

1. 选民资格案件的起诉必须将选举委员会对选民资格的申诉处理作为前置程序。

2. 选民资格案件的起诉既可由与特定选民资格有直接利害关系的公民本人提出，也可由向选举委员会提出申诉的公民提出，亦可由其他公民提出。

3. 选民资格案件的起诉日期、审理日期和管辖法院。

4. 法院审理选民资格案件时，除起诉人必须到庭外，选举委员会的代表以及与选民资格相关的公民也必须参加。

5. 不得适用调解方式结案。实行合议制，并由审判员组成合议庭进行审理。

6. 人民法院对选民资格案件的判决书，应在选举日前送达。选民资格案件所作的判决为终审判决，任何人不得声明不服。

强化模拟题

以下关于选民资格案件特别程序的说法中，正确的是（　　）。

A. 选民资格案件的起诉必须是与特定选民资格有直接利害关系的公民本人提出

B. 公民对选举委员会公布的选民资格名单有异议，应先向选举委员会申诉

C. 选民资格案件，由选区所在地的基层人民法院管辖

D. 审理选民资格案，可以适用调解

答案：BC。

第三节　宣告失踪、宣告死亡案件

第一百九十条　【宣告失踪案件的提起】公民下落不明满二年，利害关系人申请宣告其失踪的，向下落不明人住所地基层人民法院提出。

申请书应当写明失踪的事实、时间和请求，并附有公安机关或者其他有关机关关于该公民下落不明的书面证明。

第一百九十一条　【宣告死亡案件的提起】公民下落不明满四年，或者因意外事件下落不明满二年，或者因意外事件下落不明，经有关机关证明该公民不可能生存，利害关系人申请宣告其死亡的，向下落不明人住所地基层人民法院提出。

申请书应当写明下落不明的事实、时间和请求，并附有公安机关或者其他有关机关关于该公民下落不明的书面证明。

第一百九十二条　【公告与判决】人民法院受理宣告失踪、宣告死亡案件后，应当发出寻找下落不明人的公告。宣告失踪的公告期间为三个月，宣告死亡的公告期间为一年。因意外事件下落不明，经有关机关证明该公民不可能生存的，宣告死亡的公告期间为三个月。

公告期间届满，人民法院应当根据被宣告失踪、宣告死亡的事实是否得到确认，作出宣告失踪、宣告死亡的判决或者驳回申请的判决。

第一百九十三条　【判决的撤销】被宣告失踪、宣告死亡的公民重新出现，经本人或者利害关系人申请，人民法院应当作出新判决，撤销原判决。

相关规定

《民诉法司法解释》

第341条　宣告失踪或者宣告死亡案件，人民法院可以根据申请人的请求，清理下落不明人的财产，并指定案件审理期间的财产管理人。公告期满后，人民法院判决宣告失踪的，应当同时依照民法典第四十二条的规定指定失踪人的财产代管人。

第342条　失踪人的财产代管人经人民法院指定后，代管人申请变更代管的，比照民事诉讼法特别程序的有关规定进行审理。申请理由成立的，裁定撤销申请人的代管人身份，同时另行指定财产代管人；申请理由不成立的，裁定驳回申请。

失踪人的其他利害关系人申请变更代管的，人民法院应当告知其以原指定的代管人为被告起诉，并按普通程序进行审理。

第343条　人民法院判决宣告公民失踪后，利害关系人向人民法院申请宣告失踪人死亡，自失踪之日起满四年的，人民法院应当受理，宣告失踪的判决即是该公民失踪的证明，审理中仍应依照民事诉讼法第一百九十二条规定进行公告。

第344条　符合法律规定的多个利害关系人提出宣告失踪、宣告死亡申请的，列为共同申请人。

第345条　寻找下落不明人的公告应当记载下列内容：

（一）被申请人应当在规定期间内向受理法院申报其具体地址及其联系方式。否则，被申请人将被宣告失踪、宣告死亡；

（二）凡知悉被申请人生存现状的人，应当在公告期间内将其所知道情况向受理法院报告。

第346条　人民法院受理宣告失踪、宣告死亡案件后，作出判决前，申请人撤回申请的，人民法院应当裁定终结案件，但其他符合法律规定的利害关系人加入程序要求继续审理的除外。

历年试题

2023年试卷二考生回忆版：赵某下落不明满2年，赵某的妻子申请宣告赵某失踪，法院指定赵某的妻子为赵某的财产代管人，赵某的妈妈有异议，赵某的妻子想指定赵某已成年的儿子赵乙做财产代管人，赵某的妈妈想自己做财产管理人。下列说法正确的是？

A. 赵某的妻子向法院申请变更财产代管人，用特别程序审理

B. 赵某的妈妈以赵某的妻子为被告向法院申请变更财产代管人，用普通程序审理

C. 赵某的妈妈以赵某的妻子为被告向法院申请，用简易程序审理

D. 赵某的妈妈以赵乙为被告，用普通程序审理

答案：AB。《民诉法司法解释》第342条。赵某的妈妈要求变更财产管理人，应以现有的财产管理人赵某的妻子为被告，不能以尚未担任管理人的赵乙为被告。D项错误。

强化模拟题

李某因债务人刘某下落不明申请宣告刘某失踪。法院经审理宣告刘某为失踪人，并指定刘妻为其财产代管人。判决生效后，刘父认为由刘妻代管财产会损害儿子的利益，要求变更刘某的财产代管人。关于本案程序，下列哪一说法是正确的？

A. 李某无权申请刘某失踪

B. 刘父应提起诉讼变更财产代管人，法院适用普通程序审理

C. 刘父应向法院申请变更刘妻的财产代管权，法院适用特别程序审理

D. 刘父应向法院申请再审变更财产代管权，法院适用再审程序审理

答案：B。

第四节　指定遗产管理人案件

第一百九十四条　【争议解决】对遗产管理人的确定有争议，利害关系人申请指定遗产管理人的，向被继承人死亡时住所地或者主要遗产所在地基层人民法院提出。

申请书应当写明被继承人死亡的时间、申请事由和具体请求，并附有被继承人死亡的相关证据。

第一百九十五条　【争议受理】人民法院受理申请后，应当审查核实，并按照有利于遗产管理的原则，判决指定遗产管理人。

第一百九十六条　【指定遗产管理人】被指定的遗产管理人死亡、终止、丧失民事行为能力或者存在其他无法继续履行遗产管理职责情形的，人民法院可以根据利害关系人或者本人的申请另行指定遗产管理人。

第一百九十七条　【撤销遗产管理人资格】遗产管理人违反遗产管理职责，严重侵害继承人、受遗赠人或者债权人合法权益的，人民法院可以根据利害关系人的申请，撤销其遗产管理人资格，并依法指定新的遗产管理人。

第五节　认定公民无民事行为能力、限制民事行为能力案件

第一百九十八条　【管辖与申请】申请认定公民无民事行为能力或者限制民事行为能力，由利害关系人或者有关组织向该公民住所地基层人民法院提出。

申请书应当写明该公民无民事行为能力或者限制民事行为能力的事实和根据。

第一百九十九条　【医学鉴定】人民法院受理申请后，必要时应当对被请求认定为无民事行为能力或者限制民事行为能力的公民进行鉴定。申请人已提供鉴定意见的，应当对鉴定意见进行审查。

第二百条　【代理人、审理与判决】人民法院审理认定公民无民事行为能力或者限制民事行为能力的案件，应当由该公民的近亲属为代理人，但申请人除外。近亲属互相推诿的，由人民法院指定其中一人为代理人。该公民健康情况许可的，还应当询问本人的意见。

人民法院经审理认定申请有事实根据的，判决该公民为无民事行为能力或者限制民事行为能力人；认定申请没有事实根据的，应当判决予以驳回。

第二百零一条　【判决撤销】人民法院根据被认定为无民事行为能力人、限制民事行为能力人本人、利害关系人或者有关组织的申请，证实该公民无民事行为能力或者限制民事行为能力的原因已经消除的，应当作出新判决，撤销原判决。

相关规定

《民诉法司法解释》

第347条　在诉讼中，当事人的利害关系人或者有关组织提出该当事人不能辨认或者不能完全辨认自己的行为，要求宣告该当事人无民事行为能力或者限制民事行为能力的，应由利害关系人或者有关组织向人民法院提出申请，由受诉人民法院按照特别程序立案审理，原诉讼中止。

第349条　被指定的监护人不服居民委员会、村民委员会或者民政部门指定，应当自接到通知之日起三十日内向人民法院提出异议。经审理，认为指定并无不当的，裁定驳回异议；指定不当的，判决

撤销指定,同时另行指定监护人。判决书应当送达异议人、原指定单位及判决指定的监护人。

有关当事人依照民法典第三十一条第一款规定直接向人民法院申请指定监护人的,适用特别程序审理,判决指定监护人。判决书应当送达申请人、判决指定的监护人。

第350条　申请认定公民无民事行为能力或者限制民事行为能力的案件,被申请人没有近亲属的,人民法院可以指定经被申请人住所地的居民委员会、村民委员会或者民政部门同意,且愿意担任代理人的个人或者组织为代理人。

没有前款规定的代理人的,由被申请人住所地的居民委员会、村民委员会或者民政部门担任代理人。

代理人可以是一人,也可以是同一顺序中的两人。

命题题眼

1. 申请人范围。申请人包括:无民事行为能力或者限制民事行为能力人的近亲属或者其他利害关系人,这两类人有先后顺序。其他利害关系人包括:精神病病人的近亲属以外的与精神病病人关系密切的其他亲属、朋友,愿意承担监护责任经精神病病人所在单位或者所在地居民委员会、村民委员会或者民政部门同意的人。

2. 管辖法院是被申请认定为无民事行为能力或者限制民事行为能力人的住所地基层人民法院。

3. 认定公民无民事行为能力或者限制民事行为能力的原因已经消除的,人民法院只有根据申请,才能作出新判决,不能主动进行。

4. 普通诉讼中要求宣告该当事人无民事行为能力或限制民事行为能力的案件的处理。

强化模拟题

张文有一名表。某日,张文的好友李进看到了这块表,表示愿出价3万元购买,张文立即表示同意,双方签订了合同,约定李进分三次将钱在两个月内付清。两个月后,李进只付了1万元,张文遂向法院起诉要求李进承担违约责任。在审理过程中,李进的父母来到法院称李进有间歇性精神病,签合同时正处于发病状态,无法对自己的行为负责。同时,李进的父母向法院申请宣告李进为限制民事行为能力人。对李进父母的申请,法院应如何处理?

A. 应让李进的父母代理李进正在进行的诉讼

B. 应对李进做法医鉴定,如果李进被确定有间歇性精神病,法院应当判决李进为限制民事行为能力人,同时宣布合同无效

C. 应中止原诉讼,由李进的父母另行提起确认李进是限制民事行为能力人的特别程序

D. 李进的父母不是本案当事人,其主张不应采纳

答案:C。《民诉法司法解释》第347条。

第六节　认定财产无主案件

第二百零二条　【管辖与申请书】申请认定财产无主,由公民、法人或者其他组织向财产所在地基层人民法院提出。

申请书应当写明财产的种类、数量以及要求认定财产无主的根据。

第二百零三条　【公告与判决】人民法院受理申请后,经审查核实,应当发出财产认领公告。公告满一年无人认领的,判决认定财产无主,收归国家或者集体所有。

第二百零四条　【撤销判决】判决认定财产无主后,原财产所有人或者继承人出现,在民法典规定的诉讼时效期间可以对财产提出请求,人民法院审查属实后,应当作出新判决,撤销原判决。

相关规定

《民诉法司法解释》

第348条　认定财产无主案件,公告期间有人对财产提出请求的,人民法院应当裁定终结特别程序,告知申请人另行起诉,适用普通程序审理。

命题题眼

上述三条规定了认定财产无主案件的审理程序。主要考点有:

1. 管辖法院是财产所在地基层人民法院。

2. 公告的期限和后果、公告期限中有人对财产提出请求的处理。

强化模拟题

某房屋拆除公司在拆除某房屋过程中,发现一个装有一些古钱币的箱子,经多方打听未发现该财产的所有人,于是向财产所在地的基层人民法院申请认定该财产为无主财产。人民法院受理案件后,在审理该无主财产案件过程中,不可以适用的制度是(　　)。

A. 开庭审理制度　　　B. 和解制度

C. 判决制度　　　D. 期间制度

答案:AB。认定财产无主案件不需要开庭审理,也不能适用和解制度。

第七节　确认调解协议案件

第二百零五条　【调解协议的确认】经依法设立的调解组织调解达成调解协议,申请司法确认的,由双方当事人自调解协议生效之日起三十日内,共同

向下列人民法院提出：

（一）人民法院邀请调解组织开展先行调解的，向作出邀请的人民法院提出；

（二）调解组织自行开展调解的，向当事人住所地、标的物所在地、调解组织所在地的基层人民法院提出；调解协议所涉纠纷应当由中级人民法院管辖的，向相应的中级人民法院提出。

第二百零六条 【裁定与执行】人民法院受理申请后，经审查，符合法律规定的，裁定调解协议有效，一方当事人拒绝履行或者未全部履行的，对方当事人可以向人民法院申请执行；不符合法律规定的，裁定驳回申请，当事人可以通过调解方式变更原调解协议或者达成新的调解协议，也可以向人民法院提起诉讼。

相关规定

《民诉法司法解释》

第351条 申请司法确认调解协议的，双方当事人应当本人或者由符合民事诉讼法第六十一条规定的代理人依照民事诉讼法第二百零五条的规定提出申请。

第352条 调解组织自行开展的调解，有两个以上调解组织参与的，符合民事诉讼法第二百零五条规定的各调解组织所在地人民法院均有管辖权。

双方当事人可以共同向符合民事诉讼法第二百零五条规定的其中一个有管辖权的人民法院提出申请；双方当事人共同向两个以上有管辖权的人民法院提出申请的，由最先立案的人民法院管辖。

第353条 当事人申请司法确认调解协议，可以采用书面形式或者口头形式。当事人口头申请的，人民法院应当记入笔录，并由当事人签名、捺印或者盖章。

第354条 当事人申请司法确认调解协议，应当向人民法院提交调解协议、调解组织主持调解的证明，以及与调解协议相关的财产权利证明等材料，并提供双方当事人的身份、住所、联系方式等基本信息。

当事人未提交上述材料的，人民法院应当要求当事人限期补交。

第355条 当事人申请司法确认调解协议，有下列情形之一的，人民法院裁定不予受理：

（一）不属于人民法院受理范围的；

（二）不属于收到申请的人民法院管辖的；

（三）申请确认婚姻关系、亲子关系、收养关系等身份关系无效、有效或者解除的；

（四）涉及适用其他特别程序、公示催告程序、破产程序审理的；

（五）调解协议内容涉及物权、知识产权确权的。

人民法院受理申请后，发现有上述不予受理情形的，应当裁定驳回当事人的申请。

第356条 人民法院审查相关情况时，应当通知双方当事人共同到场对案件进行核实。

人民法院经审查，认为当事人的陈述或者提供的证明材料不充分、不完备或者有疑义的，可以要求当事人限期补充陈述或者补充证明材料。必要时，人民法院可以向调解组织核实有关情况。

第357条 确认调解协议的裁定作出前，当事人撤回申请的，人民法院可以裁定准许。

当事人无正当理由未在限期内补充陈述、补充证明材料或者拒不接受询问的，人民法院可以按撤回申请处理。

第358条 经审查，调解协议有下列情形之一的，人民法院应当裁定驳回申请：

（一）违反法律强制性规定的；

（二）损害国家利益、社会公共利益、他人合法权益的；

（三）违背公序良俗的；

（四）违反自愿原则的；

（五）内容不明确的；

（六）其他不能进行司法确认的情形。

命题题眼

主要掌握申请司法确认的调解协议的范围、双方当事人共同申请、司法确认调解的期限、管辖法院和人民法院对调解协议的审查及处理。

强化模拟题

李云将房屋出售给王亮，后因合同履行发生争议，经双方住所地人民调解委员会调解，双方达成调解协议，明确王亮付清房款后，房屋的所有权归王亮。为确保调解协议的效力，双方约定向法院提出司法确认申请，李云随即长期出差在外。下列哪一说法是正确的？

A. 本案系不动产交易，应向房屋所在地法院提出司法确认申请

B. 李云长期出差在外，王亮向法院提出确认申请，法院可受理

C. 李云出差两个月后，双方向法院提出确认申请，法院可受理

D. 本案的调解协议内容涉及物权确权，法院不予受理

答案：D。

第八节　实现担保物权案件

第二百零七条　【申请与管辖】申请实现担保物权，由担保物权人以及其他有权请求实现担保物权的人依照民法典等法律，向担保财产所在地或者担保物权登记地基层人民法院提出。

第二百零八条　【裁定与执行】人民法院受理申请后，经审查，符合法律规定的，裁定拍卖、变卖担保财产，当事人依据该裁定可以向人民法院申请执行；不符合法律规定的，裁定驳回申请，当事人可以向人民法院提起诉讼。

相关规定

《民诉法司法解释》

第359条　民事诉讼法第二百零七条规定的担保物权人，包括抵押权人、质权人、留置权人；其他有权请求实现担保物权的人，包括抵押人、出质人、财产被留置的债务人或者所有权人等。

第360条　实现票据、仓单、提单等有权利凭证的权利质权案件，可以由权利凭证持有人住所地人民法院管辖；无权利凭证的权利质权，由出质登记地人民法院管辖。

第361条　实现担保物权案件属于海事法院等专门人民法院管辖的，由专门人民法院管辖。

第362条　同一债权的担保物有多个且所在地不同，申请人分别向有管辖权的人民法院申请实现担保物权的，人民法院应当依法受理。

第363条　依照民法典第三百九十二条的规定，被担保的债权既有物的担保又有人的担保，当事人对实现担保物权的顺序有约定，实现担保物权的申请违反该约定的，人民法院裁定不予受理；没有约定或者约定不明的，人民法院应当受理。

第364条　同一财产上设立多个担保物权，登记在先的担保物权尚未实现的，不影响后顺位的担保物权人向人民法院申请实现担保物权。

第365条　申请实现担保物权，应当提交下列材料：

（一）申请书。申请书应当记明申请人、被申请人的姓名或者名称、联系方式等基本信息，具体的请求和事实、理由；

（二）证明担保物权存在的材料，包括主合同、担保合同、抵押登记证明或者他项权利证书，权利质权的权利凭证或者质权出质登记证明等；

（三）证明实现担保物权条件成就的材料；

（四）担保财产现状的说明；

（五）人民法院认为需要提交的其他材料。

第366条　人民法院受理申请后，应当在五日内向被申请人送达申请书副本、异议权利告知书等文书。

被申请人有异议的，应当在收到人民法院通知后的五日内向人民法院提出，同时说明理由并提供相应的证据材料。

第367条　实现担保物权案件可以由审判员一人独任审查。担保财产标的额超过基层人民法院管辖范围的，应当组成合议庭进行审查。

第368条　人民法院审查实现担保物权案件，可以询问申请人、被申请人、利害关系人，必要时可以依职权调查相关事实。

第369条　人民法院应当就主合同的效力、期限、履行情况，担保物权是否有效设立、担保财产的范围、被担保的债权范围、被担保的债权是否已届清偿期等担保物权实现的条件，以及是否损害他人合法权益等内容进行审查。

被申请人或者利害关系人提出异议的，人民法院应当一并审查。

第370条　人民法院审查后，按下列情形分别处理：

（一）当事人对实现担保物权无实质性争议且实现担保物权条件成就的，裁定准许拍卖、变卖担保财产；

（二）当事人对实现担保物权有部分实质性争议的，可以就无争议部分裁定准许拍卖、变卖担保财产；

（三）当事人对实现担保物权有实质性争议的，裁定驳回申请，并告知申请人向人民法院提起诉讼。

第371条　人民法院受理申请后，申请人对担保财产提出保全申请的，可以按照民事诉讼法关于诉讼保全的规定办理。

命题题眼

本节主要掌握申请行使担保物权的主体、管辖法院和人民法院对申请的审查及处理。

历年试题

2021年试卷二考生回忆版：夏某向甲银行贷款500万元，由夏某和杜某各自提供一套房屋设定抵押担保。抵押合同约定发生纠纷向A市仲裁委员会申请仲裁。后因夏某无力归还贷款，甲银行向法院申请实现房屋抵押权。夏某对此无异议，杜某提出抵押合同因受欺诈而订立请求法院撤销。关于本案的处理，下列哪些选项是正确的？

A. 裁定准许拍卖夏某的房屋

B. 裁定准许拍卖杜某的房屋

C. 裁定驳回甲银行拍卖夏某房屋的申请，告知另行仲裁

D. 裁定驳回甲银行拍卖杜某房屋的申请，告知另行仲裁

答案：AD。

强化模拟题

甲公司与银行订立了标的额为8000万元的贷款合同，甲公司董事长美国人汤姆用自己位于W市的三套别墅为甲公司提供抵押担保。贷款到期后甲公司无力归还，银行向法院申请适用特别程序实现对别墅的抵押权。关于本案的分析，下列哪一选项是正确的？

A. 由于本案标的金额巨大，且具有涉外因素，银行应向W市中级人民法院提交书面申请

B. 本案的被申请人只应是债务人甲公司

C. 如果法院经过审查，作出拍卖裁定，可直接移交执行庭进行拍卖

D. 如果法院经过审查，驳回银行申请，银行可就该抵押权益向法院起诉

答案：D。

第十六章　审判监督程序

第二百零九条　【人民法院决定再审】各级人民法院院长对本院已经发生法律效力的判决、裁定、调解书，发现确有错误，认为需要再审的，应当提交审判委员会讨论决定。

最高人民法院对地方各级人民法院已经发生法律效力的判决、裁定、调解书，上级人民法院对下级人民法院已经发生法律效力的判决、裁定、调解书，发现确有错误的，有权提审或者指令下级人民法院再审。

相关规定

最高人民法院《关于适用〈中华人民共和国民事诉讼法〉审判监督程序若干问题的解释》（以下简称《审判监督程序解释》）（2008年11月10日最高人民法院审判委员会第1453次会议通过　根据2020年12月23日最高人民法院审判委员会第1823次会议通过的《关于修改〈最高人民法院关于人民法院民事调解工作若干问题的规定〉等十九件民事诉讼类司法解释的决定》修正）

第21条　当事人未申请再审、人民检察院未抗诉的案件，人民法院发现原判决、裁定、调解协议有损害国家利益、社会公共利益等确有错误情形的，应当依照民事诉讼法第二百零九条的规定提起再审。

命题题眼

1. 有权提起审判监督程序的主体有：本院院长和审判委员会、最高人民法院、上级人民法院。注意：本院院长和审判委员会都不能单独提起审判监督程序。

2. 再审与二审的区别。

强化模拟题

发现本院所作的裁判确有错误，通过审判监督程序提出再审的合法途径是（　　）。

A. 由审理本案的合议庭提出

B. 由民庭的庭长提出，交审判委员会讨论决定

C. 由院长提出，交审判委员会讨论决定

D. 由审判委员会自己讨论决定

答案：C。《民事诉讼法》第209条。

第二百一十条　【受理再审的法院】当事人对已经发生法律效力的判决、裁定，认为有错误的，可以向上一级人民法院申请再审；当事人一方人数众多或者当事人双方为公民的案件，也可以向原审人民法院申请再审。当事人申请再审的，不停止判决、裁定的执行。

第二百一十一条　【当事人再审申请的事由】当事人的申请符合下列情形之一的，人民法院应当再审：

（一）有新的证据，足以推翻原判决、裁定的；

（二）原判决、裁定认定的基本事实缺乏证据证明的；

（三）原判决、裁定认定事实的主要证据是伪造的；

（四）原判决、裁定认定事实的主要证据未经质证的；

（五）对审理案件需要的主要证据，当事人因客观原因不能自行收集，书面申请人民法院调查收集，人民法院未调查收集的；

（六）原判决、裁定适用法律确有错误的；

（七）审判组织的组成不合法或者依法应当回避的审判人员没有回避的；

（八）无诉讼行为能力人未经法定代理人代为诉讼或者应当参加诉讼的当事人，因不能归责于本人或者其诉讼代理人的事由，未参加诉讼的；

（九）违反法律规定，剥夺当事人辩论权利的；

（十）未经传票传唤，缺席判决的；

（十一）原判决、裁定遗漏或者超出诉讼请求的；

（十二）据以作出原判决、裁定的法律文书被撤销或者变更的；

（十三）审判人员审理该案件时有贪污受贿，徇

私舞弊,枉法裁判行为的。

第二百一十二条 【对调解书的申请再审】当事人对已经发生法律效力的调解书,提出证据证明调解违反自愿原则或者调解协议的内容违反法律的,可以申请再审。经人民法院审查属实的,应当再审。

第二百一十三条 【不得申请再审的案件】当事人对已经发生法律效力的解除婚姻关系的判决、调解书,不得申请再审。

第二百一十四条 【再审申请的提交和答辩】当事人申请再审的,应当提交再审申请书等材料。人民法院应当自收到再审申请书之日起五日内将再审申请书副本发送对方当事人。对方当事人应当自收到再审申请书副本之日起十五日内提交书面意见;不提交书面意见的,不影响人民法院审查。人民法院可以要求申请人和对方当事人补充有关材料,询问有关事项。

第二百一十五条 【对再审的审查和审理法院】人民法院应当自收到再审申请书之日起三个月内审查,符合本法规定的,裁定再审;不符合本法规定的,裁定驳回申请。有特殊情况需要延长的,由本院院长批准。

因当事人申请裁定再审的案件由中级人民法院以上的人民法院审理,但当事人依照本法第二百一十条的规定选择向基层人民法院申请再审的除外。最高人民法院、高级人民法院裁定再审的案件,由本院再审或者交其他人民法院再审,也可以交原审人民法院再审。

第二百一十六条 【当事人申请再审的期限】当事人申请再审,应当在判决、裁定发生法律效力后六个月内提出;有本法第二百一十一条第一项、第三项、第十二项、第十三项规定情形的,自知道或者应当知道之日起六个月内提出。

相关规定

《民诉法司法解释》

第373条 当事人死亡或者终止的,其权利义务承继者可以根据民事诉讼法第二百一十条、第二百一十二条的规定申请再审。

判决、调解书生效后,当事人将判决、调解书确认的债权转让,债权受让人对该判决、调解书不服申请再审的,人民法院不予受理。

第374条 民事诉讼法第二百一十条规定的人数众多的一方当事人,包括公民、法人和其他组织。

民事诉讼法第二百一十条规定的当事人双方为公民的案件,是指原告和被告均为公民的案件。

第375条 当事人申请再审,应当提交下列材料:

(一)再审申请书,并按照被申请人和原审其他当事人的人数提交副本;

(二)再审申请人是自然人的,应当提交身份证明;再审申请人是法人或者其他组织的,应当提交营业执照、组织机构代码证书、法定代表人或者主要负责人身份证明书。委托他人代为申请的,应当提交授权委托书和代理人身份证明;

(三)原审判决书、裁定书、调解书;

(四)反映案件基本事实的主要证据及其他材料。

前款第二项、第三项、第四项规定的材料可以是与原件核对无异的复印件。

第376条 再审申请书应当记明下列事项:

(一)再审申请人与被申请人及原审其他当事人的基本信息;

(二)原审人民法院的名称,原审裁判文书案号;

(三)具体的再审请求;

(四)申请再审的法定情形及具体事实、理由。

再审申请书应当明确申请再审的人民法院,并由再审申请人签名、捺印或者盖章。

第377条 当事人一方人数众多或者当事人双方为公民的案件,当事人分别向原审人民法院和上一级人民法院申请再审且不能协商一致的,由原审人民法院受理。

第378条 适用特别程序、督促程序、公示催告程序、破产程序等非讼程序审理的案件,当事人不得申请再审。

第379条 当事人认为发生法律效力的不予受理、驳回起诉的裁定错误的,可以申请再审。

第380条 当事人就离婚案件中的财产分割问题申请再审,如涉及判决中已分割的财产,人民法院应当依照民事诉讼法第二百一十一条的规定进行审查,符合再审条件的,应当裁定再审;如涉及判决中未作处理的夫妻共同财产,应当告知当事人另行起诉。

第381条 当事人申请再审,有下列情形之一的,人民法院不予受理:

(一)再审申请被驳回后再次提出申请的;

(二)对再审判决、裁定提出申请的;

(三)在人民检察院对当事人的申请作出不予提出再审检察建议或者抗诉决定后又提出申请的。

前款第一项、第二项规定情形,人民法院应当告知当事人可以向人民检察院申请再审检察建议或者抗诉,但因人民检察院提出再审检察建议或者抗诉而再审作出的判决、裁定除外。

第382条 当事人对已经发生法律效力的调解书申请再审，应当在调解书发生法律效力后六个月内提出。

第383条 人民法院应当自收到符合条件的再审申请书等材料之日起五日内向再审申请人发送受理通知书，并向被申请人及原审其他当事人发送应诉通知书、再审申请书副本等材料。

第384条 人民法院受理申请再审案件后，应当依照民事诉讼法第二百一十一条、第二百一十二条、第二百一十五条等规定，对当事人主张的再审事由进行审查。

第385条 再审申请人提供的新的证据，能够证明原判决、裁定认定基本事实或者裁判结果错误的，应当认定为民事诉讼法第二百一十一条第一项规定的情形。

对于符合前款规定的证据，人民法院应当责令再审申请人说明其逾期提供该证据的理由；拒不说明理由或者理由不成立的，依照民事诉讼法第六十八条第二款和本解释第一百零二条的规定处理。

第386条 再审申请人证明其提交的新的证据符合下列情形之一的，可以认定逾期提供证据的理由成立：

（一）在原审庭审结束前已经存在，因客观原因于庭审结束后才发现的；

（二）在原审庭审结束前已经发现，但因客观原因无法取得或者在规定的期限内不能提供的；

（三）在原审庭审结束后形成，无法据此另行提起诉讼的。

再审申请人提交的证据在原审中已经提供，原审人民法院未组织质证且未作为裁判根据的，视为逾期提供证据的理由成立，但原审人民法院依照民事诉讼法第六十八条规定不予采纳的除外。

第387条 当事人对原判决、裁定认定事实的主要证据在原审中拒绝发表质证意见或者质证中未对证据发表质证意见的，不属于民事诉讼法第二百一十一条第四项规定的未经质证的情形。

第388条 有下列情形之一，导致判决、裁定结果错误的，应当认定为民事诉讼法第二百一十一条第六项规定的原判决、裁定适用法律确有错误：

（一）适用的法律与案件性质明显不符的；

（二）确定民事责任明显违背当事人约定或者法律规定的；

（三）适用已经失效或者尚未施行的法律的；

（四）违反法律溯及力规定的；

（五）违反法律适用规则的；

（六）明显违背立法原意的。

第389条 原审开庭过程中有下列情形之一的，应当认定为民事诉讼法第二百一十一条第九项规定的剥夺当事人辩论权利：

（一）不允许当事人发表辩论意见的；

（二）应当开庭审理而未开庭审理的；

（三）违反法律规定送达起诉状副本或者上诉状副本，致使当事人无法行使辩论权利的；

（四）违法剥夺当事人辩论权利的其他情形。

第390条 民事诉讼法第二百一十一条第十一项规定的诉讼请求，包括一审诉讼请求、二审上诉请求，但当事人未对一审判决、裁定遗漏或者超出诉讼请求提起上诉的除外。

第391条 民事诉讼法第二百一十一条第十二项规定的法律文书包括：

（一）发生法律效力的判决书、裁定书、调解书；

（二）发生法律效力的仲裁裁决书；

（三）具有强制执行效力的公证债权文书。

第392条 民事诉讼法第二百一十一条第十三项规定的审判人员审理该案件时有贪污受贿、徇私舞弊、枉法裁判行为，是指已经由生效刑事法律文书或者纪律处分决定所确认的行为。

第393条 当事人主张的再审事由成立，且符合民事诉讼法和本解释规定的申请再审条件的，人民法院应当裁定再审。

当事人主张的再审事由不成立，或者当事人申请再审超过法定申请再审期限、超出法定再审事由范围等不符合民事诉讼法和本解释规定的申请再审条件的，人民法院应当裁定驳回再审申请。

第420条 必须共同进行诉讼的当事人因不能归责于本人或者其诉讼代理人的事由未参加诉讼的，可以根据民事诉讼法第二百一十一条第八项规定，自知道或者应当知道之日起六个月内申请再审，但符合本解释第四百二十一条规定情形的除外。

人民法院因前款规定的当事人申请而裁定再审，按照第一审程序再审的，应当追加其为当事人，作出新的判决、裁定；按照第二审程序再审，经调解不能达成协议的，应当撤销原判决、裁定，发回重审，重审时应追加其为当事人。

第424条 对小额诉讼案件的判决、裁定，当事人以民事诉讼法第二百一十一条规定的事由向原审人民法院申请再审的，人民法院应当受理。申请再审事由成立的，应当裁定再审，组成合议庭进行审理。作出的再审判决、裁定，当事人不得上诉。

当事人以不应按小额诉讼案件审理为由向原审人民法院申请再审的，人民法院应当受理。理由成立的，应当裁定再审，组成合议庭审理。作出的再审判决、裁定，当事人可以上诉。

《审判监督程序解释》

第1条　当事人在民事诉讼法第二百一十六条规定的期限内，以民事诉讼法第二百一十一条所列明的再审事由，向原审人民法院的上一级人民法院申请再审的，上一级人民法院应当依法受理。

第2条　民事诉讼法第二百一十六条规定的申请再审期间不适用中止、中断和延长的规定。

第3条　当事人申请再审，应当向人民法院提交再审申请书，并按照对方当事人人数提出副本。

人民法院应当审查再审申请书是否载明下列事项：

（一）申请再审人与对方当事人的姓名、住所及有效联系方式等基本情况；法人或其他组织的名称、住所和法定代表人或主要负责人的姓名、职务及有效联系方式等基本情况；

（二）原审人民法院的名称，原判决、裁定、调解文书案号；

（三）申请再审的法定情形及具体事实、理由；

（四）具体的再审请求。

第4条　当事人申请再审，应当向人民法院提交已经发生法律效力的判决书、裁定书、调解书，身份证明及相关证据材料。

第5条　申请再审人提交的再审申请书或者其他材料不符合本解释第三条、第四条的规定，或者有人身攻击等内容，可能引起矛盾激化的，人民法院应当要求申请再审人补充或改正。

第6条　人民法院应当自收到符合条件的再审申请书等材料后五日内完成向申请再审人发送受理通知书等受理登记手续，并向对方当事人发送受理通知书及再审申请书副本。

第7条　人民法院受理再审申请后，应当组成合议庭予以审查。

第8条　人民法院对再审申请的审查，应当围绕再审事由是否成立进行。

第9条　民事诉讼法第二百一十一条第（五）项规定的“对审理案件需要的主要证据”，是指人民法院认定案件基本事实所必须的证据。

第10条　原判决、裁定对基本事实和案件性质的认定系根据其他法律文书作出，而上述其他法律文书被撤销或变更的，人民法院可以认定为民事诉讼法第二百一十一条第（十二）项规定的情形。

第11条　人民法院经审查再审申请书等材料，认为申请再审事由成立的，应当进行裁定再审。

当事人申请再审超过民事诉讼法第二百一十六条规定的期限，或者超出民事诉讼法第二百一十一条所列明的再审事由范围的，人民法院应当裁定驳回再审申请。

第12条　人民法院认为仅审查再审申请书等材料难以作出裁定的，应当调阅原审卷宗予以审查。

第13条　人民法院可以根据案情需要决定是否询问当事人。

以有新的证据足以推翻原判决、裁定为由申请再审的，人民法院应当询问当事人。

第14条　在审查再审申请过程中，对方当事人也申请再审的，人民法院应当将其列为申请再审人，对其提出的再审申请一并审查。

第15条　申请再审人在案件审查期间申请撤回再审申请的，是否准许，由人民法院裁定。

申请再审人经传票传唤，无正当理由拒不接受询问，可以裁定按撤回再审申请处理。

第16条　人民法院经审查认为申请再审事由不成立的，应当裁定驳回再审申请。

驳回再审申请的裁定一经送达，即发生法律效力。

第17条　人民法院审查再审申请期间，人民检察院对该案提出抗诉的，人民法院应依照民事诉讼法第二百二十二条的规定裁定再审。申请再审人提出的具体再审请求应纳入审理范围。

命题题眼

上述法条规定了当事人申请再审的相关事宜，是常考、易考知识点。主要考点有：

1. 当事人申请再审的条件：再审请求必须在法定时间内向有管辖权的法院提出，再审请求必须符合法定情形，申请再审的范围有一定的限制。

（1）当事人向上一级人民法院申请再审是一般原则，只要当事人向上一级法院提出再审申请，就是选择了上一级法院。向原审法院申请再审是例外规定，只能在当事人一方人数众多或者当事人双方为公民的案件中成为当事人的选择之一。允许当事人在上一级法院和原审法院之中选择其一申请再审，并不意味着可以多头申诉。如果当事人已经向原审法院提出再审申请，就不应再向上一级法院提出；反之亦然。

（2）当事人申请再审的期限是裁决发生法律效力之日起6个月内。

2. 人民法院应当再审的具体情形。

3. 当事人针对调解书申请再审的，只有在以下两种情形下才可能实际引发再审程序：

(1)调解协议是在法院或他方当事人的强制下形成的，或者是在当事人重大误解的情况下形成的；

(2)调解协议的内容违反法律规定。

4. 不能申请再审的几类案件，尤其是离婚案件的再审问题。当事人对已经发生法律效力的解除婚姻关系的判决、调解书，不得申请再审。因为，当事人要达到恢复婚姻关系的目的只需要办理结婚手续复婚即可。

5. 注意：当事人可以申请的再审法院、裁定再审的法院和实际进行再审审理的法院不是一回事。

当事人可以申请的再审法院是作出生效裁决的上一级法院，当事人一方人数众多或者当事人双方为公民的案件，也可以向原审人民法院申请再审。

裁定再审的法院就是接受当事人再审申请的法院。

对再审案件进行审理的法院必须是中级人民法院以上的人民法院，但当事人依照《民事诉讼法》第210条的规定选择向基层人民法院申请再审的除外。最高人民法院、高级人民法院裁定再审的案件，由本院再审或者交其他人民法院再审，也可以交原审人民法院再审。

历年试题

2018年试卷二考生回忆版：谢某与周某交通事故侵权纠纷一案，2016年2月6日，经A县B乡人民调解委员会主持调解，双方签订了人民调解协议，并书面申请司法确认。2016年3月3日，A县法院作出民事裁定，确认该调解协议有效。2016年4月2日，谢某按协议履行完了全部约定义务。2016年7月5日，谢某以发现新证据、原调解协议内容错误为由，向法院申请再审，法院当如何处理？

A. 驳回再审申请

B. 告知另行起诉

C. 进行再审审查，如调解协议错误，裁定执行回转

D. 告知可以申请撤销调解协议

答案：A。根据《民诉法司法解释》第378条规定："适用特别程序、督促程序、公示催告程序、破产程序等非讼程序审理的案件，当事人不得申请再审。"故A项正确。

2018年试卷二考生回忆版：甲、乙因一幅字画所有权问题产生争议，甲主张该幅字画属于自己所有，起诉要求乙返还该幅字画。A市B县法院判决乙交付字画给甲，双方均未提起上诉。后因乙拒不履行判决义务，甲申请强制执行。执行过程中，丙向法院提出异议，主张该字画的所有权，法院经审查驳回了其异议。丙遂向A市中级人民法院申请再审，A市中级人民法院在再审中发现该字画实为甲和丙共同所有。关于A市中级人民法院的做法，下列选项中正确的有：

A. 应当进行调解，调解不成的，再审审理后直接作出判决

B. 应当进行调解，调解不成的，驳回丙再审申请，告知其提起执行异议之诉

C. 应当进行调解，调解不成的，驳回其诉讼请求，告知丙另行起诉

D. 应当进行调解，调解不成的，裁定撤销原判决，发回重审

答案：D。根据《民诉法司法解释》第420条的规定，本案A市中级人民法院再审属于提审，应当按照二审程序审理，故其应当进行调解，调解不成的，撤销原判，发回重审。故D项正确。

2020年试卷二考生回忆版：隆发公司和甲市乙区的兴盛公司签订纱线合同，兴盛公司到期未履约交货，隆发公司向法院起诉，要求兴盛公司履行合同。法院经审理发现，兴盛公司上游供货商因疫情原因无法供货。法院判决驳回起诉。隆发公司未上诉。三个月后复工复产，兴盛公司仍未交货。隆发公司可采取什么措施救济？

A. 向法院再次提起诉讼要求履约

B. 向甲市中级人民法院申请再审

C. 向乙区法院申请再审

D. 向甲市中级人民法院上诉

答案：A。《民诉法司法解释》第248条的规定，裁判发生效力后，发生新的事实，当事人再次提起诉讼的，人民法院应当受理。本题中，法院基于疫情期间供货商无法供货导致兴盛公司无法交货这一事实驳回隆发公司的起诉。三个月后复工复产是判决生效后发生的新的事实，因此隆发公司可以将其作为新的事实重新起诉，法院应当受理，故A项正确。

根据《民事诉讼法》第210条的规定，对已经发生法律效力的判决、裁定，认为有错误的，当事人才可以申请再审。本题中，法院基于判决前的事实作出的判决是正确的，并无错误，不符合再审的条件，因此B、C项错误。上诉的对象是尚未生效的一审判决及部分裁定，本题中一审判决已生效，故不能上诉，因此D项错误。

2020年试卷二考生回忆版：丁甲与王二之间的借款合同纠纷在A市B区人民法院审理并作出一审判决后，双方均未上诉。几个月后，丁甲与王二分别先后向A市B区人民法院和A市中级人民法院申请再审，以下选项正确的是：

A. 应由A市中级人民法院裁定由B区人民法院审核再审申请

B. 应当由先受理的法院审核再审申请

C. 应当由B区法院审核再审申请

D. 应当由A市中级人民法院审核再审申请

答案:B。《民诉法司法解释》第377条规定,当事人一方人数众多或者当事人双方为公民的案件,当事人分别向原审人民法院和上一级人民法院申请再审且不能协商一致的,由原审人民法院受理。对于本条的理解应当注意,当事人分别向原审人民法院和上一级人民法院申请再审,这里的"分别"指的应当是双方当事人同时向有管辖权的法院申请再审的情况。本题题干中表述为"丁甲与王二分别先后"申请再审,应理解为丁甲和王二并非同时向有管辖权的法院申请再审,因此不适用第377条的规定,故正确答案为B项,由先受理的法院审核再审申请。

2021年试卷二考生回忆版:张三向李四借款50万元,由王五提供保证,保证合同中未约定保证方式。后因借款清偿发生纠纷,一审法院判决认定王五承担连带保证责任。王五不服提起上诉,二审法院判决王五承担一般保证责任。判决生效后,王五以签订保证合同时意思表示错误不应承担保证责任为由申请再审。关于对王五申请的处理,下列哪一做法是正确的?

A. 裁定再审后组织调解,调解不成,告知另行起诉

B. 裁定再审后组织调解,调解不成,裁定发回重审

C. 裁定不予受理再审申请

D. 裁定驳回再审申请

答案:D。

2023年试卷二考生回忆版:甲起诉乙还借款本金和利息共200万元,担保人丙承担担保责任。法院一审判决乙归还甲本金和利息共计180万元,判决丙不承担责任。甲和丙没上诉,乙以利息核定过高为由上诉,二审判决驳回上诉,维持原判。生效法律文书作出后,甲觉得一审认定事实有误,丙应该承担担保责任。甲以此为由申请再审。法院应怎么处理甲的再审申请?

A. 应告知甲另行起诉丙

B. 应询问丙的意见,必要时听证

C. 应以判决生效为由驳回再审申请

D. 以不符合再审条件驳回再审申请

答案:BD。最高人民法院《关于受理审查民事申请再审案件的若干意见》第18条规定,人民法院对以下列事由申请再审的案件,可以组织当事人进行听证:(1)有新的证据,足以推翻原判决、裁定的;(2)原判决、裁定认定的基本事实缺乏证据证明的;(3)原判决、裁定认定事实的主要证据是伪造的;(4)原判决、裁定适用法律确有错误的。所以对于当事人申请再审的案件,法院可以询问当事人,必要时可以听证。B项正确。

当事人对于一审案件,能上诉而没有上诉,而后再申请再审的行为,违反了诚信原则,属于滥用诉讼权利,法院应裁定驳回再审申请。D项正确。

强化模拟题

1. 三合公司诉两江公司合同纠纷一案,经法院审理后判决两江公司败诉。此后,两江公司与海大公司合并成立了大江公司。在对两江公司财务进行审核时,发现了一份对前述案件事实认定极为重要的证据。关于该案的再审,下列哪一说法是正确的?

A. 应当由两江公司申请再审并参加诉讼

B. 应当由海大公司申请再审并参加诉讼

C. 应当由大江公司申请再审并参加诉讼

D. 应当由两江公司申请再审,但必须由大江公司参加诉讼

答案:C。

2. 马某(女)诉吴某(男)离婚案件,二审法院宣判后马某不服,她认为二审判决共同财产钢琴归吴某所有不妥。因吴某不会弹钢琴,因此申请再审。此外,马某还想起有一个1万元的存折是夫妻共有财产,在一审、二审时双方当事人均未提及此事,现存折在吴某手中,她希望法院再审时一并处理。本案应如何处理?

A. 对钢琴归属争议立案再审,存折问题告知马某另行起诉

B. 立案再审,对钢琴和存折问题一并处理

C. 告知马某另行起诉钢琴和存折问题

D. 告知马某可以一并处理钢琴和存折问题,她可以选择申请再审或另行起诉

答案:A。《民诉法司法解释》第380条。此处是对原审判决中的已分割财产与未分割财产的不同处理。

第二百一十七条 【原裁判执行的中止】按照审判监督程序决定再审的案件,裁定中止原判决、裁定、调解书的执行,但追索赡养费、扶养费、抚养费、抚恤金、医疗费用、劳动报酬等案件,可以不中止执行。

第二百一十八条 【再审案件的审理】人民法院按照审判监督程序再审的案件,发生法律效力的判决、裁定是由第一审法院作出的,按照第一审程序审理,所作的判决、裁定,当事人可以上诉;发生法律效力的判决、裁定是由第二审法院作出的,按照第二审程序审理,所作的判决、裁定,是发生法律效力的判决、裁定;上级人民法院按照审判监督程序提审的,按照第二审程序审理,所作的判决、裁定是发生法律

效力的判决、裁定。

人民法院审理再审案件，应当另行组成合议庭。

相关规定

《民诉法司法解释》

第394条　人民法院对已经发生法律效力的判决、裁定、调解书依法决定再审，依照民事诉讼法第二百一十七条规定，需要中止执行的，应当在再审裁定中同时写明中止原判决、裁定、调解书的执行；情况紧急的，可以将中止执行裁定口头通知负责执行的人民法院，并在通知后十日内发出裁定书。

第395条　人民法院根据审查案件的需要决定是否询问当事人。新的证据可能推翻原判决、裁定的，人民法院应当询问当事人。

第396条　审查再审申请期间，被申请人及原审其他当事人依法提出再审申请的，人民法院应当将其列为再审申请人，对其再审事由一并审查，审查期限重新计算。经审查，其中一方再审申请人主张的再审事由成立的，应当裁定再审。各方再审申请人主张的再审事由均不成立的，一并裁定驳回再审申请。

第397条　审查再审申请期间，再审申请人申请人民法院委托鉴定、勘验的，人民法院不予准许。

第398条　审查再审申请期间，再审申请人撤回再审申请的，是否准许，由人民法院裁定。

再审申请人经传票传唤，无正当理由拒不接受询问的，可以按撤回再审申请处理。

第399条　人民法院准许撤回再审申请或者按撤回再审申请处理后，再审申请人再次申请再审的，不予受理，但有民事诉讼法第二百一十一条第一项、第三项、第十二项、第十三项规定情形，自知道或者应当知道之日起六个月内提出的除外。

第400条　再审申请审查期间，有下列情形之一的，裁定终结审查：

（一）再审申请人死亡或者终止，无权利义务承继者或者权利义务承继者声明放弃再审申请的；

（二）在给付之诉中，负有给付义务的被申请人死亡或者终止，无可供执行的财产，也没有应当承担义务的人的；

（三）当事人达成和解协议且已履行完毕的，但当事人在和解协议中声明不放弃申请再审权利的除外；

（四）他人未经授权以当事人名义申请再审的；

（五）原审或者上一级人民法院已经裁定再审的；

（六）有本解释第三百八十一条第一款规定情形的。

第401条　人民法院审理再审案件应当组成合议庭开庭审理，但按照第二审程序审理，有特殊情况或者双方当事人已经通过其他方式充分表达意见，且书面同意不开庭审理的除外。

符合缺席判决条件的，可以缺席判决。

第402条　人民法院开庭审理再审案件，应当按照下列情形分别进行：

（一）因当事人申请再审的，先由再审申请人陈述再审请求及理由，后由被申请人答辩、其他原审当事人发表意见；

（二）因抗诉再审的，先由抗诉机关宣读抗诉书，再由申请抗诉的当事人陈述，后由被申请人答辩、其他原审当事人发表意见；

（三）人民法院依职权再审，有申诉人的，先由申诉人陈述再审请求及理由，后由被申诉人答辩、其他原审当事人发表意见；

（四）人民法院依职权再审，没有申诉人的，先由原审原告或者原审上诉人陈述，后由原审其他当事人发表意见。

对前款第一项至第三项规定的情形，人民法院应当要求当事人明确其再审请求。

第403条　人民法院审理再审案件应当围绕再审请求进行。当事人的再审请求超出原审诉讼请求的，不予审理；符合另案诉讼条件的，告知当事人可以另行起诉。

被申请人及原审其他当事人在庭审辩论结束前提出的再审请求，符合民事诉讼法第二百一十六条规定的，人民法院应当一并审理。

人民法院经再审，发现已经发生法律效力的判决、裁定损害国家利益、社会公共利益、他人合法权益的，应当一并审理。

第404条　再审审理期间，有下列情形之一的，可以裁定终结再审程序：

（一）再审申请人在再审期间撤回再审请求，人民法院准许的；

（二）再审申请人经传票传唤，无正当理由拒不到庭的，或者未经法庭许可中途退庭，按撤回再审请求处理的；

（三）人民检察院撤回抗诉的；

（四）有本解释第四百条第一项至第四项规定情形的。

因人民检察院提出抗诉裁定再审的案件，申请抗诉的当事人有前款规定的情形，且不损害国家利益、社会公共利益或者他人合法权益的，人民法院应当裁定终结再审程序。

再审程序终结后，人民法院裁定中止执行的原生效判决自动恢复执行。

第405条　人民法院经再审审理认为，原判决、裁定认定事实清楚、适用法律正确的，应予维持；原判决、裁定认定事实、适用法律虽有瑕疵，但裁判结果正确的，应当在再审判决、裁定中纠正瑕疵后予以维持。

原判决、裁定认定事实、适用法律错误，导致裁判结果错误的，应当依法改判、撤销或者变更。

第406条　按照第二审程序再审的案件，人民法院经审理认为不符合民事诉讼法规定的起诉条件或者符合民事诉讼法第一百二十七条规定不予受理情形的，应当裁定撤销一、二审判决，驳回起诉。

第407条　人民法院对调解书裁定再审后，按照下列情形分别处理：

（一）当事人提出的调解违反自愿原则的事由不成立，且调解书的内容不违反法律强制性规定的，裁定驳回再审申请；

（二）人民检察院抗诉或者再审检察建议所主张的损害国家利益、社会公共利益的理由不成立的，裁定终结再审程序。

前款规定情形，人民法院裁定中止执行的调解书需要继续执行的，自动恢复执行。

第408条　一审原告在再审审理程序中申请撤回起诉，经其他当事人同意，且不损害国家利益、社会公共利益、他人合法权益的，人民法院可以准许。裁定准许撤诉的，应当一并撤销原判决。

一审原告在再审审理程序中撤回起诉后重复起诉的，人民法院不予受理。

第409条　当事人提交新的证据致使再审改判，因再审申请人或者申请检察监督当事人的过错未能在原审程序中及时举证，被申请人等当事人请求补偿其增加的交通、住宿、就餐、误工等必要费用的，人民法院应予支持。

第410条　部分当事人到庭并达成调解协议，其他当事人未作出书面表示的，人民法院应当在判决中对该事实作出表述；调解协议内容不违反法律规定，且不损害其他当事人合法权益的，可以在判决主文中予以确认。

第423条　本解释第三百三十八条规定适用于审判监督程序。

《审判监督程序解释》

第18条　上一级人民法院经审查认为申请再审事由成立的，一般由本院提审。最高人民法院、高级人民法院也可以指定与原审人民法院同级的其他人民法院再审，或者指令原审人民法院再审。

第19条　上一级人民法院可以根据案件的影响程度以及案件参与人等情况，决定是否指定再审。需要指定再审的，应当考虑便利当事人行使诉讼权利以及便利人民法院审理等因素。

接受指定再审的人民法院，应当按照民事诉讼法第二百一十八条第一款规定的程序审理。

第20条　有下列情形之一的，不得指令原审人民法院再审：

（一）原审人民法院对该案无管辖权的；

（二）审判人员在审理该案件时有贪污受贿，徇私舞弊，枉法裁判行为的；

（三）原判决、裁定系经原审人民法院审判委员会讨论作出的；

（四）其他不宜指令原审人民法院再审的。

第22条　人民法院应当依照民事诉讼法第二百一十八条的规定，按照第一审程序或者第二审程序审理再审案件。

人民法院审理再审案件应当开庭审理。但按照第二审程序审理的，双方当事人已经其他方式充分表达意见，且书面同意不开庭审理的除外。

第23条　申请再审人在再审期间撤回再审申请的，是否准许由人民法院裁定。裁定准许的，应终结再审程序。申请再审人经传票传唤，无正当理由拒不到庭的，或者未经法庭许可中途退庭的，可以裁定按自动撤回再审申请处理。

人民检察院抗诉再审的案件，申请抗诉的当事人有前款规定的情形，且不损害国家利益、社会公共利益或第三人利益的，人民法院应当裁定终结再审程序；人民检察院撤回抗诉的，应当准予。

终结再审程序的，恢复原判决的执行。

第24条　按照第一审程序审理再审案件时，一审原告申请撤回起诉的，是否准许由人民法院裁定。裁定准许的，应当同时裁定撤销原判决、裁定、调解书。

第25条　当事人在再审审理中经调解达成协议的，人民法院应当制作调解书。调解书经各方当事人签收后，即具有法律效力，原判决、裁定视为被撤销。

第26条　人民法院经再审审理认为，原判决、裁定认定事实清楚、适用法律正确的，应予维持；原判决、裁定在认定事实、适用法律、阐述理由方面虽有瑕疵，但裁判结果正确的，人民法院应在再审判决、裁定中纠正上述瑕疵后予以维持。

第27条　人民法院按照第二审程序审理再审案件，发现原判决认定事实错误或者认定事实不清的，应当在查清事实后改判。但原审人民法院便于查清事实，化解纠纷的，可以裁定撤销原判决，发回重审；原审程序遗漏必须参加诉讼的当事人且无法达成调解协议，以及其他违反法定程序不宜在再审程序中直接作出实体处理的，应当裁定撤销原判决，发回重审。

第 28 条　人民法院以调解方式审结的案件裁定再审后，经审理发现申请再审人提出的调解违反自愿原则的事由不成立，且调解协议的内容不违反法律强制性规定的，应当裁定驳回再审申请，并恢复原调解书的执行。

第 29 条　民事再审案件的当事人应为原审案件的当事人。原审案件当事人死亡或者终止的，其权利义务承受人可以申请再审并参加再审诉讼。

第 30 条　本院以前发布的司法解释与本解释不一致的，以本解释为准。本解释未作规定的，按照以前的规定执行。

命题题眼

1. 掌握按照审判监督程序决定再审的案件在审判程序上的特殊规定。

(1)裁定中止原判决、调解书的执行，注意可以不中止执行的案件。

(2)另行组成合议庭。

(3)依照发生法律效力的原审程序进行审理。

(4)提审按二审程序审理。

2. 注意再审案件根据不同情况作出的具体处理结果。

历年试题

2016 年试卷三第 81 题：李某诉谭某返还借款一案，M 市 N 区法院按照小额诉讼案件进行审理，判决谭某返还借款。判决生效后，谭某认为借款数额远高于法律规定的小额案件的数额，不应按小额案件审理，遂向法院申请再审。法院经审查，裁定予以再审。关于该案再审程序适用，下列哪些选项是正确的？

A. 谭某应当向 M 市中级人民法院申请再审

B. 法院应当组成合议庭审理

C. 对作出的再审判决当事人可以上诉

D. 作出的再审判决仍实行一审终审

答案：BC。

2018 年试卷二考生回忆版：甲诉乙合同纠纷一案，法院判决甲胜诉。在执行过程中，甲和乙自愿达成和解协议：将判决中确定的乙向甲偿还 100 万元人民币减少为 80 万元，协议生效之日起 1 个月内还清。乙按照和解协议的约定履行了相关义务。后甲以发现新证据为由向法院申请再审，法院对再审申请进行审查时，发现和解协议已履行完毕。法院的正确做法是：

A. 应当裁定执行回转

B. 应裁定驳回甲的再审申请

C. 审查执行和解协议是否违反自愿与合法原则

D. 裁定终结对再审的审查

答案：D。根据《民诉法司法解释》第 400 条的规定，D 项正确。

强化模拟题

某甲诉某乙侵权赔偿损失一案经由某县人民法院一审，某市中级人民法院二审，审理终结。在判决发生法律效力后的第 11 个月，某甲提出确实证据，证明二审审判人员在审理该案件时有贪污受贿行为，就向某省高级人民法院申请再审。某省高级人民法院经审查，决定提起再审。下列说法正确的是(　　)。

A. 某省高级人民法院应当裁定中止原判决的执行

B. 应当适用二审程序，作出的判决为终审判决

C. 应当对该案进行全面的审理，不受再审范围的限制

D. 只能在某甲申请再审请求范围内进行审理

答案：ABC。《民事诉讼法》第 217、218 条。本题的特殊之处在于其是因为审判人员的不法行为提出的再审，在此情形下，应当对案件进行全面审理而非囿于再审的请求范围。因此，D 项错误。

第二百一十九条　【检察院提出抗诉或者检察建议】最高人民检察院对各级人民法院已经发生法律效力的判决、裁定，上级人民检察院对下级人民法院已经发生法律效力的判决、裁定，发现有本法第二百一十一条规定情形之一的，或者发现调解书损害国家利益、社会公共利益的，应当提出抗诉。

地方各级人民检察院对同级人民法院已经发生法律效力的判决、裁定，发现有本法第二百一十一条规定情形之一的，或者发现调解书损害国家利益、社会公共利益的，可以向同级人民法院提出检察建议，并报上级人民检察院备案；也可以提请上级人民检察院向同级人民法院提出抗诉。

各级人民检察院对审判监督程序以外的其他审判程序中审判人员的违法行为，有权向同级人民法院提出检察建议。

第二百二十条　【当事人申请检察建议或者抗诉】有下列情形之一的，当事人可以向人民检察院申请检察建议或者抗诉：

(一)人民法院驳回再审申请的；

(二)人民法院逾期未对再审申请作出裁定的；

(三)再审判决、裁定有明显错误的。

人民检察院对当事人的申请应当在三个月内进

行审查，作出提出或者不予提出检察建议或者抗诉的决定。当事人不得再次向人民检察院申请检察建议或者抗诉。

第二百二十一条 【检察院的调查权】人民检察院因履行法律监督职责提出检察建议或者抗诉的需要，可以向当事人或者案外人调查核实有关情况。

第二百二十二条 【抗诉案件的审理】人民检察院提出抗诉的案件，接受抗诉的人民法院应当自收到抗诉书之日起三十日内作出再审的裁定；有本法第二百一十一条第一项至第五项规定情形之一的，可以交下一级人民法院再审，但经该下一级人民法院再审的除外。

第二百二十三条 【抗诉书】人民检察院决定对人民法院的判决、裁定、调解书提出抗诉的，应当制作抗诉书。

第二百二十四条 【检察员出庭】人民检察院提出抗诉的案件，人民法院再审时，应当通知人民检察院派员出席法庭。

相关规定

《民诉法司法解释》

第411条 人民检察院依法对损害国家利益、社会公共利益的发生法律效力的判决、裁定、调解书提出抗诉，或者经人民检察院检察委员会讨论决定提出再审检察建议的，人民法院应予受理。

第412条 人民检察院对已经发生法律效力的判决以及不予受理、驳回起诉的裁定依法提出抗诉的，人民法院应予受理，但适用特别程序、督促程序、公示催告程序、破产程序以及解除婚姻关系的判决、裁定等不适用审判监督程序的判决、裁定除外。

第413条 人民检察院依照民事诉讼法第二百二十条第一款第三项规定对有明显错误的再审判决、裁定提出抗诉或者再审检察建议的，人民法院应予受理。

第414条 地方各级人民检察院依当事人的申请对生效判决、裁定向同级人民法院提出再审检察建议，符合下列条件的，应予受理：

（一）再审检察建议书和原审当事人申请书及相关证据材料已经提交；

（二）建议再审的对象为依照民事诉讼法和本解释规定可以进行再审的判决、裁定；

（三）再审检察建议书列明该判决、裁定有民事诉讼法第二百一十九条第二款规定情形；

（四）符合民事诉讼法第二百二十条第一款第一项、第二项规定情形；

（五）再审检察建议经该人民检察院检察委员会讨论决定。

不符合前款规定的，人民法院可以建议人民检察院予以补正或者撤回；不予补正或者撤回的，应当函告人民检察院不予受理。

第415条 人民检察院依当事人的申请对生效判决、裁定提出抗诉，符合下列条件的，人民法院应当在三十日内裁定再审：

（一）抗诉书和原审当事人申请书及相关证据材料已经提交；

（二）抗诉对象为依照民事诉讼法和本解释规定可以进行再审的判决、裁定；

（三）抗诉书列明该判决、裁定有民事诉讼法第二百一十九条第一款规定情形；

（四）符合民事诉讼法第二百二十条第一款第一项、第二项规定情形。

不符合前款规定的，人民法院可以建议人民检察院予以补正或者撤回；不予补正或者撤回的，人民法院可以裁定不予受理。

第416条 当事人的再审申请被上级人民法院裁定驳回后，人民检察院对原判决、裁定、调解书提出抗诉，抗诉事由符合民事诉讼法第二百一十一条第一项至第五项规定情形之一的，受理抗诉的人民法院可以交由下一级人民法院再审。

第417条 人民法院收到再审检察建议后，应当组成合议庭，在三个月内进行审查，发现原判决、裁定、调解书确有错误，需要再审的，依照民事诉讼法第二百零九条规定裁定再审，并通知当事人；经审查，决定不予再审的，应当书面回复人民检察院。

第418条 人民法院审理因人民检察院抗诉或者检察建议裁定再审的案件，不受此前已经作出的驳回当事人再审申请裁定的影响。

第419条 人民法院开庭审理抗诉案件，应当在开庭三日前通知人民检察院、当事人和其他诉讼参与人。同级人民检察院或者提出抗诉的人民检察院应当派员出庭。

人民检察院因履行法律监督职责向当事人或者案外人调查核实的情况，应当向法庭提交并予以说明，由双方当事人进行质证。

命题题眼

上述法条规定了人民检察院的再审抗诉，是常考、易考知识点。主要考点有：

1. 抗诉主体。民事诉讼中的抗诉只包括对生效判决的抗诉，而且只能由最高人民检察院、上级人民检察院提出抗诉。对未生效判决是否提起二审是当事人处分权的内容，人民检察院不能随意干涉，不能提起对未生效民事判决的抗诉。这与刑事诉讼中的抗诉不同。

基于检察权抗诉的再审因提起再审的主体不同而分为以下几种：

(1)最高人民检察院对各级人民法院裁判抗诉的再审。

(2)上级人民检察院对下级法院裁判抗诉的再审。

(3)地方各级人民检察院对同级法院裁判的审判监督。地方各级人民检察院有权对同级法院已经生效的判决和裁定行使检察监督权。但是，检察机关不能对同级法院的生效判决和裁定提出抗诉，而只能提请上级人民检察院按照审判监督程序提起抗诉或者向同级法院提出检察建议。

2. 抗诉必然引起再审，接受抗诉的人民法院应当自收到抗诉书之日起30日内作出再审的裁定，但是不适用再审程序的判决、裁定除外。

3. 再审法院。

(1)因当事人申请裁定再审的案件和因抗诉而再审的案件的审理法院不同。

①因当事人申请裁定再审的案件由中级人民法院以上的人民法院审理，但当事人依照相关规定选择向基层人民法院申请再审的除外。最高人民法院、高级人民法院裁定再审的案件，由本院再审或者交其他人民法院再审，也可以交原审人民法院再审。

②因抗诉而再审的案件，只能是接受抗诉的法院或者其下一级法院。

(2)抗诉的情形不同，再审的法院也不同。

①一般情况下，由接受抗诉的法院再审。

②有《民事诉讼法》第211条第1项至第5项规定情形之一的，可以交下一级人民法院再审。

4. 应当抗诉的具体情形。注意，调解书损害国家利益、社会公共利益的，检察院应当抗诉。

5. 检察建议是人民检察院向同级人民法院发出的监督建议，不能立刻引发对生效裁决、调解书的再审。根据相关规定，检察建议比抗诉的适用范围更广，除了在审判监督程序中发挥作用外，检察建议还可以用于帮助人民法院发现其他审判程序中审判人员的违法行为。

6. 当事人申请检察建议或者抗诉的规定。

历年试题

2024年试卷二考生回忆版：下列体现民事检察监督原则的是？

A. 对法院执行活动中的不当行为发出检察建议

B. 对某公司单方捏造事实提起虚假诉讼的犯罪事实提起公诉

C. 对污染环境的某公司提起检察公益诉讼

D. 对某份侵害社会公共利益的调解书提起抗诉

答案：AD。《民事诉讼法》第14、219条。

强化模拟题

张某诉季某人身损害赔偿一案判决生效后，张某以法院剥夺其辩论权为由申请再审，在法院审查张某再审申请期间，检察院对该案提出抗诉。关于法院的处理方式，下列哪一选项是正确的？

A. 法院继续对当事人的再审申请进行审查，并裁定是否再审

B. 法院应当审查检察院的抗诉是否成立，并裁定是否再审

C. 法院应当审查检察院的抗诉是否成立，如不成立，再继续审查当事人的再审申请

D. 法院直接裁定再审

答案：D。《民事诉讼法》第222条。

第十七章　督促程序

第二百二十五条　【支付令的申请】债权人请求债务人给付金钱、有价证券，符合下列条件的，可以向有管辖权的基层人民法院申请支付令：

（一）债权人与债务人没有其他债务纠纷的；

（二）支付令能够送达债务人的。

申请书应当写明请求给付金钱或者有价证券的数量和所根据的事实、证据。

第二百二十六条　【支付令申请的受理】债权人提出申请后，人民法院应当在五日内通知债权人是否受理。

第二百二十七条　【审理】人民法院受理申请后，经审查债权人提供的事实、证据，对债权债务关系明确、合法的，应当在受理之日起十五日内向债务人发出支付令；申请不成立的，裁定予以驳回。

债务人应当自收到支付令之日起十五日内清偿债务，或者向人民法院提出书面异议。

债务人在前款规定的期间不提出异议又不履行支付令的，债权人可以向人民法院申请执行。

第二百二十八条　【支付令的异议】人民法院收到债务人提出的书面异议后，经审查，异议成立的，应当裁定终结督促程序，支付令自行失效。

支付令失效的，转入诉讼程序，但申请支付令的一方当事人不同意提起诉讼的除外。

相关法条

第一百三十六条　人民法院对受理的案件，分

别情形，予以处理：

（一）当事人没有争议，符合督促程序规定条件的，可以转入督促程序；

（二）开庭前可以调解的，采取调解方式及时解决纠纷；

（三）根据案件情况，确定适用简易程序或者普通程序；

（四）需要开庭审理的，通过要求当事人交换证据等方式，明确争议焦点。

相关规定

《民诉法司法解释》

第425条　两个以上人民法院都有管辖权的，债权人可以向其中一个基层人民法院申请支付令。

债权人向两个以上有管辖权的基层人民法院申请支付令的，由最先立案的人民法院管辖。

第426条　人民法院收到债权人的支付令申请书后，认为申请书不符合要求的，可以通知债权人限期补正。人民法院应当自收到补正材料之日起五日内通知债权人是否受理。

第427条　债权人申请支付令，符合下列条件的，基层人民法院应当受理，并在收到支付令申请书后五日内通知债权人：

（一）请求给付金钱或者汇票、本票、支票、股票、债券、国库券、可转让的存款单等有价证券；

（二）请求给付的金钱或者有价证券已到期且数额确定，并写明了请求所根据的事实、证据；

（三）债权人没有对待给付义务；

（四）债务人在我国境内且未下落不明；

（五）支付令能够送达债务人；

（六）收到申请书的人民法院有管辖权；

（七）债权人未向人民法院申请诉前保全。

不符合前款规定的，人民法院应当在收到支付令申请书后五日内通知债权人不予受理。

基层人民法院受理申请支付令案件，不受债权金额的限制。

第428条　人民法院受理申请后，由审判员一人进行审查。经审查，有下列情形之一的，裁定驳回申请：

（一）申请人不具备当事人资格的；

（二）给付金钱或者有价证券的证明文件没有约定逾期给付利息或者违约金、赔偿金，债权人坚持要求给付利息或者违约金、赔偿金的；

（三）要求给付的金钱或者有价证券属于违法所得的；

（四）要求给付的金钱或者有价证券尚未到期或者数额不确定的。

人民法院受理支付令申请后，发现不符合本解释规定的受理条件的，应当在受理之日起十五日内裁定驳回申请。

第429条　向债务人本人送达支付令，债务人拒绝接收的，人民法院可以留置送达。

第430条　有下列情形之一的，人民法院应当裁定终结督促程序，已发出支付令的，支付令自行失效：

（一）人民法院受理支付令申请后，债权人就同一债权债务关系又提起诉讼的；

（二）人民法院发出支付令之日起三十日内无法送达债务人的；

（三）债务人收到支付令前，债权人撤回申请的。

第431条　债务人在收到支付令后，未在法定期间提出书面异议，而向其他人民法院起诉的，不影响支付令的效力。

债务人超过法定期间提出异议的，视为未提出异议。

第432条　债权人基于同一债权债务关系，在同一支付令申请中向债务人提出多项支付请求，债务人仅就其中一项或者几项请求提出异议的，不影响其他各项请求的效力。

第433条　债权人基于同一债权债务关系，就可分之债向多个债务人提出支付请求，多个债务人中的一人或者几人提出异议的，不影响其他请求的效力。

第434条　对设有担保的债务的主债务人发出的支付令，对担保人没有拘束力。

债权人就担保关系单独提起诉讼的，支付令自人民法院受理案件之日起失效。

第435条　经形式审查，债务人提出的书面异议有下列情形之一的，应当认定异议成立，裁定终结督促程序，支付令自行失效：

（一）本解释规定的不予受理申请情形的；

（二）本解释规定的裁定驳回申请情形的；

（三）本解释规定的应当裁定终结督促程序情形的；

（四）人民法院对是否符合发出支付令条件产生合理怀疑的。

第436条　债务人对债务本身没有异议，只是提出缺乏清偿能力、延缓债务清偿期限、变更债务清偿方式等异议的，不影响支付令的效力。

人民法院经审查认为异议不成立的，裁定驳回。

债务人的口头异议无效。

第437条　人民法院作出终结督促程序或者驳回异议裁定前，债务人请求撤回异议的，应当裁定准许。

债务人对撤回异议反悔的，人民法院不予支持。

第438条　支付令失效后，申请支付令的一方当事人不同意提起诉讼的，应当自收到终结督促程序裁定之日起七日内向受理申请的人民法院提出。

申请支付令的一方当事人不同意提起诉讼的，不影响其向其他有管辖权的人民法院提起诉讼。

第439条　支付令失效后，申请支付令的一方当事人自收到终结督促程序裁定之日起七日内未向受理申请的人民法院表明不同意提起诉讼的，视为向受理申请的人民法院起诉。

债权人提出支付令申请的时间，即为向人民法院起诉的时间。

第440条　债权人向人民法院申请执行支付令的期间，适用民事诉讼法第二百五十条的规定。

第441条　人民法院院长发现本院已经发生法律效力的支付令确有错误，认为需要撤销的，应当提交本院审判委员会讨论决定后，裁定撤销支付令，驳回债权人的申请。

命题题眼

上述法条规定了督促程序，一般掌握。

1. 督促程序的特点。

(1)适用范围的特定性。督促程序的适用范围仅限于给付金钱或有价证券的债务案件，并以债权人与债务人没有其他债务纠纷和支付令能够送达债务人为条件。

(2)审查过程的简捷性。人民法院不用对债权债务的内容进行实质性审查，就可以直接发出支付令。

(3)程序适用的选择性。督促程序并非处理一切以金钱和有价证券为标的的债务案件的必经程序。需要注意的是，人民法院对于受理的案件，当事人没有争议，符合督促程序规定条件的，可以转入督促程序。根据此规定，债权人起诉后，仍然可以转入督促程序。

(4)支付令的附期限、附条件性。自支付令发出之日起15日内，债务人可以清偿债务，也可以提出书面异议。如果债务人接受支付令后在法定期间内提出书面异议，经法院审查异议成立的，该支付令自行失效；否则该支付令与发生法律效力的判决具有同等效力。

2. 掌握督促程序的管辖法院。

3. 注意不能适用督促程序的几种情形。

4. 督促程序终结的情形。注意：督促程序终结有裁定终结和自然终结两种。债务人在收到人民法院发出的支付令后，在法定的期间履行了债务，督促程序自然终结。

5. 债务人异议。债务人异议，是指债务人对支付令认定的事实和证据提出不同意见，并向人民法院提出自己不应当清偿全部或部分到期债务的行为。

其特点是：(1)异议只能由债务人提出。(2)异议必须在法定期间内提出。提出异议的期间为15日。(3)异议必须以书面形式提出。

注意：2017年修订后的《民事诉讼法》增加了"经审查，异议成立的"规定，也就是法院对债务人提出的书面异议不是当然裁定督促程序终结，而是首先要对异议进行审查，以判断异议是否成立。

6. 支付令可以留置送达，但不能公告送达。

7. 督促程序转入诉讼程序。申请支付令一方的当事人不需要另行起诉，而直接转入普通程序。

历年试题

2017年试卷三第83题：甲公司购买乙公司的产品，丙公司以其房产为甲公司提供抵押担保。因甲公司未按约支付120万元货款，乙公司向A市B县法院申请支付令。法院经审查向甲公司发出支付令，甲公司拒绝签收。甲公司未在法定期间提出异议，而以乙公司提供的产品有质量问题为由向A市C区法院提起诉讼。关于本案，下列哪些表述是正确的？

A. 甲公司拒绝签收支付令，法院可采取留置送达

B. 甲公司提起诉讼，法院应裁定中止督促程序

C. 乙公司可依支付令向法院申请执行甲公司的财产

D. 乙公司可依支付令向法院申请执行丙公司的担保财产

答案：AC。

2023年试卷二考生回忆版：甲公司向法院申请对乙公司发出100万元的支付令，乙公司没有在15日内提出异议，但甲公司也没有申请执行。后甲公司支付不起丙公司的到期债权200万元，丙公司认为甲公司怠于主张其对乙公司的100万元到期债权。丙公司此时有哪些救济途径？

A. 申请执行甲公司对乙的支付令

B. 向法院申请对乙发放支付令

C. 丙在对甲的案件诉讼中可以申请冻结甲对乙的债权

D. 提起诉讼代为主张甲公司对乙公司的债权

答案：CD。丙公司作为甲公司的债权人，不是甲、乙公司之间支付令的当事人，不能申请执行债务人甲

公司和第三方乙公司之间的生效法律文书,A项错误。

丙不能代甲向乙直接申请发支付令,只能对次债务人乙提起代位诉讼。因此丙向法院申请给乙发支付令是错误的。B项错误。

强化模拟题

1. 甲公司因乙公司拖欠货款向A县法院申请支付令,经审查甲公司的申请符合法律规定,A县法院向乙公司发出支付令。乙公司收到支付令后在法定期间没有履行给付货款的义务,而是向A县法院提起诉讼,要求甲公司承担因其提供的产品存在质量问题的违约责任。关于本案,下列哪些选项是正确的?

A. 支付令失效

B. 甲公司可以持支付令申请强制执行

C. A县法院应当受理乙公司的起诉

D. A县法院不应受理乙公司的起诉

答案:AC。本题的设题陷阱在于如何理解支付令异议的形式和效力。部分考生会受《民诉司法解释》第431条的误导,认为债务人的异议必须以书面方式提出,因此误以为异议无效,支付令已经发生执行效力。实际上,由于债务人提出异议的法院就是发出支付令的法院,且该起诉符合法定条件,因此也是一种有效的异议方式,导致支付令失效。

2. 甲公司向乙公司购买了10台空调,价值38000元,但甲公司一直没有支付货款。乙公司在多次催讨无结果的情况下,向某县人民法院申请了支付令。法院受理后经过审理,向甲公司发出支付令,甲公司在接到支付令的第5天,以书面形式提出空调存在质量问题,只愿意付款30000元,另外8000元不愿意支付。对此,下列选项表述正确的是:

A. 法院不对异议进行审查,应当直接裁定终结督促程序

B. 不影响支付令的效力

C. 法院应当对异议进行审查,以认定异议是否有效

D. 法院应询问债权人的意见,如其同意债务人只付款30000元,可将支付令数额改为30000元

答案:C。《民事诉讼法》第228条。

第十八章　公示催告程序

第二百二十九条　【公示催告程序的提起】按照规定可以背书转让的票据持有人,因票据被盗、遗失或者灭失,可以向票据支付地的基层人民法院申请公示催告。依照法律规定可以申请公示催告的其他事项,适用本章规定。

申请人应当向人民法院递交申请书,写明票面金额、发票人、持票人、背书人等票据主要内容和申请的理由、事实。

第二百三十条　【受理、止付通知与公告】人民法院决定受理申请,应当同时通知支付人停止支付,并在三日内发出公告,催促利害关系人申报权利。公示催告的期间,由人民法院根据情况决定,但不得少于六十日。

第二百三十一条　【止付通知和公告的效力】支付人收到人民法院停止支付的通知,应当停止支付,至公示催告程序终结。

公示催告期间,转让票据权利的行为无效。

第二百三十二条　【利害关系人申报权利】利害关系人应当在公示催告期间向人民法院申报。

人民法院收到利害关系人的申报后,应当裁定终结公示催告程序,并通知申请人和支付人。

申请人或者申报人可以向人民法院起诉。

第二百三十三条　【除权判决】没有人申报的,人民法院应当根据申请人的申请,作出判决,宣告票据无效。判决应当公告,并通知支付人。自判决公告之日起,申请人有权向支付人请求支付。

第二百三十四条　【除权判决的撤销】利害关系人因正当理由不能在判决前向人民法院申报的,自知道或者应当知道判决公告之日起一年内,可以向作出判决的人民法院起诉。

相关规定

《民诉法司法解释》

第442条　民事诉讼法第二百二十九条规定的票据持有人,是指票据被盗、遗失或者灭失前的最后持有人。

第443条　人民法院收到公示催告的申请后,应当立即审查,并决定是否受理。经审查认为符合受理条件的,通知予以受理,并同时通知支付人停止支付;认为不符合受理条件的,七日内裁定驳回申请。

第444条　因票据丧失,申请公示催告的,人民法院应结合票据存根、丧失票据的复印件、出票人关于签发票据的证明、申请人合法取得票据的证明、银行挂失止付通知书、报案证明等证据,决定是否受理。

第445条　人民法院依照民事诉讼法第二百三十条规定发出的受理申请的公告,应当写明下列内容:

(一)公示催告申请人的姓名或者名称;

(二)票据的种类、号码、票面金额、出票人、背书人、持票人、付款期限等事项以及其他可以申请公示催告的权利凭证的种类、号码、权利范围、权利人、义

务人、行权日期等事项；

（三）申报权利的期间；

（四）在公示催告期间转让票据等权利凭证，利害关系人不申报的法律后果。

第446条　公告应当在有关报纸或者其他媒体上刊登，并于同日公布于人民法院公告栏内。人民法院所在地有证券交易所的，还应当同日在该交易所公布。

第447条　公告期间不得少于六十日，且公示催告期间届满日不得早于票据付款日后十五日。

第448条　在申报期届满后、判决作出之前，利害关系人申报权利的，应当适用民事诉讼法第二百三十二条第二款、第三款规定处理。

第449条　利害关系人申报权利，人民法院应当通知其向法院出示票据，并通知公示催告申请人在指定的期间查看该票据。公示催告申请人申请公示催告的票据与利害关系人出示的票据不一致的，应当裁定驳回利害关系人的申报。

第450条　在申报权利的期间无人申报权利，或者申报被驳回的，申请人应当自公示催告期间届满之日起一个月内申请作出判决。逾期不申请判决的，终结公示催告程序。

裁定终结公示催告程序的，应当通知申请人和支付人。

第451条　判决公告之日起，公示催告申请人有权依据判决向付款人请求付款。

付款人拒绝付款，申请人向人民法院起诉，符合民事诉讼法第一百二十二条规定的起诉条件的，人民法院应予受理。

第452条　适用公示催告程序审理案件，可由审判员一人独任审理；判决宣告票据无效的，应当组成合议庭审理。

第453条　公示催告申请人撤回申请，应在公示催告前提出；公示催告期间申请撤回的，人民法院可以径行裁定终结公示催告程序。

第454条　人民法院依照民事诉讼法第二百三十一条规定通知支付人停止支付，应当符合有关财产保全的规定。支付人收到停止支付通知后拒不止付的，除可依照民事诉讼法第一百一十四条、第一百一十七条规定采取强制措施外，在判决后，支付人仍应承担付款义务。

第455条　人民法院依照民事诉讼法第二百三十二条规定终结公示催告程序后，公示催告申请人或者申报人向人民法院提起诉讼，因票据权利纠纷提起的，由票据支付地或者被告住所地人民法院管辖；因非票据权利纠纷提起的，由被告住所地人民法院管辖。

第456条　依照民事诉讼法第二百三十二条规定制作的终结公示催告程序的裁定书，由审判员、书记员署名，加盖人民法院印章。

第457条　依照民事诉讼法第二百三十四条的规定，利害关系人向人民法院起诉的，人民法院可按票据纠纷适用普通程序审理。

第458条　民事诉讼法第二百三十四条规定的正当理由，包括：

（一）因发生意外事件或者不可抗力致使利害关系人无法知道公告事实的；

（二）利害关系人因被限制人身自由而无法知道公告事实，或者虽然知道公告事实，但无法自己或者委托他人代为申报权利的；

（三）不属于法定申请公示催告情形的；

（四）未予公告或者未按法定方式公告的；

（五）其他导致利害关系人在判决作出前未能向人民法院申报权利的客观事由。

第459条　根据民事诉讼法第二百三十四条的规定，利害关系人请求人民法院撤销除权判决的，应当将申请人列为被告。

利害关系人仅诉请确认其为合法持票人的，人民法院应当在裁判文书中写明，确认利害关系人为票据权利人的判决作出后，除权判决即被撤销。

命题题眼

上述6条规定了公示催告程序，一般掌握。主要考点有：

1. 公示催告程序的特点。

（1）依公示催告程序审理的案件，不是民事权益之争，而是法院根据丧失票据或其他事项人的申请，认定丧失票据或其他事项。这种案件，没有明确的被告，是非讼性的。

（2）公示催告程序的适用范围，仅限于可以背书转让的票据或其他法律确定的事项。

（3）公示催告程序是丧失票据或其他事项的人在丧失后申请人民法院宣告票据或其他事项无效的一种制度。

（4）公示催告程序实行一审终审。

（5）公示催告程序是以解决票据或其他事项丧失引起的非讼案件所适用的程序。适用公示催告程序审理的案件的法律关系主体一方的申请人是特定的，而另一方则是不确定的。

2. 利害关系人申报权利，只能向发出公示催告的人民法院提出。如果仅向申请人申明的，则不具有法律上的意义。申报权利应当在人民法院指定的期间内进行。指定期间不得少于60日。人民法院应把无效判决是否已作出作为申报权利的最后截止线。

3. 终结的情形有：

(1)在申报权利的期间没有人申报的，或者申报被驳回的，公示催告申请人可自申报权利期间届满的次日起1个月内申请人民法院作出判决。逾期不申请判决或者申请人撤回申请的，人民法院裁定终结公示催告程序。

(2)人民法院作出除权判决并再次通知和公告后，公示催告程序终结。

(3)在公示催告期间，利害关系人向人民法院申请权利的，公示催告程序也应终结。

4. 利害关系人另行起诉须具备的条件：

(1)利害关系人在判决前没有向人民法院申报权利。

(2)没有申报有正当理由。

(3)起诉只能在知道或应当知道判决公告之日起1年内提出。

(4)起诉只能向作出无效判决的人民法院提出。

历年试题

2017年试卷三第48题：海昌公司因丢失票据申请公示催告，期间届满无人申报权利，海昌公司遂申请除权判决。在除权判决作出前，家佳公司看到权利申报公告，向法院申报权利。对此，法院下列哪一做法是正确的？

A. 因公示催告期满，裁定驳回家佳公司的权利申报

B. 裁定追加家佳公司参加案件的除权判决审理程序

C. 应裁定终结公示催告程序

D. 作出除权判决，告知家佳公司另行起诉

答案：C。

强化模拟题

1. 甲公司因遗失汇票，向A市B区法院申请公示催告。在公示催告期间，乙公司向B区法院申报权利。关于本案，下列哪些说法是正确的？

A. 对乙公司的申报，法院只就申报的汇票与甲公司申请公示催告的汇票是否一致进行形式审查，不进行权利归属的实质审查

B. 乙公司申报权利时，法院应当组织双方当事人进行法庭调查与辩论

C. 乙公司申报权利时，法院应当组成合议庭审理

D. 乙公司申报权利成立时，法院应当裁定终结公示催告程序

答案：AD。根据《民诉法司法解释》第449条，A项正确，B、C项错误。根据《民事诉讼法》第232条，D项正确。

2. 某公司请求某县人民法院对某一张号码为AW00987，票面金额为3万元的汇票公示催告。人民法院经审查，认为符合公示催告条件，就向该汇票支付行某银行发出止付通知书，某银行在接到通知书后，拒不止付，仍向票据持有人付款。对此，说法正确的是(　　)。

A. 某银行支付行为有效，不再负有支付义务

B. 人民法院可以对其主要负责人或直接责任人员予以罚款

C. 人民法院可以对某银行予以罚款

D. 某银行对真正的权利人仍负有支付义务

答案：BCD。《民诉法司法解释》第454条。

第三编　执行程序

第十九章　一般规定

第二百三十五条　【执行依据及管辖】发生法律效力的民事判决、裁定，以及刑事判决、裁定中的财产部分，由第一审人民法院或者与第一审人民法院同级的被执行的财产所在地人民法院执行。

法律规定由人民法院执行的其他法律文书，由被执行人住所地或者被执行的财产所在地人民法院执行。

相关规定

《民诉法司法解释》

第460条　发生法律效力的实现担保物权裁定、确认调解协议裁定、支付令，由作出裁定、支付令的人民法院或者与其同级的被执行财产所在地的人民法院执行。

认定财产无主的判决，由作出判决的人民法院将无主财产收归国家或者集体所有。

第461条　当事人申请人民法院执行的生效法律文书应当具备下列条件：

(一)权利义务主体明确；

(二)给付内容明确。

法律文书确定继续履行合同的，应当明确继续履行的具体内容。

命题题眼

执行应当具备以下条件：第一，执行以生效法律文书为根据；第二，执行根据必须具备给付内容；第

三、执行必须以负有义务的一方当事人无故拒不履行义务为前提。

历年试题

2023年试卷二考生回忆版：甲公司拖欠员工张三劳动报酬5万元，公司和张三经人民调解委员会作出人民调解协议，甲公司在一个月内向张三支付劳动报酬5万元。一个月后，甲公司未支付上述款项。此时，张三可以如何救济自己的权利？

A. 持人民调解协议向劳动仲裁机构申请劳动仲裁

B. 持人民调解协议向法院起诉

C. 持人民调解协议向法院申请支付令

D. 向法院申请强制执行人民调解协议

答案：BC。劳动争议案件，经过人民调解委员会调解后，人民调解协议具有合同效力，不能再就劳动争议再申请劳动仲裁，但是人民调解协议不能作为执行依据。A、D项错误。

强化模拟题

1. 2009年5月12日，底某与王某签订了借款协议，底某向王某借款10万元，定于2010年5月12日返还。协议书经公证处公证。公证书上写明：如果债务人不履行义务，届时可申请强制执行。合同签订后，王某如实履行了合同义务。但是，2010年5月12日底某却没有还款。王某以底某未履行合同义务为由，向法院申请执行。本案可由哪一个法院执行？

A. 公证处所在地人民法院

B. 底某财产所在地人民法院

C. 王某住所地人民法院

D. 底某住所地或王某住所地人民法院

答案：B。根据《民事诉讼法》第235条，由被执行人住所地或财产所在地人民法院执行，D项中包含的王某住所地人民法院，并无管辖权。

2. 关于现行民事执行制度，下列哪些选项是正确的？

A. 发生法律效力的判决的执行法院，包括案件的第一审法院和与第一审法院同级的被执行财产所在地的法院

B. 案外人对执行标的异议的裁定不服的，可以根据执行标的的不同情况，选择提起诉讼或通过审判监督程序进行救济

C. 申请执行人与被申请执行人达成和解协议的，在和解协议履行期间，执行程序终结

D. 申请执行的期限因申请人与被申请人为自然人或法人而不同

答案：AB。《民事诉讼法》第235、238、241、250条。

第二百三十六条　【当事人、利害关系人的执行异议】当事人、利害关系人认为执行行为违反法律规定的，可以向负责执行的人民法院提出书面异议。当事人、利害关系人提出书面异议的，人民法院应当自收到书面异议之日起十五日内审查，理由成立的，裁定撤销或者改正；理由不成立的，裁定驳回。当事人、利害关系人对裁定不服的，可以自裁定送达之日起十日内向上一级人民法院申请复议。

第二百三十七条　【变更执行法院】人民法院自收到申请执行书之日起超过六个月未执行的，申请执行人可以向上一级人民法院申请执行。上一级人民法院经审查，可以责令原人民法院在一定期限内执行，也可以决定由本院执行或者指令其他人民法院执行。

第二百三十八条　【案外人的执行异议】执行过程中，案外人对执行标的提出书面异议的，人民法院应当自收到书面异议之日起十五日内审查，理由成立的，裁定中止对该标的的执行；理由不成立的，裁定驳回。案外人、当事人对裁定不服，认为原判决、裁定错误的，依照审判监督程序办理；与原判决、裁定无关的，可以自裁定送达之日起十五日内向人民法院提起诉讼。

相关规定

《民诉法司法解释》

第302条　根据民事诉讼法第二百三十八条规定，案外人、当事人对执行异议裁定不服，自裁定送达之日起十五日内向人民法院提起执行异议之诉的，由执行法院管辖。

第303条　案外人提起执行异议之诉，除符合民事诉讼法第一百二十二条规定外，还应当具备下列条件：

（一）案外人的执行异议申请已经被人民法院裁定驳回；

（二）有明确的排除对执行标的执行的诉讼请求，且诉讼请求与原判决、裁定无关；

（三）自执行异议裁定送达之日起十五日内提起。

人民法院应当在收到起诉状之日起十五日内决定是否立案。

第304条　申请执行人提起执行异议之诉，除符合民事诉讼法第一百二十二条规定外，还应当具备下列条件：

（一）依案外人执行异议申请，人民法院裁定中止执行；

（二）有明确的对执行标的继续执行的诉讼请求，且诉讼请求与原判决、裁定无关；

（三）自执行异议裁定送达之日起十五日内

提起。

人民法院应当在收到起诉状之日起十五日内决定是否立案。

第305条　案外人提起执行异议之诉的，以申请执行人为被告。被执行人反对案外人异议的，被执行人为共同被告；被执行人不反对案外人异议的，可以列被执行人为第三人。

第306条　申请执行人提起执行异议之诉的，以案外人为被告。被执行人反对申请执行人主张的，以案外人和被执行人为共同被告；被执行人不反对申请执行人主张的，可以列被执行人为第三人。

第307条　申请执行人对中止执行裁定未提起执行异议之诉，被执行人提起执行异议之诉的，人民法院告知其另行起诉。

第308条　人民法院审理执行异议之诉案件，适用普通程序。

第309条　案外人或者申请执行人提起执行异议之诉的，案外人应当就其对执行标的享有足以排除强制执行的民事权益承担举证证明责任。

第310条　对案外人提起的执行异议之诉，人民法院经审理，按照下列情形分别处理：

（一）案外人就执行标的享有足以排除强制执行的民事权益的，判决不得执行该执行标的；

（二）案外人就执行标的不享有足以排除强制执行的民事权益的，判决驳回诉讼请求。

案外人同时提出确认其权利的诉讼请求的，人民法院可以在判决中一并作出裁判。

第311条　对申请执行人提起的执行异议之诉，人民法院经审理，按照下列情形分别处理：

（一）案外人就执行标的不享有足以排除强制执行的民事权益的，判决准许执行该执行标的；

（二）案外人就执行标的享有足以排除强制执行的民事权益的，判决驳回诉讼请求。

第312条　对案外人执行异议之诉，人民法院判决不得对执行标的执行的，执行异议裁定失效。

对申请执行人执行异议之诉，人民法院判决准许对该执行标的执行的，执行异议裁定失效，执行法院可以根据申请执行人的申请或者依职权恢复执行。

第313条　案外人执行异议之诉审理期间，人民法院不得对执行标的进行处分。申请执行人请求人民法院继续执行并提供相应担保的，人民法院可以准许。

被执行人与案外人恶意串通，通过执行异议、执行异议之诉妨害执行的，人民法院应当依照民事诉讼法第一百一十六条规定处理。申请执行人因此受到损害的，可以提起诉讼要求被执行人、案外人赔偿。

第314条　人民法院对执行标的裁定中止执行后，申请执行人在法律规定的期间内未提起执行异议之诉的，人民法院应当自起诉期限届满之日起七日内解除对该执行标的采取的执行措施。

第421条　根据民事诉讼法第二百三十八条规定，案外人对驳回其执行异议的裁定不服，认为原判决、裁定、调解书内容错误损害其民事权益的，可以自执行异议裁定送达之日起六个月内，向作出原判决、裁定、调解书的人民法院申请再审。

第422条　根据民事诉讼法第二百三十八条规定，人民法院裁定再审后，案外人属于必要的共同诉讼当事人的，依照本解释第四百二十条第二款规定处理。

案外人不是必要的共同诉讼当事人的，人民法院仅审理原判决、裁定、调解书对其民事权益造成损害的内容。经审理，再审请求成立的，撤销或者改变原判决、裁定、调解书；再审请求不成立的，维持原判决、裁定、调解书。

第462条　根据民事诉讼法第二百三十八条规定，案外人对执行标的提出异议的，应当在该执行标的的执行程序终结前提出。

第463条　案外人对执行标的提出的异议，经审查，按照下列情形分别处理：

（一）案外人对执行标的不享有足以排除强制执行的权益的，裁定驳回其异议；

（二）案外人对执行标的享有足以排除强制执行的权益的，裁定中止执行。

驳回案外人执行异议裁定送达案外人之日起十五日内，人民法院不得对执行标的进行处分。

最高人民法院《关于适用〈中华人民共和国民事诉讼法〉执行程序若干问题的解释》（以下简称《执行程序若干问题的解释》）　法释〔2020〕21号

第5条　执行过程中，当事人、利害关系人认为执行法院的执行行为违反法律规定的，可以依照民事诉讼法第二百三十六条的规定提出异议。

执行法院审查处理执行异议，应当自收到书面异议之日起十五日内作出裁定。

第6条　当事人、利害关系人依照民事诉讼法第二百三十六条规定申请复议的，应当采取书面形式。

第7条　当事人、利害关系人申请复议的书面材料，可以通过执行法院转交，也可以直接向执行法院的上一级人民法院提交。

执行法院收到复议申请后，应当在五日内将复议所需的案卷材料报送上一级人民法院；上一级人民法院收到复议申请后，应当通知执行法院在五日内报送复议所需的案卷材料。

第8条　当事人、利害关系人依照民事诉讼法第二百三十六条规定申请复议的，上一级人民法院应当自收到复议申请之日起三十日内审查完毕，并作出裁定。有特殊情况需要延长的，经本院院长批准，可以延长，延长的期限不得超过三十日。

第9条　执行异议审查和复议期间，不停止执行。

被执行人、利害关系人提供充分、有效的担保请求停止相应处分措施的，人民法院可以准许；申请执行人提供充分、有效的担保请求继续执行的，应当继续执行。

第10条　依照民事诉讼法第二百三十七条的规定，有下列情形之一的，上一级人民法院可以根据申请执行人的申请，责令执行法院限期执行或者变更执行法院：

（一）债权人申请执行时被执行人有可供执行的财产，执行法院自收到申请执行书之日起超过六个月对该财产未执行完结的；

（二）执行过程中发现被执行人可供执行的财产，执行法院自发现财产之日起超过六个月对该财产未执行完结的；

（三）对法律文书确定的行为义务的执行，执行法院自收到申请执行书之日起超过六个月未依法采取相应执行措施的；

（四）其他有条件执行超过六个月未执行的。

第11条　上一级人民法院依照民事诉讼法第二百三十七条规定责令执行法院限期执行的，应当向其发出督促执行令，并将有关情况书面通知申请执行人。

上一级人民法院决定由本院执行或者指令本辖区其他人民法院执行的，应当作出裁定，送达当事人并通知有关人民法院。

第12条　上一级人民法院责令执行法院限期执行，执行法院在指定期间内无正当理由仍未执行完结的，上一级人民法院应当裁定由本院执行或者指令本辖区其他人民法院执行。

第13条　民事诉讼法第二百三十七条规定的六个月期间，不应当计算执行中的公告期间、鉴定评估期间、管辖争议处理期间、执行争议协调期间、暂缓执行期间以及中止执行期间。

第14条　案外人对执行标的主张所有权或者有其他足以阻止执行标的转让、交付的实体权利的，可以依照民事诉讼法第二百三十八条的规定，向执行法院提出异议。

第15条　案外人异议审查期间，人民法院不得对执行标的进行处分。

案外人向人民法院提供充分、有效的担保请求解除对异议标的的查封、扣押、冻结的，人民法院可以准许；申请执行人提供充分、有效的担保请求继续执行的，应当继续执行。

因案外人提供担保解除查封、扣押、冻结有错误，致使该标的无法执行的，人民法院可以直接执行担保财产；申请执行人提供担保请求继续执行有错误，给对方造成损失的，应当予以赔偿。

第16条　案外人执行异议之诉审理期间，人民法院不得对执行标的进行处分。申请执行人请求人民法院继续执行并提供相应担保的，人民法院可以准许。

案外人请求解除查封、扣押、冻结或者申请执行人请求继续执行有错误，给对方造成损失的，应当予以赔偿。

第17条　多个债权人对同一被执行人申请执行或者对执行财产申请参与分配的，执行法院应当制作财产分配方案，并送达各债权人和被执行人。债权人或者被执行人对分配方案有异议的，应当自收到分配方案之日起十五日内向执行法院提出书面异议。

第18条　债权人或者被执行人对分配方案提出书面异议的，执行法院应当通知未提出异议的债权人或被执行人。

未提出异议的债权人、被执行人收到通知之日起十五日内未提出反对意见的，执行法院依异议人的意见对分配方案审查修正后进行分配；提出反对意见的，应当通知异议人。异议人可以自收到通知之日起十五日内，以提出反对意见的债权人、被执行人为被告，向执行法院提起诉讼；异议人逾期未提起诉讼的，执行法院依原分配方案进行分配。

诉讼期间进行分配的，执行法院应当将与争议债权数额相应的款项予以提存。

最高人民法院《关于人民法院办理执行异议和复议案件若干问题的规定》　法释〔2020〕21号

第1条　异议人提出执行异议或者复议申请人申请复议，应当向人民法院提交申请书。申请书应当载明具体的异议或者复议请求、事实、理由等内容，并附下列材料：

（一）异议人或者复议申请人的身份证明；

（二）相关证据材料；

（三）送达地址和联系方式。

第2条　执行异议符合民事诉讼法第二百三十六条或者第二百三十八条规定条件的，人民法院应当在三日内立案，并在立案后三日内通知异议人和相关当事人。不符合受理条件的，裁定不予受理；立案后发现不符合受理条件的，裁定驳回申请。

执行异议申请材料不齐备的，人民法院应当一次性告知异议人在三日内补足，逾期未补足的，不予受理。

异议人对不予受理或者驳回申请裁定不服的，可以自裁定送达之日起十日内向上一级人民法院申请复议。上一级人民法院审查后认为符合受理条件的，应当裁定撤销原裁定，指令执行法院立案或者对执行异议进行审查。

第3条　执行法院收到执行异议后三日内既不立案又不作出不予受理裁定，或者受理后无正当理由超过法定期限不作出异议裁定的，异议人可以向上一级人民法院提出异议。上一级人民法院审查后认为理由成立的，应当指令执行法院在三日内立案或者在十五日内作出异议裁定。

第4条　执行案件被指定执行、提级执行、委托执行后，当事人、利害关系人对原执行法院的执行行为提出异议的，由提出异议时负责该案件执行的人民法院审查处理；受指定或者受委托的人民法院是原执行法院的下级人民法院的，仍由原执行法院审查处理。

执行案件被指定执行、提级执行、委托执行后，案外人对原执行法院的执行标的提出异议的，参照前款规定处理。

第5条　有下列情形之一的，当事人以外的自然人、法人和非法人组织，可以作为利害关系人提出执行行为异议：

（一）认为人民法院的执行行为违法，妨碍其轮候查封、扣押、冻结的债权受偿的；

（二）认为人民法院的拍卖措施违法，妨碍其参与公平竞价的；

（三）认为人民法院的拍卖、变卖或者以物抵债措施违法，侵害其对执行标的的优先购买权的；

（四）认为人民法院要求协助执行的事项超出其协助范围或者违反法律规定的；

（五）认为其他合法权益受到人民法院违法执行行为侵害的。

第6条　当事人、利害关系人依照民事诉讼法第二百三十六条规定提出异议的，应当在执行程序终结之前提出，但对终结执行措施提出异议的除外。

案外人依照民事诉讼法第二百三十八条规定提出异议的，应当在异议指向的执行标的执行终结之前提出；执行标的由当事人受让的，应当在执行程序终结之前提出。

第7条　当事人、利害关系人认为执行过程中或者执行保全、先予执行裁定过程中的下列行为违法提出异议的，人民法院应当依照民事诉讼法第二百三十六条规定进行审查：

（一）查封、扣押、冻结、拍卖、变卖、以物抵债、暂缓执行、中止执行、终结执行等执行措施；

（二）执行的期间、顺序等应当遵守的法定程序；

（三）人民法院作出的侵害当事人、利害关系人合法权益的其他行为。

被执行人以债权消灭、丧失强制执行效力等执行依据生效之后的实体事由提出排除执行异议的，人民法院应当参照民事诉讼法第二百三十六条规定进行审查。

除本规定第十九条规定的情形外，被执行人以执行依据生效之前的实体事由提出排除执行异议的，人民法院应当告知其依法申请再审或者通过其他程序解决。

第8条　案外人基于实体权利既对执行标的提出排除执行异议又作为利害关系人提出执行行为异议的，人民法院应当依照民事诉讼法第二百三十八条规定进行审查。

案外人既基于实体权利对执行标的提出排除执行异议又作为利害关系人提出与实体权利无关的执行行为异议的，人民法院应当分别依照民事诉讼法第二百三十八条和第二百三十六条规定进行审查。

第9条　被限制出境的人认为对其限制出境错误的，可以自收到限制出境决定之日起十日内向上一级人民法院申请复议。上一级人民法院应当自收到复议申请之日起十五日内作出决定。复议期间，不停止原决定的执行。

第10条　当事人不服驳回不予执行公证债权文书申请的裁定的，可以自收到裁定之日起十日内向上一级人民法院申请复议。上一级人民法院应当自收到复议申请之日起三十日内审查，理由成立的，裁定撤销原裁定，不予执行该公证债权文书；理由不成立的，裁定驳回复议申请。复议期间，不停止执行。

第11条　人民法院审查执行异议或者复议案件，应当依法组成合议庭。

指令重新审查的执行异议案件，应当另行组成合议庭。

办理执行实施案件的人员不得参与相关执行异议和复议案件的审查。

第12条　人民法院对执行异议和复议案件实行书面审查。案情复杂、争议较大的，应当进行听证。

第13条　执行异议、复议案件审查期间，异议人、复议申请人申请撤回异议、复议申请的，是否准许由人民法院裁定。

第14条　异议人或者复议申请人经合法传唤，无正当理由拒不参加听证，或者未经法庭许可中途退出听证，致使人民法院无法查清相关事实的，由其自行承担不利后果。

第15条　当事人、利害关系人对同一执行行为有多个异议事由，但未在异议审查过程中一并提出，撤回异议或者被裁定驳回异议后，再次就该执行行为提出异议的，人民法院不予受理。

案外人撤回异议或者被裁定驳回异议后，再次就同一执行标的提出异议的，人民法院不予受理。

第16条　人民法院依照民事诉讼法第二百三十六条规定作出裁定时，应当告知相关权利人申请复议的权利和期限。

人民法院依照民事诉讼法第二百三十八条规定作出裁定时，应当告知相关权利人提起执行异议之诉的权利和期限。

人民法院作出其他裁定和决定时，法律、司法解释规定了相关权利人申请复议的权利和期限的，应当进行告知。

第17条　人民法院对执行行为异议，应当按照下列情形，分别处理：

（一）异议不成立的，裁定驳回异议；

（二）异议成立的，裁定撤销相关执行行为；

（三）异议部分成立的，裁定变更相关执行行为；

（四）异议成立或者部分成立，但执行行为无撤销、变更内容的，裁定异议成立或者相应部分异议成立。

第18条　执行过程中，第三人因书面承诺自愿代被执行人偿还债务而被追加为被执行人后，无正当理由反悔并提出异议的，人民法院不予支持。

第19条　当事人互负到期债务，被执行人请求抵销，请求抵销的债务符合下列情形的，除依照法律规定或者按照债务性质不得抵销的以外，人民法院应予支持：

（一）已经生效法律文书确定或者经申请执行人认可；

（二）与被执行人所负债务的标的物种类、品质相同。

第20条　金钱债权执行中，符合下列情形之一，被执行人以执行标的系本人及所扶养家属维持生活必需的居住房屋为由提出异议的，人民法院不予支持：

（一）对被执行人有扶养义务的人名下有其他能够维持生活必需的居住房屋的；

（二）执行依据生效后，被执行人为逃避债务转让其名下其他房屋的；

（三）申请执行人按照当地廉租住房保障面积标准为被执行人及所扶养家属提供居住房屋，或者同意参照当地房屋租赁市场平均租金标准从该房屋的变价款中扣除五至八年租金的。

执行依据确定被执行人交付居住的房屋，自执行通知送达之日起，已经给予三个月的宽限期，被执行人以该房屋系本人及所扶养家属维持生活的必需品为由提出异议的，人民法院不予支持。

第21条　当事人、利害关系人提出异议请求撤销拍卖，符合下列情形之一的，人民法院应予支持：

（一）竞买人之间、竞买人与拍卖机构之间恶意串通，损害当事人或者其他竞买人利益的；

（二）买受人不具备法律规定的竞买资格的；

（三）违法限制竞买人参加竞买或者对不同的竞买人规定不同竞买条件的；

（四）未按照法律、司法解释的规定对拍卖标的物进行公告的；

（五）其他严重违反拍卖程序且损害当事人或者竞买人利益的情形。

当事人、利害关系人请求撤销变卖的，参照前款规定处理。

第22条　公证债权文书对主债务和担保债务同时赋予强制执行效力的，人民法院应予执行；仅对主债务赋予强制执行效力未涉及担保债务的，对担保债务的执行申请不予受理；仅对担保债务赋予强制执行效力未涉及主债务的，对主债务的执行申请不予受理。

人民法院受理担保债务的执行申请后，被执行人仅以担保合同不属于赋予强制执行效力的公证债权文书范围为由申请不予执行的，不予支持。

第23条　上一级人民法院对不服异议裁定的复议申请审查后，应当按照下列情形，分别处理：

（一）异议裁定认定事实清楚，适用法律正确，结果应予维持的，裁定驳回复议申请，维持异议裁定；

（二）异议裁定认定事实错误，或者适用法律错误，结果应予纠正的，裁定撤销或者变更异议裁定；

（三）异议裁定认定基本事实不清、证据不足的，裁定撤销异议裁定，发回作出裁定的人民法院重新审查，或者查清事实后作出相应裁定；

（四）异议裁定遗漏异议请求或者存在其他严重违反法定程序的情形，裁定撤销异议裁定，发回作出裁定的人民法院重新审查；

（五）异议裁定对应当适用民事诉讼法第二百三十八条规定审查处理的异议，错误适用民事诉讼法第二百三十六条规定审查处理的，裁定撤销异议裁定，发回作出裁定的人民法院重新作出裁定。

除依照本条第一款第三、四、五项发回重新审查或者重新作出裁定的情形外，裁定撤销或者变更异议裁定且执行行为可撤销、变更的，应当同时撤销或者变更该裁定维持的执行行为。

人民法院对发回重新审查的案件作出裁定后，当事人、利害关系人申请复议的，上一级人民法院复议后不得再次发回重新审查。

第24条　对案外人提出的排除执行异议，人民法院应当审查下列内容：

（一）案外人是否系权利人；

（二）该权利的合法性与真实性；

（三）该权利能否排除执行。

第25条　对案外人的异议，人民法院应当按照下列标准判断其是否系权利人：

（一）已登记的不动产，按照不动产登记簿判断；未登记的建筑物、构筑物及其附属设施，按照土地使用权登记簿、建设工程规划许可、施工许可等相关证据判断；

（二）已登记的机动车、船舶、航空器等特定动产，按照相关管理部门的登记判断；未登记的特定动产和其他动产，按照实际占有情况判断；

（三）银行存款和存管在金融机构的有价证券，按照金融机构和登记结算机构登记的账户名称判断；有价证券由具备合法经营资质的托管机构名义持有的，按照该机构登记的实际出资人账户名称判断；

（四）股权按照工商行政管理机关的登记和企业信用信息公示系统公示的信息判断；

（五）其他财产和权利，有登记的，按照登记机构的登记判断；无登记的，按照合同等证明财产权属或者权利人的证据判断。

案外人依据另案生效法律文书提出排除执行异议，该法律文书认定的执行标的权利人与依照前款规定得出的判断不一致的，依照本规定第二十六条规定处理。

第26条　金钱债权执行中，案外人依据执行标的被查封、扣押、冻结前作出的另案生效法律文书提出排除执行异议，人民法院应当按照下列情形，分别处理：

（一）该法律文书系就案外人与被执行人之间的权属纠纷以及租赁、借用、保管等不以转移财产权属为目的的合同纠纷，判决、裁决执行标的归属于案外人或者向其返还执行标的且其权利能够排除执行的，应予支持。

（二）该法律文书系就案外人与被执行人之间除前项所列合同之外的债权纠纷，判决、裁决执行标的归属于案外人或者向其交付、返还执行标的的，不予支持。

（三）该法律文书系案外人受让执行标的的拍卖、变卖成交裁定或者以物抵债裁定且其权利能够排除执行的，应予支持。

金钱债权执行中，案外人依据执行标的被查封、扣押、冻结后作出的另案生效法律文书提出排除执行异议的，人民法院不予支持。

非金钱债权执行中，案外人依据另案生效法律文书提出排除执行异议，该法律文书对执行标的权属作出不同认定的，人民法院应当告知案外人依法申请再审或者通过其他程序解决。

申请执行人或者案外人不服人民法院依照本条第一、二款规定作出的裁定，可以依照民事诉讼法第二百三十八条规定提起执行异议之诉。

第27条　申请执行人对执行标的依法享有对抗案外人的担保物权等优先受偿权，人民法院对案外人提出的排除执行异议不予支持，但法律、司法解释另有规定的除外。

第28条　金钱债权执行中，买受人对登记在被执行人名下的不动产提出异议，符合下列情形且其权利能够排除执行的，人民法院应予支持：

（一）在人民法院查封之前已签订合法有效的书面买卖合同；

（二）在人民法院查封之前已合法占有该不动产；

（三）已支付全部价款，或者已按照合同约定支付部分价款且将剩余价款按照人民法院的要求交付执行；

（四）非因买受人自身原因未办理过户登记。

第29条　金钱债权执行中，买受人对登记在被执行的房地产开发企业名下的商品房提出异议，符合下列情形且其权利能够排除执行的，人民法院应予支持：

（一）在人民法院查封之前已签订合法有效的书面买卖合同；

（二）所购商品房系用于居住且买受人名下无其他用于居住的房屋；

（三）已支付的价款超过合同约定总价款的百分之五十。

第 30 条　金钱债权执行中，对被查封的办理了受让物权预告登记的不动产，受让人提出停止处分异议的，人民法院应予支持；符合物权登记条件，受让人提出排除执行异议的，应予支持。

第 31 条　承租人请求在租赁期内阻止向受让人移交占有被执行的不动产，在人民法院查封之前已签订合法有效的书面租赁合同并占有使用该不动产的，人民法院应予支持。

承租人与被执行人恶意串通，以明显不合理的低价承租被执行的不动产或者伪造交付租金证据的，对其提出的阻止移交占有的请求，人民法院不予支持。

第 32 条　本规定施行后尚未审查终结的执行异议和复议案件，适用本规定。本规定施行前已经审查终结的执行异议和复议案件，人民法院依法提起执行监督程序的，不适用本规定。

命题题眼

1. 当事人、利害关系人对违法执行行为的异议制度。这一制度的主要考点是：

（1）当事人、利害关系人对违法执行行为提出异议必须符合三个条件：

①提出的主体必须是当事人、利害关系人；

②提出的理由是认为执行行为违反法律规定；

③提出书面异议。

（2）人民法院对书面异议的处理及当事人、利害关系人的救济措施。

2. 执行法院的变更。

3. 案外人异议制度。

（1）案外人提出执行异议必须符合三个条件：

①有权提出执行异议的人必须是案外人。

②必须是案外人对执行标的提出异议，主张自己的实体权利。

③必须在执行程序结束之前提出。中止执行仅限于案外人提出异议部分的财产范围，对被申请执行人的其他财产，则不应中止执行。

（2）对裁定中止或者裁定驳回不服的，案外人、当事人可以行使救济权利。注意两种救济途径的适用条件。

（3）案外人异议程序是案外人异议之诉的前置程序。

历年试题

2020 年试卷二考生回忆版：周某设立了皓星一人有限公司，周某和吴某因为债务纠纷起诉到法院，法院判处周某还给吴某 300 万元，吴某向法院申请强制执行周某的财产，不足以偿还，但发现皓星公司账户有 200 万元，向法院申请追加皓星公司为被执行人，下列法院做法正确的是？

A. 当事人对执行异议裁定不服，相关人可以向法院申请复议

B. 法院应当裁定追加被执行人，皓星公司可以提出执行异议

C. 如果对执行异议裁定不服，可以提出执行异议之诉

D. 应当驳回申请，吴某可以申请执行异议

答案：D。根据《民事诉讼法》第 236 条的规定，当事人、利害关系人认为执行行为违反法律规定的，可以向负责执行的人民法院提出书面异议。故 A 项中“相关人”的表述错误。

B 项考查了执行程序中变更、追加执行当事人的处理。我国现行立法及司法解释尚无关于股东作为被执行人的情况下追加其作为股东的有限责任公司为被执行人的规定，因此在无现行有效的法律支持的情况下，法院应当裁定驳回吴某的诉讼请求。故 B 项“裁定追加被执行人”的表述错误。

C 项考查了对执行异议裁定不服的救济程序。最高人民法院《关于民事执行中变更、追加当事人若干问题的规定》规定了一人有限公司作为被执行人时追加其股东为被执行人的处理及救济程序。但本题涉及自然人股东作为被执行人的情形下追加其作为独资股东的一人有限公司为被执行人的处理，现行立法及司法解释并未就此问题予以明确规定。因此，若皓星公司对法院追加其为被执行人的裁定不服，应当根据《民事诉讼法》第 236 条的规定，向负责执行的人民法院提出书面异议，如果对异议裁定不服，可以向上一级法院申请复议。因此，C 项“提出执行异议之诉”的表述错误。

D 项，在现行立法及司法解释没有明确规定的情况下，法院应当依法驳回吴某请求追加皓星公司为被执行人的请求；吴某对法院裁定不服，可以根据《民事诉讼法》第 236 条的规定，向负责执行的法院提出书面异议。因此 D 项正确。

2021 年试卷二考生回忆版：马某以 10 万元价格购

买张某的一套茶具，双方约定马某分期付款，张某拿到首付款后交付茶具，但在马某付清全部价款前茶具仍归张某所有。收到2万元首付款后，张某交付茶具。合同履行过程中，因张某拖欠李某借款被诉至法院，李某胜诉后申请法院强制执行，法院对茶具进行了扣押。关于对马某的救济措施，下列哪一表述是正确的？

A. 提出执行异议之诉，法院应予受理

B. 对扣押行为提出执行异议，法院应予支持

C. 要求继续履行合同，法院应予支持

D. 提供担保后申请解除扣押，法院应予支持

答案：C。

强化模拟题

1. 甲公司与乙公司之间的古董归属纠纷案件，经区人民法院、市中级人民法院两审终审后，判决甲公司败诉。但甲公司仍然拒绝履行交付义务，乙公司申请区人民法院强制执行。在执行过程中，丙公司向人民法院声称，该古董已在诉讼发生前2个月由甲公司卖给自己，并且自己也已预交了购买款。经查丙公司所述属实，人民法院正确的处理是（　　）。

A. 裁定中止对该标的的执行

B. 判决该古董归丙公司所有

C. 通知驳回丙公司的执行异议

D. 裁定驳回丙公司的执行异议

答案：A。《民事诉讼法》第238条。

2. 甲公司申请强制执行乙公司的财产，法院将乙公司的一处房产列为执行标的。执行中，丙银行向法院主张，乙公司已将该房产抵押贷款，并以自己享有抵押权为由提出异议。乙公司否认将房产抵押给丙银行。经审查，法院驳回丙银行的异议。丙银行拟向法院起诉，关于本案被告的确定，下列哪一选项是正确的？

A. 丙银行只能以乙公司为被告起诉

B. 丙银行只能以甲公司为被告起诉

C. 丙银行可以甲公司为被告起诉，也可以乙公司为被告起诉

D. 丙银行应当以甲公司和乙公司为共同被告起诉

答案：D。

第二百三十九条　【执行机构】执行工作由执行员进行。

采取强制执行措施时，执行员应当出示证件。执行完毕后，应当将执行情况制作笔录，由在场的有关人员签名或者盖章。

人民法院根据需要可以设立执行机构。

第二百四十条　【委托执行】被执行人或者被执行的财产在外地的，可以委托当地人民法院代为执行。受委托人民法院收到委托函件后，必须在十五日内开始执行，不得拒绝。执行完毕后，应当将执行结果及时函复委托人民法院；在三十日内如果还未执行完毕，也应当将执行情况函告委托人民法院。

受委托人民法院自收到委托函件之日起十五日内不执行的，委托人民法院可以请求受委托人民法院的上级人民法院指令受委托人民法院执行。

命题题眼

本条规定了委托执行。主要考点是受托人民法院的三个禁止性行为：受托人民法院不能拒绝，受托人民法院无权对生效法律文书进行实体审查，受托人民法院不能自己裁定中止、终结执行。

第二百四十一条　【执行和解】在执行中，双方当事人自行和解达成协议的，执行员应当将协议内容记入笔录，由双方当事人签名或者盖章。

申请执行人因受欺诈、胁迫与被执行人达成和解协议，或者当事人不履行和解协议的，人民法院可以根据当事人的申请，恢复对原生效法律文书的执行。

相关规定

《民诉法司法解释》

第464条　申请执行人与被执行人达成和解协议后请求中止执行或者撤回执行申请的，人民法院可以裁定中止执行或者终结执行。

第465条　一方当事人不履行或者不完全履行在执行中双方自愿达成的和解协议，对方当事人申请执行原生效法律文书的，人民法院应当恢复执行，但和解协议已履行的部分应当扣除。和解协议已经履行完毕的，人民法院不予恢复执行。

第466条　申请恢复执行原生效法律文书，适用民事诉讼法第二百五十条申请执行期间的规定。申请执行期间因达成执行中的和解协议而中断，其期间自和解协议约定履行期限的最后一日起重新计算。

命题题眼

执行和解是在执行程序中，双方当事人就执行标的物的部分或者全部自行协商，互相谅解，自愿达成协议，解决争议，从而结束执行程序的活动。

在执行程序中，双方当事人自行和解达成协议可以终结执行程序，但这并不是撤销原来的法律文书。对于执行和解协议的内容只能通过当事人的自动履行得到实现，而不能申请人民法院强制执行，如果申请执行人因受欺诈、胁迫与被执行人达成和解

协议或者一方当事人不履行该协议或者反悔，当事人仍可申请人民法院按原生效的法律文书执行。

历年试题

2020 年试卷二考生回忆版：A 区甲起诉 B 区乙，C 区法院判决甲胜诉，甲申请 C 区法院强制执行，执行中甲与乙达成和解协议，法院中止执行，但和解协议部分履行后甲与乙产生争议，下列说法正确的是？

A. 甲可就和解协议向 C 区法院起诉

B. 甲可就和解协议向 B 区法院起诉

C. 甲可就和解协议向 C 区法院申请恢复强制执行

D. 因和解协议已部分履行，因此甲不能申请恢复强制执行

答案：AC。本题中，甲、乙部分履行和解协议后发生争议，根据最高人民法院《关于执行和解若干问题的规定》第 9 条的规定：甲可以向执行法院 C 区法院申请恢复执行原生效法律文书，故 C 项正确；也可以就履行执行和解协议向 C 区法院提起诉讼。因此，A 项正确，B 项错误。根据《民诉法司法解释》第 467 条的规定，对于和解协议已经部分履行的，应当予以扣除，但当事人仍有权申请恢复执行，故 D 项错误。

强化模拟题

1. 法院受理甲出版社、乙报社著作权纠纷案，判决乙赔偿甲 10 万元，并登报赔礼道歉。判决生效后，乙交付 10 万元，但未按期赔礼道歉，甲申请强制执行。执行中，甲、乙自行达成口头协议，约定乙免于赔礼道歉，但另付甲 1 万元。关于法院的做法，下列哪一选项是正确的？

A. 不允许，因协议内容超出判决范围，应当继续执行生效判决

B. 允许，法院视为申请人撤销执行申请

C. 允许，将当事人协议内容记入笔录，由甲、乙签字或盖章

D. 允许，根据当事人协议内容制作调解书

答案：C。《民事诉讼法》第 241 条。

2. 张中阳因房屋出租与王辉发生纠纷并诉至法院，法院判决王辉一个月内迁出张中阳的房屋。一个月后王辉拒不腾房，张中阳向法院申请强制执行，在执行过程中张中阳欲与王辉和解，将房子卖给王辉，他就有关事宜询问了法院的执行人员。执行人员的下列解答，哪些是正确的？

A. 判决已经生效，当事人要和解就必须先撤回执行申请

B. 双方当事人应在执行完毕后签订新合同而不应在执行过程中和解

C. 双方当事人可以在执行中自愿达成和解协议

D. 如果王辉不履行和解协议的内容，张中阳可以申请恢复执行

答案：CD。《民事诉讼法》第 241 条。

第二百四十二条　【执行担保】在执行中，被执行人向人民法院提供担保，并经申请执行人同意的，人民法院可以决定暂缓执行及暂缓执行的期限。被执行人逾期仍不履行的，人民法院有权执行被执行人的担保财产或者担保人的财产。

相关规定

《民诉法司法解释》

第 467 条　人民法院依照民事诉讼法第二百四十二条规定决定暂缓执行的，如果担保是有期限的，暂缓执行的期限应当与担保期限一致，但最长不得超过一年。被执行人或者担保人对担保的财产在暂缓执行期间有转移、隐藏、变卖、毁损等行为的，人民法院可以恢复强制执行。

第 468 条　根据民事诉讼法第二百四十二条规定向人民法院提供执行担保的，可以由被执行人或者他人提供财产担保，也可以由他人提供保证。担保人应当具有代为履行或者代为承担赔偿责任的能力。

他人提供执行保证的，应当向执行法院出具保证书，并将保证书副本送交申请执行人。被执行人或者他人提供财产担保的，应当参照民法典的有关规定办理相应手续。

第 469 条　被执行人在人民法院决定暂缓执行的期限届满后仍不履行义务的，人民法院可以直接执行担保财产，或者裁定执行担保人的财产，但执行担保人的财产以担保人应当履行义务部分的财产为限。

命题题眼

1. 执行担保分为执行保证和执行物保。

2. 执行保证时，即使生效法律文书中未确定保证人承担责任，人民法院仍有权裁定执行保证人在保证责任范围内的财产。

历年试题

2023 年试卷二考生回忆版：廖某借款 10 万元给黄某，到期后黄某无力清偿，廖某起诉黄某归还欠款，胜诉后向法院申请强制执行黄某。黄某向执行法院申请缓期半年执行，并提交保证书，黄某的好友李某以一辆车给廖某用半年，但未办理抵押。后黄某无力还款。下列说法正确的是？

A. 廖某向法院申请恢复强制执行

B. 廖某申请按照担保物权程序执行李某的车

C. 廖某仅限于申请执行黄某财产，不足以清偿部分，在 10 万元范围内用李某的车抵作价款

D. 廖某应将该车给法院拍卖

答案:A。

强化模拟题

某人民法院在执行中,乙某愿以其自有汽车一辆为被执行人甲某提供担保,申请执行人丙某也同意暂缓执行。于是,某人民法院作出暂缓4个月执行的裁定,4个月后甲某仍不履行义务。下列处理方式,错误的是(　　)。

A. 人民法院可直接裁定执行乙某的汽车

B. 人民法院对于甲某的财产和乙某的汽车都可以直接执行

C. 人民法院只有在执行甲某的财产尚不足以清偿丙某债权的情况下,才能执行乙某的汽车

D. 裁定终结执行

答案:CD。《民诉法司法解释》第469条。

第二百四十三条　【被执行主体的变更】作为被执行人的公民死亡的,以其遗产偿还债务。作为被执行人的法人或者其他组织终止的,由其权利义务承受人履行义务。

相关规定

《民诉法司法解释》

第470条　依照民事诉讼法第二百四十三条规定,执行中作为被执行人的法人或者其他组织分立、合并的,人民法院可以裁定变更后的法人或者其他组织为被执行人;被注销的,如果依照有关实体法的规定有权利义务承受人的,可以裁定该权利义务承受人为被执行人。

第471条　其他组织在执行中不能履行法律文书确定的义务的,人民法院可以裁定执行对该其他组织依法承担义务的法人或者公民个人的财产。

第472条　在执行中,作为被执行人的法人或者其他组织名称变更的,人民法院可以裁定变更后的法人或者其他组织为被执行人。

第473条　作为被执行人的公民死亡,其遗产继承人没有放弃继承的,人民法院可以裁定变更被执行人,由该继承人在遗产的范围内偿还债务。继承人放弃继承的,人民法院可以直接执行被执行人的遗产。

历年试题

2017年试卷三第49题:钱某在甲、乙、丙三人合伙开设的饭店就餐时被砸伤,遂以营业执照上登记的字号"好安逸"饭店为被告提起诉讼,要求赔偿医疗费等费用25万元。法院经审理,判决被告赔偿钱某19万元。执行过程中,"好安逸"饭店支付了8万元后便再无财产可赔。对此,法院应采取下列哪一处理措施?

A. 裁定终结执行

B. 裁定终结本次执行

C. 裁定中止执行,告知当事人另行起诉合伙人承担责任

D. 裁定追加甲、乙、丙为被执行人,执行其财产

答案:D。

强化模拟题

何某依法院生效判决向法院申请执行甲的财产,在执行过程中,甲突发疾病猝死。法院询问甲的继承人是否继承遗产,甲的继承人乙表示继承,其他继承人均表示放弃继承。关于该案执行程序,下列哪一选项是正确的?

A. 应裁定延期执行

B. 应直接执行被执行人甲的遗产

C. 应裁定变更乙为被执行人

D. 应裁定变更甲的全部继承人为被执行人

答案:C。

第二百四十四条　【执行回转】执行完毕后,据以执行的判决、裁定和其他法律文书确有错误,被人民法院撤销的,对已被执行的财产,人民法院应当作出裁定,责令取得财产的人返还;拒不返还的,强制执行。

相关规定

《民诉法司法解释》

第474条　法律规定由人民法院执行的其他法律文书执行完毕后,该法律文书被有关机关或者组织依法撤销的,经当事人申请,适用民事诉讼法第二百四十四条规定。

强化模拟题

下列属于发生执行回转原因的是(　　)。

A. 判决执行完毕后又经上级人民法院再审而被撤销

B. 先予执行裁定执行完毕后又被本院的生效判决撤销

C. 原作为执行依据的法律文书又被新法律文书明确否定

D. 其他机关制作的法律文书执行完毕后被制作机关或其上级机关撤销

答案:ABCD。《民事诉讼法》第244条。

第二百四十五条　【法院调解书的执行】人民法院制作的调解书的执行,适用本编的规定。

第二百四十六条　【执行法律监督】人民检察院有权对民事执行活动实行法律监督。

第二十章　执行的申请和移送

第二百四十七条　【申请执行与移送执行】发生

法律效力的民事判决、裁定，当事人必须履行。一方拒绝履行的，对方当事人可以向人民法院申请执行，也可以由审判员移送执行员执行。

调解书和其他应当由人民法院执行的法律文书，当事人必须履行。一方拒绝履行的，对方当事人可以向人民法院申请执行。

第二百四十八条 【仲裁裁决的申请执行】对依法设立的仲裁机构的裁决，一方当事人不履行的，对方当事人可以向有管辖权的人民法院申请执行。受申请的人民法院应当执行。

被申请人提出证据证明仲裁裁决有下列情形之一的，经人民法院组成合议庭审查核实，裁定不予执行：

（一）当事人在合同中没有订有仲裁条款或者事后没有达成书面仲裁协议的；

（二）裁决的事项不属于仲裁协议的范围或者仲裁机构无权仲裁的；

（三）仲裁庭的组成或者仲裁的程序违反法定程序的；

（四）裁决所根据的证据是伪造的；

（五）对方当事人向仲裁机构隐瞒了足以影响公正裁决的证据的；

（六）仲裁员在仲裁该案时有贪污受贿，徇私舞弊，枉法裁决行为的。

人民法院认定执行该裁决违背社会公共利益的，裁定不予执行。

裁定书应当送达双方当事人和仲裁机构。

仲裁裁决被人民法院裁定不予执行的，当事人可以根据双方达成的书面仲裁协议重新申请仲裁，也可以向人民法院起诉。

第二百四十九条 【公证债权文书的申请执行】对公证机关依法赋予强制执行效力的债权文书，一方当事人不履行的，对方当事人可以向有管辖权的人民法院申请执行，受申请的人民法院应当执行。

公证债权文书确有错误的，人民法院裁定不予执行，并将裁定书送达双方当事人和公证机关。

第二百五十条 【申请执行的期限】申请执行的期间为二年。申请执行时效的中止、中断，适用法律有关诉讼时效中止、中断的规定。

前款规定的期间，从法律文书规定履行期间的最后一日起计算；法律文书规定分期履行的，从最后一期履行期限届满之日起计算；法律文书未规定履行期间的，从法律文书生效之日起计算。

第二百五十一条 【执行通知和立即执行】执行员接到申请执行书或者移交执行书，应当向被执行人发出执行通知，并可以立即采取强制执行措施。

相关规定

《民诉法司法解释》

第475条 仲裁机构裁决的事项，部分有民事诉讼法第二百四十八条第二款、第三款规定情形的，人民法院应当裁定对该部分不予执行。

应当不予执行部分与其他部分不可分的，人民法院应当裁定不予执行仲裁裁决。

第476条 依照民事诉讼法第二百四十八条第二款、第三款规定，人民法院裁定不予执行仲裁裁决后，当事人对该裁定提出执行异议或者复议的，人民法院不予受理。当事人可以就该民事纠纷重新达成书面仲裁协议申请仲裁，也可以向人民法院起诉。

第477条 在执行中，被执行人通过仲裁程序将人民法院查封、扣押、冻结的财产确权或者分割给案外人的，不影响人民法院执行程序的进行。

案外人不服的，可以根据民事诉讼法第二百三十八条规定提出异议。

第478条 有下列情形之一的，可以认定为民事诉讼法第二百四十九条第二款规定的公证债权文书确有错误：

（一）公证债权文书属于不得赋予强制执行效力的债权文书的；

（二）被执行人一方未亲自或者未委托代理人到场公证等严重违反法律规定的公证程序的；

（三）公证债权文书的内容与事实不符或者违反法律强制性规定的；

（四）公证债权文书未载明被执行人不履行义务或者不完全履行义务时同意接受强制执行的。

人民法院认定执行该公证债权文书违背社会公共利益的，裁定不予执行。

公证债权文书被裁定不予执行后，当事人、公证事项的利害关系人可以就债权争议提起诉讼。

第479条 当事人请求不予执行仲裁裁决或者公证债权文书的，应当在执行终结前向执行法院提出。

第480条 人民法院应当在收到申请执行书或者移交执行书后十日内发出执行通知。

执行通知中除应责令被执行人履行法律文书确定的义务外，还应通知其承担民事诉讼法第二百六十四条规定的迟延履行利息或者迟延履行金。

第481条 申请执行人超过申请执行时效期间向人民法院申请强制执行的，人民法院应予受理。被执行人对申请执行时效期间提出异议，人民法院经审查异议成立的，裁定不予执行。

被执行人履行全部或者部分义务后，又以不知道申请执行时效期间届满为由请求执行回转的，人民法院不予支持。

最高人民法院《关于审理环境民事公益诉讼案件适用法律若干问题的解释》

第32条　发生法律效力的环境民事公益诉讼案件的裁判，需要采取强制执行措施的，应当移送执行。

《执行程序若干问题的解释》

第19条　在申请执行时效期间的最后六个月内，因不可抗力或者其他障碍不能行使请求权的，申请执行时效中止。从中止时效的原因消除之日起，申请执行时效期间继续计算。

第20条　申请执行时效因申请执行、当事人双方达成和解协议、当事人一方提出履行要求或者同意履行义务而中断。从中断时起，申请执行时效期间重新计算。

第21条　生效法律文书规定债务人负有不作为义务的，申请执行时效期间从债务人违反不作为义务之日起计算。

第22条　执行员依照民事诉讼法第二百五十一条规定立即采取强制执行措施的，可以同时或者自采取强制执行措施之日起三日内发送执行通知书。

历年试题

2023年试卷二考生回忆版：丙公司欠甲公司货款不归还，乙公司作为甲公司的股东向丙公司提出代位之诉。判决生效后丙公司依然不归还款项。哪些主体有资格申请执行？

A. 仅甲公司可以申请执行

B. 必须甲公司和乙公司共同申请

C. 甲公司或乙公司可以申请执行

D. 仅乙公司可以申请执行

答案：C。

第二十一章　执行措施

第二百五十二条　【被执行人报告义务】被执行人未按执行通知履行法律文书确定的义务，应当报告当前以及收到执行通知之日前一年的财产情况。被执行人拒绝报告或者虚假报告的，人民法院可以根据情节轻重对被执行人或者其法定代理人、有关单位的主要负责人或者直接责任人员予以罚款、拘留。

第二百五十三条　【查询、扣押、冻结、划拨、变价金融资产】被执行人未按执行通知履行法律文书确定的义务，人民法院有权向有关单位查询被执行人的存款、债券、股票、基金份额等财产情况。人民法院有权根据不同情形扣押、冻结、划拨、变价被执行人的财产。人民法院查询、扣押、冻结、划拨、变价的财产不得超出被执行人应当履行义务的范围。

人民法院决定扣押、冻结、划拨、变价财产，应当作出裁定，并发出协助执行通知书，有关单位必须办理。

第二百五十四条　【扣留、提取收入】被执行人未按执行通知履行法律文书确定的义务，人民法院有权扣留、提取被执行人应当履行义务部分的收入。但应当保留被执行人及其所扶养家属的生活必需费用。

人民法院扣留、提取收入时，应当作出裁定，并发出协助执行通知书，被执行人所在单位、银行、信用合作社和其他有储蓄业务的单位必须办理。

第二百五十五条　【查封、扣押、冻结、拍卖、变卖被执行人财产】被执行人未按执行通知履行法律文书确定的义务，人民法院有权查封、扣押、冻结、拍卖、变卖被执行人应当履行义务部分的财产。但应当保留被执行人及其所扶养家属的生活必需品。

采取前款措施，人民法院应当作出裁定。

第二百五十六条　【查封、扣押财产程序】人民法院查封、扣押财产时，被执行人是公民的，应当通知被执行人或者他的成年家属到场；被执行人是法人或者其他组织的，应当通知其法定代表人或者主要负责人到场。拒不到场的，不影响执行。被执行人是公民的，其工作单位或者财产所在地的基层组织应当派人参加。

对被查封、扣押的财产，执行员必须造具清单，由在场人签名或者盖章后，交被执行人一份。被执行人是公民的，也可以交他的成年家属一份。

第二百五十七条　【查封财产保管】被查封的财产，执行员可以指定被执行人负责保管。因被执行人的过错造成的损失，由被执行人承担。

第二百五十八条　【拍卖、变卖财产】财产被查封、扣押后，执行员应当责令被执行人在指定期间履行法律文书确定的义务。被执行人逾期不履行的，人民法院应当拍卖被查封、扣押的财产；不适于拍卖或者当事人双方同意不进行拍卖的，人民法院可以委托有关单位变卖或者自行变卖。国家禁止自由买卖的物品，交有关单位按照国家规定的价格收购。

第二百五十九条　【搜查被执行人财产】被执行人不履行法律文书确定的义务，并隐匿财产的，人民法院有权发出搜查令,对被执行人及其住所或者财产隐匿地进行搜查。

采取前款措施,由院长签发搜查令。

第二百六十条　【指定交付】法律文书指定交付的财物或者票证,由执行员传唤双方当事人当面交付,或者由执行员转交,并由被交付人签收。

有关单位持有该项财物或者票证的,应当根据人民法院的协助执行通知书转交,并由被交付人签收。

有关公民持有该项财物或者票证的,人民法院通知其交出。拒不交出的,强制执行。

第二百六十一条　【强制迁出】强制迁出房屋或者强制退出土地,由院长签发公告,责令被执行人在指定期间履行。被执行人逾期不履行的,由执行员强制执行。

强制执行时,被执行人是公民的,应当通知被执行人或者他的成年家属到场;被执行人是法人或者其他组织的,应当通知其法定代表人或者主要负责人到场。拒不到场的,不影响执行。被执行人是公民的,其工作单位或者房屋、土地所在地的基层组织应当派人参加。执行员应当将强制执行情况记入笔录,由在场人签名或者盖章。

强制迁出房屋被搬出的财物,由人民法院派人运至指定处所,交给被执行人。被执行人是公民的,也可以交给他的成年家属。因拒绝接收而造成的损失,由被执行人承担。

第二百六十二条　【财产权证照转移】在执行中,需要办理有关财产权证照转移手续的,人民法院可以向有关单位发出协助执行通知书,有关单位必须办理。

第二百六十三条　【对行为执行】对判决、裁定和其他法律文书指定的行为,被执行人未按执行通知履行的,人民法院可以强制执行或者委托有关单位或者其他人完成,费用由被执行人承担。

第二百六十四条　【迟延履行】被执行人未按判决、裁定和其他法律文书指定的期间履行给付金钱义务的,应当加倍支付迟延履行期间的债务利息。被执行人未按判决、裁定和其他法律文书指定的期间履行其他义务的,应当支付迟延履行金。

第二百六十五条　【继续履行】人民法院采取本法第二百五十三条、第二百五十四条、第二百五十五条规定的执行措施后,被执行人仍不能偿还债务的,应当继续履行义务。债权人发现被执行人有其他财产的,可以随时请求人民法院执行。

第二百六十六条　【对执行人的限制措施】被执行人不履行法律文书确定的义务的,人民法院可以对其采取或者通知有关单位协助采取限制出境,在征信系统记录、通过媒体公布不履行义务信息以及法律规定的其他措施。

相关规定

《民诉法司法解释》

第482条　对必须接受调查询问的被执行人、被执行人的法定代表人、负责人或者实际控制人,经依法传唤无正当理由拒不到场的,人民法院可以拘传其到场。

人民法院应当及时对被拘传人进行调查询问,调查询问的时间不得超过八小时;情况复杂,依法可能采取拘留措施的,调查询问的时间不得超过二十四小时。

人民法院在本辖区以外采取拘传措施时,可以将被拘传人拘传到当地人民法院,当地人民法院应予协助。

第483条　人民法院有权查询被执行人的身份信息与财产信息,掌握相关信息的单位和个人必须按照协助执行通知书办理。

第484条　对被执行的财产,人民法院非经查封、扣押、冻结不得处分。对银行存款等各类可以直接扣划的财产,人民法院的扣划裁定同时具有冻结的法律效力。

第485条　人民法院冻结被执行人的银行存款的期限不得超过一年,查封、扣押动产的期限不得超过两年,查封不动产、冻结其他财产权的期限不得超过三年。

申请执行人申请延长期限的,人民法院应当在查封、扣押、冻结期限届满前办理续行查封、扣押、冻结手续,续行期限不得超过前款规定的期限。

人民法院也可以依职权办理续行查封、扣押、冻结手续。

第486条　依照民事诉讼法第二百五十八条规定,人民法院在执行中需要拍卖被执行人财产的,可以由人民法院自行组织拍卖,也可以交由具备相应资质的拍卖机构拍卖。

交拍卖机构拍卖的,人民法院应当对拍卖活动进行监督。

第487条　拍卖评估需要对现场进行检查、勘验的,人民法院应当责令被执行人、协助义务人予以配合。被执行人、协助义务人不予配合的,人民法院可以强制进行。

第488条　人民法院在执行中需要变卖被执行人财产的,可以交有关单位变卖,也可以由人民法院直接变卖。

对变卖的财产，人民法院或者其工作人员不得买受。

第489条　经申请执行人和被执行人同意，且不损害其他债权人合法权益和社会公共利益的，人民法院可以不经拍卖、变卖，直接将被执行人的财产作价交申请执行人抵偿债务。对剩余债务，被执行人应当继续清偿。

第490条　被执行人的财产无法拍卖或者变卖的，经申请执行人同意，且不损害其他债权人合法权益和社会公共利益的，人民法院可以将该项财产作价后交付申请执行人抵偿债务，或者交付申请执行人管理；申请执行人拒绝接收或者管理的，退回被执行人。

第491条　拍卖成交或者依法定程序裁定以物抵债的，标的物所有权自拍卖成交裁定或者抵债裁定送达买受人或者接受抵债物的债权人时转移。

第492条　执行标的物为特定物的，应当执行原物。原物确已毁损或者灭失的，经双方当事人同意，可以折价赔偿。

双方当事人对折价赔偿不能协商一致的，人民法院应当终结执行程序。申请执行人可以另行起诉。

第493条　他人持有法律文书指定交付的财物或者票证，人民法院依照民事诉讼法第二百六十条第二款、第三款规定发出协助执行通知后，拒不转交的，可以强制执行，并可依照民事诉讼法第一百一十七条、第一百一十八条规定处理。

他人持有期间财物或者票证毁损、灭失的，参照本解释第四百九十四条规定处理。

他人主张合法持有财物或者票证的，可以根据民事诉讼法第二百三十八条规定提出执行异议。

第494条　在执行中，被执行人隐匿财产、会计账簿等资料的，人民法院除可依照民事诉讼法第一百一十四条第一款第六项规定对其处理外，还应责令被执行人交出隐匿的财产、会计账簿等资料。被执行人拒不交出的，人民法院可以采取搜查措施。

第495条　搜查人员应当按规定着装并出示搜查令和工作证件。

第496条　人民法院搜查时禁止无关人员进入搜查现场；搜查对象是公民的，应当通知被执行人或者他的成年家属以及基层组织派员到场；搜查对象是法人或者其他组织的，应当通知法定代表人或者主要负责人到场。拒不到场的，不影响搜查。

搜查妇女身体，应当由女执行人员进行。

第497条　搜查中发现应当依法采取查封、扣押措施的财产，依照民事诉讼法第二百五十六条第二款和第二百五十八条规定办理。

第498条　搜查应当制作搜查笔录，由搜查人员、被搜查人及其他在场人签名、捺印或者盖章。拒绝签名、捺印或者盖章的，应当记入搜查笔录。

第499条　人民法院执行被执行人对他人的到期债权，可以作出冻结债权的裁定，并通知该他人向申请执行人履行。

该他人对到期债权有异议，申请执行人请求对异议部分强制执行的，人民法院不予支持。利害关系人对到期债权有异议的，人民法院应当按照民事诉讼法第二百三十八条规定处理。

对生效法律文书确定的到期债权，该他人予以否认的，人民法院不予支持。

第500条　人民法院在执行中需要办理房产证、土地证、林权证、专利证书、商标证书、车船执照等有关财产权证照转移手续的，可以依照民事诉讼法第二百六十二条规定办理。

第501条　被执行人不履行生效法律文书确定的行为义务，该义务可由他人完成的，人民法院可以选定代履行人；法律、行政法规对履行该行为义务有资格限制的，应当从有资格的人中选定。必要时，可以通过招标的方式确定代履行人。

申请执行人可以在符合条件的人中推荐代履行人，也可以申请自己代为履行，是否准许，由人民法院决定。

第502条　代履行费用的数额由人民法院根据案件具体情况确定，并由被执行人在指定期限内预先支付。被执行人未预付的，人民法院可以对该费用强制执行。

代履行结束后，被执行人可以查阅、复制费用清单以及主要凭证。

第503条　被执行人不履行法律文书指定的行为，且该项行为只能由被执行人完成的，人民法院可以依照民事诉讼法第一百一十四条第一款第六项规定处理。

被执行人在人民法院确定的履行期间内仍不履行的，人民法院可以依照民事诉讼法第一百一十四条第一款第六项规定再次处理。

第504条　被执行人迟延履行的，迟延履行期间的利息或者迟延履行金自判决、裁定和其他法律文书指定的履行期间届满之日起计算。

第505条　被执行人未按判决、裁定和其他法律文书指定的期间履行非金钱给付义务的，无论是否已给申请执行人造成损失，都应当支付迟延履行金。已经造成损失的，双倍补偿申请执行人已经受到的损失；没有造成损失的，迟延履行金可以由人民法院根据具体案件情况决定。

第506条　被执行人为公民或者其他组织，在执行程序开始后，被执行人的其他已经取得执行依据的债权人发现被执行人的财产不能清偿所有债权的，可以向人民法院申请参与分配。

对人民法院查封、扣押、冻结的财产有优先权、担保物权的债权人，可以直接申请参与分配，主张优先受偿权。

第507条　申请参与分配，申请人应当提交申请书。申请书应当写明参与分配和被执行人不能清偿所有债权的事实、理由，并附有执行依据。

参与分配申请应当在执行程序开始后，被执行人的财产执行终结前提出。

第508条　参与分配执行中，执行所得价款扣除执行费用，并清偿应当优先受偿的债权后，对于普通债权，原则上按照其占全部申请参与分配债权数额的比例受偿。清偿后的剩余债务，被执行人应当继续清偿。债权人发现被执行人有其他财产的，可以随时请求人民法院执行。

第509条　多个债权人对执行财产申请参与分配的，执行法院应当制作财产分配方案，并送达各债权人和被执行人。债权人或者被执行人对分配方案有异议的，应当自收到分配方案之日起十五日内向执行法院提出书面异议。

第510条　债权人或者被执行人对分配方案提出书面异议的，执行法院应当通知未提出异议的债权人、被执行人。

未提出异议的债权人、被执行人自收到通知之日起十五日内未提出反对意见的，执行法院依异议人的意见对分配方案审查修正后进行分配；提出反对意见的，应当通知异议人。异议人可以自收到通知之日起十五日内，以提出反对意见的债权人、被执行人为被告，向执行法院提起诉讼；异议人逾期未提起诉讼的，执行法院按照原分配方案进行分配。

诉讼期间进行分配的，执行法院应当提存与争议债权数额相应的款项。

第511条　在执行中，作为被执行人的企业法人符合企业破产法第二条第一款规定情形的，执行法院经申请执行人之一或者被执行人同意，应当裁定中止对该被执行人的执行，将执行案件相关材料移送被执行人住所地人民法院。

第512条　被执行人住所地人民法院应当自收到执行案件相关材料之日起三十日内，将是否受理破产案件的裁定告知执行法院。不予受理的，应当将相关案件材料退回执行法院。

第513条　被执行人住所地人民法院裁定受理破产案件的，执行法院应当解除对被执行人财产的保全措施。被执行人住所地人民法院裁定宣告被执行人破产的，执行法院应当裁定终结对该被执行人的执行。

被执行人住所地人民法院不受理破产案件的，执行法院应当恢复执行。

第514条　当事人不同意移送破产或者被执行人住所地人民法院不受理破产案件的，执行法院就执行变价所得财产，在扣除执行费用及清偿优先受偿的债权后，对于普通债权，按照财产保全和执行中查封、扣押、冻结财产的先后顺序清偿。

第515条　债权人根据民事诉讼法第二百六十五条规定请求人民法院继续执行的，不受民事诉讼法第二百五十条规定申请执行时效期间的限制。

第516条　被执行人不履行法律文书确定的义务的，人民法院除对被执行人予以处罚外，还可以根据情节将其纳入失信被执行人名单，将被执行人不履行或者不完全履行义务的信息向其所在单位、征信机构以及其他相关机构通报。

第517条　经过财产调查未发现可供执行的财产，在申请执行人签字确认或者执行法院组成合议庭审查核实并经院长批准后，可以裁定终结本次执行程序。

依照前款规定终结执行后，申请执行人发现被执行人有可供执行财产的，可以再次申请执行。再次申请不受申请执行时效期间的限制。

第518条　因撤销申请而终结执行后，当事人在民事诉讼法第二百五十条规定的申请执行时效期间内再次申请执行的，人民法院应当受理。

第519条　在执行终结六个月内，被执行人或者其他人对已执行的标的有妨害行为的，人民法院可以依申请排除妨害，并可以依照民事诉讼法第一百一十四条规定进行处罚。因妨害行为给执行债权人或者其他人造成损失的，受害人可以另行起诉。

《执行程序若干问题的解释》

第23条　依照民事诉讼法第二百六十六条规定对被执行人限制出境的，应当由申请执行人向执行法院提出书面申请；必要时，执行法院可以依职权决定。

第24条　被执行人为单位的，可以对其法定代表人、主要负责人或者影响债务履行的直接责任人员限制出境。

被执行人为无民事行为能力人或者限制民事行为能力人的,可以对其法定代理人限制出境。

第25条 在限制出境期间,被执行人履行法律文书确定的全部债务的,执行法院应当及时解除限制出境措施;被执行人提供充分、有效的担保或者申请执行人同意的,可以解除限制出境措施。

第26条 依照民事诉讼法第二百六十六条的规定,执行法院可以依职权或者依申请执行人的申请,将被执行人不履行法律文书确定义务的信息,通过报纸、广播、电视、互联网等媒体公布。

媒体公布的有关费用,由被执行人负担;申请执行人申请在媒体公布的,应当垫付有关费用。

第27条 本解释施行前本院公布的司法解释与本解释不一致的,以本解释为准。

最高人民法院《关于人民法院民事执行中查封、扣押、冻结财产的规定》 法释〔2020〕21号

第1条 人民法院查封、扣押、冻结被执行人的动产、不动产及其他财产权,应当作出裁定,并送达被执行人和申请执行人。

采取查封、扣押、冻结措施需要有关单位或者个人协助的,人民法院应当制作协助执行通知书,连同裁定书副本一并送达协助执行人。查封、扣押、冻结裁定书和协助执行通知书送达时发生法律效力。

第2条 人民法院可以查封、扣押、冻结被执行人占有的动产、登记在被执行人名下的不动产、特定动产及其他财产权。

未登记的建筑物和土地使用权,依据土地使用权的审批文件和其他相关证据确定权属。

对于第三人占有的动产或者登记在第三人名下的不动产、特定动产及其他财产权,第三人书面确认该财产属于被执行人的,人民法院可以查封、扣押、冻结。

第3条 人民法院对被执行人的下列财产不得查封、扣押、冻结:

(一)被执行人及其所扶养家属生活所必需的衣服、家具、炊具、餐具及其他家庭生活必需的物品;

(二)被执行人及其所扶养家属所必需的生活费用。当地有最低生活保障标准的,必需的生活费用依照该标准确定;

(三)被执行人及其所扶养家属完成义务教育所必需的物品;

(四)未公开的发明或者未发表的著作;

(五)被执行人及其所扶养家属用于身体缺陷所必需的辅助工具、医疗物品;

(六)被执行人所得的勋章及其他荣誉表彰的物品;

(七)根据《中华人民共和国缔结条约程序法》,以中华人民共和国、中华人民共和国政府或者中华人民共和国政府部门名义同外国、国际组织缔结的条约、协定和其他具有条约、协定性质的文件中规定免于查封、扣押、冻结的财产;

(八)法律或者司法解释规定的其他不得查封、扣押、冻结的财产。

第4条 对被执行人及其所扶养家属生活所必需的居住房屋,人民法院可以查封,但不得拍卖、变卖或者抵债。

第5条 对于超过被执行人及其所扶养家属生活所必需的房屋和生活用品,人民法院根据申请执行人的申请,在保障被执行人及其所扶养家属最低生活标准所必需的居住房屋和普通生活必需品后,可予以执行。

第6条 查封、扣押动产的,人民法院可以直接控制该项财产。人民法院将查封、扣押的动产交付其他人控制的,应当在该动产上加贴封条或者采取其他足以公示查封、扣押的适当方式。

第7条 查封不动产的,人民法院应当张贴封条或者公告,并可以提取保存有关财产权证照。

查封、扣押、冻结已登记的不动产、特定动产及其他财产权,应当通知有关登记机关办理登记手续。未办理登记手续的,不得对抗其他已经办理了登记手续的查封、扣押、冻结行为。

第8条 查封尚未进行权属登记的建筑物时,人民法院应当通知其管理人或者该建筑物的实际占有人,并在显著位置张贴公告。

第9条 扣押尚未进行权属登记的机动车辆时,人民法院应当在扣押清单上记载该机动车辆的发动机编号。该车辆在扣押期间权利人要求办理权属登记手续的,人民法院应当准许并及时办理相应的扣押登记手续。

第10条 查封、扣押的财产不宜由人民法院保管的,人民法院可以指定被执行人负责保管;不宜由被执行人保管的,可以委托第三人或者申请执行人保管。

由人民法院指定被执行人保管的财产,如果继续使用对该财产的价值无重大影响,可以允许被执行人继续使用;由人民法院保管或者委托第三人、申请执行人保管的,保管人不得使用。

第11条 查封、扣押、冻结担保物权人占有的担保财产，一般应当指定该担保物权人作为保管人；该财产由人民法院保管的，质权、留置权不因转移占有而消灭。

第12条 对被执行人与其他人共有的财产，人民法院可以查封、扣押、冻结，并及时通知共有人。

共有人协议分割共有财产，并经债权人认可的，人民法院可以认定有效。查封、扣押、冻结的效力及于协议分割后被执行人享有份额内的财产；对其他共有人享有份额内的财产的查封、扣押、冻结，人民法院应当裁定予以解除。

共有人提起析产诉讼或者申请执行人代位提起析产诉讼的，人民法院应当准许。诉讼期间中止对该财产的执行。

第13条 对第三人为被执行人的利益占有的被执行人的财产，人民法院可以查封、扣押、冻结；该财产被指定给第三人继续保管的，第三人不得将其交付给被执行人。

对第三人为自己的利益依法占有的被执行人的财产，人民法院可以查封、扣押、冻结，第三人可以继续占有和使用该财产，但不得将其交付给被执行人。

第三人无偿借用被执行人的财产的，不受前款规定的限制。

第14条 被执行人将其财产出卖给第三人，第三人已经支付部分价款并实际占有该财产，但根据合同约定被执行人保留所有权的，人民法院可以查封、扣押、冻结；第三人要求继续履行合同的，向人民法院交付全部余款后，裁定解除查封、扣押、冻结。

第15条 被执行人将其所有的需要办理过户登记的财产出卖给第三人，第三人已经支付部分或者全部价款并实际占有该财产，但尚未办理产权过户登记手续的，人民法院可以查封、扣押、冻结；第三人已经支付全部价款并实际占有，但未办理过户登记手续的，如果第三人对此没有过错，人民法院不得查封、扣押、冻结。

第16条 被执行人购买第三人的财产，已经支付部分价款并实际占有该财产，第三人依合同约定保留所有权的，人民法院可以查封、扣押、冻结。保留所有权已办理登记的，第三人的剩余价款从该财产变价款中优先支付；第三人主张取回该财产的，可以依据民事诉讼法第二百三十八条规定提出异议。

第17条 被执行人购买需要办理过户登记的第三人的财产，已经支付部分或者全部价款并实际占有该财产，虽未办理产权过户登记手续，但申请执行人已向第三人支付剩余价款或者第三人同意剩余价款从该财产变价款中优先支付的，人民法院可以查封、扣押、冻结。

第18条 查封、扣押、冻结被执行人的财产时，执行人员应当制作笔录，载明下列内容：

（一）执行措施开始及完成的时间；

（二）财产的所在地、种类、数量；

（三）财产的保管人；

（四）其他应当记明的事项。

执行人员及保管人应当在笔录上签名，有民事诉讼法第二百五十六条规定的人员到场的，到场人员也应当在笔录上签名。

第19条 查封、扣押、冻结被执行人的财产，以其价额足以清偿法律文书确定的债权额及执行费用为限，不得明显超标的额查封、扣押、冻结。

发现超标的额查封、扣押、冻结的，人民法院应当根据被执行人的申请或者依职权，及时解除对超标的额部分财产的查封、扣押、冻结，但该财产为不可分物且被执行人无其他可供执行的财产或者其他财产不足以清偿债务的除外。

第20条 查封、扣押的效力及于查封、扣押物的从物和天然孳息。

第21条 查封地上建筑物的效力及于该地上建筑物使用范围内的土地使用权，查封土地使用权的效力及于地上建筑物，但土地使用权与地上建筑物的所有权分属被执行人与他人的除外。

地上建筑物和土地使用权的登记机关不是同一机关的，应当分别办理查封登记。

第22条 查封、扣押、冻结的财产灭失或者毁损的，查封、扣押、冻结的效力及于该财产的替代物、赔偿款。人民法院应当及时作出查封、扣押、冻结该替代物、赔偿款的裁定。

第23条 查封、扣押、冻结协助执行通知书在送达登记机关时，登记机关已经受理被执行人转让不动产、特定动产及其他财产的过户登记申请，尚未完成登记的，应当协助人民法院执行。人民法院不得对登记机关已经完成登记的被执行人已转让的财产实施查封、扣押、冻结措施。

查封、扣押、冻结协助执行通知书在送达登记机关时，其他人民法院已向该登记机关送达了过户登记协助执行通知书的，应当优先办理过户登记。

第24条 被执行人就已经查封、扣押、冻结的财产所作的移转、设定权利负担或者其他有碍执行的行为，不得对抗申请执行人。

第三人未经人民法院准许占有查封、扣押、冻结的财产或者实施其他有碍执行的行为的，人民法院可以依据申请执行人的申请或者依职权解除其占有或者排除其妨害。

人民法院的查封、扣押、冻结没有公示的，其效力不得对抗善意第三人。

第25条　人民法院查封、扣押被执行人设定最高额抵押权的抵押物的，应当通知抵押权人。抵押权人受抵押担保的债权数额自收到人民法院通知时起不再增加。

人民法院虽然没有通知抵押权人，但有证据证明抵押权人知道或者应当知道查封、扣押事实的，受抵押担保的债权数额从其知道或者应当知道该事实时起不再增加。

第26条　对已被人民法院查封、扣押、冻结的财产，其他人民法院可以进行轮候查封、扣押、冻结。查封、扣押、冻结解除的，登记在先的轮候查封、扣押、冻结即自动生效。

其他人民法院对已登记的财产进行轮候查封、扣押、冻结的，应当通知有关登记机关协助进行轮候登记，实施查封、扣押、冻结的人民法院应当允许其他人民法院查阅有关文书和记录。

其他人民法院对没有登记的财产进行轮候查封、扣押、冻结的，应当制作笔录，并经实施查封、扣押、冻结的人民法院执行人员及被执行人签字，或者书面通知实施查封、扣押、冻结的人民法院。

第27条　查封、扣押、冻结期限届满，人民法院未办理延期手续的，查封、扣押、冻结的效力消灭。

查封、扣押、冻结的财产已经被执行拍卖、变卖或者抵债的，查封、扣押、冻结的效力消灭。

第28条　有下列情形之一的，人民法院应当作出解除查封、扣押、冻结裁定，并送达申请执行人、被执行人或者案外人：

（一）查封、扣押、冻结案外人财产的；

（二）申请执行人撤回执行申请或者放弃债权的；

（三）查封、扣押、冻结的财产流拍或者变卖不成，申请执行人和其他执行债权人又不同意接受抵债，且对该财产又无法采取其他执行措施的；

（四）债务已经清偿的；

（五）被执行人提供担保且申请执行人同意解除查封、扣押、冻结的；

（六）人民法院认为应当解除查封、扣押、冻结的其他情形。

解除以登记方式实施的查封、扣押、冻结的，应当向登记机关发出协助执行通知书。

第29条　财产保全裁定和先予执行裁定的执行适用本规定。

第30条　本规定自2005年1月1日起施行。施行前本院公布的司法解释与本规定不一致的，以本规定为准。

最高人民法院《关于人民法院民事执行中拍卖、变卖财产的规定》　法释〔2020〕21号

第1条　在执行程序中，被执行人的财产被查封、扣押、冻结后，人民法院应当及时进行拍卖、变卖或者采取其他执行措施。

第2条　人民法院对查封、扣押、冻结的财产进行变价处理时，应当首先采取拍卖的方式，但法律、司法解释另有规定的除外。

第3条　人民法院拍卖被执行人财产，应当委托具有相应资质的拍卖机构进行，并对拍卖机构的拍卖进行监督，但法律、司法解释另有规定的除外。

第4条　对拟拍卖的财产，人民法院可以委托具有相应资质的评估机构进行价格评估。对于财产价值较低或者价格依照通常方法容易确定的，可以不进行评估。

当事人双方及其他执行债权人申请不进行评估的，人民法院应当准许。

对被执行人的股权进行评估时，人民法院可以责令有关企业提供会计报表等资料；有关企业拒不提供的，可以强制提取。

第5条　拍卖应当确定保留价。

拍卖财产经过评估的，评估价即为第一次拍卖的保留价；未作评估的，保留价由人民法院参照市价确定，并应当征询有关当事人的意见。

如果出现流拍，再行拍卖时，可以酌情降低保留价，但每次降低的数额不得超过前次保留价的百分之二十。

第6条　保留价确定后，依据本次拍卖保留价计算，拍卖所得价款在清偿优先债权和强制执行费用后无剩余可能的，应当在实施拍卖前将有关情况通知申请执行人。申请执行人于收到通知后五日内申请继续拍卖的，人民法院应当准许，但应当重新确定保留价；重新确定的保留价应当大于该优先债权及强制执行费用的总额。

依照前款规定流拍的，拍卖费用由申请执行人负担。

第7条　执行人员应当对拍卖财产的权属状况、占有使用情况等进行必要的调查，制作拍卖财产现状的调查笔录或者收集其他有关资料。

第8条　拍卖应当先期公告。

拍卖动产的，应当在拍卖七日前公告；拍卖不动产或者其他财产权的，应当在拍卖十五日前公告。

第9条　拍卖公告的范围及媒体由当事人双方协商确定；协商不成的，由人民法院确定。拍卖财产具有专业属性的，应当同时在专业性报纸上进行公告。

当事人申请在其他新闻媒体上公告或者要求扩大公告范围的，应当准许，但该部分的公告费用由其自行承担。

第10条　拍卖不动产、其他财产权或者价值较高的动产的，竞买人应当于拍卖前向人民法院预交保证金。申请执行人参加竞买的，可以不预交保证金。保证金的数额由人民法院确定，但不得低于评估价或者市价的百分之五。

应当预交保证金而未交纳的，不得参加竞买。拍卖成交后，买受人预交的保证金充抵价款，其他竞买人预交的保证金应当在三日内退还；拍卖未成交的，保证金应当于三日内退还竞买人。

第11条　人民法院应当在拍卖五日前以书面或者其他能够确认收悉的适当方式，通知当事人和已知的担保物权人、优先购买权人或者其他优先权人于拍卖日到场。

优先购买权人经通知未到场的，视为放弃优先购买权。

第12条　法律、行政法规对买受人的资格或者条件有特殊规定的，竞买人应当具备规定的资格或者条件。

申请执行人、被执行人可以参加竞买。

第13条　拍卖过程中，有最高应价时，优先购买权人可以表示以该最高价买受，如无更高应价，则拍归优先购买权人；如有更高应价，而优先购买权人不作表示的，则拍归该应价最高的竞买人。

顺序相同的多个优先购买权人同时表示买受的，以抽签方式决定买受人。

第14条　拍卖多项财产时，其中部分财产卖得的价款足以清偿债务和支付被执行人应当负担的费用的，对剩余的财产应当停止拍卖，但被执行人同意全部拍卖的除外。

第15条　拍卖的多项财产在使用上不可分，或者分别拍卖可能严重减损其价值的，应当合并拍卖。

第16条　拍卖时无人竞买或者竞买人的最高应价低于保留价，到场的申请执行人或者其他执行债权人申请或者同意以该次拍卖所定的保留价接受拍卖财产的，应当将该财产交其抵债。

有两个以上执行债权人申请以拍卖财产抵债的，由法定受偿顺位在先的债权人优先承受；受偿顺位相同的，以抽签方式决定承受人。承受人应受清偿的债权额低于抵债财产的价额的，人民法院应当责令其在指定的期间内补交差额。

第17条　在拍卖开始前，有下列情形之一的，人民法院应当撤回拍卖委托：

（一）据以执行的生效法律文书被撤销的；

（二）申请执行人及其他执行债权人撤回执行申请的；

（三）被执行人全部履行了法律文书确定的金钱债务的；

（四）当事人达成了执行和解协议，不需要拍卖财产的；

（五）案外人对拍卖财产提出确有理由的异议的；

（六）拍卖机构与竞买人恶意串通的；

（七）其他应当撤回拍卖委托的情形。

第18条　人民法院委托拍卖后，遇有依法应当暂缓执行或者中止执行的情形的，应当决定暂缓执行或者裁定中止执行，并及时通知拍卖机构和当事人。拍卖机构收到通知后，应当立即停止拍卖，并通知竞买人。

暂缓执行期限届满或者中止执行的事由消失后，需要继续拍卖的，人民法院应当在十五日内通知拍卖机构恢复拍卖。

第19条　被执行人在拍卖日之前向人民法院提交足额金钱清偿债务，要求停止拍卖的，人民法院应当准许，但被执行人应当负担因拍卖支出的必要费用。

第20条　拍卖成交或者以流拍的财产抵债的，人民法院应当作出裁定，并于价款或者需要补交的差价全额交付后十日内，送达买受人或者承受人。

第21条　拍卖成交后，买受人应当在拍卖公告确定的期限或者人民法院指定的期限内将价款交付到人民法院或者汇入人民法院指定的账户。

第22条　拍卖成交或者以流拍的财产抵债后，买受人逾期未支付价款或者承受人逾期未补交差价而使拍卖、抵债的目的难以实现的，人民法院可以裁定重新拍卖。重新拍卖时，原买受人不得参加竞买。

重新拍卖的价款低于原拍卖价款造成的差价、费用损失及原拍卖中的佣金，由原买受人承担。人民法院可以直接从其预交的保证金中扣除。扣除后保证金有剩余的，应当退还原买受人；保证金数额不足的，可以责令原买受人补交；拒不补交的，强制执行。

第23条　拍卖时无人竞买或者竞买人的最高应价低于保留价，到场的申请执行人或者其他执行债权人不申请以该次拍卖所定的保留价抵债的，应当在六十日内再行拍卖。

第24条　对于第二次拍卖仍流拍的动产，人民法院可以依照本规定第十六条的规定将其作价交申请执行人或者其他执行债权人抵债。申请执行人或者其他执行债权人拒绝接受或者依法不能交付其抵债的，人民法院应当解除查封、扣押，并将该动产退还被执行人。

第25条　对于第二次拍卖仍流拍的不动产或者其他财产权，人民法院可以依照本规定第十六条的规定将其作价交申请执行人或者其他执行债权人抵债。申请执行人或者其他执行债权人拒绝接受或者依法不能交付其抵债的，应当在六十日内进行第三次拍卖。

第三次拍卖流拍且申请执行人或者其他执行债权人拒绝接受或者依法不能接受该不动产或者其他财产权抵债的，人民法院应当于第三次拍卖终结之日起七日内发出变卖公告。自公告之日起六十日内没有买受人愿意以第三次拍卖的保留价买受该财产，且申请执行人、其他执行债权人仍不表示接受该财产抵债的，应当解除查封、冻结，将该财产退还被执行人，但对该财产可以采取其他执行措施的除外。

第26条　不动产、动产或者其他财产权拍卖成交或者抵债后，该不动产、动产的所有权、其他财产权自拍卖成交或者抵债裁定送达买受人或者承受人时起转移。

第27条　人民法院裁定拍卖成交或者以流拍的财产抵债后，除有依法不能移交的情形外，应当于裁定送达后十五日内，将拍卖的财产移交买受人或者承受人。被执行人或者第三人占有拍卖财产应当移交而拒不移交的，强制执行。

第28条　拍卖财产上原有的担保物权及其他优先受偿权，因拍卖而消灭，拍卖所得价款，应当优先清偿担保物权人及其他优先受偿权人的债权，但当事人另有约定的除外。

拍卖财产上原有的租赁权及其他用益物权，不因拍卖而消灭，但该权利继续存在于拍卖财产上，对在先的担保物权或者其他优先受偿权的实现有影响的，人民法院应当依法将其除去后进行拍卖。

第29条　拍卖成交的，拍卖机构可以按照下列比例向买受人收取佣金：

拍卖成交价200万元以下的，收取佣金的比例不得超过5%；超过200万元至1000万元的部分，不得超过3%；超过1000万元至5000万元的部分，不得超过2%；超过5000万元至1亿元的部分，不得超过1%；超过1亿元的部分，不得超过0.5%。

采取公开招标方式确定拍卖机构的，按照中标方案确定的数额收取佣金。

拍卖未成交或者非因拍卖机构的原因撤回拍卖委托的，拍卖机构为本次拍卖已经支出的合理费用，应当由被执行人负担。

第30条　在执行程序中拍卖上市公司国有股和社会法人股的，适用最高人民法院《关于冻结、拍卖上市公司国有股和社会法人股若干问题的规定》。

第31条　对查封、扣押、冻结的财产，当事人双方及有关权利人同意变卖的，可以变卖。

金银及其制品、当地市场有公开交易价格的动产、易腐烂变质的物品、季节性商品、保管困难或者保管费用过高的物品，人民法院可以决定变卖。

第32条　当事人双方及有关权利人对变卖财产的价格有约定的，按照其约定价格变卖；无约定价格但有市价的，变卖价格不得低于市价；无市价但价值较大、价格不易确定的，应当委托评估机构进行评估，并按照评估价格进行变卖。

按照评估价格变卖不成的，可以降低价格变卖，但最低的变卖价不得低于评估价的二分之一。

变卖的财产无人应买的，适用本规定第十六条的规定将该财产交申请执行人或者其他执行债权人抵债；申请执行人或者其他执行债权人拒绝接受或者依法不能交付其抵债的，人民法院应当解除查封、扣押，并将该财产退还被执行人。

第33条　本规定自2005年1月1日起施行。施行前本院公布的司法解释与本规定不一致的，以本规定为准。

命题题眼

本章规定了各种执行措施，一般掌握。主要考点有：

1. 具体的执行措施。

(1)查询、冻结、划拨、扣押、变价金融资产。

(2)扣留、提取被申请执行人的收入。

(3)查封、扣押、冻结、拍卖、变卖被申请执行人的财产。人民法院在执行中对被申请执行人的财产冻结的，任何单位包括其他人民法院不得重复冻结。

(4)搜查被申请执行人的财产。

(5)强制交付法律文书指定的财物或者票证。

(6)强制被申请执行人迁出房屋或退出土地。

(7)强制办理有关财产权证照转移手续。

(8)强制执行法律文书指定的行为。

(9)强制加倍支付迟延履行期间的利息和支付迟延履行金。

(10)根据申请执行人的申请继续执行等。

注意:掌握不得采取执行措施的财产范围。

2. 人民法院对被执行人所有的其他人享有抵押权、质押权或留置权的财产,可以采取查封、扣押措施。财产拍卖、变卖后所得价款,应当在抵押权人、质押权人或留置权人优先受偿后,用于清偿申请执行人的债权。

3. 代位执行第三人到期债权的执行措施应注意:

(1)向第三人发出履行到期债务的通知必须采用直接送达的方式。

(2)注意强制执行第三人财产的条件:被执行人不能清偿债务,但对第三人享有到期债权,或者被执行人收到人民法院履行通知后,放弃其对第三人的债权或延缓第三人履行期限;依申请执行人的申请;第三人对债务没有异议但在通知指定的期限内却不履行。

(3)注意第三人异议的提出和法律效果。

(4)注意第三人收到人民法院要求其履行到期债务的通知后,擅自向被执行人履行的法律后果。

4. 债务人的财产不足以清偿多个债权时的执行方法,注意参与分配执行的适用条件。参与分配是指在执行过程中,因债务人的财产不足以清偿多个债权人的债权,申请执行人以外的其他债权人凭借有效的执行根据加入已经开始的执行过程中,使各个债权能够公平受偿的制度。参与分配适用的条件包括:第一,被执行人的财产无法清偿所有债权。第二,被执行人为自然人或其他组织,而非法人。第三,有多个申请人对同一被申请人享有债权。第四,申请人必须取得生效的执行根据,起诉后尚未获得生效判决的债权人不具备参与分配的资格。第五,参与分配的债权只限于金钱债权。第六,参与分配必须发生在执行程序开始后,被执行人的财产清偿完毕之前。

5. 继续执行通常有以下两种情况:(1)被申请执行人暂时无履行能力。(2)被申请执行人转移、隐匿财产、抽逃资金或者外出躲债。申请执行人发现其财产后,可以申请继续执行。申请继续执行不受申请执行期限的限制。

历年试题

2017 年试卷三第 84 题:龙前铭申请执行郝辉损害赔偿一案,法院查扣了郝辉名下的一辆汽车。查扣后,郝辉的两个哥哥向法院主张该车系三兄弟共有。法院经审查,确认该汽车为三兄弟共有。关于该共同财产的执行,下列哪些表述是正确的?

A. 因涉及案外第三人的财产,法院应裁定中止对该财产的执行

B. 法院可查扣该共有财产

C. 共有人可对该共有财产协议分割,经债权人同意有效

D. 龙前铭可对该共有财产提起析产诉讼

答案:BCD。

2018 年试卷二考生回忆版:付某诉甲公司借款纠纷一案,法院主持作出调解书:甲公司以其位于 A 地工业园区厂区内的所属地上附着物抵偿借款。因甲公司到期未履行民事调解书确定的义务,付某向法院申请强制执行。执行中,法院发现工业园区管委会已经拆除了甲公司在该园区建设的部分地上附着物,并允许其他企业入驻建厂。双方当事人就折价赔偿一事未能达成协议。法院此时应该如何处理?

A. 中止执行,申请执行人另诉请求赔偿

B. 终结执行,申请执行人另诉请求赔偿

C. 法院按照原来的借款数额继续执行

D. 应当裁定折价赔偿或按标的物的价值强制执行被执行人的其他财产

答案:B。根据《民诉法司法解释》第 492 条的规定,本案中,作为该园区建设的附着物属于特定物,已经被拆除,法院无法执行,故应当终结执行,申请执行人可以另行起诉。故本题答案为 B 项。

2024 年试卷二考生回忆版:债权人甲向 A 法院起诉债务人乙胜诉,代位执行债务人乙对次债务人丙的生效仲裁裁决,被执行人丙提出异议,认为仲裁裁决中的赔偿费用过高,且应由丙所在地的 B 法院管辖。对此,A 法院应该如何处理?

A. 存在实质异议不再执行

B. 存在管辖权异议不再执行

C. 异议无效继续执行

D. 存在管辖权异议,移送 B 法院执行

答案:B。本案中甲对丙的执行属于代位执行。代位执行中的第三人提出实质性异议的内容仅限于第三人与被执行人之间不存在债权债务关系,对债权债务的内容、数额多少的争议不属于代位执行中的有效的实质异议。被执行人乙和丙之间的仲裁裁决错误,只能通过仲裁裁决的撤销或不予执行来否认,不能通过执行异议来否认。

《执行程序若干问题的解释》第 2 条。

2024 年试卷二考生回忆版:甲公司起诉乙公司还钱胜诉,甲公司申请对乙公司强制执行。法院受理执行后,拟将乙公司钱划拨给甲公司,这时候法院收到乙公司的破产申请。下列处理正确的是?

A. 中止执行，释明甲公司向乙公司的破产管理人申报债权

B. 继续执行，把款项划拨给甲公司

C. 将甲公司的案件与乙公司的其他案件合并审理

D. 中止执行，将甲公司直接列为乙公司的债权人

答案：A。《企业破产法》第19条。

强化模拟题

田某拒不履行法院令其迁出钟某房屋的判决，因钟某已与他人签订租房合同，房屋无法交给承租人，使钟某遭受损失，钟某无奈之下向法院申请强制执行。法院受理后，责令田某15日内迁出房屋，但田某仍拒不履行。关于法院对田某可以采取的强制执行措施，下列哪些选项是正确的？

A. 罚款

B. 责令田某向钟某赔礼道歉

C. 责令田某双倍补偿钟某所受到的损失

D. 责令田某加倍支付以钟某所受损失为基数的同期银行利息

答案：AC。

第二十二章　执行中止和终结

第二百六十七条　【中止执行】有下列情形之一的，人民法院应当裁定中止执行：

（一）申请人表示可以延期执行的；

（二）案外人对执行标的提出确有理由的异议的；

（三）作为一方当事人的公民死亡，需要等待继承人继承权利或者承担义务的；

（四）作为一方当事人的法人或者其他组织终止，尚未确定权利义务承受人的；

（五）人民法院认为应当中止执行的其他情形。

中止的情形消失后，恢复执行。

第二百六十八条　【终结执行】有下列情形之一的，人民法院裁定终结执行：

（一）申请人撤销申请的；

（二）据以执行的法律文书被撤销的；

（三）作为被执行人的公民死亡，无遗产可供执行，又无义务承担人的；

（四）追索赡养费、扶养费、抚养费案件的权利人死亡的；

（五）作为被执行人的公民因生活困难无力偿还借款，无收入来源，又丧失劳动能力的；

（六）人民法院认为应当终结执行的其他情形。

第二百六十九条　【执行中止、终结裁定的生效】中止和终结执行的裁定，送达当事人后立即生效。

第四编　涉外民事诉讼程序的特别规定

第二十三章　一般原则

第二百七十条　【适用本法原则】在中华人民共和国领域内进行涉外民事诉讼，适用本编规定。本编没有规定的，适用本法其他有关规定。

第二百七十一条　【信守国际条约原则】中华人民共和国缔结或者参加的国际条约同本法有不同规定的，适用该国际条约的规定，但中华人民共和国声明保留的条款除外。

第二百七十二条　【司法豁免原则】对享有外交特权与豁免的外国人、外国组织或者国际组织提起的民事诉讼，应当依照中华人民共和国有关法律和中华人民共和国缔结或者参加的国际条约的规定办理。

第二百七十三条　【使用我国通用语言、文字原则】人民法院审理涉外民事案件，应当使用中华人民共和国通用的语言、文字。当事人要求提供翻译的，可以提供，费用由当事人承担。

第二百七十四条　【委托中国律师代理诉讼原则】外国人、无国籍人、外国企业和组织在人民法院起诉、应诉，需要委托律师代理诉讼的，必须委托中华人民共和国的律师。

第二百七十五条　【授权委托书的公证与认证】在中华人民共和国领域内没有住所的外国人、无国籍人、外国企业和组织委托中华人民共和国律师或者其他人代理诉讼，从中华人民共和国领域外寄交或者托交的授权委托书，应当经所在国公证机关证明，并经中华人民共和国驻该国使领馆认证，或者履行中华人民共和国与该所在国订立的有关条约中规定的证明手续后，才具有效力。

相关规定

《民诉法司法解释》

第520条　有下列情形之一，人民法院可以认定为涉外民事案件：

（一）当事人一方或者双方是外国人、无国籍人、外国企业或者组织的；

（二）当事人一方或者双方的经常居所地在中华人民共和国领域外的；

（三）标的物在中华人民共和国领域外的；

（四）产生、变更或者消灭民事关系的法律事实发生在中华人民共和国领域外的；

（五）可以认定为涉外民事案件的其他情形。

第521条　外国人参加诉讼,应当向人民法院提交护照等用以证明自己身份的证件。

外国企业或者组织参加诉讼,向人民法院提交的身份证明文件,应当经所在国公证机关公证,并经中华人民共和国驻该国使领馆认证,或者履行中华人民共和国与该所在国订立的有关条约中规定的证明手续。

代表外国企业或者组织参加诉讼的人,应当向人民法院提交其有权作为代表人参加诉讼的证明,该证明应当经所在国公证机关公证,并经中华人民共和国驻该国使领馆认证,或者履行中华人民共和国与该所在国订立的有关条约中规定的证明手续。

本条所称的"所在国",是指外国企业或者组织的设立登记地国,也可以是办理了营业登记手续的第三国。

第522条　依照民事诉讼法第二百七十五条以及本解释第五百二十一条规定,需要办理公证、认证手续,而外国当事人所在国与中华人民共和国没有建立外交关系的,可以经该国公证机关公证,经与中华人民共和国有外交关系的第三国驻该国使领馆认证,再转由中华人民共和国驻该第三国使领馆认证。

第523条　外国人、外国企业或者组织的代表人在人民法院法官的见证下签署授权委托书,委托代理人进行民事诉讼的,人民法院应予认可。

第524条　外国人、外国企业或者组织的代表人在中华人民共和国境内签署授权委托书,委托代理人进行民事诉讼,经中华人民共和国公证机构公证的,人民法院应予认可。

第525条　当事人向人民法院提交的书面材料是外文的,应当同时向人民法院提交中文翻译件。

当事人对中文翻译件有异议的,应当共同委托翻译机构提供翻译文本;当事人对翻译机构的选择不能达成一致的,由人民法院确定。

第526条　涉外民事诉讼中的外籍当事人,可以委托本国人为诉讼代理人,也可以委托本国律师以非律师身份担任诉讼代理人;外国驻华使领馆官员,受本国公民的委托,可以以个人名义担任诉讼代理人,但在诉讼中不享有外交或者领事特权和豁免。

第527条　涉外民事诉讼中,外国驻华使领馆授权其本馆官员,在作为当事人的本国国民不在中华人民共和国领域内的情况下,可以以外交代表身份为其本国国民在中华人民共和国聘请中华人民共和国律师或者中华人民共和国公民代理民事诉讼。

命题题眼

上述法条规定了涉外民事诉讼的含义及涉外民事诉讼程序的一般原则。主要考点有:

1. 涉外因素是指诉讼有涉及国外的因素。

2. 涉外民事诉讼的一般原则有:适用我国民事诉讼法的原则,适用我国缔结或者参加的国际条约的原则,司法豁免原则,委托中国律师代理诉讼的原则,使用我国通用的语言、文字原则。

3. 外国人、外国企业和组织在我国进行民事诉讼,委托律师作为诉讼代理人的,只能委托中国律师,不能委托外国律师为代理人在我国起诉、应诉。涉外民事诉讼中的外籍当事人可以委托本国律师作代理人,但不能以律师身份出现。外国人、无国籍人、外国企业和组织委托中国律师代为诉讼,应递交授权委托书,而且要经过公证和认证,如果当事人所在国与我国在有关条约中另订有证明手续的,应按照有关条约的规定履行证明手续。这是考试的重点。

强化模拟题

下列(　　)诉讼,人民法院应按涉外民事诉讼程序办理。

A. 两家中国公司在法国举办的博览会上签订一份购销合同,后因货物质量发生纠纷,向人民法院起诉

B. 在中国注册的某中德合资公司因经济合同纠纷,向人民法院起诉中国某公司,请求损害赔偿

C. 两个中国公民因继承其父在法国所留的遗产发生纠纷,诉至人民法院

D. 中国某远洋运输公司运输一批货物到英国伦敦,货物在运输中发生损害,收货人英国某公司向承运人索赔

答案:ACD。《民诉法司法解释》第520条。在中国注册的中外合资公司,是国内公司,其与其他中国公司的纠纷是国内案件。

第二十四章　管　　辖

第二百七十六条　【地域管辖】因涉外民事纠纷,对在中华人民共和国领域内没有住所的被告提起除身份关系以外的诉讼,如果合同签订地、合同履行地、诉讼标的物所在地、可供扣押财产所在地、侵权行为地、代表机构住所地位于中华人民共和国领域内的,可以由合同签订地、合同履行地、诉讼标的物所在地、可供扣押财产所在地、侵权行为地、代表机构住所地人民法院管辖。

除前款规定外,涉外民事纠纷与中华人民共和国存在其他适当联系的,可以由人民法院管辖。

第二百七十七条　【协议管辖】涉外民事纠纷的

当事人书面协议选择人民法院管辖的，可以由人民法院管辖。

第二百七十八条　【应诉管辖】当事人未提出管辖异议，并应诉答辩或者提出反诉的，视为人民法院有管辖权。

第二百七十九条　【专属管辖】下列民事案件，由人民法院专属管辖：

（一）因在中华人民共和国领域内设立的法人或者其他组织的设立、解散、清算，以及该法人或者其他组织作出的决议的效力等纠纷提起的诉讼；

（二）因与在中华人民共和国领域内审查授予的知识产权的有效性有关的纠纷提起的诉讼；

（三）因在中华人民共和国领域内履行中外合资经营企业合同、中外合作经营企业合同、中外合作勘探开发自然资源合同发生纠纷提起的诉讼。

第二百八十条　【平行诉讼】当事人之间的同一纠纷，一方当事人向外国法院起诉，另一方当事人向人民法院起诉，或者一方当事人既向外国法院起诉，又向人民法院起诉，人民法院依照本法有管辖权的，可以受理。当事人订立排他性管辖协议选择外国法院管辖且不违反本法对专属管辖的规定，不涉及中华人民共和国主权、安全或者社会公共利益的，人民法院可以裁定不予受理；已经受理的，裁定驳回起诉。

第二百八十一条　【中止诉讼】人民法院依据前条规定受理案件后，当事人以外国法院已经先于人民法院受理为由，书面申请人民法院中止诉讼的，人民法院可以裁定中止诉讼，但是存在下列情形之一的除外：

（一）当事人协议选择人民法院管辖，或者纠纷属于人民法院专属管辖；

（二）由人民法院审理明显更为方便。

外国法院未采取必要措施审理案件，或者未在合理期限内审结的，依当事人的书面申请，人民法院应当恢复诉讼。

外国法院作出的发生法律效力的判决、裁定，已经被人民法院全部或者部分承认，当事人对已经获得承认的部分又向人民法院起诉的，裁定不予受理；已经受理的，裁定驳回起诉。

第二百八十二条　【管辖权异议】人民法院受理的涉外民事案件，被告提出管辖异议，且同时有下列情形的，可以裁定驳回起诉，告知原告向更为方便的外国法院提起诉讼：

（一）案件争议的基本事实不是发生在中华人民共和国领域内，人民法院审理案件和当事人参加诉讼均明显不方便；

（二）当事人之间不存在选择人民法院管辖的协议；

（三）案件不属于人民法院专属管辖；

（四）案件不涉及中华人民共和国主权、安全或者社会公共利益；

（五）外国法院审理案件更为方便。

裁定驳回起诉后，外国法院对纠纷拒绝行使管辖权，或者未采取必要措施审理案件，或者未在合理期限内审结，当事人又向人民法院起诉的，人民法院应当受理。

相关规定

《审理垄断民事纠纷解释》

第6条　原告依据反垄断法对在中华人民共和国境内没有住所的被告提起民事诉讼，主张被告在中华人民共和国境外的垄断行为对境内市场竞争产生排除、限制影响的，根据民事诉讼法第二百七十六条的规定确定管辖法院。

命题题眼

涉外民事诉讼管辖是2023年《民事诉讼法》修订的主要内容之一。

1. 2023年《民事诉讼法》进一步完善我国对涉外民商事案件的管辖规则。

一是合理增加管辖涉外案件的类型，适度扩大相关管辖依据。将管辖纠纷的类型拓展至财产权益纠纷和非财产权益纠纷，增设侵权结果发生地和其他适当联系作为管辖依据。

二是完善涉外协议管辖规则。充分尊重当事人意思自治，对于与争议有实际联系的地点不在我国领域内的，明确当事人可以协议选择我国法院管辖。

三是增加涉外专属管辖的情形。借鉴各国立法实践，增加因在我国领域内设立的法人或者非法人组织的设立、解散、清算，该机关作出的决议的效力等提起的诉讼，以及因在我国领域内审查授予的知识产权的有效性等提起的诉讼等与我国利益密切相关的特定类型案件，适度扩大我国法院管辖范围。

四是明确涉外消费纠纷、涉外网络侵权纠纷的管辖规则。顺应跨国电商平台消费快速增长的趋势，就因涉外消费引起的纠纷，加大消费者诉权保护力度。破解涉外信息网络侵权情形下确定地域管辖的困境，将司法解释中的合理规则上升为法律，明确涉外信息网络侵权的管辖依据。

2. 妥善协调国际民商事诉讼管辖权冲突，提升解决国际民商事争议的效率。将司法解释中关于平行诉讼、不方便法院的成熟规定上升为法律，完善相关适用条件。保障中外当事人正当司法需求，明确我国法院可以受理他国法院已经受理的案件。顺应国际社会“预先承认”的立法趋势，降低中外当事人诉讼成本。对于具备法定情形，我国法院审理案件和当事人参加诉讼明显不便的案件，适度礼让由他国法院行使管辖权。

历年试题

2021年试卷二考生回忆版：H国星辉公司和中国A市的益华公司订立合同，约定合同纠纷由H国S市法院适用中国《民事诉讼法》解决。后双方达成补充协议，约定合同纠纷可以向H国S市法院诉讼外，还可向中国A市仲裁委员会申请仲裁，但须适用H国国际仲裁中心规则。后双方发生合同纠纷，根据我国相关法律和司法解释，关于该纠纷解决方式，下列判断正确的是？

A. 可由H国S市法院适用中国《民事诉讼法》解决

B. 可由H国S市法院适用H国民事诉讼规则解决

C. 可由中国A市仲裁委员会适用H国国际仲裁中心仲裁规则解决

D. 可由中国A市仲裁委员会适用自己的仲裁规则解决

答案：B。

强化模拟题

1. 下列诉讼属于专属管辖的是(　　)。

A. 因在我国履行中外合资经营企业合同发生纠纷提起的诉讼

B. 因在我国履行中外合作经营合同发生纠纷提起的诉讼

C. 因在我国履行中外合作勘探开发自然资源合同发生纠纷提起的诉讼

D. 因在我国履行房地产买卖合同发生纠纷提起的诉讼

答案：ABCD。《民事诉讼法》第34、276条。

2. 关于涉外民事诉讼管辖的表述，下列哪一选项是正确的？

A. 凡是涉外诉讼与我国法院所在地存在一定实际联系的，我国法院都有管辖权，体现了诉讼与法院所在地实际联系原则

B. 当事人在不违反级别管辖和专属管辖的前提下，可以约定各类涉外民事案件的管辖法院，体现了尊重当事人原则

C. 中外合资经营企业与其他民事主体的合同纠纷，专属我国法院管辖，体现了维护国家主权原则

D. 重大的涉外案件由中级以上级别的法院管辖，体现了便于当事人诉讼原则

答案：A。《民事诉讼法》第276、279条。重大的涉外案件由中级以上级别的法院管辖，属于级别管辖，这是根据案件性质、繁简程度和案件影响的大小来确定的，并不是便于当事人诉讼的体现。所以D项错误。

第二十五章　送达、调查取证、期间

第二百八十三条　【送达方式】人民法院对在中华人民共和国领域内没有住所的当事人送达诉讼文书，可以采用下列方式：

（一）依照受送达人所在国与中华人民共和国缔结或者共同参加的国际条约中规定的方式送达；

（二）通过外交途径送达；

（三）对具有中华人民共和国国籍的受送达人，可以委托中华人民共和国驻受送达人所在国的使领馆代为送达；

（四）向受送达人在本案中委托的诉讼代理人送达；

（五）向受送达人在中华人民共和国领域内设立的独资企业、代表机构、分支机构或者有权接受送达的业务代办人送达；

（六）受送达人为外国人、无国籍人，其在中华人民共和国领域内设立的法人或者其他组织担任法定代表人或者主要负责人，且与该法人或者其他组织为共同被告的，向该法人或者其他组织送达；

（七）受送达人为外国法人或者其他组织，其法定代表人或者主要负责人在中华人民共和国领域内的，向其法定代表人或者主要负责人送达；

（八）受送达人所在国的法律允许邮寄送达的，可以邮寄送达，自邮寄之日起满三个月，送达回证没有退回，但根据各种情况足以认定已经送达的，期间届满之日视为送达；

（九）采用能够确认受送达人收悉的电子方式送达，但是受送达人所在国法律禁止的除外；

（十）以受送达人同意的其他方式送达，但是受送达人所在国法律禁止的除外。

不能用上述方式送达的，公告送达，自发出公告之日起，经过六十日，即视为送达。

相关规定

《民诉法司法解释》

第532条　对在中华人民共和国领域内没有住所的当事人，经用公告方式送达诉讼文书，公告期满不应诉，人民法院缺席判决后，仍应当将裁判文书依照民事诉讼法第二百八十三条第八项规定公告送达。自公告送达裁判文书满三个月之日起，经过三十日的上诉

期当事人没有上诉的，一审判决即发生法律效力。

第533条　外国人或者外国企业、组织的代表人、主要负责人在中华人民共和国领域内的，人民法院可以向该自然人或者外国企业、组织的代表人、主要负责人送达。

外国企业、组织的主要负责人包括该企业、组织的董事、监事、高级管理人员等。

第534条　受送达人所在国允许邮寄送达的，人民法院可以邮寄送达。

邮寄送达时应当附有送达回证。受送达人未在送达回证上签收但在邮件回执上签收的，视为送达，签收日期为送达日期。

自邮寄之日起满三个月，如果未收到送达的证明文件，且根据各种情况不足以认定已经送达的，视为不能用邮寄方式送达。

第535条　人民法院一审时采取公告方式向当事人送达诉讼文书的，二审时可径行采取公告方式向其送达诉讼文书，但人民法院能够采取公告方式之外的其他方式送达的除外。

命题题眼

2023年《民事诉讼法》修订丰富了涉外送达手段，切实解决制约涉外审判效率的瓶颈问题。在充分保障受送达人程序权利的前提下，优化涉外送达制度。适度穿透法人或非法人组织面纱，增加相关自然人与法人或非法人组织之间替代送达的适用情形。积极稳妥利用现代信息手段，增加即时通讯工具、特定电子系统等电子送达方式。尊重当事人意思自治，赋予以受送达人同意的其他方式送达的法律效力。缩短公告送达期限，优化涉外公告送达规则。

第二百八十四条　【调查取证】当事人申请人民法院调查收集的证据位于中华人民共和国领域外，人民法院可以依照证据所在国与中华人民共和国缔结或者共同参加的国际条约中规定的方式，或者通过外交途径调查收集。

在所在国法律不禁止的情况下，人民法院可以采用下列方式调查收集：

（一）对具有中华人民共和国国籍的当事人、证人，可以委托中华人民共和国驻当事人、证人所在国的使领馆代为取证；

（二）经双方当事人同意，通过即时通讯工具取证；

（三）以双方当事人同意的其他方式取证。

命题题眼

2023年《民事诉讼法》修订增设域外调查取证条款，保障人民法院准确查明案件事实。对域外调查取证作出明确规定，同时回应互联网时代的司法需求，在尊重所在国法律及双方当事人同意的前提下，明确可以通过即时通讯工具或其他方式取证，拓宽法院查明案件事实的渠道。

第二百八十五条　【答辩期间】被告在中华人民共和国领域内没有住所的，人民法院应当将起诉状副本送达被告，并通知被告在收到起诉状副本后三十日内提出答辩状。被告申请延期的，是否准许，由人民法院决定。

第二百八十六条　【上诉期间】在中华人民共和国领域内没有住所的当事人，不服第一审人民法院判决、裁定的，有权在判决书、裁定书送达之日起三十日内提起上诉。被上诉人在收到上诉状副本后，应当在三十日内提出答辩状。当事人不能在法定期间提起上诉或者提出答辩状，申请延期的，是否准许，由人民法院决定。

第二百八十七条　【审理期间】人民法院审理涉外民事案件的期间，不受本法第一百五十二条、第一百八十三条规定的限制。

相关规定

《民诉法司法解释》

第536条　不服第一审人民法院判决、裁定的上诉期，对在中华人民共和国领域内有住所的当事人，适用民事诉讼法第一百七十一条规定的期限；对在中华人民共和国领域内没有住所的当事人，适用民事诉讼法第二百八十六条规定的期限。当事人的上诉期均已届满没有上诉的，第一审人民法院的判决、裁定即发生法律效力。

第537条　人民法院对涉外民事案件的当事人申请再审进行审查的期间，不受民事诉讼法第二百一十五条规定的限制。

强化模拟题

2012年1月，中国甲市公民李虹（女）与美国留学生琼斯（男）在中国甲市登记结婚，婚后两人一直居住在甲市B区。2014年2月，李虹提起离婚诉讼，甲市B区法院受理了该案件，适用普通程序审理。关于本案，下列哪些表述是正确的？

A. 本案的一审审理期限为6个月

B. 法院送达诉讼文书时，对李虹与琼斯可采取同样的方式

C. 不服一审判决，李虹的上诉期为15天，琼斯的上诉期为30天

D. 美国驻华使馆法律参赞可以个人名义作为琼斯的诉讼代理人参加诉讼

答案：BD。

第二十六章 仲　　裁

第二百八十八条 【或裁或审原则】涉外经济贸易、运输和海事中发生的纠纷,当事人在合同中订有仲裁条款或者事后达成书面仲裁协议,提交中华人民共和国涉外仲裁机构或者其他仲裁机构仲裁的,当事人不得向人民法院起诉。

当事人在合同中没有订有仲裁条款或者事后没有达成书面仲裁协议的,可以向人民法院起诉。

第二百八十九条 【仲裁程序中的保全】当事人申请采取保全的,中华人民共和国的涉外仲裁机构应当将当事人的申请,提交被申请人住所地或者财产所在地的中级人民法院裁定。

第二百九十条 【仲裁裁决的执行】经中华人民共和国涉外仲裁机构裁决的,当事人不得向人民法院起诉。一方当事人不履行仲裁裁决的,对方当事人可以向被申请人住所地或者财产所在地的中级人民法院申请执行。

第二百九十一条 【仲裁裁决不予执行的情形】对中华人民共和国涉外仲裁机构作出的裁决,被申请人提出证据证明仲裁裁决有下列情形之一的,经人民法院组成合议庭审查核实,裁定不予执行:

(一)当事人在合同中没有订有仲裁条款或者事后没有达成书面仲裁协议的;

(二)被申请人没有得到指定仲裁员或者进行仲裁程序的通知,或者由于其他不属于被申请人负责的原因未能陈述意见的;

(三)仲裁庭的组成或者仲裁的程序与仲裁规则不符的;

(四)裁决的事项不属于仲裁协议的范围或者仲裁机构无权仲裁的。

人民法院认定执行该裁决违背社会公共利益的,裁定不予执行。

第二百九十二条 【仲裁裁决不予执行的救济途径】仲裁裁决被人民法院裁定不予执行的,当事人可以根据双方达成的书面仲裁协议重新申请仲裁,也可以向人民法院起诉。

相关规定

《仲裁法》

第70条　当事人提出证据证明涉外仲裁裁决有民事诉讼法第二百九十一条第一款规定的情形之一的,经人民法院组成合议庭审查核实,裁定撤销。

第71条　被申请人提出证据证明涉外仲裁裁决有民事诉讼法第二百九十一条第一款规定的情形之一的,经人民法院组成合议庭审查核实,裁定不予执行。

《民诉法司法解释》

第538条　申请人向人民法院申请执行中华人民共和国涉外仲裁机构的裁决,应当提出书面申请,并附裁决书正本。如申请人为外国当事人,其申请书应当用中文文本提出。

第539条　人民法院强制执行涉外仲裁机构的仲裁裁决时,被执行人以有民事诉讼法第二百九十一条第一款规定的情形为由提出抗辩的,人民法院应当对被执行人的抗辩进行审查,并根据审查结果裁定执行或者不予执行。

第540条　依照民事诉讼法第二百八十九条规定,中华人民共和国涉外仲裁机构将当事人的保全申请提交人民法院裁定的,人民法院可以进行审查,裁定是否进行保全。裁定保全的,应当责令申请人提供担保,申请人不提供担保的,裁定驳回申请。

当事人申请证据保全,人民法院经审查认为无需提供担保的,申请人可以不提供担保。

第二十七章 司 法 协 助

第二百九十三条 【司法协助的原则】根据中华人民共和国缔结或者参加的国际条约,或者按照互惠原则,人民法院和外国法院可以相互请求,代为送达文书、调查取证以及进行其他诉讼行为。

外国法院请求协助的事项有损于中华人民共和国的主权、安全或者社会公共利益的,人民法院不予执行。

第二百九十四条 【司法协助途径】请求和提供司法协助,应当依照中华人民共和国缔结或者参加的国际条约所规定的途径进行;没有条约关系的,通过外交途径进行。

外国驻中华人民共和国的使领馆可以向该国公民送达文书和调查取证,但不得违反中华人民共和国的法律,并不得采取强制措施。

除前款规定的情况外,未经中华人民共和国主管机关准许,任何外国机关或者个人不得在中华人民共和国领域内送达文书、调查取证。

第二百九十五条 【文字要求】外国法院请求人民法院提供司法协助的请求书及其所附文件,应当附有中文译本或者国际条约规定的其他文字文本。

人民法院请求外国法院提供司法协助的请求书及其所附文件,应当附有该国文字译本或者国际条约规定的其他文字文本。

第二百九十六条 【协助程序】人民法院提供司法协助,依照中华人民共和国法律规定的程序进行。外国法院请求采用特殊方式的,也可以按照其请求的特殊方式进行，但请求采用的特殊方式不得违反中华人民共和国法律。

相关规定

《民诉法司法解释》

第547条　与中华人民共和国没有司法协助条约又无互惠关系的国家的法院，未通过外交途径，直接请求人民法院提供司法协助的，人民法院应予退回，并说明理由。

命题题眼

司法协助包括一般司法协助，以及对外国裁判和裁决的承认和执行两方面。上述法条规定了一般司法协助的内容，是常考、易考知识点。主要考点有：

1. 一般司法协助的主要内容有：人民法院和外国法院可以相互请求，代为送达文书、调查取证及采取其他诉讼行为。

2. 进行司法协助有两个途径：一是依照我国缔结或者参加的国际条约所规定的途径进行，二是没有条约关系的通过外交途径进行。

3. 司法协助程序的法律适用。

4. 内地与香港、澳门特别行政区法院就民商事案件相互委托送达司法文书和调取证据的具体程序。

第二百九十七条　【申请外国法院承认和执行】人民法院作出的发生法律效力的判决、裁定，如果被执行人或者其财产不在中华人民共和国领域内，当事人请求执行的，可以由当事人直接向有管辖权的外国法院申请承认和执行，也可以由人民法院依照中华人民共和国缔结或者参加的国际条约的规定，或者按照互惠原则，请求外国法院承认和执行。

在中华人民共和国领域内依法作出的发生法律效力的仲裁裁决，当事人请求执行的，如果被执行人或者其财产不在中华人民共和国领域内，当事人可以直接向有管辖权的外国法院申请承认和执行。

命题题眼

本条规定了我国人民法院、涉外仲裁机构的裁决在国外的执行。主要考点是：

1. 我国人民法院的裁决需要在国外执行时，可以由当事人直接向有管辖权的外国法院申请承认和执行，还可以由人民法院依照中华人民共和国缔结或者参加的国际条约的规定，或者按照互惠原则，请求外国法院承认和执行。

2. 在中国领域内依法作出的仲裁裁决在外国的承认与执行。可分为两种情况：

(1)如果该外国为1958年《承认及执行外国仲裁裁决公约》成员国，则当事人应根据公约规定的程序和条件，直接向该外国有管辖权的法院提出请求承认与执行的申请，然后由该国法院对裁决进行审查，作出是否承认与执行的裁定。

(2)如果该外国非为1958年《承认及执行外国仲裁裁决公约》的成员国，则当事人可以直接向有管辖权的外国法院申请承认与执行，由该外国法院根据有关司法协助条约或者其本国法律裁定是否承认与执行。

强化模拟题

1. 我国涉外仲裁机构作出的发生法律效力的仲裁裁决，当事人请求执行的，如果被执行财产不在我国境内，应当(　　)。

A. 由当事人直接向有管辖权的我国人民法院申请执行

B. 当事人可以直接向有管辖权的外国人民法院申请承认和执行

C. 由我国涉外仲裁机构向有管辖权的我国人民法院申请承认和执行

D. 由我国有管辖权的人民法院根据我国缔结或参加的国际条约或按互惠原则请求外国人民法院承认和执行

答案：B。《民事诉讼法》第297条第2款。注意与法院裁判申请途径的差别。

2. 人民法院作出的发生法律效力的判决、裁定，如果被执行人或者其财产不在中华人民共和国领域内，当事人请求执行的，可以(　　)。

A. 由当事人直接向人民法院申请执行

B. 由人民法院向被执行人发执行令

C. 由人民法院请求外国法院承认和执行

D. 由当事人向有管辖权的外国法院申请执行

答案：CD。本题考查向国外申请执行的途径。《民事诉讼法》第297条第1款。

第二百九十八条　【提出申请对外国法院判决的承认和执行】外国法院作出的发生法律效力的判决、裁定，需要人民法院承认和执行的，可以由当事人直接向有管辖权的中级人民法院申请承认和执行，也可以由外国法院依照该国与中华人民共和国缔结或者参加的国际条约的规定，或者按照互惠原则，请求人民法院承认和执行。

第二百九十九条　【审查对外国法院裁判的承认执行的申请】人民法院对申请或者请求承认和执行的外国法院作出的发生法律效力的判决、裁定，依照中华人民共和国缔结或者参加的国际条约，或者按照互惠原则进行审查后，认为不违反中华人民共和国法律的基本原则且不损害国家主权、安全、社会公共利益的，裁定承认其效力；需要执行的，发出执行令，依照本法的有关规定执行。

第三百条 【对外国法院判决裁定的不予承认与执行】对申请或者请求承认和执行的外国法院作出的发生法律效力的判决、裁定，人民法院经审查，有下列情形之一的，裁定不予承认和执行：

（一）依据本法第三百零一条的规定，外国法院对案件无管辖权；

（二）被申请人未得到合法传唤或者虽经合法传唤但未获得合理的陈述、辩论机会，或者无诉讼行为能力的当事人未得到适当代理；

（三）判决、裁定是通过欺诈方式取得；

（四）人民法院已对同一纠纷作出判决、裁定，或者已经承认第三国法院对同一纠纷作出的判决、裁定；

（五）违反中华人民共和国法律的基本原则或者损害国家主权、安全、社会公共利益。

第三百零一条 【认定该外国法院对案件无管辖权】有下列情形之一的，人民法院应当认定该外国法院对案件无管辖权：

（一）外国法院依照其法律对案件没有管辖权，或者虽然依照其法律有管辖权但与案件所涉纠纷无适当联系；

（二）违反本法对专属管辖的规定；

（三）违反当事人排他性选择法院管辖的协议。

第三百零二条 【中止诉讼】当事人向人民法院申请承认和执行外国法院作出的发生法律效力的判决、裁定，该判决、裁定涉及的纠纷与人民法院正在审理的纠纷属于同一纠纷的，人民法院可以裁定中止诉讼。

外国法院作出的发生法律效力的判决、裁定不符合本法规定的承认条件的，人民法院裁定不予承认和执行，并恢复已经中止的诉讼；符合本法规定的承认条件的，人民法院裁定承认其效力；需要执行的，发出执行令，依照本法的有关规定执行；对已经中止的诉讼，裁定驳回起诉。

第三百零三条 【申请复议】当事人对承认和执行或者不予承认和执行的裁定不服的，可以自裁定送达之日起十日内向上一级人民法院申请复议。

第三百零四条 【中国领域外仲裁裁决的执行】在中华人民共和国领域外作出的发生法律效力的仲裁裁决，需要人民法院承认和执行的，当事人可以直接向被执行人住所地或者其财产所在地的中级人民法院申请。被执行人住所地或者其财产不在中华人民共和国领域内的，当事人可以向申请人住所地或者与裁决的纠纷有适当联系的地点的中级人民法院申请。人民法院应当依照中华人民共和国缔结或者参加的国际条约，或者按照互惠原则办理。

第三百零五条 【外国国家豁免】涉及外国国家的民事诉讼，适用中华人民共和国有关外国国家豁免的法律规定；有关法律没有规定的，适用本法。

第三百零六条 【施行日期】本法自公布之日起施行，《中华人民共和国民事诉讼法（试行）》同时废止。

命题题眼

1. 2023 年《民事诉讼法》修订完善了承认与执行外国法院判决的制度规则，促进国际民商事法律秩序稳定。

一是增强我国司法审查的透明度。当事人申请承认和执行外国法院判决的，除法定情形以外，应予以承认和执行。同时，对于外国法院裁判违反我国法律的基本原则或者侵犯国家主权、安全、社会公共利益的，则不予承认和执行。

二是明确因同一纠纷向我国法院申请承认和执行程序与我国法院案件审理程序的关系。当事人申请承认和执行外国法院判决，所涉争议与我国法院正在审理案件属于同一争议的，我国法院可以中止审理，促进稳定相关法律关系和当事人预期，同时明确我国法院恢复诉讼程序的情形。

2. 2023 年《民事诉讼法》修订将认定仲裁裁决籍属的标准由仲裁机构标准修改为裁决地标准，促进仲裁裁决的跨境执行。增设申请人住所地法院、与裁决所涉纠纷有适当联系地法院为仲裁司法审查的管辖法院，最大限度便利仲裁当事人权利救济。

相关规定

《民诉法司法解释》

第 541 条　申请人向人民法院申请承认和执行外国法院作出的发生法律效力的判决、裁定，应当提交申请书，并附外国法院作出的发生法律效力的判决、裁定正本或者经证明无误的副本以及中文译本。外国法院判决、裁定为缺席判决、裁定的，申请人应当同时提交该外国法院已经合法传唤的证明文件，但判决、裁定已经对此予以明确说明的除外。

中华人民共和国缔结或者参加的国际条约对提交文件有规定的，按照规定办理。

第 542 条　当事人向中华人民共和国有管辖权的中级人民法院申请承认和执行外国法院作出的发生法律效力的判决、裁定的，如果该法院所在国与中华人民共和国没有缔结或者共同参加国际条约，也没有互惠关系的，裁定驳回申请，但当事人向人民法院申请承认外国法院作出的发生法律效力的离婚判决的除外。

承认和执行申请被裁定驳回的，当事人可以向人民法院起诉。

第543条　对临时仲裁庭在中华人民共和国领域外作出的仲裁裁决，一方当事人向人民法院申请承认和执行的，人民法院应当依照民事诉讼法第三百零四条规定处理。

第544条　对外国法院作出的发生法律效力的判决、裁定或者外国仲裁裁决，需要中华人民共和国法院执行的，当事人应当先向人民法院申请承认。人民法院经审查，裁定承认后，再根据民事诉讼法第三编的规定予以执行。

当事人仅申请承认而未同时申请执行的，人民法院仅对应否承认进行审查并作出裁定。

第545条　当事人申请承认和执行外国法院作出的发生法律效力的判决、裁定或者外国仲裁裁决的期间，适用民事诉讼法第二百五十条的规定。

当事人仅申请承认而未同时申请执行的，申请执行的期间自人民法院对承认申请作出的裁定生效之日起重新计算。

第546条　承认和执行外国法院作出的发生法律效力的判决、裁定或者外国仲裁裁决的案件，人民法院应当组成合议庭进行审查。

人民法院应当将申请书送达被申请人。被申请人可以陈述意见。

人民法院经审查作出的裁定，一经送达即发生法律效力。

第548条　当事人在中华人民共和国领域外使用中华人民共和国法院的判决书、裁定书，要求中华人民共和国法院证明其法律效力的，或者外国法院要求中华人民共和国法院证明判决书、裁定书的法律效力的，作出判决、裁定的中华人民共和国法院，可以本法院的名义出具证明。

第549条　人民法院审理涉及香港、澳门特别行政区和台湾地区的民事诉讼案件，可以参照适用涉外民事诉讼程序的特别规定。

中华人民共和国人民调解法

（2010年8月28日第十一届全国人民代表大会常务委员会第十六次会议通过
2010年8月28日中华人民共和国主席令第34号公布　自2011年1月1日起施行）

第一章　总　　则

第一条　为了完善人民调解制度，规范人民调解活动，及时解决民间纠纷，维护社会和谐稳定，根据宪法，制定本法。

第二条　本法所称人民调解，是指人民调解委员会通过说服、疏导等方法，促使当事人在平等协商基础上自愿达成调解协议，解决民间纠纷的活动。

第三条　人民调解委员会调解民间纠纷，应当遵循下列原则：

（一）在当事人自愿、平等的基础上进行调解；

（二）不违背法律、法规和国家政策；

（三）尊重当事人的权利，不得因调解而阻止当事人依法通过仲裁、行政、司法等途径维护自己的权利。

第四条　人民调解委员会调解民间纠纷，不收取任何费用。

第五条　国务院司法行政部门负责指导全国的人民调解工作，县级以上地方人民政府司法行政部门负责指导本行政区域的人民调解工作。

基层人民法院对人民调解委员会调解民间纠纷进行业务指导。

第六条　国家鼓励和支持人民调解工作。县级以上地方人民政府对人民调解工作所需经费应当给予必要的支持和保障，对有突出贡献的人民调解委员会和人民调解员按照国家规定给予表彰奖励。

第二章　人民调解委员会

第七条　人民调解委员会是依法设立的调解民间纠纷的群众性组织。

第八条　村民委员会、居民委员会设立人民调解委员会。企业事业单位根据需要设立人民调解委员会。

人民调解委员会由委员三至九人组成，设主任一人，必要时，可以设副主任若干人。

人民调解委员会应当有妇女成员，多民族居住的地区应当有人数较少民族的成员。

第九条　村民委员会、居民委员会的人民调解委员会委员由村民会议或者村民代表会议、居民会议推选产生；企业事业单位设立的人民调解委员会委员由职工大会、职工代表大会或者工会组织推选产生。

人民调解委员会委员每届任期三年，可以连选连任。

第十条　县级人民政府司法行政部门应当对本行政区域内人民调解委员会的设立情况进行统计，并且将人民调解委员会以及人员组成和调整情况及时通报所在地基层人民法院。

第十一条　人民调解委员会应当建立健全各项调解工作制度，听取群众意见，接受群众监督。

第十二条　村民委员会、居民委员会和企业事业单位应当为人民调解委员会开展工作提供办公条件和必要的工作经费。

第三章　人民调解员

第十三条　人民调解员由人民调解委员会委员和人民调解委员会聘任的人员担任。

第十四条　人民调解员应当由公道正派、热心人民调解工作，并具有一定文化水平、政策水平和法律知识的成年公民担任。

县级人民政府司法行政部门应当定期对人民调解员进行业务培训。

第十五条　人民调解员在调解工作中有下列行为之一的，由其所在的人民调解委员会给予批评教育、责令改正，情节严重的，由推选或者聘任单位予以罢免或者解聘：

（一）偏袒一方当事人的；

（二）侮辱当事人的；

（三）索取、收受财物或者牟取其他不正当利益的；

（四）泄露当事人的个人隐私、商业秘密的。

第十六条　人民调解员从事调解工作，应当给予适当的误工补贴；因从事调解工作致伤致残，生活发生困难的，当地人民政府应当提供必要的医疗、生活救助；在人民调解工作岗位上牺牲的人民调解员，其配偶、子女按照国家规定享受抚恤和优待。

第四章　调解程序

第十七条　当事人可以向人民调解委员会申请调解；人民调解委员会也可以主动调解。当事人一方明确拒绝调解的，不得调解。

第十八条　基层人民法院、公安机关对适宜通过人民调解方式解决的纠纷，可以在受理前告知当事人向人民调解委员会申请调解。

第十九条　人民调解委员会根据调解纠纷的需要，可以指定一名或者数名人民调解员进行调解，也可以由当事人选择一名或者数名人民调解员进行调解。

第二十条　人民调解员根据调解纠纷的需要，在征得当事人的同意后，可以邀请当事人的亲属、邻里、同事等参与调解，也可以邀请具有专门知识、特定经验的人员或者有关社会组织的人员参与调解。

人民调解委员会支持当地公道正派、热心调解、群众认可的社会人士参与调解。

第二十一条　人民调解员调解民间纠纷，应当坚持原则，明法析理，主持公道。

调解民间纠纷，应当及时、就地进行，防止矛盾激化。

第二十二条　人民调解员根据纠纷的不同情况，可以采取多种方式调解民间纠纷，充分听取当事人的陈述，讲解有关法律、法规和国家政策，耐心疏导，在当事人平等协商、互谅互让的基础上提出纠纷解决方案，帮助当事人自愿达成调解协议。

第二十三条　当事人在人民调解活动中享有下列权利：

（一）选择或者接受人民调解员；

（二）接受调解、拒绝调解或者要求终止调解；

（三）要求调解公开进行或者不公开进行；

（四）自主表达意愿、自愿达成调解协议。

第二十四条　当事人在人民调解活动中履行下列义务：

（一）如实陈述纠纷事实；

（二）遵守调解现场秩序，尊重人民调解员；

（三）尊重对方当事人行使权利。

第二十五条　人民调解员在调解纠纷过程中，发现纠纷有可能激化的，应当采取有针对性的预防措施；对有可能引起治安案件、刑事案件的纠纷，应当及时向当地公安机关或者其他有关部门报告。

第二十六条　人民调解员调解纠纷，调解不成的，应当终止调解，并依据有关法律、法规的规定，告知当事人可以依法通过仲裁、行政、司法等途径维护自己的权利。

第二十七条　人民调解员应当记录调解情况。人民调解委员会应当建立调解工作档案，将调解登记、调解工作记录、调解协议书等材料立卷归档。

第五章　调解协议

第二十八条　经人民调解委员会调解达成调解协议的，可以制作调解协议书。当事人认为无需制作调解协议书的，可以采取口头协议方式，人民调解员应当记录协议内容。

第二十九条　调解协议书可以载明下列事项：

（一）当事人的基本情况；

（二）纠纷的主要事实、争议事项以及各方当事人的责任；

（三）当事人达成调解协议的内容，履行的方式、期限。

调解协议书自各方当事人签名、盖章或者按指印，人民调解员签名并加盖人民调解委员会印章之日起生效。调解协议书由当事人各执一份，人民调解委员会留存一份。

第三十条　口头调解协议自各方当事人达成协议之日起生效。

第三十一条　经人民调解委员会调解达成的调解协议，具有法律约束力，当事人应当按照约定履行。

人民调解委员会应当对调解协议的履行情况进行监督，督促当事人履行约定的义务。

第三十二条　经人民调解委员会调解达成调解协议后，当事人之间就调解协议的履行或者调解协议的内容发生争议的，一方当事人可以向人民法院提起诉讼。

第三十三条　经人民调解委员会调解达成调解协议后，双方当事人认为有必要的，可以自调解协议生效之日起三十日内共同向人民法院申请司法确认，人民法院应当及时对调解协议进行审查，依法确认调解协议的效力。

人民法院依法确认调解协议有效，一方当事人拒绝履行或者未全部履行的，对方当事人可以向人民法院申请强制执行。

人民法院依法确认调解协议无效的，当事人可以通过人民调解方式变更原调解协议或者达成新的调解协议,也可以向人民法院提起诉讼。

第六章　附　　则

第三十四条　乡镇、街道以及社会团体或者其他组织根据需要可以参照本法有关规定设立人民调解委员会,调解民间纠纷。

第三十五条　本法自2011年1月1日起施行。

命题题眼

本法不是考试的重点。重点掌握第17、31、32、33条的规定。

强化模拟题

依法治国要求树立法律权威,依法办事,因此在民事纠纷解决的过程中,各方主体都须遵守法律的规定。下列哪一行为违背了相关法律?

A. 法院主动对确有错误的生效调解书启动再审

B. 派出所民警对民事纠纷进行调解

C. 法院为下落不明的被告指定代理人参加调解

D. 人民调解委员会主动调解当事人之间的民间纠纷

答案:C。

中华人民共和国仲裁法

(1994 年 8 月 31 日第八届全国人民代表大会常务委员会第九次会议通过　根据 2009 年 8 月 27 日第十一届全国人民代表大会常务委员会第十次会议《关于修改部分法律的决定》第一次修正　根据 2017 年 9 月 1 日第十二届全国人民代表大会常务委员会第二十九次会议《关于修改〈中华人民共和国法官法〉等八部法律的决定》第二次修正)

第一章　总　　则

第一条　【立法宗旨】为保证公正、及时地仲裁经济纠纷,保护当事人的合法权益,保障社会主义市场经济健康发展,制定本法。

第二条　【适用范围】平等主体的公民、法人和其他组织之间发生的合同纠纷和其他财产权益纠纷,可以仲裁。

第三条　【仲裁适用范围的例外】下列纠纷不能仲裁:

(一)婚姻、收养、监护、扶养、继承纠纷;

(二)依法应当由行政机关处理的行政争议。

相关法条

第六十五条　涉外经济贸易、运输和海事中发生的纠纷的仲裁,适用本章规定。本章没有规定的,适用本法其他有关规定。

第七十七条　劳动争议和农业集体经济组织内部的农业承包合同纠纷的仲裁,另行规定。

命题题眼

仲裁案件的范围,是常考、易考知识点。主要考点有:

1. 平等主体间的人身关系纠纷和非平等主体之间的行政争议纠纷不属于仲裁范围。

2. 合同纠纷和其他财产权益纠纷可以仲裁,合同纠纷包括涉外性合同纠纷。

3. 劳动争议和农业集体经济组织内部的农业承包合同纠纷的仲裁不适用本法。

强化模拟题

陈某与刘某二人达成如下协议:“双方如就祖传字画的继承权发生争议,则提交双方住所地以外的仲裁委员会(北京市仲裁委员会)进行裁决,并将自动履行其裁决。”后双方果然在继承问题上发生争议,现问双方解决争议的可行法律途径是什么?

A. 只能向有管辖权的人民法院起诉

B. 只能申请北京市仲裁委员会仲裁

C. 只能申请双方或一方住所地仲裁委员会仲裁

D. 既可向有管辖权的法院起诉,也可以申请仲裁

答案:A。《仲裁法》第 3 条。

第四条　【自愿仲裁原则】当事人采用仲裁方式解决纠纷,应当双方自愿,达成仲裁协议。没有仲裁协议,一方申请仲裁的,仲裁委员会不予受理。

第五条　【或裁或审原则】当事人达成仲裁协议,一方向人民法院起诉的,人民法院不予受理,但仲裁协议无效的除外。

相关法条

第九条　仲裁实行一裁终局的制度。裁决作出后,当事人就同一纠纷再申请仲裁或者向人民法院起诉的,仲裁委员会或者人民法院不予受理。

裁决被人民法院依法裁定撤销或者不予执行的,当事人就该纠纷可以根据双方重新达成的仲裁协议申请仲裁,也可以向人民法院起诉。

第二十六条　当事人达成仲裁协议,一方向人民法院起诉未声明有仲裁协议,人民法院受理后,另一方在首次开庭前提交仲裁协议的,人民法院应当驳回起诉,但仲裁协议无效的除外;另一方在首次开庭前未对人民法院受理该案提出异议的,视为放弃仲裁协议,人民法院应当继续审理。

命题题眼

仲裁协议及仲裁与诉讼的关系,是常考、易考知识点。主要考点有:

1. 必须有仲裁协议的存在才能申请仲裁。仲裁协议的形式多样,可以是合同中的仲裁条款或者是单独的仲裁协议。协议可以是事先达成的,也可以是在纠纷发生后达成的。

2. 仲裁与诉讼的关系:或裁或诉的择一规则。在仲裁协议合法有效的情况下,法院不得受理;仲裁

裁决后，当事人不能就同一纠纷再向人民法院起诉。

3. 裁决被人民法院依法裁定撤销或者不予执行的，当事人有两个选择：重新达成仲裁协议申请仲裁或者起诉。注意不能再依原仲裁协议申请仲裁。

4. 法院受理时不知情，另一方首次开庭前提交仲裁协议的，法院应驳回起诉。如果另一方在首次开庭前未对法院的受理行为提出异议，视为其放弃仲裁协议，法院有权继续审理。

历年试题

2021年试卷二考生回忆版：甲区张三是乙区李四的债权人，李四享有对丙区王五的到期债权不予主张，张三向丙区法院代位起诉王五。在一审开庭前，王五反诉张三，提出其与李四之间订立有仲裁协议，应按照仲裁协议申请仲裁。对此，丙区法院的下列哪一做法是正确的？

A. 继续审理本案　　B. 移交仲裁庭审理

C. 裁定驳回起诉　　D. 通知仲裁庭立案

答案：A。

强化模拟题

下列关于民事诉讼和仲裁的关系，正确的是（　　）。

A. 甲、乙双方因赡养问题发生纠纷，双方当事人就此达成书面协议，约定将该纠纷申请仲裁，不得向人民法院起诉。一方当事人向人民法院提起诉讼时，人民法院没有理会仲裁协议受理了该纠纷案件。对方当事人向人民法院提出管辖异议，人民法院裁定驳回了其请求

B. 甲、乙双方当事人在合同中签订仲裁协议。后甲方对该仲裁协议的效力问题提出异议，双方发生争执，甲方向人民法院提起诉讼，请求人民法院确认该仲裁协议的效力，人民法院受理了该案件

C. 甲、乙双方当事人在购销合同中约定，与该合同有关的一切纠纷应当向某仲裁委员会申请仲裁，而不得向人民法院起诉。后一方当事人向人民法院提起诉讼，人民法院在审查起诉时，发现双方当事人已在合同中签订了仲裁协议，因此，未予以受理

D. 甲、乙双方就合同纠纷进行了仲裁，甲方胜诉。在向人民法院申请强制执行时，人民法院组成合议庭对该裁决进行了审查，发现仲裁裁决认定事实的主要证据不足，因此，裁定不予以执行

答案：ABC。只有在被申请人提出申请的情况下，人民法院才能经审查裁决不予执行。所以，D项错误。

第六条　【仲裁机构的选定】仲裁委员会应当由当事人协议选定。

仲裁不实行级别管辖和地域管辖。

第七条　【以事实为根据，符合法律规定，公平合理原则】仲裁应当根据事实，符合法律规定，公平合理地解决纠纷。

第八条　【仲裁独立原则】仲裁依法独立进行，不受行政机关、社会团体和个人的干涉。

第九条　【一裁终局制度】仲裁实行一裁终局的制度。裁决作出后，当事人就同一纠纷再申请仲裁或者向人民法院起诉的，仲裁委员会或者人民法院不予受理。

裁决被人民法院依法裁定撤销或者不予执行的，当事人就该纠纷可以根据双方重新达成的仲裁协议申请仲裁，也可以向人民法院起诉。

第二章　仲裁委员会和仲裁协会

第十条　【仲裁委员会的设立】仲裁委员会可以在直辖市和省、自治区人民政府所在地的市设立，也可以根据需要在其他设区的市设立，不按行政区划层层设立。

仲裁委员会由前款规定的市的人民政府组织有关部门和商会统一组建。

设立仲裁委员会，应当经省、自治区、直辖市的司法行政部门登记。

第十一条　【仲裁委员会的设立条件】仲裁委员会应当具备下列条件：

（一）有自己的名称、住所和章程；

（二）有必要的财产；

（三）有该委员会的组成人员；

（四）有聘任的仲裁员。

仲裁委员会的章程应当依照本法制定。

第十四条　【仲裁委员会与行政机关以及仲裁委员会之间的关系】仲裁委员会独立于行政机关，与行政机关没有隶属关系。仲裁委员会之间也没有隶属关系。

第十五条　【中国仲裁协会】中国仲裁协会是社会团体法人。仲裁委员会是中国仲裁协会的会员。中国仲裁协会的章程由全国会员大会制定。

中国仲裁协会是仲裁委员会的自律性组织，根据章程对仲裁委员会及其组成人员、仲裁员的违纪行为进行监督。

中国仲裁协会依照本法和民事诉讼法的有关规定制定仲裁规则。

相关法条

第七十九条　本法施行前在直辖市、省、自治区人民政府所在地的市和其他设区的市设立的仲裁机构，应当依照本法的有关规定重新组建；未重新组建的，自本法施行之日起届满一年时终止。

本法施行前设立的不符合本法规定的其他仲裁机构，自本法施行之日起终止。

命题题眼

上述法条规定了仲裁委员会的设立和仲裁协会的性质，是常考、易考知识点。主要考点有：

仲裁委员会属于民间组织，仲裁委员会之间无隶属关系，仲裁委员会与行政机关之间没有隶属关系，这也决定了仲裁的一裁终局制度。

强化模拟题

A县与B、C、D、E四县相邻，营业地在A县的环宇公司与营业地在B县的泰隆公司在C县签了一份标的额为5万元的买卖合同。合同约定：提货地点为环宇公司在C县的仓库；提货方式为购方泰隆公司自提；发生纠纷的解决方式为在D县仲裁委员会仲裁，或到A县或E县人民法院起诉。该买卖合同在履行过程中发生了争议。在此情况下，环宇公司依法可以通过下列哪些方式解决该买卖合同纠纷？

A. 向D县仲裁委员会申请仲裁

B. 向B县人民法院起诉

C. 向C县人民法院起诉

D. 向A县或E县人民法院起诉

答案：BC。县不能设立仲裁委员会，所以仲裁协议无效。约定了两个以上法院且其中一个无管辖权，所以协议管辖无效。

第十二条 【仲裁委员会的组成】仲裁委员会由主任一人、副主任二至四人和委员七至十一人组成。

仲裁委员会的主任、副主任和委员由法律、经济贸易专家和有实际工作经验的人员担任。仲裁委员会的组成人员中，法律、经济贸易专家不得少于三分之二。

第十三条 【仲裁员的条件】仲裁委员会应当从公道正派的人员中聘任仲裁员。

仲裁员应当符合下列条件之一：

(一)通过国家统一法律职业资格考试取得法律职业资格，从事仲裁工作满八年的；

(二)从事律师工作满八年的；

(三)曾任法官满八年的；

(四)从事法律研究、教学工作并具有高级职称的；

(五)具有法律知识、从事经济贸易等专业工作并具有高级职称或者具有同等专业水平的。

仲裁委员会按照不同专业设仲裁员名册。

相关法条

第六十六条 涉外仲裁委员会可以由中国国际商会组织设立。

涉外仲裁委员会由主任一人、副主任若干人和委员若干人组成。

涉外仲裁委员会的主任、副主任和委员可以由中国国际商会聘任。

第六十七条 涉外仲裁委员会可以从具有法律、经济贸易、科学技术等专门知识的外籍人士中聘任仲裁员。

第三章 仲裁协议

第十六条 【仲裁协议的形式和内容】仲裁协议包括合同中订立的仲裁条款和以其他书面方式在纠纷发生前或者纠纷发生后达成的请求仲裁的协议。

仲裁协议应当具有下列内容：

(一)请求仲裁的意思表示；

(二)仲裁事项；

(三)选定的仲裁委员会。

相关规定

最高人民法院《关于适用〈中华人民共和国仲裁法〉若干问题的解释》(以下简称《仲裁法解释》)

第1条 仲裁法第十六条规定的"其他书面形式"的仲裁协议，包括以合同书、信件和数据电文(包括电报、电传、传真、电子数据交换和电子邮件)等形式达成的请求仲裁的协议。

第2条 当事人概括约定仲裁事项为合同争议的，基于合同成立、效力、变更、转让、履行、违约责任、解释、解除等产生的纠纷都可以认定为仲裁事项。

第3条 仲裁协议约定的仲裁机构名称不准确，但能够确定具体的仲裁机构的，应当认定选定了仲裁机构。

命题题眼

本条规定了仲裁协议的内容。主要考点有：

仲裁协议必须是书面形式。仲裁协议的三个内容为必备条款，缺少其中任何一项，除非达成补充协议，否则，仲裁协议归于无效。

强化模拟题

根据我国《仲裁法》的规定，下列属于仲裁协议书面形式的是(　　)。

A. 甲公司与乙公司在合同中约定的在合同履行过程中所产生的一切争议均应提交某仲裁委员会仲裁的条款

B. 甲公司与乙公司签订一份加工承揽合同，后因乙公司拖欠加工费问题双方发生纠纷。就该加工费问

题双方经过协商，达成将该纠纷提交某仲裁委员会仲裁的书面文件

C. 甲公司与乙公司签订了一份买卖合同，合同签订后，双方就买卖物的质量标准问题以传真方式互相磋商，在双方往来的传真件中记载，如果合同履行中产生纠纷，应提交某仲裁委员会仲裁

D. 甲公司与乙公司签订一份买卖合同，后因标的物质量问题发生纠纷，双方公司的法定代表人在协商解决问题过程中，口头表示对该纠纷如果协商解决不成，则提交某仲裁委员会仲裁，对此有在场的5名无利害关系的证人作证

答案：ABC。仲裁协议必须是书面形式，所以，D项错误。

第十七条 【仲裁协议无效的情形】有下列情形之一的，仲裁协议无效：

（一）约定的仲裁事项超出法律规定的仲裁范围的；

（二）无民事行为能力人或者限制民事行为能力人订立的仲裁协议；

（三）一方采取胁迫手段，迫使对方订立仲裁协议的。

第十八条 【对内容不明确的仲裁协议的处理】仲裁协议对仲裁事项或者仲裁委员会没有约定或者约定不明确的，当事人可以补充协议；达不成补充协议的，仲裁协议无效。

第十九条 【仲裁协议的独立性】仲裁协议独立存在，合同的变更、解除、终止或者无效，不影响仲裁协议的效力。

仲裁庭有权确认合同的效力。

第二十条 【对仲裁协议的异议】当事人对仲裁协议的效力有异议的，可以请求仲裁委员会作出决定或者请求人民法院作出裁定。一方请求仲裁委员会作出决定，另一方请求人民法院作出裁定的，由人民法院裁定。

当事人对仲裁协议的效力有异议，应当在仲裁庭首次开庭前提出。

相关规定

《仲裁法解释》

第4条 仲裁协议仅约定纠纷适用的仲裁规则的，视为未约定仲裁机构，但当事人达成补充协议或者按照约定的仲裁规则能够确定仲裁机构的除外。

第5条 仲裁协议约定两个以上仲裁机构的，当事人可以协议选择其中的一个仲裁机构申请仲裁；当事人不能就仲裁机构选择达成一致的，仲裁协议无效。

第6条 仲裁协议约定由某地的仲裁机构仲裁且该地仅有一个仲裁机构的，该仲裁机构视为约定的仲裁机构。该地有两个以上仲裁机构的，当事人可以协议选择其中的一个仲裁机构申请仲裁；当事人不能就仲裁机构选择达成一致的，仲裁协议无效。

第7条 当事人约定争议可以向仲裁机构申请仲裁也可以向人民法院起诉的，仲裁协议无效。但一方向仲裁机构申请仲裁，另一方未在仲裁法第二十条第二款规定期间内提出异议的除外。

第8条 当事人订立仲裁协议后合并、分立的，仲裁协议对其权利义务的继受人有效。

当事人订立仲裁协议后死亡的，仲裁协议对承继其仲裁事项中的权利义务的继承人有效。

前两款规定情形，当事人订立仲裁协议时另有约定的除外。

第9条 债权债务全部或者部分转让的，仲裁协议对受让人有效，但当事人另有约定、在受让债权债务时受让人明确反对或者不知有单独仲裁协议的除外。

第10条 合同成立后未生效或者被撤销的，仲裁协议效力的认定适用仲裁法第十九条第一款的规定。

当事人在订立合同时就争议达成仲裁协议的，合同未成立不影响仲裁协议的效力。

第11条 合同约定解决争议适用其他合同、文件中的有效仲裁条款的，发生合同争议时，当事人应当按照该仲裁条款提请仲裁。

涉外合同应当适用的有关国际条约中有仲裁规定的，发生合同争议时，当事人应当按照国际条约中的仲裁规定提请仲裁。

第12条 当事人向人民法院申请确认仲裁协议效力的案件，由仲裁协议约定的仲裁机构所在地的中级人民法院管辖；仲裁协议约定的仲裁机构不明确的，由仲裁协议签订地或者被申请人住所地的中级人民法院管辖。

申请确认涉外仲裁协议效力的案件，由仲裁协议约定的仲裁机构所在地、仲裁协议签订地、申请人或者被申请人住所地的中级人民法院管辖。

涉及海事海商纠纷仲裁协议效力的案件，由仲裁协议约定的仲裁机构所在地、仲裁协议签订地、申请人或者被申请人住所地的海事法院管辖；上述地点没有海事法院的，由就近的海事法院管辖。

第13条 依照仲裁法第二十条第二款的规定，当事人在仲裁庭首次开庭前没有对仲裁协议的效力

提出异议，而后向人民法院申请确认仲裁协议无效的，人民法院不予受理。

仲裁机构对仲裁协议的效力作出决定后，当事人向人民法院申请确认仲裁协议效力或者申请撤销仲裁机构的决定的，人民法院不予受理。

命题题眼

上述4条规定了仲裁协议的效力，是常考、易考知识点，应特别注意掌握。主要考点有：

1. 仲裁协议无效的常见情形。

2. 仲裁协议的效力与合同的效力相分离。仲裁协议作为解决争议的条款，具有独立性。仲裁庭有权确认合同的效力。

3. 当事人对仲裁协议效力的异议程序。仲裁委员会和人民法院都有权裁定协议的效力，但人民法院优先。

历年试题

2017年试卷三第85题：住所在北京市C区的甲公司与住所在北京市H区的乙公司在天津市J区签订了一份买卖合同，约定合同履行发生争议，由北京仲裁委员会仲裁或者向H区法院提起诉讼。合同履行过程中，双方发生争议，甲公司到北京仲裁委员会申请仲裁，仲裁委员会受理并向乙公司送达了甲公司的申请书副本。在仲裁庭主持首次开庭的答辩阶段，乙公司对仲裁协议的效力提出异议。仲裁庭对此作出了相关的意思表示。此后，乙公司又向法院提出对仲裁协议的效力予以认定的申请。下列哪些选项是正确的？

A. 双方当事人约定的仲裁协议原则有效

B. 仲裁庭对案件管辖权作出决定应有仲裁委员会的授权

C. 仲裁庭对乙公司的申请应予以驳回，继续审理案件

D. 乙公司应向天津市中级人民法院申请认定仲裁协议的效力

答案：BC。

2018年试卷二考生回忆版：S市（直辖市）A区的甲公司与S市B区的乙公司签订一份包含仲裁条款的室内装修合同，双方约定如果产生争议，均提交S市C区仲裁委员会仲裁。合同签订后，甲公司被并入S市D区的丙公司。丙公司完成室内装修任务后，乙公司认为其装修风格不符合自己的要求，拒绝支付部分装修费。关于本案纠纷，下列说法正确的是：

A. 丙公司可以和乙公司双方自行协商达成和解协议

B. 双方应当依据合同的约定通过仲裁的方式解决

C. 因变更主体，该仲裁协议无效，双方应当通过诉讼解决

D. 因该案属于专属管辖，仲裁协议无效，双方应当向B区法院诉讼解决

答案：A。和解是指民事纠纷的双方当事人，就争执的问题进行协商并达成协议，从而消灭争执的行为。和解几乎没有什么限制，故A项正确。

根据《仲裁法》第10条第1款的规定，仲裁委员会可以在直辖市和省、自治区人民政府所在地的市设立，也可以根据需要在其他设区的市设立，不按行政区划层层设立。因而，本案中当事人约定的S市C区仲裁委员会根本不存在，此仲裁协议是无效的，而“无协议不仲裁”，该纠纷不能通过仲裁解决，B项错误，该仲裁协议无效并不是因为主体变更及专属管辖的问题，故C、D项错误。

2023年试卷二考生回忆版：A公司与B公司签订建设工程合同，约定因合同产生的纠纷由甲仲裁机构管辖。后两公司又达成补充协议，约定工程款支付事项，但是补充协议中没有约定发生纠纷的处理方式。现两公司因为工程款发生纠纷，应当如何处理？

A. 向甲仲裁机构申请仲裁

B. 向合同签订地法院起诉

C. 向被告住所地法院起诉

D. 向建设工程施工地法院起诉

答案：A。

2024年试卷二考生回忆版：M区的甲和乙签订买卖合同，约定纠纷由M仲裁委仲裁，甲将债权转让给N区的丙，通知了乙，甲、丙约定纠纷由N区法院管辖。现丙要求乙支付合同款项，乙拒绝付款。丙如何救济？

A. 仲裁协议和管辖协议无效，M法院起诉

B. 仲裁协议和管辖协议无效，N法院起诉

C. 依据仲裁协议，M仲裁委员会仲裁

D. 依据管辖协议，向N法院起诉

答案：C。《仲裁法解释》第9条。

强化模拟题

1. 甲公司与乙公司签订了一份钢材购销合同，约定因该合同发生纠纷双方可向A仲裁委员会申请仲裁，也可向合同履行地B法院起诉。关于本案，下列哪些选项是正确的？

A. 双方达成的仲裁协议无效

B. 双方达成的管辖协议有效

C. 如甲公司向A仲裁委员会申请仲裁，乙公司在仲裁庭首次开庭前未提出异议，A仲裁委员会可对该案进行仲裁

D. 如甲公司向B法院起诉，乙公司在法院首次开庭时对法院管辖提出异议，法院应当驳回甲公司的起诉

答案：AC。《仲裁法解释》第7条、《仲裁法》第26

条。本题中，甲公司与乙公司约定因该合同发生纠纷双方可向A仲裁委员会申请仲裁，也可向合同履行地B法院起诉，这里仲裁协议原则上是无效的；同时法条又规定了除外情形，也即"如甲公司向A仲裁委员会申请仲裁，乙公司在仲裁庭首次开庭前未提出异议，A仲裁委员会可对该案进行仲裁"。因此，A、C项正确。B项错误。

2. 甲公司与乙公司签订了某开发区建设工程，合同中没有订立仲裁条款。后来双方在履行合同中发生争议。甲公司在向新闻媒体发布消息时，称将诉诸法律，准备向仲裁机构申请仲裁。乙公司从报纸上得知消息后，致函甲公司，表示同意仲裁解决争议，并随即向某市仲裁机构递交了仲裁申请。但甲公司没有向仲裁机构提交仲裁申请书，却直接向某市中级人民法院提起诉讼。此案正确的处理方法是(　　)。

A. 应由仲裁机构仲裁解决

B. 应由人民法院受理

C. 由人民法院与仲裁机构中先受理的机构处理

D. 由人民法院与仲裁机构中先立案的机构处理

答案：B。双方没有达成书面的仲裁协议，乙公司不能申请仲裁。

第四章　仲裁程序

第一节　申请和受理

第二十一条　【申请仲裁的条件】当事人申请仲裁应当符合下列条件：

（一）有仲裁协议；

（二）有具体的仲裁请求和事实、理由；

（三）属于仲裁委员会的受理范围。

第二十二条　【申请仲裁的文件】当事人申请仲裁，应当向仲裁委员会递交仲裁协议、仲裁申请书及副本。

第二十三条　【仲裁申请书的内容】仲裁申请书应当载明下列事项：

（一）当事人的姓名、性别、年龄、职业、工作单位和住所，法人或者其他组织的名称、住所和法定代表人或者主要负责人的姓名、职务；

（二）仲裁请求和所根据的事实、理由；

（三）证据和证据来源、证人姓名和住所。

第二十四条　【对仲裁申请的处理】仲裁委员会收到仲裁申请书之日起五日内，认为符合受理条件的，应当受理，并通知当事人；认为不符合受理条件的，应当书面通知当事人不予受理，并说明理由。

第二十五条　【受理后的准备工作】仲裁委员会受理仲裁申请后，应当在仲裁规则规定的期限内将仲裁规则和仲裁员名册送达申请人，并将仲裁申请书副本和仲裁规则、仲裁员名册送达被申请人。

被申请人收到仲裁申请书副本后，应当在仲裁规则规定的期限内向仲裁委员会提交答辩书。仲裁委员会收到答辩书后，应当在仲裁规则规定的期限内将答辩书副本送达申请人。被申请人未提交答辩书的，不影响仲裁程序的进行。

第二十六条　【仲裁协议的当事人起诉的处理】当事人达成仲裁协议，一方向人民法院起诉未声明有仲裁协议，人民法院受理后，另一方在首次开庭前提交仲裁协议的，人民法院应当驳回起诉，但仲裁协议无效的除外；另一方在首次开庭前未对人民法院受理该案提出异议的，视为放弃仲裁协议，人民法院应当继续审理。

第二十七条　【仲裁请求的放弃、变更、承认、反驳以及反请求】申请人可以放弃或者变更仲裁请求。被申请人可以承认或者反驳仲裁请求，有权提出反请求。

相关规定

《仲裁法解释》

第14条　仲裁法第二十六条规定的"首次开庭"是指答辩期满后人民法院组织的第一次开庭审理，不包括审前程序中的各项活动。

第15条　人民法院审理仲裁协议效力确认案件，应当组成合议庭进行审查，并询问当事人。

第16条　对涉外仲裁协议的效力审查，适用当事人约定的法律；当事人没有约定适用的法律但约定了仲裁地的，适用仲裁地法律；没有约定适用的法律也没有约定仲裁地或者仲裁地约定不明的，适用法院地法律。

第二十八条　【财产保全】一方当事人因另一方当事人的行为或者其他原因，可能使裁决不能执行或者难以执行的，可以申请财产保全。

当事人申请财产保全的，仲裁委员会应当将当事人的申请依照民事诉讼法的有关规定提交人民法院。

申请有错误的，申请人应当赔偿被申请人因财产保全所遭受的损失。

第二十九条　【仲裁代理】当事人、法定代理人可以委托律师和其他代理人进行仲裁活动。委托律师和其他代理人进行仲裁活动的，应当向仲裁委员会提交授权委托书。

相关法条

第四十六条　在证据可能灭失或者以后难以取

得的情况下，当事人可以申请证据保全。当事人申请证据保全的，仲裁委员会应当将当事人的申请提交证据所在地的基层人民法院。

相关规定

《民事诉讼法》

第289条　当事人申请采取保全的，中华人民共和国的涉外仲裁机构应当将当事人的申请，提交被申请人住所地或者财产所在地的中级人民法院裁定。

命题题眼

本条及相关条款规定了仲裁的财产保全和证据保全。主要考点有：

仲裁委员会自己不能采取保全措施，必须提交人民法院。当事人不能直接向人民法院请求采取财产和证据保全措施，应向仲裁委员会申请，由后者提交人民法院。

强化模拟题

在甲公司与乙公司购销合同纠纷仲裁过程中，甲公司要求对乙公司采取财产保全措施，查封乙公司价值100万元的货物。仲裁委员会对此财产保全申请，正确的处理是(　　)。

A. 将当事人的申请提交乙公司所在地的基层人民法院

B. 告知当事人向人民法院申请财产保全

C. 将当事人的申请提交货物所在地的基层人民法院

D. 将当事人的申请提交乙公司或者货物所在地的中级人民法院

答案：AC。《民事诉讼法》第289条。

第二节　仲裁庭的组成

第三十条　【仲裁庭的组成】仲裁庭可以由三名仲裁员或者一名仲裁员组成。由三名仲裁员组成的，设首席仲裁员。

第三十一条　【仲裁员的选任】当事人约定由三名仲裁员组成仲裁庭的，应当各自选定或者各自委托仲裁委员会主任指定一名仲裁员，第三名仲裁员由当事人共同选定或者共同委托仲裁委员会主任指定。第三名仲裁员是首席仲裁员。

当事人约定由一名仲裁员成立仲裁庭的，应当由当事人共同选定或者共同委托仲裁委员会主任指定仲裁员。

第三十二条　【仲裁员的指定】当事人没有在仲裁规则规定的期限内约定仲裁庭的组成方式或者选定仲裁员的，由仲裁委员会主任指定。

第三十三条　【仲裁庭组成的通知】仲裁庭组成后，仲裁委员会应当将仲裁庭的组成情况书面通知当事人。

第三十四条　【仲裁员回避的情形】仲裁员有下列情形之一的，必须回避，当事人也有权提出回避申请：

(一)是本案当事人或者当事人、代理人的近亲属；

(二)与本案有利害关系；

(三)与本案当事人、代理人有其他关系，可能影响公正仲裁的；

(四)私自会见当事人、代理人，或者接受当事人、代理人的请客送礼的。

第三十五条　【回避申请】当事人提出回避申请，应当说明理由，在首次开庭前提出。回避事由在首次开庭后知道的，可以在最后一次开庭终结前提出。

第三十六条　【回避的决定】仲裁员是否回避，由仲裁委员会主任决定；仲裁委员会主任担任仲裁员时，由仲裁委员会集体决定。

第三十七条　【仲裁员的重新确定】仲裁员因回避或者其他原因不能履行职责的，应当依照本法规定重新选定或者指定仲裁员。

因回避而重新选定或者指定仲裁员后，当事人可以请求已进行的仲裁程序重新进行，是否准许，由仲裁庭决定；仲裁庭也可以自行决定已进行的仲裁程序是否重新进行。

命题题眼

上述法条规定了仲裁回避，主要考点有：

因回避而重新选定或者指定仲裁员后，仲裁程序不是必然重新进行。

强化模拟题

1. 甲公司与乙公司因合同纠纷向某仲裁委员会申请仲裁，第一次开庭后，甲公司的代理律师发现合议庭首席仲裁员苏某与乙公司的老总汪某在一起吃饭，遂向仲裁庭提出回避申请。关于本案仲裁程序，下列哪一选项是正确的?

A. 苏某的回避应由仲裁委员会集体决定

B. 苏某回避后，合议庭应重新组成

C. 已经进行的仲裁程序应继续进行

D. 当事人可请求已进行的仲裁程序重新进行

答案：D。

2. 下列适用回避的情形有(　　)。

A. 某仲裁员的妻子是某一方当事人的工作人员

B. 某仲裁员私自会见对方当事人的代理人

C. 某仲裁员曾做过10年法官，现在是中央某国家机关的处长

D. 某仲裁员曾对类似的案件作出错误的裁决

答案：AB。仲裁员回避的情形。《仲裁法》第34条。

第三十八条 【仲裁员的除名】仲裁员有本法第三十四条第四项规定的情形，情节严重的，或者有本法第五十八条第六项规定的情形的，应当依法承担法律责任，仲裁委员会应当将其除名。

第三节 开庭和裁决

第三十九条 【仲裁审理的方式】仲裁应当开庭进行。当事人协议不开庭的，仲裁庭可以根据仲裁申请书、答辩书以及其他材料作出裁决。

第四十条 【仲裁不公开进行及例外】仲裁不公开进行。当事人协议公开的，可以公开进行，但涉及国家秘密的除外。

命题题眼

上述法条规定了仲裁开庭的形式，是常考知识点。主要考点有：

1. 仲裁以开庭审理为原则，以书面审理为例外。
2. 仲裁以不公开审理为原则，涉及国家秘密的绝对不公开。

历年试题

2018年试卷一考生回忆版：小张为某仲裁委员会的仲裁员，根据《仲裁法》的规定，其行为所可能承担的责任，以下说法正确的是哪一项或几项？

A. 在调解过程中，受仲裁庭安排单独会见一方当事人，不属于违纪行为

B. 接受当事人的请客送礼，情节严重，被仲裁委员会除名

C. 保守仲裁秘密，不向外界透露任何与案件有关的实体与程序问题

D. 在仲裁案件时向当事人索取贿赂，枉法裁决，被人民检察院提起公诉

答案：ABCD。根据《仲裁法》及其相关规定，A项中，仲裁可以先行调解，在调解过程中，受仲裁庭安排单独会见一方当事人这样的做法是可以的。这个和法院法官不能私下接触当事人的要求不一样，故A项正确。

B项中，仲裁员也要保持公正中立以及廉洁。仲裁员不得以任何直接或间接方式接受当事人或其他代理人的请客、馈赠或提供的其他利益，亦不得代人向仲裁员实施请客送礼或提供其他好处和利益。B项中，仲裁员接受当事人的请客送礼，情节严重的，可以被仲裁委员会除名，B项正确。

C项中，根据《仲裁法》第40条的规定："仲裁不公开进行。当事人协议公开的，可以公开进行，但涉及国家秘密的除外。"而且在结案后，仲裁员不能在结案后以接受采访、撰写文章等方式向外界透露仲裁当事人的名称、仲裁程序进展的细节等内容。C项说法正确。

D项中，枉法仲裁罪是指依法承担仲裁职责的人员，在仲裁活动中故意违背事实和法律作出枉法裁决、情节严重的行为。根据《刑法》第399条和《刑法修正案(六)》第20条的规定：犯枉法仲裁罪的，可以处3年以下有期徒刑或者拘役；情节特别严重的，处3年以上7年以下有期徒刑。因此，D项说法正确。

强化模拟题

甲公司与乙公司因合同纠纷发生争议，双方约定提交某市仲裁委员会进行仲裁。关于本案仲裁审理的方式，看法正确的是(　　)。

A. 公开开庭审理

B. 不能开庭进行审理

C. 公开开庭审理但双方当事人要求不公开审理的，由仲裁庭作出决定

D. 不公开开庭审理，但双方当事人要求公开审理的，由仲裁庭作出决定

答案：D。《仲裁法》第40条。

第四十一条 【开庭通知与延期审理】仲裁委员会应当在仲裁规则规定的期限内将开庭日期通知双方当事人。当事人有正当理由的，可以在仲裁规则规定的期限内请求延期开庭。是否延期，由仲裁庭决定。

第四十二条 【当事人缺席的处理】申请人经书面通知，无正当理由不到庭或者未经仲裁庭许可中途退庭的，可以视为撤回仲裁申请。

被申请人经书面通知，无正当理由不到庭或者未经仲裁庭许可中途退庭的，可以缺席裁决。

命题题眼

本条规定了当事人不出庭的法律后果。主要考点是申请人和被申请人不出庭的法律后果不同：前者是视为撤回仲裁申请，后者是可以缺席裁决。

强化模拟题

某仲裁委员会定于2000年5月8日开庭审理甲公司与乙公司产品质量纠纷案。在开庭当日，接到开庭通知书的被申请人乙公司没有正当理由拒不出庭。仲裁庭正确的处理是(　　)。

A. 中止仲裁审理　　B. 终结仲裁审理

C. 延期仲裁审理　　D. 缺席裁决

答案:D。本题考查对被申请人无正当理由不出庭的处理。《仲裁法》第42条第2款。

第四十三条 【举证责任】当事人应当对自己的主张提供证据。

仲裁庭认为有必要收集的证据,可以自行收集。

第四十四条 【专门性问题的鉴定】仲裁庭对专门性问题认为需要鉴定的,可以交由当事人约定的鉴定部门鉴定,也可以由仲裁庭指定的鉴定部门鉴定。

根据当事人的请求或者仲裁庭的要求,鉴定部门应当派鉴定人参加开庭。当事人经仲裁庭许可,可以向鉴定人提问。

第四十五条 【证据的出示与质证】证据应当在开庭时出示,当事人可以质证。

第四十六条 【证据保全】在证据可能灭失或者以后难以取得的情况下,当事人可以申请证据保全。当事人申请证据保全的,仲裁委员会应当将当事人的申请提交证据所在地的基层人民法院。

强化模拟题

甲县的佳华公司与乙县的亿龙公司订立的烟叶买卖合同中约定,如果因为合同履行发生争议,应提交A仲裁委员会仲裁。佳华公司交货后,亿龙公司认为烟叶质量与约定不符,且正在霉变,遂准备提起仲裁,并对烟叶进行证据保全。关于本案的证据保全,下列哪些表述是正确的?

A. 在仲裁程序启动前,亿龙公司可直接向甲县法院申请证据保全

B. 在仲裁程序启动后,亿龙公司既可直接向甲县法院申请证据保全,也可向A仲裁委员会申请证据保全

C. 法院根据亿龙公司申请采取证据保全措施时,可要求其提供担保

D. A仲裁委员会收到保全申请后,应提交给烟叶所在地的中级人民法院

答案:AC。

第四十七条 【当事人的辩论】当事人在仲裁过程中有权进行辩论。辩论终结时,首席仲裁员或者独任仲裁员应当征询当事人的最后意见。

第四十八条 【仲裁笔录】仲裁庭应当将开庭情况记入笔录。当事人和其他仲裁参与人认为对自己陈述的记录有遗漏或者差错的,有权申请补正。如果不予补正,应当记录该申请。

笔录由仲裁员、记录人员、当事人和其他仲裁参与人签名或者盖章。

相关法条

第六十九条 涉外仲裁的仲裁庭可以将开庭情况记入笔录,或者作出笔录要点,笔录要点可以由当事人和其他仲裁参与人签字或者盖章。

第四十九条 【仲裁和解】当事人申请仲裁后,可以自行和解。达成和解协议的,可以请求仲裁庭根据和解协议作出裁决书,也可以撤回仲裁申请。

第五十条 【和解协议达成后反悔的处理】当事人达成和解协议,撤回仲裁申请后反悔的,可以根据仲裁协议申请仲裁。

命题题眼

上述2条规定了仲裁和解,是常考知识点。主要考点有:

1. 达成和解协议的,可以请求仲裁庭根据和解协议作出裁决书,也可以撤回仲裁申请。

2. 当事人达成和解协议,撤回仲裁申请后反悔的,原仲裁协议仍有效。这是考试的重点。

第五十一条 【仲裁调解】仲裁庭在作出裁决前,可以先行调解。当事人自愿调解的,仲裁庭应当调解。调解不成的,应当及时作出裁决。

调解达成协议的,仲裁庭应当制作调解书或者根据协议的结果制作裁决书。调解书与裁决书具有同等法律效力。

第五十二条 【仲裁调解书】调解书应当写明仲裁请求和当事人协议的结果。调解书由仲裁员签名,加盖仲裁委员会印章,送达双方当事人。

调解书经双方当事人签收后,即发生法律效力。

在调解书签收前当事人反悔的,仲裁庭应当及时作出裁决。

命题题眼

上述2条规定了仲裁调解,是常考、易考知识点。主要考点有:

调解达成协议的,仲裁庭应当制作调解书或者根据协议的结果制作裁决书,这与民事诉讼中调解达成协议可以不制作调解书的规定不同。

第五十三条 【仲裁裁决的作出】裁决应当按照多数仲裁员的意见作出,少数仲裁员的不同意见可以记入笔录。仲裁庭不能形成多数意见时,裁决应当按照首席仲裁员的意见作出。

第五十四条 【裁决书的内容】裁决书应当写明仲裁请求、争议事实、裁决理由、裁决结果、仲裁费用的负担和裁决日期。当事人协议不愿写明争议事实

和裁决理由的,可以不写。裁决书由仲裁员签名,加盖仲裁委员会印章。对裁决持不同意见的仲裁员,可以签名,也可以不签名。

第五十五条 【先行裁决】仲裁庭仲裁纠纷时,其中一部分事实已经清楚,可以就该部分先行裁决。

第五十六条 【裁决书的补正】对裁决书中的文字、计算错误或者仲裁庭已经裁决但在裁决书中遗漏的事项,仲裁庭应当补正;当事人自收到裁决书之日起三十日内,可以请求仲裁庭补正。

第五十七条 【裁决书生效】裁决书自作出之日起发生法律效力。

命题题眼

上述法条规定了仲裁裁决,是常考、易考知识点。主要考点有:

1. 首席仲裁员的特殊权力,即仲裁庭不能形成多数意见时,裁决应当按照首席仲裁员的意见作出。

2. 仲裁裁决书可以不写争议事实和裁决理由。

3. 裁决应当按照多数仲裁员的意见作出,少数仲裁员的不同意见可以记入笔录,但不能写入裁决书。对裁决持不同意见的仲裁员,可以签名,也可以不签名。

4. 对裁决书中错误的补正。

强化模拟题

1. 下列关于裁决书,表述正确的是(　　)。

A. 当事人协议不愿写明争议事实和裁决理由的,可以不写

B. 裁决书中应当写明仲裁请求、争议事实、裁决理由、裁决结果、仲裁费用的负担和裁决日期

C. 裁决书由仲裁员签名、加盖仲裁委员会印章

D. 对裁决持不同意见的仲裁员,可以签名,也可以不签名

答案:ABCD。本题考查裁决书的规定。《仲裁法》第54条。

2. 下列论述正确的是(　　)。

A. 调解达成协议的,如是简单仲裁案件,仲裁庭可以不制作调解书,而将其记录在案即可

B. 裁决书上在仲裁员签名处只有两名仲裁员签名的情形下也可以生效

C. 仲裁裁决有时可依首席仲裁员意见作出

D. 裁决书应当依多数仲裁员的意见作出

答案:BCD。《仲裁法》第51、53、54条。

第五章　申请撤销裁决

第五十八条 【申请撤销仲裁裁决的情形】当事人提出证据证明裁决有下列情形之一的,可以向仲裁委员会所在地的中级人民法院申请撤销裁决:

(一)没有仲裁协议的;

(二)裁决的事项不属于仲裁协议的范围或者仲裁委员会无权仲裁的;

(三)仲裁庭的组成或者仲裁的程序违反法定程序的;

(四)裁决所根据的证据是伪造的;

(五)对方当事人隐瞒了足以影响公正裁决的证据的;

(六)仲裁员在仲裁该案时有索贿受贿,徇私舞弊,枉法裁决行为的。

人民法院经组成合议庭审查核实裁决有前款规定情形之一的,应当裁定撤销。

人民法院认定该裁决违背社会公共利益的,应当裁定撤销。

第五十九条 【申请撤销仲裁裁决的期限】当事人申请撤销裁决的,应当自收到裁决书之日起六个月内提出。

第六十条 【人民法院作出撤销裁决或驳回申请的裁定的期限】人民法院应当在受理撤销裁决申请之日起两个月内作出撤销裁决或者驳回申请的裁定。

第六十一条 【申请撤销仲裁裁决的后果】人民法院受理撤销裁决的申请后,认为可以由仲裁庭重新仲裁的,通知仲裁庭在一定期限内重新仲裁,并裁定中止撤销程序。仲裁庭拒绝重新仲裁的,人民法院应当裁定恢复撤销程序。

相关法条

第九条第二款　裁决被人民法院依法裁定撤销或者不予执行的,当事人就该纠纷可以根据双方重新达成的仲裁协议申请仲裁,也可以向人民法院起诉。

第七十条　当事人提出证据证明涉外仲裁裁决有民事诉讼法第二百七十四条第一款规定的情形之一的,经人民法院组成合议庭审查核实,裁定撤销。

相关规定

《仲裁法解释》

第17条　当事人以不属于仲裁法第五十八条或者民事诉讼法第二百九十一条规定的事由申请撤销仲裁裁决的,人民法院不予支持。

第 18 条 仲裁法第五十八条第一款第一项规定的“没有仲裁协议”是指当事人没有达成仲裁协议。仲裁协议被认定无效或者被撤销的，视为没有仲裁协议。

第 19 条 当事人以仲裁裁决事项超出仲裁协议范围为由申请撤销仲裁裁决，经审查属实的，人民法院应当撤销仲裁裁决中的超裁部分。但超裁部分与其他裁决事项不可分的，人民法院应当撤销仲裁裁决。

第 20 条 仲裁法第五十八条规定的“违反法定程序”，是指违反仲裁法规定的仲裁程序和当事人选择的仲裁规则可能影响案件正确裁决的情形。

第 21 条 当事人申请撤销国内仲裁裁决的案件属于下列情形之一的，人民法院可以依照仲裁法第六十一条的规定通知仲裁庭在一定期限内重新仲裁：

（一）仲裁裁决所根据的证据是伪造的；

（二）对方当事人隐瞒了足以影响公正裁决的证据的。

人民法院应当在通知中说明要求重新仲裁的具体理由。

第 22 条 仲裁庭在人民法院指定的期限内开始重新仲裁的，人民法院应当裁定终结撤销程序；未开始重新仲裁的，人民法院应当裁定恢复撤销程序。

第 23 条 当事人对重新仲裁裁决不服的，可以在重新仲裁裁决书送达之日起六个月内依据仲裁法第五十八条规定向人民法院申请撤销。

第 24 条 当事人申请撤销仲裁裁决的案件，人民法院应当组成合议庭审理，并询问当事人。

第 25 条 人民法院受理当事人撤销仲裁裁决的申请后，另一方当事人申请执行同一仲裁裁决的，受理执行申请的人民法院应当在受理后裁定中止执行。

第 26 条 当事人向人民法院申请撤销仲裁裁决被驳回后，又在执行程序中以相同理由提出不予执行抗辩的，人民法院不予支持。

第 27 条 当事人在仲裁程序中未对仲裁协议的效力提出异议，在仲裁裁决作出后以仲裁协议无效为由主张撤销仲裁裁决或者提出不予执行抗辩的，人民法院不予支持。

当事人在仲裁程序中对仲裁协议的效力提出异议，在仲裁裁决作出后又以此为由主张撤销仲裁裁决或者提出不予执行抗辩，经审查符合仲裁法第五十八条或者民事诉讼法第二百四十八条、第二百九十一条规定的，人民法院应予支持。

第 28 条 当事人请求不予执行仲裁调解书或者根据当事人之间的和解协议作出的仲裁裁决书的，人民法院不予支持。

第 30 条 根据审理撤销、执行仲裁裁决案件的实际需要，人民法院可以要求仲裁机构作出说明或者向相关仲裁机构调阅仲裁案卷。

人民法院在办理涉及仲裁的案件过程中作出的裁定，可以送相关的仲裁机构。

命题题眼

上述法条规定了仲裁裁决的撤销，是常考、易考知识点。主要考点有：

1. 裁定撤销仲裁裁决的具体情形。注意裁定撤销仲裁裁决的情形与裁定不予执行的情形相同。

2. 当事人申请撤销的期限和受理申请的人民法院（注意与申请不予执行裁决的管辖法院不同，后者是向被执行人住所地或者被执行财产所在地的人民法院申请不予执行）、人民法院作出裁定的期限。

3. 人民法院通知仲裁庭重新仲裁的，应中止撤销程序；如果仲裁庭重新仲裁，人民法院应终止撤销程序；如果仲裁庭拒绝仲裁，人民法院应恢复撤销程序。

历年试题

2018 年试卷二考生回忆版：广东雅诗有限公司（住所地在广州）与浙江新地贸易有限公司（住所地在杭州）于 2017 年 9 月 26 日签订《代理经销协议》及《补充协议》，协议中双方约定如产生纠纷，提交广州仲裁委员会仲裁解决。后在合同履行过程中，新地公司认为雅诗公司发送的产品不符合协议的约定，于 2018 年 2 月 1 日向雅诗公司发出通知解除协议。雅诗公司认为新地公司未能按照协议计划完成销售任务，违反了协议的约定。不同意退还新地公司的 50 万元的保证金。新地公司向广州仲裁委员会提出仲裁申请，广州仲裁委员会作出仲裁裁决，支持新地公司请求。雅诗公司向法院申请撤销仲裁。关于本案，下列说法正确的是：

A. 雅诗公司应当向广州市中院或者杭州市中院申请撤销仲裁裁决

B. 如中院认定不应撤销仲裁裁决，可以直接作出裁定

C. 如中院认定应当撤销仲裁裁决，应当向高院报核，以高院审核意见为准作出裁定

D. 如中院认定应当撤销仲裁裁决，应当向高院报核，高院拟同意的，应当向最高院报核

答案：BD。根据《仲裁法》第 58 条的规定，当事人申请撤销仲裁裁决，向仲裁委员会所在地的中级人民法院申请。故 A 项错误。

根据最高人民法院《关于仲裁司法审查案件报核问题的有关规定》第2条第2款的规定：各中级人民法院或者专门人民法院办理非涉外涉港澳台仲裁司法审查案件，经审查拟认定仲裁协议无效，不予执行或者撤销我国内地仲裁机构的仲裁裁决，应当向本辖区所属高级人民法院报核；待高级人民法院审核后，方可依高级人民法院的审核意见作出裁定。故B项正确。

根据最高人民法院《关于仲裁司法审查案件报核问题的有关规定》第3条的规定，仲裁司法审查案件当事人住所地跨省级行政区域，高级人民法院经审查拟同意中级人民法院或者专门人民法院认定仲裁协议无效，不予执行或者撤销我国内地仲裁机构的仲裁裁决，应当向最高人民法院报核，待最高人民法院审核后，方可依最高人民法院的审核意见作出裁定。本题案件跨省，应当报最高人民法院审核，故C项错误，D项正确。

2021年试卷二考生回忆版：甲公司与乙公司签订设备购销合同，双方约定发生纠纷向H仲裁委员会申请仲裁。后因设备质量发生争议，甲公司向H仲裁委员会申请仲裁。本案仲裁标的额为50万元，双方约定由3名仲裁员合议仲裁。但H仲裁委员会规定，100万元以下的案件只能由一名仲裁员独任仲裁。H仲裁委员会安排独任仲裁员裁决支持甲公司的请求后，乙公司申请法院撤销仲裁裁决。关于本案，下列说法正确的是？

A. 乙公司可以仲裁庭组成违法为由申请撤销仲裁裁决

B. 因仲裁员独任裁决，法院可安排法官独任审查

C. 法院可直接裁定撤销仲裁裁决

D. 法院可通知仲裁庭重新仲裁

答案：A。

2021年试卷二考生回忆版：员工张某与甲汽修厂签订技术转让合同，在合同履行过程中发生了纠纷。依合同约定的仲裁条款，张某向A市仲裁委员会申请仲裁。裁决作出后，甲汽修厂以仲裁违反法定程序为由申请法院撤销该裁决。A市人民法院经审查，裁决撤销A市仲裁委员会的裁决。在此情况下，张某可以采取的救济措施有？

A. 可以要求A市仲裁委员会裁决此案的原仲裁庭纠正程序上的错误并再次对此案作出裁决

B. 可以根据原合同的仲裁条款再次申请仲裁

C. 可以与甲汽修厂重新达成仲裁协议申请仲裁

D. 可以就该合同纠纷向人民法院起诉

答案：CD。

强化模拟题

甲不履行仲裁裁决，乙向法院申请执行。甲拟提出不予执行的申请并提出下列证据证明仲裁裁决应不予执行。针对下列哪一选项，法院可裁定驳回甲的申请？

A. 甲、乙没有订立仲裁条款或达成仲裁协议

B. 仲裁庭组成违反法定程序

C. 裁决事项超出仲裁机构权限范围

D. 仲裁裁决没有根据经当事人质证的证据认定事实

答案：D。《仲裁法》第58条。A、B、C项是申请撤销仲裁裁决的法定条款。仲裁过程中也可以和解或调解，因此，仲裁裁决认定的事实也可能并不全然是通过质证证据认定的事实。

第六章　执　　行

第六十二条　【仲裁裁决的执行】当事人应当履行裁决。一方当事人不履行的，另一方当事人可以依照民事诉讼法的有关规定向人民法院申请执行。受申请的人民法院应当执行。

第六十三条　【仲裁裁决的不予执行】被申请人提出证据证明裁决有民事诉讼法第二百三十七条第二款规定的情形之一的，经人民法院组成合议庭审查核实，裁定不予执行。

第六十四条　【仲裁裁决的执行中止、终结与恢复】一方当事人申请执行裁决，另一方当事人申请撤销裁决的，人民法院应当裁定中止执行。

人民法院裁定撤销裁决的，应当裁定终结执行。撤销裁决的申请被裁定驳回的，人民法院应当裁定恢复执行。

相关法条

第七十一条　被申请人提出证据证明涉外仲裁裁决有民事诉讼法第二百七十四条第一款规定的情形之一的，经人民法院组成合议庭审查核实，裁定不予执行。

第七十二条　涉外仲裁委员会作出的发生法律效力的仲裁裁决，当事人请求执行的，如果被执行人或者其财产不在中华人民共和国领域内，应当由当事人直接向有管辖权的外国法院申请承认和执行。

相关规定

《仲裁法解释》

第29条　当事人申请执行仲裁裁决案件，由被执行人住所地或者被执行的财产所在地的中级人民法院管辖。

命题题眼

上述3条规定了仲裁裁决的执行和不执行，应

结合《民事诉讼法》的有关规定掌握。主要考点有：

1. 人民法院裁定不予执行仲裁裁决后，原仲裁协议已失去法律效力，当事人可以重新达成仲裁协议，然后根据新的协议申请仲裁，也可以不重新达成协议而直接向人民法院起诉。

2. 涉外仲裁裁决，如果被执行人或者其财产不在中华人民共和国领域内，当事人可以直接向有管辖权的外国法院申请承认和执行。

3. 一方当事人申请执行裁决，另一方当事人申请撤销裁决的，人民法院应当裁定中止执行。仲裁庭拒绝重新仲裁的，人民法院应当裁定恢复撤销程序，不能直接裁定不予执行。

历年试题

2021 年试卷二考生回忆版：张三与李四签订防疫物资买卖合同，双方约定合同履行发生纠纷向甲仲裁委员会申请仲裁。因李四供应的货物质量不合格，张三就赔偿事宜向甲仲裁委员会申请仲裁。仲裁过程中，经仲裁庭调解，双方达成调解协议。关于仲裁调解，下列哪一表述是正确的？

A. 如李四不履行调解协议，张三可以向仲裁机构所在地法院申请执行

B. 如调解达成协议后李四即时向张三履行，仲裁庭无须制作调解书

C. 仲裁庭可根据调解协议制作仲裁裁决书

D. 仲裁庭应根据调解协议制作仲裁调解书

答案：C。

2023 年试卷二考生回忆版：A 区 B 市的甲公司和 C 市 D 区的乙公司签订买卖合同，约定发生纠纷到 A 市 A 仲裁委员会解决，到 A 市 B 区的法院执行。甲公司就买卖合同向 A 仲裁委申请仲裁，仲裁委员会支持了甲的诉求。后乙公司未履行仲裁裁决确定的义务，经查乙公司财产在 C 市 E 区仓库，问甲公司向哪些（个）法院申请执行？

A. C 市 D 区人民法院

B. C 市 D 区人民法院和 C 市 E 区人民法院

C. C 市中级人民法院

D. A 市 B 区人民法院

答案：C。

强化模拟题

甲公司与乙公司在合同履行过程中发生了纠纷。依合同约定的仲裁条款，甲公司向某市仲裁委员会申请仲裁。裁决作出后，乙公司以仲裁违反法定程序为由，申请法院撤销该裁决，某市人民法院经审查，裁决撤销某市仲裁委员会的裁决。在此情况下，甲公司（　　）。

A. 可以要求某市仲裁委员会再次对此案作出裁决

B. 可以根据原合同的仲裁条款再次申请仲裁

C. 可以与乙公司重新达成仲裁协议申请仲裁

D. 可以就合同纠纷向人民法院起诉

答案：CD。《仲裁法》第 9 条。

第七章　涉外仲裁的特别规定

第六十五条　【涉外仲裁的法律适用】涉外经济贸易、运输和海事中发生的纠纷的仲裁，适用本章规定。本章没有规定的，适用本法其他有关规定。

第六十六条　【涉外仲裁委员会的设立】涉外仲裁委员会可以由中国国际商会组织设立。

涉外仲裁委员会由主任一人、副主任若干人和委员若干人组成。

涉外仲裁委员会的主任、副主任和委员可以由中国国际商会聘任。

第六十七条　【涉外仲裁委员会仲裁员的聘任】涉外仲裁委员会可以从具有法律、经济贸易、科学技术等专门知识的外籍人士中聘任仲裁员。

第六十八条　【涉外仲裁的证据保全】涉外仲裁的当事人申请证据保全的，涉外仲裁委员会应当将当事人的申请提交证据所在地的中级人民法院。

第六十九条　【涉外仲裁笔录】涉外仲裁的仲裁庭可以将开庭情况记入笔录，或者作出笔录要点，笔录要点可以由当事人和其他仲裁参与人签字或者盖章。

第七十条　【涉外仲裁裁决的撤销】当事人提出证据证明涉外仲裁裁决有民事诉讼法第二百七十四条第一款规定的情形之一的，经人民法院组成合议庭审查核实，裁定撤销。

第七十一条　【涉外仲裁裁决的不予执行】被申请人提出证据证明涉外仲裁裁决有民事诉讼法第二百七十四条第一款规定的情形之一的，经人民法院组成合议庭审查核实，裁定不予执行。

第七十二条　【涉外仲裁裁决的执行】涉外仲裁委员会作出的发生法律效力的仲裁裁决，当事人请求执行的，如果被执行人或者其财产不在中华人民共和国领域内，应当由当事人直接向有管辖权的外国法院申请承认和执行。

第七十三条　【涉外仲裁规则】涉外仲裁规则可以由中国国际商会依照本法和民事诉讼法的有关规定制定。

第八章　附　　则

第七十四条　【仲裁时效】法律对仲裁时效有规定的，适用该规定。法律对仲裁时效没有规定的，适用诉讼时效的规定。

第七十五条　【仲裁暂行规则的制定】中国仲裁协会制定仲裁规则前,仲裁委员会依照本法和民事诉讼法的有关规定可以制定仲裁暂行规则。

第七十六条　【仲裁费用】当事人应当按照规定交纳仲裁费用。

收取仲裁费用的办法,应当报物价管理部门核准。

第七十七条　【本法适用的例外】劳动争议和农业集体经济组织内部的农业承包合同纠纷的仲裁,另行规定。

第七十八条　【本法施行前有关仲裁的规定的效力】本法施行前制定的有关仲裁的规定与本法的规定相抵触的,以本法为准。

第七十九条　【新旧仲裁委员会的衔接和过渡】本法施行前在直辖市、省、自治区人民政府所在地的市和其他设区的市设立的仲裁机构,应当依照本法的有关规定重新组建;未重新组建的,自本法施行之日起届满一年时终止。

本法施行前设立的不符合本法规定的其他仲裁机构,自本法施行之日起终止。

第八十条　【施行日期】本法自 1995 年 9 月 1 日起施行。